LA RÉVOLUTION FRANÇAISE

DU MÊME AUTEUR

Chez le même éditeur

Le Siècle de Louis XV
Frédéric II
Aujourd'hui

Chez d'autres éditeurs

La France de Louis XIV
Histoire des Français, 2 vol.
Le même in-4°, en 1 vol., illustré et relié
Histoire de l'Allemagne, 2 vol.
Paris au XVIIIe *siècle*
Mon village et moi
L'Académie française
La Marquise et moi

Pierre Gaxotte

DE L'ACADÉMIE FRANÇAISE

La révolution française

Nouvelle édition

Fayard

A Georges Dumézil

1.
L'Ancien Régime

La France de l'Ancien Régime était un très grand et très vieil édifice qu'avaient bâti cinquante générations, embrassant plus de quinze cents années. Elles y avaient laissé chacune sa marque, ajoutant toujours au passé sans presque jamais rien en abattre, ni retrancher. Aussi, le plan en était-il confus, les styles disparates, les morceaux irréguliers. Quelques parties abandonnées menaçaient ruine ; d'autres étaient incommodes ; d'autres, trop luxueuses. Mais, somme toute, l'ensemble était cossu, la façade avait grand air, on y vivait mieux et plus nombreux qu'ailleurs.

Les fondations les plus anciennes et les plus profondes étaient l'œuvre de l'Eglise. Pendant douze siècles, elle y avait travaillé seule, ou presque seule.

Au temps de Rome, dans un monde dur et froid, elle avait apporté la consolation des misères, le courage de vivre, l'abnégation, la charité, la patience, l'espoir d'une vie meilleure et juste. Quand l'Empire se fut écroulé sous les coups des Barbares, elle avait été le refuge des lois et des lettres, des arts et de la politique. Elle avait caché, dans ses monastères, tout ce qui pouvait être sauvé de la culture humaine et de la science. En pleine anarchie, elle avait formé une société vivante et ordonnée dont la police et l'esprit rappelaient à eux seuls les temps calmes et les faisaient regretter. Bien mieux, la voici qui va au-devant des envahisseurs, les gagne, les apaise, les convertit, canalise leur flot, limite leurs dévastations. Devant l'évêque, représentant d'un au-delà mystérieux, le Germain a peur et recule. Il épargne les gens, les maisons, les terres. L'homme de Dieu devient le chef des cités, le défenseur des foyers et des métiers, le seul protecteur des humbles en ce monde.

Plus tard, quand le moment des pillages et des brûleries sera passé, quand il faudra reconstruire, administrer, négocier, les assemblées et les conseils s'ouvriront tout grands devant les clercs seuls capables de rédiger un traité, de conduire une ambassade, de haranguer un prince.

Dans les malheurs renaissants, dans l'effondrement de l'Etat carolingien, dans cette nuit du IXe siècle remplie de bruits d'armes, tandis que de nouvelles invasions hongroises, sarrasines et normandes, entament ou recouvrent le pays, tandis que le peuple épars flotte sans direction, l'Eglise, une fois encore, tient bon. Elle renoue les traditions interrompues, combat les désordres féodaux, réglemente les guerres privées, impose des trêves et des paix. Les grands moines Odon, Odilon, Bernard élèvent, au-dessus des donjons et des villes, le pouvoir moral de l'Eglise, l'idée de l'Eglise universelle, le rêve de l'unité chrétienne. Prédicateurs, pacificateurs, conseillers de tout le monde, arbitres de toutes les querelles, ils interviennent partout et dans tout, véritables puissances internationales auxquelles les puissances terrestres ne résistent qu'en tremblant.

Autour des grands sanctuaires et des saintes abbayes se nouent relations et voyages. Le long des pistes de terre où cheminent les longues processions de pèlerins, naissent les chansons épiques. Les forêts attaquées par les moines défricheurs reculent. A l'ombre des monastères, les campagnes se repeuplent. Des villages en ruine se relèvent. Les vitraux des églises et les sculptures des cathédrales sont le livre d'images où le peuple s'instruit. Le pape est le dictateur de l'Europe. Il ordonne les croisades et défait les rois. Dotations, richesses, honneurs, on met tout aux pieds des clercs et l'excès même de cette reconnaissance mesure la grandeur de leurs bienfaits.

Mais déjà un autre ouvrier s'était mis à l'œuvre : le seigneur.

Quand l'Etat s'affaiblit, les individus les mieux armés prennent sa place. Quand le sceptre de Charlemagne eut glissé des mains débiles de ses successeurs, une génération de soldats se leva pour en ramasser les morceaux.

Comme le territoire, la souveraineté s'émietta. Une germination touffue de pouvoirs locaux couvrit le sol. Fonctionnaires impériaux, grands propriétaires, aventuriers qui ont prospéré, brigands qui se sont rangés : ces nouveaux roitelets ont mille origines. Violences, usurpations, contrats, immunités, partages, aliénations, opérant au hasard des circonstances : voilà les sources instables et incohérentes de leur pouvoir. Tous les attributs de la puissance publique se détachent, se brisent, se vendent, se volent. L'un s'empare d'un péage, l'autre d'un marché. Il n'y a plus d'armée, il n'y a que des bandes. La justice se partage en mille juridictions spéciales : territoriale, personnelle, censuelle, haute et basse. Les âmes se dissolvent comme les droits. Une seule force demeure : la valeur, le courage, l'audace, la brutalité de l'individu.

L'insécurité est générale. On se bat partout. Les chroniques ne parlent que de meurtres, de pillages, d'incendies, de villages rasés, de femmes violentées, de laboureurs massacrés. Pour le faible, la vie n'est plus qu'une longue terreur. Autour du seigneur qui a un château, des guerriers, un trésor, les paysans se groupent en hâte. En échange de sa protection et de sa justice, ils lui abandonnent une part de leur travail et une part de leurs récoltes. Les plus malheureux s'attachent à lui pour la vie et pour celle de leurs descendants. Constructeur du moulin, du four et du pont, il est maître de la circulation comme des échanges. Il enserre l'activité de ses hôtes et de ses serfs d'un réseau étroit de prélèvements et de monoples. Mais que sont ces servitudes en échange de la vie qu'on lui doit ?

A une société désemparée, disjointe, dispersée, qui n'avait plus ni lois ni guides, la féodalité a donné des cadres et des chefs. Si étroits qu'aient été les premiers, ils ont réussi à grouper les hommes. Si violents qu'aient été les seconds, ils ont rétabli les garanties élémentaires sans lesquelles il n'est pas possible de subsister. Leur service est onéreux, leur bénéfice excessif. Mais, sans eux, la situation eût été pire encore.

Et puis, le régime s'adoucira, s'humanisera. L'Eglise y apportera un peu d'idéal. Il fera une place aux communes qui seront comme des seigneuries bourgeoises et collectives. Le mouvement d'affranchissement faisant tache d'huile, les rudes barons comprendront que leurs intérêts sont d'accord avec ceux de leurs protégés et que les ménager est encore le meilleur moyen de les retenir.

Au temps de Louis XII, dans un pays qui n'a plus besoin de leur protection et qui se passe déjà de leurs services, ils gardent une autorité telle que rien ne se fait d'important au village sans leur avis et leur approbation. On a pour eux un respect familier et une reconnaissance sans contrainte. On les invite aux fêtes de famille, aux repas de relevailles, de mariage, de baptême et ils y font honneur. Ils sont parrains des enfants et conseillers des parents. Dans l'ancien donjon ouvert sur le dehors, percé de larges fenêtres, sans fossés ni défenses, on a les mêmes préoccupations et presque la même vie que dans les chaumières voisines. On pense aux récoltes, au bétail, à la pluie, aux vignes, à la vente des grains. Seigneur et laboureurs se retrouvent à la foire. Si la journée a été bonne, ils trinquent au cabaret, échangent de grasses plaisanteries et, entre deux verres, se donnent de grosses tapes cordiales. A la nuit tombante, on voit s'en retourner le seigneur, fièrement campé sur sa rossinante, l'épée au côté, une miche de pain sous le bras, avec son fermier en croupe.

Tout cela pourtant n'était que souvenirs : les souverainetés locales étaient frappées de mort et, depuis longtemps déjà, le temps du Roi était venu.

Le Roi fut avant tout l'ouvrier de l'unité nationale et sa puissance s'accrut à mesure que le sentiment en devenait plus impérieux dans les consciences populaires. Mais la tâche n'était point aisée et avant que les parcelles déchirées de la patrie fussent rapprochées et soudées, il y eut bien des siècles et bien des peines.

Le premier Capétien était un fort petit seigneur dont l'ambition consistait à se rendre de Paris à Etampes sans être enlevé ni rançonné. Les trois suivants se laissèrent aller à des entreprises qui dépassaient leurs forces et n'avancèrent pas beaucoup les affaires de la monarchie. Le cinquième, Louis VI, comprit qu'elle devait concentrer son action sur un petit espace, restreindre son rôle de puissance générale et prendre pour un temps l'allure d'une seigneurie localisée. Il passa vingt ans de son règne à purger les environs de Paris des brigands qui s'y étaient fortifiés et ce fut un jour de triomphe que celui où les routes d'Orléans et de Melun furent libérées. La royauté avait gagné en solidité ce qu'elle avait perdu en surface. Agissante et audacieuse, elle acquiert pour la première fois ce prestige qui tient non à la majesté du rang et à la gloire des souvenirs, mais à la valeur personnelle, à la force et au succès.

Le mouvement, désormais, est donné.

Sans doute, les Capétiens eurent de la chance. Les premiers laissèrent tous des fils. Les minorités furent rares. Les Croisades les débarrassèrent des plus turbulents de leurs vassaux. Certains de leurs adversaires, Richard Cœur-de-Lion entre autres, moururent fort opportunément. Mais ils eurent surtout du bon sens, de la probité, de la persévérance, de l'énergie, le sens des réalités et le goût de l'administration.

Pour commencer, ils soustraient la couronne aux caprices de l'élection, s'allient à l'Eglise et protègent les petites gens. Ils font régner la justice. Ils établissent l'ordre et la paix. Ils sont les chefs de la défense publique et les libérateurs du pays. Tour à tour, ils combattent Anglais, Allemands, Espagnols, Autrichiens. Avec l'âpreté d'un fermier qui arrondit son domaine, ils reconquièrent l'héritage carolingien. Chaque règne — ou presque —, marque une étape de la reconstruction. Sous Louis XIV, on travaille encore à la frontière du Nord toujours trop vulnérable et trop proche de Paris. On annexe l'Artois, la Flandre, l'Alsace et, à l'autre bout de la France, le Roussillon. Sous Louis XV, la Lorraine et la Corse.

Mais ce beau pays, il ne suffit pas de le garder et de l'agrandir, il faut le mettre en valeur. Le Roi construit des routes, trace des canaux, creuse des ports, endigue les rivières, ouvre des écoles, crée des hôpitaux, protège des Universités et des Académies. Monuments de gloire et d'utilité le proclament à l'envi père de la patrie et bienfaiteur public.

Quand les vieux auteurs parlent de lui, ils paraissent saisis d'une dévotion surnaturelle. Il est, disent-ils, le premier des Rois. Aucun souverain ne peut lui être comparé, ni pour l'ancienneté de sa couronne, ni pour l'éclat de son trône, ni pour l'étendue et la sainteté de son pouvoir. C'est un personnage divin que toute la nation honore et sert avec joie : « Tout l'Etat est en lui, écrit Bossuet, la volonté du peuple est enfermée dans la sienne ; comme en Dieu est réunie toute perfection et toute vertu, ainsi toute la puissance des particuliers est réunie dans celle du Prince... » On disait couramment en Europe que le Français était « ivre d'amour pour son Roi ». Le maréchal Marmont, né quinze ans avant la Révolution, raconte, dans un passage célèbre de ses *Mémoires*, quel prestige avait encore Louis XVI dans les derniers jours de la monarchie : « J'avais pour le Roi un sentiment difficile à définir, un sentiment de dévouement avec un caractère religieux. Le mot de Roi avait alors une magie, une puissance que rien n'avait altérées. Dans les cœurs droits et purs, cet amour devenait une espèce de culte. » Et l'on citait avec complaisance cette phrase d'un ambassadeur vénitien du XVIe siècle : « Le royaume de France a toujours été reconnu, par un consentement unanime des peuples, pour le premier et le plus excellent royaume de la chrétienté, tant par sa dignité et sa puissance que par l'autorité absolue de celui qui le gouverne. »

Mais ce sont là des mots, des mots dont le sens a souvent changé, car les hommes ne se font pas de l'autorité une idée unique et invariable, mais, au contraire, l'entendent de façons changeantes et diverses.

La manière dont la France monarchique s'était formée par pièces et morceaux sur les ruines de la France féodale donnait au pouvoir royal, théoriquement sans limites, un caractère et des bornes que, citoyens d'un Etat bureaucratique, napoléonien et à demi socialisé, nous soupçonnons difficilement.

L'autorité nous apparaît aujourd'hui sous les traits d'un fonctionnaire assis derrière un bureau et investi des droits les plus étendus, y compris celui de nous transformer en militaires et de nous envoyer recevoir des morceaux d'acier sur les champs de bataille.

Ce personnage est éternel, immuable, identique à lui-même d'un bout à l'autre du territoire. En plaine et en montagne, en Ile-de-France et en Lorraine, il applique les mêmes règlements et perçoit les mêmes impôts. Il est tout-puissant parce que son espèce est nombreuse, parce que tout le monde a besoin de lui, parce que ses décrets sont appuyés sur une police active, une magistrature vigilante et un immense matériel de coercition. Il recense, enregistre, espionne. Il dénombre nos revenus et fait l'inventaire de nos héritages. Il sait si nous possédons un poste de radio, un chien ou une automobile. Il instruit nos enfants et fixe le prix de notre pain. Il fabrique nos allumettes et nous vend notre tabac. Il est industriel, armateur, commerçant, assureur et médecin. Il a des tableaux, des forêts, des chemins de fer, des hôpitaux, des banques et des usines. Il accapare la charité. Si nous appartenons au sexe masculin, il nous fait comparaître devant lui, nous pèse, nous mesure, examine le fonctionnement de notre cœur, de nos poumons et de notre rate. Nous ne pouvons faire un pas ou un geste sans qu'il en soit averti, sans qu'il trouve prétexte d'intervenir. Sans parler des industries nationalisées, un million de Français au moins sont à son service, deux ou trois millions sont pensionnés par lui et les autres aspirent à l'être. Tout le monde grogne, mais obéit, et lorsqu'un de ses agents est houspillé par un électeur mécontent, il n'y a qu'une voix pour flétrir cette audace, demander des prisons et des juges pour le sacrilège.

Cette conception d'un gouvernement bureaucratique servi par une armée de fonctionnaires, promulguant pour une nation d'administrés une seule législation, est peut-être ce qu'il y a de plus étranger à l'Ancien Régime. Les plus grands réformateurs, les plus amoureux d'unité, Colbert, Machault, Maupeou, Lamoignon, ne pouvaient même pas imaginer pareille uniformité, ni pareille docilité.

Par décrets, Napoléon a bâti son édifice nouveau sur un sol nivelé. Après lui, les progrès des communications et des transmissions n'ont fait que renforcer l'autoritarisme ombrageux du pouvoir central. Par entreprises lentement conçues, lentement menées, on pourrait presque dire par tâtonnements, la monarchie, elle, avait réuni à la couronne d'anciennes provinces qui avaient chacune leur organisation et leurs coutumes. Et elle les a respectées. Le royaume est *un* par la personne du souverain, *multiple* par ses institutions.

En 1668, après la première conquête de la Franche-Comté, Louis XIV signa avec les représentants du pays une capitulation dont voici le premier article :

« Toutes les choses demeureront en Franche-Comté au même état qu'elles sont présentement, quant aux privilèges, franchises et immunités. »

Une clause garantissait le respect des lois et édits en vigueur sous la domination espagnole ; une autre interdisait l'introduction d'impôts nouveaux ; une autre conservait à Besançon son Académie. Dole se faisait promettre qu'elle serait le lieu de réunion des Etats... enfin, l'acte se terminait sur cette déclaration :

« S. M. promet et jure sur les Saints Evangiles qu'Elle et ses augustes successeurs les tiendront et maintiendront bien et loyalement en tous et quelconques leurs privilèges, franchises et libertés, anciennes possessions, usages, coutumes et ordonnance, et généralement qu'Elle fera tout ce qu'un Prince et Comte Palatin de Bourgogne est tenu de faire. »

Elargissez cet exemple, représentez-vous les provinces, les villes, les classes, les associations, les métiers, les offices, pourvus de chartes, de droits, de statuts, d'immunités de toute grandeur et de toute nature et vous aurez une idée de ce qu'était la France de Louis XV et de Louis XVI, et de la manière dont pouvait s'y exercer la volonté royale.

En dépit d'un très gros effort de simplification accompli sous Louis XIV, à toute décision gouvernementale continuait de s'opposer une masse de traditions, de contrats, de promesses, de faits acquis dont on était bien forcé de tenir compte. Il fallait discuter, composer, admettre des rabais, des décharges et des exceptions. Les ordres les plus formels se trouvaient corrigés et amendés par cet ensemble de pratiques contre lesquelles on ne pouvait pratiquement plus rien et qui, avec la succession au trône par ordre des primogéniture, constituaient proprement ces « lois fondamentales » du royaume, toujours invoquées, quoique jamais écrites, jamais produites, jamais promulguées. Sans cesse, les ministres se répandent en lamentations sur la difficulté de gouverner un Etat composé de corps et de citoyens si bien armés pour faire échec à leur Roi :

« On ne peut faire un pas dans ce vaste royaume, disait Calonne, sans y trouver des lois différentes, des usages contraires, des privilèges, des exceptions, des affranchissements d'impôts, des droits et des prétentions de toute espèce », et il ajoutait en ministre autoritaire et réformateur : « Cette dissonance générale complique l'administration, interrompt son cours, embarrasse ses ressorts et multiplie partout les frais et le désordre. »

Prenons un exemple. Au début du XVIIIe siècle, quelques administrateurs des provinces frontières, désireux de hâter la réparation des chemins les plus délabrés, réquisitionnèrent les paysans voisins des routes et les y firent travailler. Les résultats ayant paru satisfaisants, le système des *corvées* se répandit peu à peu.

En 1737, le contrôleur général Orry invita ses subordonnés à en généraliser l'emploi et il proposa un modèle de règlement. Bien entendu, il ne pouvait être question d'imposer ces prestations aux nobles ou aux ecclésiastiques. Les villes qui devaient elles-mêmes entretenir leurs rues et places y échappaient aussi naturellement et, des citadins, seuls paieront ceux qui possèdent fermes ou maisons de campagne. Seront encore exempts les officiers de justice, les commis des finances, les gardes des forêts, les ouvriers de la monnaie, les facteurs des messageries et, en général, tous les individus que l'on désire ménager et retenir parce qu'ils contribuent à la prospérité de leur province. L'intendant de Champagne, par exemple, exempte les ouvriers des manufactures d'armes, les fondeurs et les affineurs. En Poitou, ce sont les papetiers qui sont déchargés. Ici, la corvée est exigée avec sévérité. Là, avec douceur. Ailleurs, la mauvaise volonté est telle qu'on n'arrive pas à la mettre en train.

Voilà notre décision ministérielle bien amendée. Cela n'est pas tout. Le Languedoc qui a, depuis longtemps, un budget des Ponts et Chaussées, n'en tient aucun compte. Dans la généralité de Paris, où convergent nombre de grandes voies, les routes sont entretenues à prix d'argent et la corvée réduite au transport des cailloux et des pavés. En province, deux ou trois intendants entreprennent d'en améliorer le rendement, tout en diminuant la charge et, d'accord avec les paroisses, ils la transforment en une contribution pécuniaire, répartie sur l'ensemble de leur généralité. Orceau de Fontette imagine un système pour la sienne : celle de Caen, qui est riche. Turgot en applique un autre dans le Limousin, qui est pauvre. Devenu ministre, il tente d'imposer à la France entière une loi analogue, mais son essai d'uniformité échoue et on revient aux règlements partiels, plus nombreux que jamais, plus ou moins bien adaptés aux ressources de chaque région et au caractère de ses habitants.

Quarante ans après sa généralisation, la corvée est méconnaissable. De dix lieues en dix lieues, elle varie de nature, de taux, d'assiette, de poids. Déformée, grossie, rapetissée, convertie, acceptée, combattue, réduite à rien, elle traduit par ses mille formes l'extrême variété du royaume, sa puissance de résistance et de réaction à l'égard des entreprises gouvernementales.

Le premier ordre de l'Etat, le clergé, avait une organisation particulière qui en faisait un corps politique. Une année sur deux, ses représentants se réunissaient pour voter les taxes d'Etat. On les appelait « don gratuit », pour bien montrer qu'il s'agissait d'une sorte de cadeau et non d'une véritable imposition. Il va de soi que les délibérations préliminaires servaient de prétexte à un étalage de doléances auxquelles le pouvoir, à court d'argent, ne pouvait rester sourd. Dans l'intervalle des sessions, deux agents généraux étaient préposés à la défense des privilèges ecclésiastiques et ils s'acquittaient de leur tâche avec la plus grande vigilance. Gros propriétaire, riche de ses cent millions de dîmes, le clergé a en charge deux des fonctions auxquelles l'Etat moderne semble le plus tenir, pour lesquelles il dépense beaucoup et dont la monarchie ne s'occupe que par accident : l'instruction publique et l'assistance. Il y consacre une grosse part de ses revenus.

Dans les provinces les plus tardivement réunies à la couronne, avaient longtemps subsisté des Etats particuliers dont les pouvoirs étaient vastes : ils dirigeaient l'administration locale, géraient leur budget privé et votaient les impôts généraux. A la veille de la Révolution, ce système fonctionnait partiellement en Bourgogne, en

Provence, en Flandre et dans plusieurs pays des Pyrénées, absolument en Languedoc et en Bretagne. Les Etats de Languedoc avaient une fort bonne réputation et passaient pour assez traitables. Ceux de Bretagne étaient difficiles. L'emploi de commissaire du Roi y était considéré comme une épouvantable corvée dont il était à peu près impossible de s'acquitter avec honneur. Leur composition était singulière. Tandis que le Clergé et le Tiers n'y envoyaient qu'une cinquantaine de représentants chacun, tous les nobles âgés de plus de vingt-cinq ans et justifiant d'un siècle de noblesse paternelle pouvaient, en personne, assister aux séances et prendre part aux discussions. Il en venait quatre ou cinq cents, quelquefois plus. Susceptibles, méfiants, très jaloux des libertés de la province qu'avait consacrées le contrat de la duchesse Anne, ils étaient toujours prêts à fronder le gouvernement et à jouer de mauvais tours à ses fondés de pouvoirs.

Aussi originale était la situation des terres alsacienne et lorraine. Il n'y avait pas, entre la France et la Rhénanie, une frontière linéaire marquant une brusque solution de continuité dans les rapports sociaux et politiques, mais plutôt une zone de transition, un terrain de pénétration réciproque, parsemé d'enclaves et de villages contestés. Sarrelouis, place française, était en terre allemande, mais les princes allemands possessionnés en Alsace conservaient des droits sur un cinquième du pays. L'archevêque de Besançon comptait parmi ses suffragants l'évêque de Bâle, mais l'archevêque de Mayence restait métropolitain de Strasbourg. La limite douanière était entre la France et la Lorraine, non entre l'Alsace et l'Empire. De Nancy, on commerçait plus facilement avec Trèves et Mayence qu'avec Dijon ou Reims. Nulle hostilité entre Rhénans et Français. Tout au contraire : des rapports courtois et continus.

Beaucoup d'Allemands viennent s'installer chez nous. Huit ou neuf mille servent dans notre armée et tiennent précisément garnison dans l'Est. Les jeunes seigneurs du Palatinat ou du Wurtemberg rêvent de Versailles, parlent notre langue, achètent nos livres et collectionnent nos œuvres d'art. Les universités de Bonn et de Mayence sont toutes pénétrées de notre civilisation et quand Gœthe songe à être professeur, c'est pour enseigner à Strasbourg.

« Il ne faut point toucher aux usages du pays d'Alsace », avait écrit un ministre de Louis XIV. En vertu de cette maxime, ni le Concordat de 1516, ni la révocation de l'Edit de Nantes n'y sont appliqués. Les églises y vivent sous le régime en vigueur au moment de la réunion ; les protestants y pratiquent leur culte à peu près sans entraves. La langue, les coutumes, les tribunaux, les libertés bourgeoises, les constitutions municipales sont fidèlement respectés. Ni taille, ni aides, ni droits d'enregistrement ; des impôts locaux, perçus selon la forme traditionnelle.

On avait moins ménagé la Lorraine. Les premiers intendants établis à Nancy lui avaient fait regretter les derniers ducs. Cependant, avant d'être annexée, elle était passée par les deux étapes de l'occupation et du protectorat. Aussi bénéficiait-elle encore de quelques particularités précieuses : la justice y était plus régulière et plus éclairée qu'ailleurs. La plupart des droits d'aide n'y avaient point cours, non plus que la capitation et le troisième vingtième.

Les villes et communautés du royaume tenaient de leur passé des privilèges importants : exemptions ou réductions d'impôts, libre nomination des autorités urbaines, droit de justice, droit d'imposer, d'emprunter, de dépenser à leur guise... Bien qu'en beaucoup d'endroits le gouvernement central eût profité de la gestion imprévoyante et dépensière des grandes municipalités pour établir son contrôle ou ériger en offices les postes de maire et de lieutenant, la vie municipale n'en gardait pas moins une vigueur et une verdeur étonnantes. Le magistrat de Strasbourg, les jurats de Bordeaux, le corps de ville de Lyon, la chambre de commerce de Marseille qui nommait les consuls du Levant, étaient des puissances avec lesquelles il fallait compter. Les petites villes n'étaient pas moins acharnées à défendre leurs prérogatives et elles se seraient ruinées en procès plutôt que d'accepter de bon gré la tutelle du pouvoir royal. Les paroisses rurales élisaient des syndics, mais ceux-ci ne pouvaient rien faire sans l'assentiment de l'assemblée générale des habitants qui se réunissait le dimanche à l'issue de la messe pour choisir les collecteurs des tailles, délibérer sur la corvée, les chemins et les impôts, entendre les communications de l'intendant et la lecture des nouveaux édits.

Mais le plus puissant obstacle à l'exercice illimité de l'autorité royale était constitué par les tribunaux eux-mêmes : Parlements, Cours des Comptes, Cours des Aides, présidiaux, bailliages, sénéchaussées, élections, bureaux de finances, greniers à sel... dont les membres (moyennant certaines preuves de capacité) étaient propriétaires de leurs charges comme le sont aujourd'hui les notaires et les avoués.

Se représente-t-on bien ce que cette possession comporte d'indépendance, de liberté et de tentations ?

C'est le droit d'acquitter, d'approuver et de réhabiliter ceux que la Cour poursuit, d'attaquer ses agents et de les décréter de prise de corps, de refuser net l'enregistrement et l'application des édits nouveaux, bref la possibilité de tenir en échec toute la machine gouvernementale pour peu que l'allure en soit hésitante et embarrassée. Et cela avec d'autant plus de facilité que toutes ces justices n'ont point des limites absolues et qu'elles ont toutes, à des degrés divers, des attributions financières, administratives et politiques.

Si quelques-unes, endormies ou tombées en décadence, s'en sont laissé partiellement dépouiller, les autres, entreprenantes et hardies, en ont conquis de bien plus importantes qui leur donnent des prétextes infinis d'intervention et d'action.

Cette énumération est bien incomplète. Elle suffit pour

montrer en quoi la France d'autrefois différait de la France d'aujourd'hui, dans sa constitution et son gouvernement.

« Prise dans le carcan administratif qu'elle porte depuis plus d'un siècle sans révolte et qui favorise si bien les tyrannies sectaires ou césariennes », la France d'aujourd'hui est sans résistance et sans force contre les ministres et les bureaux. Des techniciens et des « spécialistes » suffisent pour la conduire. Les hommes comptent moins que les diplômes et les diplômes moins que les règlements.

Pour régner sur la fédération d'organismes vivants qu'était l'ancienne France, pour actionner et contenir à la fois ces milliers de républiques aristocratiques ou populaires, rivales et ombrageuses, il fallait plus de caractère, plus de soin, plus de diplomatie, plus de patience, plus d'énergie et plus d'amour. Un gouvernement honnête et bien intentionné n'y suffisait pas. Il fallait un roi bien conseillé, bien servi, respecté et craint.

Ce système de gouvernement, la France de l'Ancien Régime avait réussi à l'organiser mais, cette fois encore, il faut faire abstraction des habitudes contemporaines. Voici tout en haut, le *Roi en son Conseil* : c'est la formule même, par laquelle s'ouvrent les édits. Le Roi, en effet, ne peut en conscience décider seul. Il décide après avoir pris l'avis des plus éclairés. Le Conseil est donc le législateur suprême, le centre et le moteur de toute la machine. Mais ce singulier est impropre. Si l'on met à part le Conseil d'Etat que préside le chancelier et qui équivaut à notre Conseil d'Etat et à notre Cour de Cassation réunis, il existe un conseil d'en haut, dont les membres, quatre ou cinq, ont seuls le titre de ministres : c'est le Roi décidant en matière d'affaires étrangères, de guerre et de paix. Un conseil des finances : c'est le Roi ministre de l'économie nationale. Un conseil des dépêches : c'est le Roi ministre de l'Intérieur. Le gouvernement est personnel et collectif à la fois. En dessous des conseils, le chancelier, le contrôleur général, les secrétaires d'Etat aux affaires étrangères, à la guerre, à la marine, à la maison du Roi (avec Paris dans ses attributions), des bureaux ou commissions pour préparer les arrêts : quelques intendants de finances et quelques premiers commis pour diriger les services ; trente-deux intendants de province pour administrer sur place, et c'est tout. Peu de personnel, peu de paperasses, pas de routine, de l'initiative : tout ce qui est nécessaire pour aller vite et faire bien.

Certes, on n'était pas arrivé du premier coup à cet état. Avant que Louis XIV lui eût donné sa règle définitive et sa périodicité, le Conseil avait pris toutes les formes possibles, se gonflant et se vidant tour à tour au hasard des circonstances et des intérêts. Les intendants, de leur côté, n'étaient apparus qu'au milieu du XVIe siècle et n'avaient été tout d'abord que des commissaires provisoires, chargés de missions temporaires dans les provinces ou à la suite des armées. Pendant la Fronde même, ils avaient à peu près complètement disparu. Ce n'est qu'à partir de Colbert qu'ils furent établis à poste fixe dans des circonscriptions bien définies et avec des attributions si étendues que M. Lavisse a pu écrire avec raison que *l'intendant, c'était le Roi présent dans la province.*

On a souvent mal compris cette formule et cru que, semblable à nos préfets modernes, l'intendant n'avait, pour ainsi dire, pas d'existence personnelle, qu'il était une simple émanation du ministre et ne pouvait rien engager d'important sans en référer à Versailles. Ce n'est pas exact. Les pouvoirs considérables qui étaient conférés à l'intendant lui appartenaient en propre et véritablement. Il en usait de lui-même largement et sous sa responsabilité. Il ne mendiait pas sans cesse à Paris des instructions ou des ordres. L'aurait-il voulu, il en eût été empêché par la lenteur des communications. Il agissait, prenait des initiatives, allant de l'avant, ne cherchant que la consécration du succès. Il résolvait sur place les difficultés, entreprenait les réformes qu'il jugeait utiles, engageait à fond son autorité et sa personne, quitte à se faire couvrir ensuite par un arrêt du Conseil que, d'ailleurs, il proposait, préparait et rédigeait lui-même. Le contrôleur général le surveillait de haut, mais ne le gênait pas. Et cette liberté allait si loin qu'un intendant de Paris put, de son propre chef, dans l'étendue de sa généralité, modifier du tout au tout l'assiette de la taille et transformer la capitation, impôt de classe, en une taxe sur les loyers.

Jeune maître des requêtes, remarqué pour ses rapports et ses travaux, voici l'intendant prêt à partir pour sa province. Il est sérieux, appliqué, ouvert à toutes les nouveautés, à tous les progrès, impatient d'entreprendre, avide de se distinguer. Il restera en fonction dans le même poste, dix ans, vingt ans, trente ans, quarante ans, plus peut-être, et il ne quittera les intendances que pour une charge de conseiller d'Etat ou un portefeuille de ministre. De toute façon, il ne cessera, sa vie entière, de travailler aux mêmes questions, dans le même esprit, avec la même prudente hardiesse.

A aucun moment de son histoire, même au temps des grands préfets napoléoniens, la France n'eut une administration aussi sage, aussi attentive, aussi laborieuse, aussi dévouée au bien public, aussi accessible aux désirs de l'opinion. Car, si l'intendant est l'homme du Roi, il est aussi l'homme de la province. Il l'a habitée si longtemps qu'il fait corps avec elle. Il défend ses intérêts, il se fait son avocat et au besoin, au nom de son passé, des services rendus, il la protège contre les prétentions et les entreprises du pouvoir central.

Autour des intendants naissent et s'organisent, par ébauches successives, les grands services publics que la Révolution démolira et que Napoléon n'aura qu'à relever pour faire figure de créateur. L'enregistrement, le domaine, les hypothèques, l'administration des vingtièmes qui deviendra l'administration des Contributions directes, la Régie, les Postes, les Eaux et Forêts, les Ponts et Chaussées, les Mines : autant de corps dont la création et le perfectionnement doivent être, en toute justice, inscrits à l'actif des derniers Bourbons.

Bien des monuments demeurent de l'activité des intendants. Presque toutes les villes de province leur doivent leur physionomie et leur plan ; Bordeaux, Nancy, Orléans, Tours, Rennes, Metz, Châlons, Rouen, Limoges, Poitiers, Besançon gardent instacts des places, des rues et des jardins où s'inscrivent, dans la pierre et dans le sol, la prévoyance et le grand goût de leurs anciens administrateurs.

Mais plus encore qu'en flânant le long de leurs vieux hôtels, c'est en dépouillant les archives qu'ils nous ont laissées, que l'on se pénètre de leurs intentions et que l'on mesure leurs bienfaits.

Rien de moins rébarbatif que ces dossiers et que ces correspondances. Les hommes de ce temps savaient encore traiter les questions les plus ardues dans une langue aisée, sans lourdeur, ni barbarismes. Quand un ministre écrit à un intendant, c'est sur le ton d'une conversation d'affaires entre gens distingués. Le style est net, simple, précis. Les phrases disent en peu de mots ce qu'il est nécessaire de dire. En quelques lignes, sans longueurs, ni digressions, l'affaire est exposée sous toutes ses faces. Mais tout est exprimé avec noblesse, d'une manière à la fois courtoise et familière. Jamais un secrétaire d'Etat ne prescrit, n'ordonne, ne défend. Il recommande, conseille, prie. Il écrit d'habitude : « Je vous serais obligé... » Entre lui et l'intendant, aucune morgue, aucune servilité, aucun signe de subordination bureaucratique. Ce n'est que par de très légères nuances dans la formule finale qu'il est possible de découvrir quel est le supérieur et quel est l'inférieur.

L'administration des intendants est aujourd'hui bien connue. Elle a fait l'objet d'un certain nombre de thèses que l'on peut tenir pour définitives. Mais, avant 1914, c'est un historien russe, M. Ardascheff, qui avait, le premier, risqué une synthèse, laquelle est loin d'être négligeable. Traitant des rapports entre contrôleurs généraux, secrétaires d'Etat et intendants, il cite avec quelque admiration ce billet du contrôleur général des finances Lambert à un intendant du Languedoc : « J'ai reçu, Monsieur, avec la lettre que vous m'avez fait l'honneur de m'écrire le 29 du mois dernier, la copie des délibérations sur chaque article. Je vous remercie de cette nouvelle preuve d'affection. »

Assurément, le ministre de l'Intérieur n'écrit pas sur ce ton à ses préfets. Cela vient sans doute de ce que préfets et ministres sont étrangers les uns aux autres. Ceux-ci sont les hommes du Parlement ou les hommes d'un parti, ceux-là de l'Administration. Sous l'Ancien Régime, ministres et administrateurs appartenaient au même monde, à cette noblesse d'Etat qui possède héréditairement les charges de justice et qui fournit au Roi ses meilleurs serviteurs. Le style officiel eût été déplacé entre ces gens de bonne compagnie. Ils ne se seraient pas donné le ridicule d'écrire une autre langue que celle dont ils usaient dans leurs salons.

Assaillis de difficultés sans nombre, perdus dans une forêt d'institutions compliquées, jalousés par des contribuables hargneux, ces administrateurs élégants et fermes eurent le suprême mérite de réussir.

Comme l'a fort exactement écrit M. Mathiez, ce n'est pas dans un pays épuisé, c'est dans un pays florissant et en plein essor qu'éclatera la Révolution.

II.
L'État pauvre dans le pays riche

La misère peut susciter des émeutes. Elle ne cause point de révolutions. Celles-ci ont des causes plus profondes et, en 1789, les Français n'étaient pas malheureux. Les documents les plus sûrs nous prouvent, au contraire, que la richesse s'était considérablement accrue depuis un demi-siècle et que l'état matériel de toutes les classes de la société, sauf celui de la noblesse rurale, s'était sensiblement amélioré.

Le régime corporatif, beaucoup moins oppressif et beaucoup moins généralisé qu'on ne l'a dit, n'avait pas empêché la naissance et la mise en place de la grande industrie. Tout d'abord, certaines villes n'avaient pas de jurandes, ou peu. Ensuite les corporations n'avaient autorité que chacune dans sa ville et il n'existait point entre elles de fédérations. Enfin la campagne leur échappait complètement et il se trouvait à la campagne une main-d'œuvre abondante presque inoccupée en hiver. Les grossistes, du textile surtout, par l'appât de gains plus élevés, la font travailler pour le grand commerce. Ils distribuent la matière première, fournissent les machines, les dessins, ramassent le produit fini. Des industries dont le centre est un bourg, une ville, rayonnent ainsi sur le plat pays, en attendant que le délabrement puis la suppression presque totale du régime corporatif permettent la fondation de vraies manufactures. Le machinisme importé d'Angleterre favorise les concentrations de capitaux, et, déjà, au moins dans quelques-uns de ses traits permanents, se dessine la physionomie classique de la France minière et manufacturière. Dans le Nord et sur le pourtour du Massif Central: les exploitations de charbons et les usines métallurgiques (Le Creusot date de 1781) ; à Lyon : la soierie ; à Rouen et à Mulhouse : le coton ; à Laval : le lin et le chanvre ; à Troyes : la bonneterie ; à Castres, à Sedan, à Abbeville et à Elbeuf : la laine ; en Lorraine et en basse Alsace : le fer et le sel ; à Marseille : le savon ; à Paris : la tannerie, le mobilier et les industries de luxe. Déjà on se plaint de la difficulté de trouver une main-d'œuvre qualifiée et du manque de combustible !

Mesance, auteur de précieuses *Recherches sur la Population* (1766) écrit : « Toutes les personnes instruites conviennent que le commerce a fait des progrès étonnants depuis quarante ans ; que les manufactures du royaume sont présentement beaucoup plus occupées qu'elles ne l'avaient jamais été ; que malgré les progrès des anciennes fabriques et manufactures, il s'en est introduit dans ce royaume un grand nombre de nouvelles, inconnues à nos pères. » Et de nos jours, M. Labrousse a pu parler de « la création d'une masse énorme de richesses nouvelles par des moyens anciens ».

Toutes les formes d'associations en usage aujourd'hui sont, dès ce moment, couramment pratiquées. Nobles et bourgeois y mêlent leur argent. De grands seigneurs commanditent des roturiers. Anzin et Aniche sont la propriété de deux sociétés anonymes dont l'une a été fondée par le prince de Croy. Le duc de Charost exploite Roche-La-Molière, le marquis de Balleroy, Littry ; le prince de Conti, le maréchal de Castries et Tubeuf, la Grand-Combe. Parmi les maîtres de forges, on relève les noms du comte d'Orsay, du marquis de Chastenay, du comte de Mandat de Grancey, dont les hauts fourneaux sont situés en Bourgogne ou en Franche-Comté.

Le personnage moderne du gros industriel qui brasse

des millions et commande à des centaines d'ouvriers existe, au moins à quelques exemplaires, avant la Révolution (le roi du fer, Dietrich, emploie huit cents ouvriers à Niederbronn), tout de même que celui du financier, intermédiaire, courtier, prêteur et agent de change.

Il y a une Bourse, des banques, une Caisse d'Escompte au capital de cent millions qui émet des billets analogues à ceux de notre Banque de France, un marché à terme, une cote, de l'agiotage. On spécule sur les changes, sur les valeurs d'Etat, sur les parts de la Ferme générale qui perçoit les impôts directs, sur les actions des grandes compagnies : Compagnie des Indes, Compagnie des Eaux et Compagnie des Assurances. Au jugement de Necker, la France détient la moitié du numéraire existant en Europe. Le taux de croissance des industries est difficile à établir. Autant qu'on puisse faire parler les chiffres, les industries nouvelles sont les plus dynamiques. Pour la métallurgie on admet un taux de croissance de 72 % entre 1738 et 1789 ; pour la soierie lyonnaise, 185 % de 1720 à 1786 ; pour les charbonnages d'Anzin, 681 % de 1744 à 1789 ; pour les « indiennes » de Mulhouse, 738 % de 1758 à 1786. Chiffres impressionnants.

Le commerce extérieur, de son côté, a pris un développement prodigieux que — fait rare dans l'histoire économique de l'Ancien Régime — nous pouvons suivre d'année en année, grâce aux statistiques dressées par un commis du Contrôle général nommé Arnould et que corroborent les renseignements réunis par la Compagnie des Indes. Depuis la mort de Louis XIV, il a plus que quadruplé. En 1788, il atteint 1 061 millions et cet énorme chiffre ne se retrouvera plus avant 1848.

Les grands ports : Marseille, Bordeaux, Nantes, ont cette animation, cette couleur, ce caractère cosmopolite, cet air d'opulence et de grandeur qui étonnent encore aujourd'hui le paysan de l'intérieur habitué aux horizons étroits et à une vie silencieuse. Marseille accapare le commerce du Levant. Sur ses quais et dans ses magasins, s'entassent les tapis, les indiennes, les liqueurs, le riz, les blés, les vins de Chypre, les huiles, les peaux, les mousselines, les toiles peintes. Bordeaux et Nantes ont le monopole des denrées coloniales. A elle seule, Saint-Domingue leur fournit la moitié du sucre consommé dans le monde. Un moment ébranlés par le traité de 1763, leurs grands armateurs se sont vite ressaisis. Les victoires de la guerre de l'Indépendance américaine leur ont donné une audace nouvelle. Là où on lançait sept navires en 1738, on en construit trente-trois en 1784. Les vins de Bordeaux se vendent jusqu'en Russie. Les bourgognes règnent sur la Belgique et sur l'Allemagne.

Le commerce intérieur suit une marche parallèle. En 1715, on n'avait que de mauvais chemins coupés de fondrières et ravagés par les eaux, avec quelques chaussées pavées qui se disloquaient. En 1789, il y a dix mille lieues de bonnes routes, solidement empierrées, régulièrement entretenues, que n'arrêtent ni les rivières ni les montagnes. Les messageries, réorganisées par Turgot, sont plus rapides et moins coûteuses. Dans aucun pays, on ne voyage aussi vite, aussi bien et à si peu de frais. Arthur Young, qui visita la France sous Louis XVI, au début de la Révolution, ne tarit pas d'admiration (quoique très porté à dénigrer tout ce qui n'est pas anglais) sur la beauté et la commodité des routes françaises.

Mais ici, un grave problème se présente.

Cette société brillante repose-t-elle, comme on l'a dit, sur un fond de misère ? Au-dessous de la troupe dorée des bourgeois enrichis, y a-t-il une masse énorme de paysans affamés et sans ressources ?

Beaucoup l'ont prétendu. Et aussitôt de citer le célèbre passage de La Bruyère : « L'on voit certains animaux farouches, des mâles et des femelles... noirs, livides et tout brûlés de soleil... » sans réfléchir que cette page, vieille d'un siècle, n'était qu'un morceau de littérature fignolé par un moraliste amer qui, comme tous ses contemporains, prenait la charmante vallée de Chevreuse pour un sauvage désert.

On a glané aussi à travers les écrits de certains économistes des peintures effrayantes de la vie des champs. Mais la plupart ont été faites par des hommes de cabinet qui ne connaissaient la campagne qu'à travers les livres, à une époque où il était de mode de célébrer la naïve vertu des laboureurs et de verser des torrents de larmes sur la disette des fourrages ou le dépérissement des moutons mérinos. On a cité des témoignages de voyageurs, mais en face de chaque note affligeante on a pu en inscrire une autre qui la contredit. Comment, d'ailleurs, tirer de ces indications fugitives une conclusion générale ? En une heure de voiture, on passe d'un bon pays dans un mauvais, d'une terre grasse à un sol ingrat... Il suffit d'un jour de grêle pour mettre un village dans la désolation. Une récolte qui s'annonce bien en juin est misérable en juillet. Un printemps ensoleillé rachète un hiver détestable. D'une année à l'autre, tout change. D'une province à l'autre, tout varie. Il serait imprudent de donner à de menus faits, strictement localisés, une portée qui dépasserait la limite de leur canton.

Et puis, il faut avoir présent à la mémoire un fait capital et indiscutable, *à savoir que le système d'impôts qui pesait sur le paysan lui faisait des* APPARENCES *de la pauvreté une nécessité presque absolue.*

L'impôt rural par excellence, la taille, était un impôt sur le revenu grossièrement réparti d'*après les signes extérieurs de la richesse,* par des collecteurs choisis à tour de rôle entre les paysans eux-mêmes.

Malheur au taillable exact et sincère ! C'est sur lui que retombera tout le fardeau. Ayant à percevoir une somme fixée globalement à l'avance, désireux d'être débarrassés au plus vite de leur horrible mission, enchantés de trouver un naïf de bonne foi, une « poire » comme on dirait aujourd'hui, les taxateurs malgré eux se hâtent de doubler ou de tripler sa cote, tandis qu'ils ménagent ceux dont ils craignent des difficultés : les malins qui ont su dissimuler leurs revenus, les mauvaises têtes qui ont la réputation de ne pas se laisser faire, les plaideurs endurcis qui ne craignent pas les complications ni les « histoires » !

C'est un dogme profondément ancré dans les esprits populaires que le seul moyen de ne pas payer pour les autres, la seule façon de ne pas être écrasé par les estimations injustes, c'est de restreindre ses dépenses, de paraître sans ressources, d'affecter les dehors du plus profond dénuement : «Le plus riche d'un village, écrivait en 1709 le grand bailli de l'Ile-de-France, n'oserait à présent tuer un cochon que nuitamment, car si cela se faisait en public, on lui augmenterait son imposition. » L'Assemblée provinciale du Berry constate également en 1778 que le cultivateur « craint de montrer ses facultés », c'est-à-dire ses revenus, qu'il « s'en refuse l'usage dans ses meubles, dans ses vêtements, dans sa nourriture, dans tout ce qui est soumis à la vue d'autrui... ».

C'est le sort des impôts arbitraires, même modiques, de rentrer difficilement. Le contribuable de l'Ancien Régime est rétif, dissimulé et hargneux, à un point que nous ne soupçonnons plus. Sa mauvaise volonté est sans bornes. Il ne s'exécute qu'à la dernière extrémité. Le plus souvent, il est en retard de deux ou trois ans. Tel qui a de l'argent caché, dit Boisguillebert, ne se laisse pas arracher un sou avant la quarantième sommation. Plutôt que d'avouer son aisance, en payant dans les délais, on préfère être traîné en justice et menacé de saisie. On harcèle l'intendant de réclamations et de plaintes. On fait intercéder le seigneur, le juge et le curé. On gémit, on crie, on proteste sans arrêt et c'est à qui gémira, criera et protestera le plus fort et le plus longtemps, afin de ne paraître ni plus riche ni plus facile que le voisin.

Rousseau, perdu dans la montagne et souffrant de la faim, entre un jour chez un paysan et lui demande à manger. L'autre refuse : il n'a rien ; on lui a tout pris ; pas la moindre provision ; on peut chercher ; tout est vide. Rousseau supplie, s'entête, se nomme. L'autre écoute, s'apaise, se rassure, découvre en tremblant une cachette, en tire en grand mystère pain, viande et vin, mais proteste qu'il serait un homme perdu « si on lui connaissait pareille fortune ».

Telle est exactement la situation des paysans de l'Ancien Régime : une grande affectation de misère et, derrière ce manteau de guenilles, une vie paisible, souvent aisée, quelquefois large.

Ils sont, est-il besoin de le dire ? des hommes libres. Le servage qui s'est conservé dans presque tous les pays d'Europe n'existe plus en France. Il ne subsiste, sous une forme atténuée, que dans quelques coins du Jura et du Bourbonnais. C'est alors l'impossibilité de tester et c'est ce qu'on appelle la mainmorte. Si le mainmortable décède sans enfant, il est réputé sans héritier et ses biens reviennent au seigneur. Le chapitre de Saint-Claude et l'abbaye de Luxeuil ont encore environ vingt-trois mille mainmortables. Par un édit du 8 août 1779, préparé par Necker, Louis XVI supprima les dernières traces de servage sur les terres de la couronne. Il fut imité par quelques seigneurs de Franche-Comté, non par les ecclésiastiques.

Les paysans sont aussi, le plus souvent, des propriétaires. Tandis qu'en Angleterre, le régime des *enclosures* les rejette dans la dure situation de serviteurs ou de journaliers, ils profitent, en France, de la hausse des produits agricoles pour améliorer leur condition. Il est certain qu'à la veille de la Révolution, sauf dans les environs immédiats de Paris et de Versailles où les châteaux et les domaines de chasse sont nombreux, ils possèdent au moins la moitié du sol. Encore faut-il ranger dans la fraction qui appartient au clergé, aux nobles et aux bourgeois, chasses, parcs et domaines de plaisir.

Que l'on nous permette de citer quelques chiffres. Si, dans les Mauges, c'est-à-dire dans une des régions où la propriété ecclésiastique et la propriété aristocratique se sont le plus solidement maintenues, les deux ordres privilégiés détiennent encore 63 % de la terre, à Larrazet (Tarn-et-Garonne), selon le cadastre de 1769, qui nous est parvenu, les cultivateurs et les artisans ruraux possédaient déjà, à cette date, 49,8 % du territoire ; à Paroy (Seine-et-Marne, arrondissement de Provins), selon un cadastre de 1768, conservé par le châtelain, les paysans l'emportent dès cette année par 501 arpents sur 941. Même proportion dans le Forez. De 1750 à 1789, les paysans de la généralité de Soissons ont acquis quatre fois plus de terre qu'ils n'en ont perdu. De 1779 à 1781, ceux du Limousin ont gagné 4 000 arpents. Dans quatre-vingt-cinq paroisses de l'élection de Tulle, sur 247 000 arpents, ils en possèdent 137 080. Dans quarante-trois de l'élection de Brive, 34 000 sur 63 000. Dans ces deux circonscriptions, 17 % seulement ne sont pas propriétaires.

Pour certains villages, on arrive à des constatations plus favorables encore. Tel est le cas, par exemple, de Gillonay, en Dauphiné, près de la Côte-Saint-André. Dès 1702, sur 1 378 hectares, les paysans en possèdent 800. A la Révolution, 1 250. Les nobles n'ont sauvé que quelques pièces de vignes. Les deux châteaux et les fermes attenantes ont été vendus à des bourgeois.

A Saint-Benoist-sur-Loire, dans l'Orléanais, dès 1734, la vieille et célèbre abbaye qui avait possédé tout le territoire ne conserve plus que quatre métairies. Des cultivateurs aisés, des laboureurs, comme on disait alors, ont acquis les autres. Le reste de la population, soit trois cent quarante chefs de famille, se partage 733 arpents de terre, de vignes et de prés. Deux cent quatre-vingt-seize possèdent une maison ou une partie de maison. Les quatre habitants mentionnés comme journaliers ou manœuvres ont : le premier : une maison et un jardin ; le second : un coin de vigne ; le troisième : un arpent de terre et un demi-arpent de vigne ; le quatrième : une maison, un demi-arpent de terre et un quartier de vigne.

Les tout petits propriétaires mènent de front deux exploitations : l'une pour leur propre compte, l'autre comme fermier ou métayer. A quoi il convient d'ajouter une dernière ressource : l'industrie à domicile, tissage, bonneterie ou petite métallurgie, très développée au XVIIIe siècle, presque disparue aujourd'hui. Les serruriers du Vimeu et les horlogers du Jura sont les témoins de cet ancien mode de travail.

Dans les plaines vouées à la culture des céréales, Picardie, Brie, Beauce, Normandie orientale, la superficie des fermes atteint et dépasse cent hectares. Profitant de la hausse du prix du blé qui, jusque vers 1770, dépasse largement celle des baux, des fermiers réussissent à étendre leur exploitation, rarement par achat, presque toujours par location. On cite à Puiseux-Pontoise, un Charles Thomassin qui ne possédait en propre que trois hectares et qui, en 1773, en exploitait deux cent vingt-quatre comme fermier de plusieurs seigneurs. Voilà une aristocratie roturière sans terre, mais fortunée. En Flandre, en Tournaisis, en Picardie, en Artois, Laonnais, Soisonnais, les fermiers, grands et petits, ont imposé aux propriétaires un droit de préemption à leur profit : c'est ce qu'on appelle *le mauvais gré.* La communauté paysanne fait respecter cette coutume par la grève, les menaces, les rixes, le sabotage. Elle réussit même à empêcher le congédiement du fermier, si le propriétaire s'avise de vouloir exploiter lui-même.

En bien des endroits, la culture est demeurée primitive. La jachère reste la règle et les rendements sont faibles. Aussi, le gouvernement s'efforce-t-il de répandre l'usage des prairies artificielles (trèfle, luzerne) et de faire connaître les progrès réalisés autre part, surtout en Angleterre, en ce qui concerne la conservation des grains, le choix des semences, l'emploi du semoir, les labours profonds, l'amélioration des terres par les engrais. Il existe toute une littérature agronomique que distribuent les intendants, les sociétés d'agriculture et la haute noblesse qui, la mode aidant, se prend d'un vif intérêt pour les questions agricoles. Des fermes modèles sont installées, les écoles vétérinaires créées, des concours organisés, de nombreux marais desséchés, des landes entamées, la pomme de terre répandue, l'élevage amélioré par l'introduction et par l'acclimatation de races nouvelles. Gœthe, qui viendra en France en 1792, à la suite des armées prussiennes, sera frappé de la propreté et de la solidité des maisons lorraines, de la beauté de leur mobilier et de la richesse de leurs caves. Si ce n'est pas encore le bien-être, c'est quelque chose qui y ressemble beaucoup.

Mais cette propriété paysanne qui s'accroît et s'améliore est-elle une véritable propriété au sens plein du mot ou, au contraire, un simple mode de tenure, grevé d'intolérables servitudes ?

La féodalité, qui n'existe plus comme régime politique, ni même comme cadre social, subsiste au point de vue civil et économique. A côté du gouvernement royal, on voit, jonchant le sol, les débris du gouvernement qui l'a précédé et qui, dépouillé de ses attributions et ayant cessé de rendre des services, continue d'en percevoir le prix.

Que cette charge dont le motif n'apparaissait plus ait été impatiemment supportée, cela est sûr, et, au demeurant, naturel et légitime. Qu'elle ait paru d'autant plus vexatoire que la propriété paysanne était plus étendue, cela également va de soi. Mais qu'elle ait été d'un poids insupportable, cela est plus que douteux.

Tout d'abord, il ne faut pas se laisser abuser par l'extraordinaire quantité de mots qui servent à désigner les taxes seigneuriales. Nulle langue ne fut plus riche en synonymes.

Selon les lieux, selon son importance et selon la nature des terres, un même droit pouvait s'appeler : champart, terrage, agrier, agrière, parcière, tasque, tierçage, sixte, cinquain, vingtain, carpot, etc. Chaque substantif a sept ou huit équivalents, quelquefois plus et, de cette infinité d'appellations, on a vite fait de conclure à une fiscalité multiforme et dévorante, alors qu'en réalité tout se ramenait à quatre ou cinq redevances perçues les unes en nature, les autres en argent.

Les taxes en argent avaient été fixées une fois pour

toutes au Moyen Age. C'est dire que, par suite de l'avilissement des monnaies, elles étaient tombées à rien, et ne subsistaient plus que comme de simples formalités, où la vanité du seigneur pouvait trouver son compte, mais où sa bourse ne trouvait certainement pas le sien.

Les taxes en nature étaient plus lourdes, mais les titres en étaient contestés et, par négligence, par peur des difficultés ou par crainte de provoquer une émigration, beaucoup de seigneurs évitaient d'exercer leurs droits à la rigueur. « Vous ferez beaucoup de bruit », prescrivait le duc de Cossé-Brissac à ses régisseurs, « mais vous ne ferez de contrainte que dans les cas urgents et indispensables. »

En nombre d'endroits, les paysans demeuraient couramment vingt ou trente ans sans rien payer. En d'autres, ils avaient obtenu des arrangements qui réduisaient considérablement les anciens taux. En d'autres encore, en achetant la terre, ils avaient acquis du même coup les droits qui pesaient sur elle. Des centaines de péages avaient été supprimés par les intendants. Si le cens n'avait plus de raison d'être, les banalités se justifiaient encore par une contrepartie : l'entretien d'un pressoir, d'un four ou d'un moulin. La dîme ecclésiastique impliquait de même que le clergé ferait les frais du culte, instruirait les enfants, assisterait les pauvres et soignerait les malades.

Il est difficile de chiffrer le montant des taxes seigneuriales. Cependant, dans diverses localités du Maine, M. Jean de la Monneraye est parvenu à réunir des données précises. Pour les tenures roturières du fief de Maulny, l'ensemble des charges féodales atteint 12,5 % du revenu. Les censives du fief de Courtoux, sur un revenu annuel de 360 livres, doivent seulement 15 sols de cens et deux corvées, ce qui est infime. Dans le fief de la Forest, les propriétaires de rotures abandonnent au seigneur environ la centième partie d'un revenu de 4 488 livres. Dans la seigneurie de Trouchet, les redevances féodales équivalent au seizième du produit des terres. En moyenne, sans prétendre à une exactitude illusoire, on pourrait, dans cette région, s'en tenir à un taux de 10 %, à peu près ce qu'on paie en Guyenne (selon Marion), moins qu'en Bretagne (H. Sée), mais plus qu'en Roussillon (Brutails).

A la vérité, l'odieux des survivances féodales n'était point dans leur poids, mais dans le simple fait qu'elles étaient des survivances avec tout ce que cela entraîne d'incertitudes et de querelles : « Il n'y a de réel, dans la féodalité, que les procès », disait Le Trosne. Et c'est bien là, en effet, que gisait le mal.

Les droits féodaux étaient un prétexte infini à chicanes. Une vermine de petits robins campagnards qui n'avaient d'autre moyen d'existence que ces tracasseries perpétuelles s'employaient, d'une science sûre, à les envenimer. Tout était motif à contestation : l'obscurité des coutumes, l'imprécision des termes, l'absence de titres primitifs, la difficulté de trouver des équivalents aux anciennes mesures de capacité et de surface, la discrimination de ce qui était dû en argent et de ce qui ne l'était pas, le nombre, la nature, la légitimité des mutations et des rachats, les fraudes et les retards des meuniers seigneuriaux, etc. On plaidait, on replaidait sans arrêt ni répit. Les parties rivalisaient de mauvaise foi pour garder querelle ouverte. Et le juge les y aidait.

Cette rage de disputes ne fit que s'aggraver dans la seconde moitié du siècle. Beaucoup de nobles ne résidant plus sur leurs terres ou désirant se débarrasser des tracas, tout en s'assurant un revenu régulier, avaient affermé la perception de leurs droits utiles à des financiers ou à des commerçants qui, n'étant attachés aux gens du domaine par aucun souvenir de famille, ni par aucun point d'honneur, s'appliquèrent simplement à tirer d'eux le plus d'argent possible. Souvent aussi, ne se sentant plus en possession de documents irréfutables, à une époque où leurs prétentions étaient de jour en jour plus attaquées, les seigneurs entreprirent de faire renouveler, vérifier et compléter leur « terrier » par des juristes spécialisés dans ce genre de travaux, les feudistes, à qui ils accordaient généralement un pourcentage sur les rentes qu'ils récupéraient.

Les paysans qui avaient toujours argué de l'insuffisance des textes pour légitimer leur résistance ne pouvaient que perdre à cette opération. M. Robert Latouche a étudié la façon dont fut restauré le terrier de la collégiale de Montpezat, dans le Bas-Quercy. Les deux feudistes engagés pour ce travail poussèrent leurs recherches jusqu'au XIVe siècle. Intéressés, pour moitié, à la récupération des sommes dues, ils montrèrent une âpreté agressive. « A diverses reprises, leur mauvaise foi apparaît, ou tout au moins transparaît. » Par un raffinement de précaution, ils extorquèrent aux chanoines l'engagement écrit qu'aucune modération, aucun forfait ne pourrait être accordé aux défaillants, ni aux retardataires sans leur accord. Forts de cette procuration, ils firent vendre le bien d'un fermier, pour 507 livres de retard. Ailleurs, les feudistes s'appliquèrent à ressusciter des redevances tombées en désuétude, à relever le taux de celles qui s'étaient dégradées. C'est ce qu'on a appelé la réaction féodale. Au moment précis où le gouvernement encourageait les publicistes à proposer l'abolition des taxes anciennes, les paysans eurent le sentiment que les seigneurs essayaient de les accabler sous des charges nouvelles et ils s'élevèrent contre eux avec le désespoir d'un noyé qui, sur le point d'atteindre la terre, rencontre un obstacle imprévu.

Cette haine était injuste. A l'ordinaire, les hobereaux n'étaient point de méchantes gens. Dans le Rouergue, Arthur Young trouve des gentilshommes dont le revenu atteint difficilement cinq cents livres. Un autre voyageur, Smolett, assure que les gentilshommes du Boulonnais ne sont pas assez riches pour faire plus d'un repas par jour, soupe, bouilli, poisson et salade. Lorsque l'assemblée électorale du Poitou se réunit en 1789, sept nobles ne purent pas, faute d'argent, payer leurs notes d'hôtel. Ils dirent que leurs filles faisaient le pain du ménage et menaient paître les vaches. Aussi sales et aussi crottés que leurs fermiers, les « privilégiés » pauvres ne gardaient guère de leur seigneurie qu'un arbre généalogique, un colombier, un chien de chasse et une vieille épée rouillée. Leur fortune avait sombré dans la tourmente des guerres de Religion et la hausse constante du prix de la vie, provoquée par l'afflux de l'or américain, ne leur avait pas permis de la restaurer. Comme le père de Chateaubriand qui logeait avec cinq domestiques et deux juments dans un château où auraient tenu cent chevaliers, leur suite et la meute du roi Dagobert, ils vivotaient chichement dans leurs manoirs démeublés et délabrés. Le plus souvent, leurs dernières terres étaient hypothéquées et ce n'est pas par plaisir qu'ils avaient engagé leurs rentes aux hommes d'affaires qui en poursuivaient le recouvrement avec une âpreté qu'ils n'y auraient jamais mise eux-mêmes.

Les paysans n'avaient aucun motif pour les détester personnellement. En beaucoup d'endroits, au plus fort de la Terreur, ils les protégeront et ils les sauveront. Mais en cette année 1788, ils leur en veulent d'être le dernier obstacle à leur affranchissement total. Le dernier, c'est-à-dire celui contre lequel s'accumulent colères et rancunes, celui que, dans la hâte d'arriver, on brise sauvagement, au lieu de le tourner, comme on avait tourné tous les autres. L'ombre de la servitude paraît souvent plus lourde que la servitude elle-même.

Mais, on ne saurait trop le dire, la population rurale n'est pas homogène : entre le journalier qui n'a que ses bras pour vivre et le riche laboureur qui loue ses services, il y a presque autant de différence qu'entre un savetier et un duc et pair. Cependant, le journalier n'est pas malheureux, parce qu'à la campagne, la propriété n'a pas le caractère absolu que le droit romain lui donne. Elle est subordonnée à ce qu'un juriste appelle le « droit social », c'est-à-dire aux justes besoins de la communauté. En d'autres termes, elle est soumise à diverses servitudes qui, périodiquement, la remettent à la disposition de la paroisse entière, riches et pauvres également. C'est la vaine pâture sur les terres dépouillées, le glanage, le droit de chaume, les *usages* dans les forêts, la jouissance indivise des biens communaux, landes, marais et prairies. Tout cela permet au paysan, dénué de propriété foncière, de posséder une chèvre, un porc, une vache, des poules, des lapins, de se fournir gratuitement de litière, de bois et de fourrage. Certaines de ces coutumes entraînent même une réglementation très stricte de la culture : pour que le troupeau communal pût se déplacer commodément, il fallait que le territoire du village fût obligatoirement partagé en sections ou soles, et que chacune d'elles fût soumise à la même rotation, jachère, blé d'hiver, grains de carême. La vaine pâture interdisait de clore les prairies ; elle exigeait que la moisson et la fenaison se fissent partout en même temps, selon les « bans ». Enfin le glanage et le droit de chaume devenaient beaucoup moins profitables si on se permettait de substituer la faux à la faucille. Bref, « toutes les pensées du paysan pauvre tendaient à limiter le droit de propriété individuelle pour défendre les usages collectifs qui lui permettaient de vivre et qu'il regardait comme une propriété aussi sacrée que les autres ».

Mais il n'est pas moins évident que ces usages forment un obstacle presque insurmontable au progrès agricole : la liberté de clore (déjà pratiquée dans l'Ouest et dans le Centre) est réclamée par les agronomes, comme la condition nécessaire à toute amélioration du sol et des méthodes, à tout accroissement de la production. A partir de 1765, propriétaires, éleveurs et intendants s'efforcent de faire triompher au ministère la politique d'individualisme agraire. Le Conseil, quoique inclinant dans le sens des novateurs, procède avec beaucoup de circonspection : on clôtura surtout des prés, pour sauver les regains. Néanmoins, l'inquiétude subsistait parmi les déshérités, attachés à la routine comme à une sauvegarde.

Une autre querelle était ouverte, en ce qui concernait les biens communaux. Si l'on se décidait à les partager, comment s'accomplirait le partage ? A égalité, par famille ? Proportionnellement aux impositions ? Quelle serait la part du seigneur ? Le tiers, la moitié, comme beaucoup le prétendaient ? Comment seraient tracées les parcelles ? Qui en ferait l'attribution ? Et les pauvres ne perdraient-ils pas à recevoir en pleine propriété un petit morceau de champ ou de forêt, au lieu de garder un droit éminent sur l'ensemble ? Les colères s'aigrirent lorsque Louis XVI eut accepté la restauration des Parlements, dont presque tous les membres étaient propriétaires. Les tribunaux jugèrent contre les paysans (les serfs de Saint-Claude furent déboutés par le Parlement de Besançon) et ce fut un nouvel épisode de la réaction seigneuriale.

En somme, pour employer des termes un peu solennels, on peut dire qu'en 1789, la partie la moins favorisée de la population paysanne était en révolte virtuelle contre la transformation capitaliste de l'agriculture.

Il n'en reste pas moins que, depuis un siècle, les campagnes s'étaient enrichies. Certes, la hausse des prix poursuivie presque sans à-coup, à partir de 1730, avait profité inégalement aux uns et aux autres. Des historiens ont prétendu qu'elle avait écrasé les journaliers, parce que la hausse des salaires ne suit jamais qu'avec retard celle des denrées. Il y a, sans doute, dans cette hypothèse une part de vérité, mais très difficile à préciser. Tout d'abord en raison des différences régionales : comme les transports sont coûteux, les prix varient beaucoup d'une province à l'autre et aussi les salaires des journaliers (c'est dans le Sud-Est qu'ils touchent le plus, le moins en Bretagne). En second lieu, la somme versée en argent ne représente pas tout le salaire. Les contrats de travail prescrivent que le journalier recevra sa nourriture, sa boisson, ses sabots et un vêtement par an. Enfin, on ne peut pas savoir combien de travailleurs agricoles possédaient une maison, un jardin, une basse-cour, un cochon ou une vache. Edmond Soreau cite d'après les *Affiches, Annonces et Avis divers de l'Orléanais* l'exemple de cinq journaliers qui vendent des pièces de terre (une de cinq hectares) et une maison provenant de la succession de leurs pères et mères. Les transactions sont nombreuses, après héritage, chez les manouvriers et valets de ferme dans le Dauphiné comme dans l'Orléanais. Les historiens marxistes qui affirment que huit millions de paysans étaient des purs prolétaires avancent un chiffre impossible à justifier. Ce qui est infiniment vraisemblable, c'est que l'ouvrier agricole est, de tous les ruraux, le plus sensible à ce qui nuit au travail des champs, c'est-à-dire entraîne une réduction de son salaire : froids prolongés, pluies diluviennes, récoltes compromises par les gelées ou par les orages, troubles politiques aussi. Ces mauvaises années-là apparaissent, dans les villages, des mendiants, dont on ne parlait pas durant les bonnes : ce sont des chômeurs et demi-chômeurs.

Ces circonstances exceptées, on peut dire que la vie est devenue plus sûre pour tout le monde. Plus de famines. Les disettes qui, au siècle précédent, avaient provoqué une raréfaction des mariages et une restriction des naissances ne sont plus que souvenirs ou imprécises menaces. Les meilleurs rendements, le maïs, la pomme de terre, les communications plus faciles en sont venus à bout. A défaut d'autre signe, l'accroissement régulier de la population suffirait à le prouver.

L'intendant de Riom, La Michodière, écrit à Voltaire (13 décembre 1757) qu'ayant fait exécuter des dénombrements dans cinquante bourgs et villages d'Auvergne, il a constaté qu'en quarante ans la population a beaucoup augmenté presque dans tous. Des études partielles récentes confirment ce mouvement. Dans le Quercy, entre 1689 et 1786, la population est passée de 235 000 habitants à 386 000 (Mlle Pinède). Dans le Languedoc, on constate un allongement de la durée de la vie ; dans l'Oise et la Seine-Maritime une baisse sérieuse de la mortalité. Par malheur, la monarchie était encore trop mal outillée et n'avait pas une administration assez nombreuse pour procéder à un recensement général. Mais les contrôleurs généraux Orry, Bertin, Laverdy ordonnèrent des enquêtes par généralité et l'on tenait des relevés exacts des mariages, des naissances et des décès. De ces documents, de ces sondages, des renseignement réunis par les comités de l'Assemblée Constituante, on peut conclure qu'il y avait en 1789 vingt-cinq millions de Français au moins et très probablement vingt-six, soit deux fois plus d'habitants que l'Angleterre et que la Prusse, autant que l'Allemagne, l'Autriche et la Hongrie réunies.

Les écrivains marxistes, toujours en quête d'un prolétariat qui voulût bien rentrer dans leurs schémas doctrinaux, affirment que 16 % de cette population vivaient dans les villes. Mais cette proportion repose sur une définition assez fantaisiste usitée lors du recensement de 1846, sous Louis-Philippe. Pour flatter les notables des chefs-lieux de cantons, les ministres de la royauté bourgeoise appelaient « ville » toute localité de deux mille habitants. En réalité, il n'y avait en 1789 que huit villes ayant plus de cinquante mille habitants : Paris (500 à 600 000), Lyon (près de 100), Marseille, Bordeaux, Rouen, Lille, Nantes, Toulouse.

***

Dans ce pays prospère, dans ce pays riche, l'Etat était pauvre. Pour avoir été revu, ce paradoxe ne nous étonne plus. Il faisait alors scandale : « Il était extraordinaire, dit Besenval, de voir le Roi prêt à faire banqueroute dans un instant où la France était si florissante, la population au degré le plus désirable, l'agriculture et l'industrie poussées à leur comble, et Paris regorgeant d'argent... »

A vrai dire, il est impossible de dresser exactement le bilan royal. La multiplicité des budgets spéciaux, le grand nombre des caisses particulières, l'enchevêtrement des exercices, la dispersion du contrôle entre plusieurs tribunaux, rendaient la comptabilité difficile et compliquée. Les Fermes et les Régies ne versaient pas intégralement au Trésor les sommes encaissées par elles : elles retenaient au passage les frais de perception. En outre, pour réduire les transports de numéraire, l'usage s'était établi d'amputer sur place certaines recettes pour acquitter sans détour des dépenses régulières dont le montant n'apparaissait plus clairement. Les chiffres donnés par les divers contrôleurs généraux représentent des écarts considérables et il n'y a pas de raisons bien solides pour se décider pour l'un plutôt que pour l'autre. Le document le plus explicite est le « compte du Trésor », établi pour 1788, par quatre commissaires nommés en vertu d'un arrêt du Conseil de février. Il a servi de base aux calculs de M. Braesch, en préface à ses études sur la monnaie et les finances révolutionnaires.

Les recettes sont la partie la plus claire du budget : 504 millions dont 256 pour les impôts indirects. Pour les dépenses, en mettant les choses au pire, on arrive à 629 millions, soit un déficit de 125 millions pour 1789.

Sur ces 629 millions, 34 allaient aux maisons royales et princières, 32 aux pensions. C'est beaucoup, c'est trop. A coup sûr, des sommes considérables étaient dissipées en faveurs, en sinécures, en gratifications, en grâces de toutes espèces distribuées à tort et à travers, à la clientèle brillante, mais famélique, qui entourait le souverain. On gaspillait pour les courtisans, comme on gaspille aujourd'hui pour les électeurs. Mais ces « mangeries » reconnues, il faut aussi admettre que la légende les a exagérées. Une grande partie de ces dépenses étaient justifiées. Il fallait bien entretenir les propriétés royales et les bâtiments nationaux. Beaucoup des pensions étaient, dans notre langage moderne, des retraites (en particulier aux officiers et veuves d'officiers), des secours de charité que justifiaient les services rendus. On ne saurait oublier, enfin, que la Cour avait été, dans son principe, un moyen de retenir et de surveiller les grands seigneurs factieux. Et si l'on se rappelle les horreurs de la Fronde, il faut avouer que la paix sociale y avait gagné. Des compressions énergiques étaient très certainement réalisables, mais si importantes fussent-elles, on n'en aurait ressenti qu'un médiocre soulagement parce qu'elles portaient sur des chapitres, somme toute, secondaires.

Si nous passons sur la guerre — 100 millions — et sur la marine — 47 millions — qui, dans l'état de l'Europe, ne se prêtaient pas à des retranchements bien considérables, nous arrivons à la véritable cause du déficit : le paiement des rentes et l'amortissement des emprunts : 318 millions, la moitié du budget, proportion énorme, plus faible, cependant, qu'à la veille de la seconde guerre mondiale. Sur ces trois cents millions, Louis XIV et Louis XV n'entraient que pour moins d'un tiers, 93 millions exactement, Louis XVI pour le reste.

Le fait est d'importance et vaut qu'on y insiste, parce qu'il contrarie certaines idées communément répandues.

Les meilleures années budgétaires du siècle avaient été les années 1737, 38 et 39. Pendant cette période, les recettes couvrent les dépenses ; les paiements sont à jour ; peut-être même y a-t-il de légers excédents. Le Roi et le principal ministre Fleury donnent l'exemple de l'économie. On les accuse d'avarice et les mauvaises langues chuchotent que le Bien-Aimé coûte cher à ses maîtresses.

Les guerres continentales et maritimes détruisent ce bel équilibre. L'enjeu était gros et justifiait tous les sacrifices. Il fallait défendre les colonies et disputer à l'Angleterre l'hégémonie des océans. Les finances n'en sont pas moins très éprouvées et, en dépit de nombreux appels à l'épargne, le déficit reparaît. Point de catastrophe, cependant. Les ministres des finances de Louis XV ne sont pas tous des aigles, loin de là. Au moins, à travers des expédients plus ou moins habiles et des tentatives plus ou moins heureuses, restent-ils tant bien que mal fidèles à cette maxime élémentaire qui veut qu'à chaque nouvel emprunt correspondent de nouvelles ressources destinées à assurer le service de ses intérêts. Grâce à cette précaution, les pires malheurs sont évités et la valeur du franc n'est pas ébranlée. Au moment où Louis XV meurt, l'abbé Terray vient d'entreprendre la réforme du vingtième, et commence à plier sous lui tous les contribuables privilégiés.

Turgot ne change rien, ni en bien ni en mal, mais il est bientôt remplacé par un personnage que ses contemporains prirent pour un génie bienfaisant et qui n'était qu'un illusionniste vaniteux : Necker. Sa désignation étonna. Mais depuis quelque temps, par l'intermédiaire d'un intrigant qui avait travaillé dans les fournitures de la marine, il faisait passer à Maurepas des mémoires sur les affaires de finances, dans lesquels il exagérait les ressources et présentait les choses sous la plus brillante image. Amateur de nouveautés, Maurepas goûta ces moyens sans les approfondir et enleva la nomination du magicien comme directeur du Trésor, sous la couverture d'un contrôleur général, qui se retira bientôt et le directeur du Trésor se trouva directeur général des Finances.

Fils cadet d'un avocat prussien établi à Genève pour y enseigner le droit germanique, descendant d'une famille luthérienne qui comptait beaucoup de diacres, de chantres et de pasteurs, Jacques Necker était entré, à seize ans, chez le banquier Isaac Vernet. Il s'y fit remarquer, écrit son dernier biographe, par « une lourde et méthodique ténacité ». Aussi, deux ans plus tard, devenu calviniste et franc-maçon, est-il envoyé à Paris au siège principal de la banque. En 1762, quand le vieux Vernet se retira, Necker était déjà intéressé aux bénéfices de l'affaire. Le neveu de Vernet, Thélusson, le conserva comme associé, avec une participation d'un quart. Soudain, la banque prit un développement extraordinaire. Par l'indiscrétion d'un commis des Affaires étrangères, Necker avait surpris la marche des négociations de paix entre la France et l'Angleterre et profité de ce renseignement pour acheter à vil prix quantité de valeurs anglaises qui ne tardèrent pas à remonter en lui laissant un bénéfice prodigieux, 1 800 000 livres, selon ses ennemis.

Ce fut là l'origine de sa fortune. Il l'accrut par des opérations analogues sur des créances canadiennes et en fit oublier l'origine en recevant à sa table les philosophes et les publicistes « avancés », magnificence qui lui valut, en outre, la réputation d'homme éclairé. Au vrai, tout son art se bornait au lancement des emprunts. Il savait trouver les combinaisons qui plaisent au public et il les appuyait par des manifestations de sentiments affectueux, des économies de bouts de chandelle exécutées à grands fracas, et, surtout, un déluge de fausses nouvelles optimistes. Tel son fameux *Compte rendu* de 1781 qui, présentant la situation d'une manière entièrement fausse, fit naître mille illusions mais, du même coup, prépara d'amères déceptions et rendit la révélation de la vérité d'autant plus difficile et d'autant plus redoutable.

Dévoré par un amour-propre qui semblait s'échapper par tous les pores de sa peau, il prétendit soutenir la guerre d'Amérique par le seul moyen du crédit, sans charges nouvelles et, pour mieux s'assurer de brillants succès d'émission, il eut soin de proposer aux prêteurs des placements extrêmement avantageux pour eux, mais ruineux pour l'Etat : emprunts à lots avec amortissement très rapide et surtout rentes viagères à 8, 9 et 10 % pouvant être reportées sur trois et quatre têtes, sans condition d'âge. Une science nouvelle naquit : celle d'utiliser les infinies possibilités de gain qu'offraient les opérations de Necker.

Les banquiers genevois surtout y excellèrent. Ils formèrent, dans tous les pays d'Europe, des associations de bébés vigoureux sur qui ils assirent leurs rentes pour soixante-dix ou quatre-vingts ans, en se faisant couvrir contre les risques de mort par des compagnies d'assurance. Des pères de famille empruntaient à 5 % des capitaux qu'ils plaçaient en viager à 10 % sur la tête de leur enfant. Au bout de quatorze ou quinze ans, leur dette se trouvait amortie et l'enfant conservait intégralement pour toute sa vie l'intérêt à 10 % d'un capital qu'il n'avait jamais possédé. Et ainsi de suite... Selon une expression de Linguet, on ne saurait même énumérer « les facilités inconcevables que donnait le ministère français à quiconque voulait bien concourir pour l'aider à ruiner la nation ».

En 1777 Necker emprunte 24 millions : en 1778 : 48 ; en 1779 : 69 ; en 1780 : 36 ; en 1781 : 77. A quoi s'ajoutent les emprunts indirects par personnes interposées. Le Languedoc procure 48 millions ; la Bretagne, 16 ; la Provence, 8 ; l'Artois, 3 ; la Ville de Paris, 10 ; l'Ordre du Saint-Esprit, 11 ; le clergé, 14 ; la ville de Gênes, 6 ; les fermiers et régisseurs des impôts, 29 ou 30 ; les possesseurs d'offices, 7, etc., en tout plus d'un demi-milliard *que ne garantissait aucun gage nouveau.* On comptait sur l'emprunt le plus récent pour payer les intérêts de celui qui l'avait précédé.

Saignée mortelle, écrivait à Vergennes, notre ministre à Genève, Hennin. « Charlatanisme ! » disait le marquis de Mirabeau. Le mot n'est pas trop fort, et Necker s'était lui-même condamné le jour où il avait écrit : « La plus dangereuse comme la plus injuste des ressources, c'est... de faire des emprunts sans en avoir assuré l'intérêt... Une telle administration qui séduit parce qu'elle éloigne le moment des embarras, ne fait qu'accroître le mal et creuser plus avant le précipice. »

Lui parti, ses successeurs se trouveront pris dans ce dilemme : ou bien continuer à emprunter, en entretenant dans le public le mirage de la richesse : ce sera la méthode de Calonne jusqu'à l'Assemblée des Notables, ou bien risquer le coup de tonnerre de la franchise et tenter d'augmenter, d'une fois et formidablement, les impôts : ce sera la deuxième manière de Calonne et celle de Brienne.

Cette dernière solution, la meilleure ou la moins mauvaise, n'était pas impossible, à condition de la vouloir fermement. La France était en pleine prospérité ; les contribuables les plus riches étaient loin d'avoir atteint la limite de leurs facultés et de leur juste dû. La banque route se trouva même retardée de plusieurs années par le seul fait des plus-values que produisait un courant d'affaires exceptionnel. Mais si on pouvait demander plus, il fallait le demander autrement.

Si les impôts de l'Ancien Régime n'étaient pas excessifs, ils étaient vexatoires, étant essentiellement des impôts sur le revenu : la taille sur le revenu global, les vingtièmes sur les cédules. C'est même une chose curieuse que, sous prétexte de fiscalité démocratique, on ait rétabli ce système universellement abhorré un siècle et demi plus tôt. Bien que la monarchie, plus sage en cela que les régimes modernes, ait assis les vingtièmes sur les seuls revenus du capital, en exemptant les gains du travail, bien qu'elle ait esquivé une grosse difficulté en consentant des forfaits pour les revenus mobiliers, elle se heurtait, pour tous les autres, à l'éternelle impossibilité de déjouer la fraude. Avec une administration innombrable et des moyens d'investigation inquisitoriaux, on n'y arrive pas aujourd'hui. Que pouvaient faire les intendants et les directeurs des vingtièmes bridés par une infinité de franchises, d'abonnements et de privilèges ?... Les progrès réalisés par l'abbé Terray ne furent pas maintenus parce qu'ils exigeaient du gouvernement des luttes continuelles et une persévérance jamais en défaut, et qu'au surplus, en matière d'impôts sur le revenu, il est à peu près impossible d'avoir raison de la mauvaise foi et de la mauvaise volonté des puissants.

Pour sauver la situation, il n'y avait qu'un moyen : jeter en bas le vieux système et le remplacer par des impôts simples, assis sur des bases claires, exactement ce qu'a fait la Révolution. La voie était tracée, d'ailleurs. La contribution mobilière venait d'être établie là où elle était le plus difficile à lever : dans la ville de Paris. Elle avait été bien accueillie et fonctionnait à la satisfaction de tous. Il était possible de la généraliser. De nombreux projets de contribution foncière — on disait alors : subvention territoriale — avaient été étudiés dans les bureaux du Contrôle général. Celui que Calonne proposa aux Notables n'était pas mal compris. Les travaux poursuivis dans les provinces pour l'établissement de la taille tarifée, l'évaluation des fonds nobles soumis aux vingtièmes et la revision des cadastres en auraient facilité la mise en train. Mais, pour cela, il fallait *vouloir* et c'est toujours à *ce vouloir* que nous arrivons.

La France d'avant la Révolution n'était point malheureuse. Elle avait sujet de se plaindre, non de se révolter. Des deux grands problèmes qui s'imposaient à son attention : l'abolition des vestiges de la féodalité et la réforme financière, aucun n'aurait été insoluble, si une crise intellectuelle et morale n'avait atteint l'âme française. Elle compliqua les moindres conflits et rendit inquiétante, puis désespérée, une situation qui n'était que difficile. C'est encore M. Albert Mathiez qui le dit : « Les révolutions se font d'abord dans les esprits avant de passer dans les choses. »

III.
La doctrine révolutionnaire

Le XVIIe siècle avait été, pour le génie français une époque de plein épanouissement. L'homme que l'on aime alors à se représenter est un être conscient et réfléchi qui impose silence à ses appétits et à ses passions pour se soumettre à une règle supérieure d'ordre et d'harmonie. Il se défie des fantaisies individuelles, des singularités du sentiment, des actes instinctifs, de tout ce qui est trouble et mal défini, de ces poussées inconscientes qui obscurcissent les esprits les plus limpides comme l'ombre d'un nuage la surface d'un étang. Connaissant ses faiblesses, il ne fait point de ses désirs le fondement de la morale ni de la science. Il a le goût de la hiérarchie et de la discipline. Il met sa gloire à se soumettre à l'expérience accumulée. Il est chrétien et conservateur. Il a horreur des troubles et des révolutions. Il aime l'universel et le stable. Dans tous les temps et dans tous les pays, sous toutes les modes et toutes les apparences, il prend plaisir à retrouver les mêmes vérités permanentes et générales. Il a le don de l'organisation, l'esprit droit, l'amour du vrai et le sens des réalités.

Pendant des années et des années, la France s'admire en Louis XIV parce qu'il est raisonnable, modéré, exact, méthodique, maître de lui, parce que ses sentiments sont nobles, sa vie glorieuse et bien distribuée. Le même idéal inspire tout le siècle. Colbert et Vauban l'expriment avec autant de force que Racine, Poussin et Bossuet. Un sermon de Bourdaloue, une instruction d'Hugues de Lionne, en portent l'empreinte au même titre que le Louvre, Versailles et les comédies de Molière. Il donna la royauté du monde à la France qui, par lui, continua l'œuvre merveilleuse d'Athènes et Rome.

Le drame du XVIIIe siècle n'est point, à la vérité, dans les guerres, ni dans les *Journées* de la Révolution, mais dans la dissolution et le retournement des idées qui avaient éclairé et dominé le XVIIe. Emeutes et massacres n'en seront que la traduction éclatante et sanglante. Quand ils auront lieu, le véritable mal sera depuis longtemps accompli.

L'esprit révolutionnaire est vieux comme les sociétés. L'aspect qu'il prit vers 1750 n'est pas lui-même une nouveauté. De tout temps, les poètes se sont plu à imaginer des pays enchantés où des hommes parfaitement bons vivraient sans contrainte au milieu d'une nature exquise, et les moralistes ont usé du même stratagème pour sermonner leurs contemporains et leur faire honte de leurs vices. Mais ce n'était là que badinage ou exercice de rhétorique. Pour que ces rêveries se muent en dogmes, pour que ces plaisanteries tournent à la haine de l'autorité et au mépris de la civilisation, il faudra qu'elles soient enflammées par une passion quasi religieuse.

La Réforme fut une première explosion d'individualisme. Les grandes questions intellectuelles et sociales, au lieu d'être résolues en commun et dans les voies traditionnelles, commencèrent à être interprétées dans le secret des cœurs et l'isolement des consciences. Les aspirations incertaines de chaque individu devinrent pour lui vérité et dieu. L'activité concertée des groupements naturels, leurs habitudes de discipline religieuse et esthétique, s'effacèrent devant les initiatives particulières de chacun de leurs membres. Partout où la Réforme triompha sous sa forme pure, la forme luthérienne, ce ne fut d'abord qu'anarchie et quand la période de fermentation fut révolue, l'ordre se rétablit par la mainmise des princes sur les églises qui, en Allemagne surtout, furent incorporées à l'Etat, la règle étant que la religion des princes devait être celle des sujets.

Après que Richelieu eut anéanti la puissance militaire du protestantisme français — Etat dans l'Etat — la France eût pu faire l'expérience de la tolérance et unir les deux confessions dans un même loyalisme. Beaucoup de choses, beaucoup de sentiments, le besoin impérieux d'unité firent échouer cet essai. Du moins le XVIIe siècle est-il un grand siècle. Le classicisme triomphant, Pascal, Descartes, Bossuet, La Bruyère empruntent à la monarchie leur conception du droit et du gouvernement. Il semble que rien ne troublera jamais cet équilibre et cette entente. Pourtant, le courant naturaliste, individualiste, sourdement révolutionnaire continue de couler dans les profondeurs. Il inspire les tirades des libertins contre la mémoire et la raison qui ont corrompu la nature et ont enlevé à l'homme le goût et l'art de la pure jouissance. Il corrompt de ses chimères un des esprits les plus souples et les plus brillants du siècle : Fénelon.

Louis XIV avait pris la peine d'écrire, pour ses enfants, une sorte de « Manuel du parfait souverain », où il s'appliquait à leur faire sentir la majesté de leur condition, afin qu'ils en remplissent les devoirs avec sérénité et avec amour. Précepteur de l'héritier du trône, Fénelon s'emploie à lui en donner le dégoût. Le *Télémaque* est une critique onctueuse de tous les principes monarchiques : « Le métier de Roi est grand, noble, délicieux, quand on se sent digne de bien s'acquitter de toutes les choses auxquelles il engage », avait écrit Louis XIV. « Quelle folie, dit Fénelon, de mettre son bonheur à gouverner les hommes... O insensé, celui qui cherche à régner ! Heureux celui qui se borne à une condition privée et paisible, où la vertu lui est moins difficile... Crains donc, mon fils, crains donc une condition si périlleuse... C'est une servitude accablante... » Est-il convenable d'inspirer à un futur roi la peur et l'on ose dire, le dégoût de son métier ? Les hommes qui élèveront le futur Louis XVI seront féneloniens.

Les penseurs, les ministres, les serviteurs de l'Etat qui, depuis la Fronde, avaient réfléchi sur la structure et la solidité des gouvernements, avaient rapporté de leur examen une défiance raisonnée de la bête humaine cachée en chacun de nous et si facilement portée aux excès. Comme les mots ne leur faisaient pas peur, ils n'avaient pas hésité à dire qu'elle doit être contenue par la force et qu'en définitive, la force, sans laquelle il n'est point de justice obéie, est le ciment de toute société. « Je n'oublierai jamais, raconte d'Argenson, ce que feu mon père me dit la première fois qu'il m'admit à raisonner avec lui des mouvements que se donnait alors le Parlement contre l'autorité royale. A tout ce que je lui exposais des raisons, arguments et vivacité du Parlement, il me répondit seulement : Mon fils, votre Parlement a-t-il des troupes ? Pour nous, nous avons 150 000 hommes, voilà à quoi cela se réduit ! » Fénelon n'a cure de ces esprits positifs et froids. Noyant difficultés et objections sous un déluge d'effusions optimistes, il affirme imperturbablement : « Quand la justice et la vertu parlent, elles calment toutes les passions... Tous les peuples sont frères et doivent s'aimer comme tels... » Le roi de Fénelon est condamné au ciel et à la guillotine, après avoir, la main sur la conscience, fait le malheur de ses sujets et conduit son peuple à la défaite et à l'anarchie.

Mais Fénelon venait trop tôt. L'inébranlable bon sens de Louis XIV, une polémique de Bossuet, admirable de raison et d'éloquence, suffirent pour étouffer l'incendie qui s'annonçait. Les quelques flammèches qui continuèrent à voltiger çà et là ne mirent le feu à rien. Il faudra les voyages à Londres de Montesquieu et de Voltaire, pour ranimer — et cette fois pour de bon — la prédication individualiste.

Du pays anglais, Montesquieu et Voltaire rapportèrent un tableau qui nous étonne. Ils n'avaient point vu « l'île sombre et turbulente des régicides », la nation intolérante, avide, ambitieuse qui avait organisé la persécution religieuse sous sa forme la plus froide et la plus implacable, la forme administrative, mais une Salente libérale, éclairée, peuplée de savants et de penseurs, digne de fournir au monde des modèles de civisme et de vertu.

Ce fut le point de départ d'une critique de détail amusante par les séductions dont elle s'ornait, déconcertante par son enfantillage et sa facilité. Les abus certains et les injustices reconnues n'y sont pas plus mal traités que les principes et les institutions dont vivent et vivront toutes les sociétés. D'un calembour, d'un sourire, ou d'une épigramme, tout est condamné pêle-mêle et sans appel. Pour cette exécution sommaire, on suscite un personnage nouveau, un sauvage imaginaire qui représente la nature naïve, parée de toutes les grâces et de toutes les subtilités des civilisations millénaires. Son rôle est de s'étonner sans cesse et d'user de toutes les ressources d'un esprit cultivé, poli et raffiné pour rendre absurdes, ridicules et nuisibles, le raffinement, la politesse et la culture.

Pendant quarante ans, la France fut remplie de ces Iroquois très Parisiens, de ces Persans très civilisés, de ces Ingénus sans ingénuité. Par leurs savantes ironies, leurs comparaisons méprisantes, leurs surprises étudiées, ils arrivèrent à troubler les esprits, à jeter le doute et l'inquiétude dans les plus fermes, à faire prendre pour des attentats ou des usurpations les droits les plus ordinaires, et pour des établissements nouveaux, inquiétants et illégitimes, les institutions que, depuis des siècles, on s'était honoré de respecter et de servir.

A la faveur de ce renversement, la littérature germanique, dont l'action était interrompue depuis la Réforme, entra naturellement chez nous.

Comme l'a observé M. Louis Reynaud, les hommes du XVIIe siècle reconnaissaient à l'Allemagne des philosophes et des savants, mais ils s'étaient toujours montrés très réservés à l'endroit des poètes et des écrivains qu'elle s'attribuait déjà en foule. Poésie, art, belles-lettres, il y avait là quelque chose qui leur paraissait ne pas s'accorder avec ce qu'ils savaient de ce pays. Dans ses *Entretiens d'Ariste et d'Eugène,* un homme de goût et de science, le Père Bouhours, faisait soutenir par un de ses personnages qu'il était à peu près impossible à un Allemand d'atteindre au bel esprit.

Le génie allemand est, dans l'ordre intellectuel, essentiellement individualiste. « La langue est organisée pour assurer aux puissances obscures leur expression complète aux dépens des éléments rationnels. Les termes y abondent pour désigner les phénomènes sensibles et les émotions. Le net et franc vocabulaire des idées lui fait défaut. Soulevée et abaissée tour à tour par des tons d'intensité variable, ramassée autour de quelques termes énergiquement prononcés, la phrase elle-même a une nature constamment pathétique. Mis en présence d'un homme réfléchi, qui voit clair en lui et qui se meut avec aisance dans la vie mondaine, l'Allemand est dérouté. Donnez-lui au contraire un organisme élémentaire et fruste, un fou, un maniaque, un être en proie à la fièvre des sens, il les comprendra et les décrira parfaitement. Par sa constitution intime, il est leur proche parent. Son intelligence est emprisonnée dans les émotions confuses de la chair et pénétrée par elles de tous côtés. » En rejetant la puissance de la raison, l'esprit français adoptait du même coup la formule de pensée des peuples germaniques.

Les Allemands le sentirent tout de suite. Tandis que les œuvres anglaises ne s'introduisaient en France que par l'intermédiaire de Français, l'abbé Prévost et Voltaire, les Allemands organisaient eux-mêmes leur propagande, et ce fut l'un d'eux, Grimm, qui se chargea de révéler aux sujets de Louis XV les mérites littéraires de sa patrie. Au mois d'octobre 1750, le *Mercure de France* publiait une première lettre de lui, bientôt suivie d'une seconde en février 1751. Avec toutes sortes de courbettes et de compliments, Grimm se risquait à proclamer que la littérature allemande valait bien la littérature française et que, si elle n'avait pas obtenu l'éclat de sa voisine, c'est qu'il lui avait manqué un Paris et un Louis XIV. Mais son tour viendrait certainement : mieux, il était tout proche.

La trouée était faite. Par la brèche, passèrent articles, grammaires et traductions. Un autre Allemand, Michel Huber, fut l'ordonnateur de l'invasion. Souple, conciliant, aimable, parlant tour à tour le langage de la philosophie et celui de la religion, la main sur le cœur, débordant de maximes édifiantes, il conduisit d'une façon très sûre les destinées de la littérature teutonne. Maître du *Journal étranger*, auteur d'un volumineux recueil de poésies allemandes en quatre tomes, il eut la grande habileté de n'offrir au public français que ce qui correspondait à ses désirs : des thèmes sentimentaux et moralisateurs. Il se concilia la bienveillance de Fréron et des dévots, rassurés par cette abondance de déclarations vertueuses. Il obtint le concours enthousiaste de la fraction la plus remuante du parti philosophique, encore groupée autour de Rousseau et de Diderot avant leur brouille. Sans doute, Rousseau était trop capricieux pour se laisser enrégimenter personnellement, mais il poussa ses amis. Comment eût-il pu rester indifférent ? C'était son mysticisme naturaliste qui nous revenait par une autre voie.

Tout ce papier imprimé est aujourd'hui d'une lecture bien ennuyeuse. En ce temps, il enchantait. Un très médiocre écrivain, Gessner, qui était à peine connu de ses compatriotes, avait à Paris un succès prodigieux qui se maintenait, sans faiblir, pendant dix ans. On s'arrachait le premier de ses ouvrages : *La Mort d'Abel*, traduit en 1759 par Huber et Turgot. On portait les autres aux nues. On les sacrait chefs-d'œuvre. On y admirait avec frénésie la nature toute nue, cette nature accueillante et pure que l'affreuse civilisation avait si longtemps recouverte : des champs fertiles que personne ne travaille et qui n'en portent pas moins d'opulentes moissons ; des tourterelles sur tous les arbres pour l'édification des amants ; des fleurs qui ne flétrissent jamais ; des oiseaux qui gazouillent sans cesse ; des animaux modèles tout laine et tout beurre ; des vieillards qui débordent d'expérience et de sagesse ; des enfants soumis et affectueux ; des jeunes filles étonnamment candides qui posent à leurs mères les questions les plus touchantes sur l'amour et le mariage ; çà et là, sans doute, quelques égarés provisoirement criminels mais qui sont déchirés de remords et qui se convertiront en versant des torrents de larmes à la première homélie qu'on leur adressera : « Un poète sur les bords du Rhin, écrit Dorat, est en quelque sorte l'homme de la nature. Il ne respire que pour l'étudier ; il ne l'étudie que pour la peindre. Il ne connaît, ni le fiel, ni la haine, ni les manèges de l'ambition, ni les fureurs de la jalousie ; il n'écrit point seulement pour exister dans le souvenir des hommes ; il écrit pour les rendre meilleurs, pour les pénétrer sans cesse de l'image de la vertu... »

Les progrès scientifiques et pratiques réalisés au cours du siècle servirent ces égarements. Non que la science ait jamais donné quelque consistance au mythe de la nature bienheureuse pervertie par les lois humaines. Non pas même que les savants et les inventeurs aient été, d'Alembert à part, des sectateurs de la philosophie. Mais le spectacle de tant de machines inconnues, la révélation de tant de connaissances nouvelles grisèrent les profanes et les gens de lettres, et, de cet éblouissement, ils conclurent qu'ils vivaient dans un siècle extraordinaire, que tout ce qui avait été dit et fait avant eux ne comptait pas et que, par conséquent, un esprit éclairé se reconnaissait au mépris dont il enveloppait tout ce qui l'avait précédé.

C'est en vain que Taine s'est donné beaucoup de mal pour démontrer que Voltaire, Diderot et leurs amis étaient de véritables hommes de science. Voltaire avait le génie de la vulgarisation, mais son laboratoire de Cirey n'était qu'une fantaisie de Mme du Châtelet, qui aurait installé sur ses ruines une usine métallurgique ou une chapelle, si la mode avait été à la métallurgie ou à la dévotion. Il juge « ridicule » l'idée que les anneaux de Saturne sont formés de satellites et pour nier plus commodément l'existence des plissements montagneux, il soutient que les organismes fossiles que l'on trouve à haute altitude, pris dans la roche, sont des coquilles jetées jadis par les pèlerins. Les expériences de Montesquieu font sourire : la plus importante consistait à plonger dans l'eau la tête d'un canard et à compter combien de temps il mettait à mourir. Quant à Diderot, autodidacte brouillon, il comprenait si mal l'usage du microscope qu'il disait de Réaumur, auteur de plusieurs mémoires sur l'histoire naturelle des insectes : « Aux grands génies, les grands objets, aux petits génies, les petits objets. » Et son *Encyclopédie*, si vantée, est en retard sur la science même de son temps : les taches du soleil y sont définies comme des nuages formés par les exhalaisons de cet astre ; la gravitation universelle n'y est présentée que comme une hypothèse parmi d'autres qui la valent ; l'article « mixte » se réfère à la théorie vieillotte que les corps s'attirent en raison de leur similitude ; la partie technique est une collection de procédés routiniers défendus par de petits patrons retardataires (il n'y a rien sur la fonte au coke, rien sur l'acier au creuset).

Le véritable esprit scientifique, désintéressé, prudent, sans orgueil, est en contradiction à peu près absolue avec l'esprit philosophique de 1750. Les hypothèses ne sont, pour lui, que des constructions provisoires qui permettent de grouper un certain nombre de résultats expérimentaux. L'expérience reste le juge suprême. Aucune théorie, si séduisante soit-elle, ne résistera à son désaveu. Jamais les philosophes ne pratiquèrent cette soumission du sujet à l'objet. Ils ne le pouvaient pas sans se condamner eux-mêmes. La sentimentalité déclamatoire à laquelle ils s'abandonnaient, tout en invoquant sans cesse la raison, les rendait impropres à l'observation et insensibles à l'expérience. Aux constatations si sensées et si solides de Buffon sur la formation des roches sédimentaires, Voltaire opposa des arguments d'une étonnante puérilité et s'il s'amusa à reproduire les expériences de Spallanzani sur les limaces, ce fut tout simplement pour en tirer un pamphlet contre les moines et la religion : *Les colimaçons du R.P. L'Escarbotier.*

Le P. L'Escarbotier, prédicateur et cuisinier du grand couvent de la ville de Clermont, écrit au R. P. Elie, Carme déchaussé et docteur en théologie : « Il y a quelque temps qu'on ne parlait que des Jésuites et à présent on ne s'entretient que des escargots. Chaque chose a son temps ; mais il est certain que les colimaçons dureront plus que tous nos ordres religieux, car il est clair que, si on avait coupé la tête à tous les capucins et à tous les carmes, ils ne pourraient plus recevoir de novices, au lieu qu'une limace à qui on a coupé le cou reprend une nouvelle tête au bout d'un mois... Le 27 mai, par les neuf heures du matin, le temps étant serein, je coupai la tête entière avec ses quatre antennes à vingt limaces nues, sans coques, de couleur mordoré brun, et à douze escargots à coquilles. Je coupai aussi la tête à huit escargots, mais entre les antennes. Au bout de quinze jours, deux de mes limaces ont montré une tête naissante, elles mangeaient déjà et leurs quatre antennes commençaient à poindre... J'en ai souvent parlé dans mes sermons et je n'ai pu les comparer qu'à saint Denis qui, ayant eu la tête coupée, la porta deux lieues dans ses bras en la baisant tendrement. Mais si l'histoire de saint Denis est d'une vérité théologique, l'histoire des colimaçons est d'une vérité physique, d'une vérité palpable, dont tout le monde peut s'assurer par les yeux. L'aventure de saint Denis est le miracle d'un jour, et celle des colimaçons le miracle de tous les jours... »

C'est fort amusant, mais cela n'a, avec les recherches du « véritable savant », comme dit Taine en parlant précisément de cette plaisanterie, que des rapports extrêmement lointains.

En réalité, les philosophes exaltèrent de confiance et

sans le bien connaître *l'acquis* scientifique de leur temps parce qu'ils pouvaient tirer du progrès des connaissances des arguments contre la tradition, le catholicisme, l'histoire et l'autorité, mais les plus instruits d'entre eux ne portèrent une attention véritable et soutenue qu'aux sciences les plus abstraites : mathématiques pures et mécanique céleste dont ils transportèrent la *méthode* de déduction dans le domaine politique et social où elle s'appliquait d'autant moins qu'ils l'accrochaient au postulat de la bonté naturelle de l'homme, qui n'a aucun caractère d'évidence.

De 1751 à 1771, l'*Encyclopédie* fut le centre de ralliement des novateurs. D'Alembert rédigea le *Discours préliminaire,* donna des articles de mathématiques (en ayant soin d'oublier tout ce qu'elles devaient à Euler) et servit de couverture académique. Il abandonna au septième volume. La publication fut l'œuvre propre de Diderot, infatigable metteur en œuvre. Généreux, un peu lourd, un peu vulgaire, étourdi, prompt à se mêler de ce qui ne le regardait pas, familier, encombrant, mais jamais envieux, si prodigue d'idées qu'il est capable de laisser de côté ses écrits, de les oublier, de les passer à ses amis, il offre à qui veut le définir à peu près toutes les affirmations et toutes les hésitations de la philosophie. Il a été déiste, puis athée, mais c'est un athée qui célèbre la majesté des cérémonies catholiques. Il est démocrate, mais il s'enflamme pour le « despotisme éclairé » et admire sans mesure Catherine II. Quand, au retour de Russie, il s'aperçoit que les beaux projets de Catherine sont un attrape-nigaud, il se garde bien d'en informer le public. Ce qui est le plus fixe en sa pensée, c'est la croyance que la nature — bonne par essence — est l'instinct profond qui confère à l'individu sa grandeur privilégiée.

Il fit assez mal son métier de secrétaire de rédaction. L'*Encyclopédie* est un recueil hétéroclite, bourré d'erreurs, encombré de déclarations inutiles, sans unité de ton, ni d'esprit, avec de bons articles, d'autres qui sont nuls, d'autres qui sont empruntés à des livres de troisième ordre. Il n'est pas exact que tous les grands esprits du siècle aient collaboré au dictionnaire. Le seul apport de Montesquieu est un supplément à l'article *goût* trouvé dans ses papiers après sa mort et d'ailleurs assez pâteux. Voltaire, absent des premiers volumes, donna des articles élégants et sans portée sur des matières de littérature et de style, puis se retira en même temps que d'Alembert après lui avoir soufflé l'article *Genève*, qui mit la guerre entre les philosophes et Rousseau. Buffon ne collabora pas. Réaumur pas davantage. Daubenton n'a fait que récrire Tournefort. Certains articles prêtent à rire : l'article *Alpes* a six lignes, l'article *France* une colonne et quart, mais l'article *Juifs* a quatre vingt-deux pages et à l'article *France*, on lit : « Je suis très dispensé d'entrer dans aucun détail de l'état présent du royaume... cela n'est ignoré de personne. »... Etrange encyclopédie.

Diderot se rendait compte du caractère de basse vulgarisation et de bavardage inutile que présentait un grand nombre de pages. Il le reconnaît dans l'avertissement du tome III, à l'article *Encyclopédie*, en dépit d'une satisfaction publicitaire étalée avec une vanité monumentale et plus encore dans un mémoire qu'il avait rédigé pour des libraires, en vue d'une nouvelle édition et qui fut remis au Parlement lors d'un procès intenté à Le Breton par un souscripteur grincheux : « L'imperfection de l'*Encyclopédie*, écrit Diderot, a pris sa source dans un grand nombre de causes diverses. On n'eut pas le temps d'être scrupuleux sur le choix des collaborateurs. Parmi quelques hommes excellents, il y en eut de faibles, de médiocres et de tout à fait mauvais... Les uns travaillant sans honoraires et par pur attachement pour les éditeurs et par goût pour l'ouvrage perdirent bientôt de leur première ferveur. D'autres, mal payés, nous en donnèrent, comme on dit, pour notre argent... Il y en eut qui remirent toute leur besogne à des espèces de tartares qui s'en chargèrent pour la moitié du prix qu'ils avaient perçu... L'*Encyclopédie* fut un gouffre où ces espèces de chiffonniers jetèrent pêle-mêle une infinité de choses mal vues, mal digérées, bonnes, mauvaises, détestables, vraies, fausses, incertaines, et toujours incohérentes et disparates... »

D'où vient donc l'importance de l'ouvrage ? De ses hardiesses antireligieuses ? Un peu, encore qu'il faille les chercher là où l'on ne s'attend pas à les trouver. De son utilité ? Sans doute : en dépit de son caractère quelque peu arriéré, c'est le seul dictionnaire qui, à ce moment, fasse une grande place aux métiers. A cause des illustrations ? C'est certain : onze volumes de planches pour dix-sept volumes de texte (sans compter les suppléments) et il n'existait pas d'autre dictionnaire illustré. Par la doctrine générale qui court sous les disparates ? C'est l'essentiel. L'*Encyclopédie* exprime ce qui est en train de devenir l'esprit du siècle, l'aversion pour le surnaturel, le besoin d'une explication positive du monde, la confiance dans l'homme, dans la nature, dans l'industrie libre, dans le commerce libre, dans la bonté de la science, dans le progrès des lumières. Enfin, elle servit d'enseigne à la cabale littéraire et philosophique la mieux organisée, à l'association d'admiration mutuelle la plus impudente, à la machine de propagande la plus solide, la plus intolérante, la plus audacieusement offensive que l'on ait vue jusqu'à nos jours.

Les associés étaient loin d'être d'accord sur tout. Voltaire écrit à d'Alembert que l'*Encyclopédie* est pleine de déclamations et de sottises, que *Le Fils naturel* de Diderot est une mauvaise pièce, Diderot lui-même un homme d'une impolitesse grossière, mais face au public, on fait bloc, on jure qu'on se révère, que l'*Encyclopédie* est un monument immortel, le chef-d'œuvre de l'esprit humain, l'instrument de la plus grande révolution qui se soit produite dans les idées. Voltaire ne cesse de prêcher l'union : « Voici le temps où tous les philosophes doivent se réunir... Faites un corps... Ameutez-vous et vous serez les maîtres... » Comme il peut être périlleux d'attaquer des idées qui reçoivent l'appui d'autorités considérables, on s'en prendra aux personnes ; on feindra de les dénoncer non pour ce qu'elles enseignent, mais pour la prétendue indignité de leurs vies. C'est toujours Voltaire qui l'écrit : « Il faut décrier les auteurs (qui ne pensent pas comme nous) ; il faut adroitement empoisonner leur conduite ; il faut les traduire devant le public comme des gens vicieux... ; il faut présenter leurs actions sous un jour odieux... Si les faits nous manquent, il faut en supposer en feignant de taire une partie de leurs fautes. Tout est permis contre eux... Déférons-les au gouvernement comme ennemis de la religion et de l'autorité ; excitons les magistrats à les punir. » Et il recommande le secret : « Frappez et cachez votre main... Les mystères de Mithra ne doivent pas être divulgués... » A la moindre critique, à la moindre riposte, même les plus modérées, même les plus courtoises, on crie à la calomnie, à l'injure, à la satire « atroce », à la personnalité « infâme », mais l'on traite les adversaires de fripons, de sodomites, d'ingrats, de serpents, de vipères, de cœurs de boue, de coquins, d'échappés de prison, d'hypocrites, de fous, de mouches de police...

Toute cette machine fut employée aussi contre Jean-Jacques, lorsqu'il eut affirmé ses sentiments religieux dans *La Profession de foi du Vicaire savoyard.* Cependant c'est Rousseau qui, par son génie, donna à la mystique révolutionnaire son éclat et sa force de propagande. Malheureusement né, abandonné par son père à l'âge de huit ans, ancien laquais congédié pour vol, entretenu à seize ans par une maîtresse qui en avait trente et qui partageait ses faveurs entre lui et le jardinier, affligé très tôt d'une maladie urinaire incommode et humiliante, inquiet, instable, errant, déraciné, plein de bizarreries et d'orgueil, perverti par ses premières aventures féminines, il avait néanmoins en lui quelque chose qui forçait la sympathie, car il eut des amis qui lui restèrent fidèles dans les épreuves. Sa simplicité de vie, sa pauvreté volontaire (même s'il y mettait un peu d'affectation), ses angoisses, ses fuites, ses demi-hallucinations lui firent une place à part dans cette société aristocratique au sein de laquelle il eut la faiblesse ridicule de s'introduire, jouant le sauvage dans les châteaux des ducs et des fermiers généraux. La gloire lui vint tard. Il avait trente-huit ans quand il publia son premier discours, quarante-trois quand il fit paraître le second. Il touchait à la cinquantaine quand il donna coup sur coup *La Nouvelle Héloïse*, le *Contrat social* et l'*Emile*. Le succès en fut foudroyant, le plus soudain peut-être que l'on ait vu en un siècle. Du jour au lendemain, il fut pour le public ce que Voltaire avait tout juste réussi à devenir en quarante ans.

Il n'était pas Voltaire. En beaucoup de points, il était même l'anti-Voltaire. Un Louis XIV qui eût remplacé les jésuites par des philosophes eût été au goût de Ferney. Rousseau commence par créer un nouveau mode de sensibilité en se servant d'une langue essentiellement raisonnante pour exprimer les enchantements de la nature, mais aussi ses propres colères, ses utopies, ses besoins de destruction. Il trouve des accents d'une ampleur, d'une beauté étonnantes, et c'est une chose presque incroyable que cet usage des plus magnifiques puissances de la langue pour préparer la ruine de la société qui l'a portée à son point de perfection. Dans l'article *Economie politique* de l'*Encyclopédie* et dans *Le Contrat social*, il établit les bases de la société future qui assurera aux hommes l'exercice de leurs droits naturels. Ces fondements sont : l'égalité complète des associés, l'aliénation des droits de chacun au profit de la collectivité, la subordination des contractants à la *Volonté générale*. Entendons-nous bien sur le sens de cette expression. La *Volonté générale* n'est pas la volonté du plus grand nombre, mais la voix profonde de la Conscience humaine, telle qu'elle devrait parler en chacun de nous et telle qu'elle s'exprime par la bouche des citoyens les plus vertueux et les plus éclairés. « Comment connaître la volonté générale dans les cas où elle n'est point expliquée ? Faudra-t-il assembler toute la nation à chaque événement ? Il le faudra d'autant moins qu'il n'est pas sûr que sa décision fût l'expression de la volonté générale... Les chefs savent assez que la volonté générale est toujours pour le parti le plus favorable à l'intérêt public, c'est-à-dire le plus équitable. De sorte qu'il ne faut qu'être juste pour s'assurer de suivre la volonté générale. » Et encore : « Il y a souvent bien de la différence entre la volonté de tous et la volonté générale. » Aussi de 1792 à 1795, le recours aux électeurs sera-t-il considéré comme le crime contre-révolutionnaire par excellence : ce serait un retour vers l'opinion de la masse, vers l'opinion réelle, vers l'opinion du plus grand nombre.

En définitive, la *Volonté générale* se définit donc par la conformité avec un système philosophique. Le vrai peuple est un être idéal qui n'existe que virtuellement dans la conscience des « hommes libres », des « patriotes » comme on disait alors, c'est-à-dire d'un petit nombre d'initiés, entraînés sans répit au despotisme de la liberté et c'est ainsi que la « volonté générale », par ruse, par crainte ou par force, asservit la « pluralité ». L'Etat prime la famille car « l'Etat demeure et la famille se dissout ». L'Etat est le maître des consciences car « la justice, le bien public, l'obéissance aux lois naturelles et positives, les vertus sociales et tous les devoirs de l'homme et du citoyen, il appartient au gouvernement d'en connaître ». « L'Etat à l'égard de ses membres est maître de leurs biens par le contrat social... » « Il y a une profession de foi purement civile, dont il appartient au souverain de fixer les articles... comme sentiments de sociabilité, sans lesquels il est impossible d'être bon citoyen, ni sujet fidèle... Sans pouvoir obliger personne de croire à ces dogmes, le peuple peut bannir de l'Etat quiconque ne les croit pas ; il peut le bannir non comme impie, mais comme insociable, comme incapable d'aimer sincèrement les lois, la justice et d'immoler au besoin sa vie à son devoir. Que si quelqu'un, après avoir reconnu publiquement ces mêmes dogmes, se conduit comme ne les croyant pas, qu'il soit puni de mort... » La République s'identifie avec une doctrine ; la société est soumise à un dogme. Le faire passer dans les faits, le traduire en actes, réorganiser le monde conformément à ses postulats : voilà la politique révolutionnaire.

Sa première tâche et, pour ainsi dire, sa tâche unique, consiste à détruire et à empêcher de renaître tous les organismes naturels qui, jusque-là, encadraient et soutenaient les individus et qui sont désormais considérés comme oppressifs et immoraux. La propriété, la famille, la corporation, la ville, la province, la patrie, l'Eglise : autant d'obstacles à abattre. On objectera que la majorité des citoyens les respectent, s'y complaisent, y trouvent le bonheur et la paix de l'âme. Peu importe ; il n'y a pas de liberté contre la Liberté. Si la *Volonté générale* ne parle par en eux, c'est qu'ils sont pervertis et dégradés et c'est un devoir pour les citoyens « conscients » de les émanciper malgré eux.

Devenue religion, la République a son orthodoxie, ses élus et ses réprouvés. Majorités, élections, votes, consultations populaires : tout cela, c'est la façade, le jeu auquel se laissent prendre les naïfs, en s'étonnant que les règles n'en soient jamais appliquées que contre eux. Derrière ces agitations, il y a le petit troupeau des fidèles et des illuminés. Ils détiennent la vérité. Ils se sont juré d'en établir l'empire. Ils sont la *Volonté générale.* Quant à leurs adversaires, quel que soit leur nombre, leur respect du suffrage universel, leur dévotion à la forme républicaine, ils ne seront jamais que des aristocrates, des réactionnaires, des hérétiques et, à l'occasion, des usurpateurs car, de même qu'il y a un roi légitime, il y a un peuple « légitime ». Contre eux, tous les moyens sont permis : la fraude électorale comme la guillotine.

C'est à cela qu'aboutissent les idylles et les pleurs. L'homme est né bon. Puisqu'il y a des coquins et des méchants, c'est que la civilisation l'a corrompu. Pour se régénérer, il doit donc en rejeter les prétendus bienfaits qui ne sont, en réalité, que des chaînes et des injustices. S'il hésite, la force l'y contraindra, car sa mauvaise volonté est un crime, un crime contre la Vertu. Seront déclarés suspects tous ceux qui, n'ayant rien fait contre la Révolution, n'ont rien fait non plus pour elle.

Peu importe que, par la suite, notamment dans ses lettres au marquis de Mirabeau et surtout à son compatriote d'Ivernois, lors des troubles de Genève, Rousseau ait renié *Le Contrat social* en le déclarant inapplicable aux simples mortels et en menaçant son ami de « l'insupportable et odieux joug de ses égaux », *Le Contrat*, en 1789, sera lu, relu, cité, commenté par les plus ardents. Toutefois, on ne comprendait pas la formation de la mystique révolutionnaire, ni surtout son évolution en quelque sorte mécanique et fatale vers sa forme la plus excessive, si l'on ne tenait pas compte des caractères très particuliers du milieu qui l'a accueillie, nourrie et répandue. L'étude n'en a pas été faite d'une manière méthodique et complète. Augustin Cochin, qui l'avait entreprise, est mort avant de l'avoir terminée. Mais les travaux qu'il a laissés sont assez nombreux pour que nous puissions parcourir sans nous égarer ce domaine qui était le sien.

Les amateurs de théories nouvelles au XVIIIe siècle ne restèrent pas isolés. Ils s'associèrent pour mettre en commun leurs connaissances et préciser leurs idées. Cette organisation, qui s'annonce en 1720, se précipite en 1750. A la mort de Louis XV, elle est achevée. Dans toutes les villes pullulent les associations de beaux esprits et d'esprits forts, les sociétés littéraires, les académies, les chambres de lecture (c'est là seulement que l'on trouve les journaux et les pamphlets), les sociétés patriotiques, les lycées, les musées, les loges maçonniques, les sociétés d'agriculture. Leurs séances sont régulières et suivies. On y lit et surtout on y discute. Toute une armée de penseurs s'y entraîne à la controverse et délibère sur les questions du jour : circulation des grains, impôts nouveaux, corvées, assemblées provinciales, ou sur les problèmes de doctrine : rôle de la civilisation, droits naturels, fondements de sociétés.

Si l'on veut bien se rappeler que le premier discours de Rousseau fut une réponse à un concours de l'Académie de Dijon, on jugera du ton, de l'allure et de la portée de ses travaux qui ne différaient en rien de ceux des autres. Toutes les sociétés, en effet, sont liées, soit par des rapports de filiation comme les loges, soit par une correspondance incessante qui soumet les plus lointaines et les moins actives aux mieux informées et aux plus hardies. D'un bout à l'autre du royaume, c'est un perpétuel va-et-vient de vœux, d'adresses et de motions qui cimente l'union des principes, étouffe les velléités d'indépendance et fait avancer tout le monde du même pas.

La République des lettres qui est, en 1720, une allégorie est, en 1775, une réalité. C'est même le seul état auquel puissent s'appliquer les théories du *Contrat social*, le seul qui soit formé d'égaux, le seul où la volonté générale puisse, à chaque instant, être dégagée par une discussion entre les meilleurs. Ces débats et les votes qui les terminent marquent les progrès de la doctrine révolutionnaire qu'il s'agira ensuite de transporter du petit peuple des initiés au grand peuple des profanes. Et c'est ici qu'apparaît la discordance fondamentale qui ne fera que s'amplifier jusqu'en 1794. La République des initiés est organisée et fonctionne au rebours de la réalité. Plus elle développe sa logique, plus elle s'écarte de la vie. Plus elle veut gouverner, moins elle en est capable.

Dans la vie, on s'associe quand on a les mêmes opinions ; ici, on se réunit, en dehors de toute convenance et de tout intérêt, pour découvrir et définir la doctrine qui sera celle du groupe. L'entente est le moyen et non plus le signe ou la conséquence de l'accord. Dans la vie, ce qui compte, ce sont les actes ; ici, ce sont les paroles. Dans la vie, ce que l'on recherche, ce sont des résultats matériels, tangibles ; ici, ce sont des votes. Dans la vie, gouverner, c'est lutter contre des choses, prévoir, préparer, organiser, agir ; ici, le grand art consiste à composer l'ordre du jour et à faire la majorité. Dans la vie, une pensée se juge à l'expérience, à l'épreuve des faits. Ici, c'est l'opinion qui règne. Est réel, ce qui emporte l'assentiment des auditeurs ; est vrai, ce qui entraîne leur adhésion. Dans la vie, l'homme n'est pas un individu isolé : il est partie de l'organisme social ; il est membre d'une famille, d'un corps de métier ; il est guidé par toutes sortes de considérations qui ne sont pas du domaine de la logique verbale : religion, foi, morale, traditions, sentiments, loyalisme politique, devoir professionnel. Dans la société de pensée, l'initié fait table rase de tout ce qui n'est pas abstraction et raison raisonnante. Il retranche de lui-même tout ce qui lui est vraiment personnel ; il se réduit à cette petite faculté déductive qui est la chose du monde la plus répandue.

S'il va d'instinct au vrai, au solide, à l'effet plus qu'à l'opinion, s'il introduit dans la discussion autre chose que l'ironie et l'esprit de système, il se rendra bien vite compte qu'il est désagréable à l'auditoire, encombrant, odieux, ridicule. Il se sentira dépaysé et, s'il ne s'éloigne pas de lui-même, il sera « épuré » à la première occasion sérieuse. Les réfractaires éliminés, voilà nos gens isolés des profanes, rapprochés les uns des autres, à l'abri des objections et des résistances, soumis à un entraînement d'autant plus intense que le milieu est plus pur.

Et c'est ainsi que, les écrivains agissant sur les sociétés, et les sociétés sur les écrivains, la troupe inconsciente des frères se trouve poussée d'un mouvement de plus en plus rapide « vers l'avènement d'un certain type intellectuel et moral qu'aucun ne prévoit, que chacun réprouverait et que tous préparent » : le Jacobin socialiste de 1793.

La révolte américaine précipita encore l'évolution.

Les Treize colonies étaient depuis longtemps un des thèmes principaux de la littérature sentimentale et humanitaire. On voyait en elles un peuple neuf, tout proche de la nature, tolérant, pieux, patriarcal, sans autre passion que celle du bien, sans autre fanatisme que celui de la vertu. Les chapitres que Raynal leur consacre sont la partie brillante de son *Histoire des Indes* par ailleurs si ennuyeuse, si plate et si mal venue. Quand elles eurent décidé de se séparer de l'Angleterre, on se passionna pour la confédération à qui revenait le suprême honneur de faire l'éducation du monde, et de lui montrer le chemin de la liberté. La déclaration des droits rédigée par Jefferson en un style de code moral tourna la tête aux beaux esprits. Quelques-uns se firent quakers ; d'autres — et des plus nobles — s'engagèrent à la suite de La Fayette dans les armées républicaines. Les plus timides les assistèrent de leur propagande, en criant bien haut que l'ère de la régénération était commencée. Depuis un demi-siècle, les cercles philosophiques réclamaient du nouveau et leurs rêves se réalisaient sur une autre terre. Ce qui n'était encore pour eux que paroles et papier se faisait là-bas chair et sang ; les mots y devenaient des choses ; l'âge d'or y renaissait. On frémissait d'envie à la lecture de ces nouvelles. On s'exaltait à la pensée de ces hauts faits. On brûlait d'admiration, de fièvre, de désirs, d'espoirs...

A ce moment, Benjamin Franklin arrivait à Paris en qualité d'ambassadeur : « Tout en lui, dit un publiciste, annonçait la simplicité et l'innocence des anciennes mœurs... Il avait dépouillé la chevelure empruntée. » Ce qui signifiait qu'il ne portait pas perruque. On ne l'en accueillit qu'avec plus d'admiration. Mais il avait moins d'innocence qu'il ne semblait.

Ce gros homme madré était un des principaux dignitaires de la maçonnerie américaine. A peine installé à Paris, il s'aboucha avec les frères de France et prit une part active au travail d'épuration et d'unification qui, après bien des difficultés, assura dans les loges le triomphe des éléments avancés et aboutit, en 1780, à établir la suprématie et le contrôle du Grand-Orient créé en 1773. Du coup, sa maison de Passy devint le quartier général des agitateurs. Il gouverne la *Loge des Neuf Sœurs* (les Muses) qui réunit artistes et littérateurs,

Helvétius, Lalande, Condorcet, Chamfort, Parny, Mercier, Lacépède, Houdon, Vernet... Il l'aide à organiser une université libre et une société de conférences. C'est appuyé sur son bras que Voltaire se présente à la cérémonie d'initiation. Il est le grand prêtre des philosophes, le Messie des mécontents, le patron des faiseurs de systèmes. Ses portefeuilles sont pleins de lettres qui montrent quelle place il tient dans l'esprit public et quelle influence il a sur lui. On lui écrit de partout. On implore ses conseils. Un maître d'école lui envoie le plan d'un pacte fédéral et maçonnique à imposer à tous les souverains d'Europe. Un cardinal — c'est Rohan, celui du Collier — organise des fêtes en son honneur. Un médecin — c'est Marat — lui soumet des expériences de physique. Un avocat — c'est Brissot — l'interroge sur le nouveau monde où il pense aller prendre une leçon de Révolution. Un autre lui dédie son premier plaidoyer : c'est Robespierre.

Quand Franklin quitte la France, la légende des Etats-Unis est indestructible. Son successeur, Jefferson, ne fait que la confirmer et il en procède toute une littérature romanesque et emphatique qui, inlassablement, répète l'éloge du Peuple élu et de la République modèle. Quelques Américains qu'agaçait ce verbiage protestèrent en vain ; leur histoire était devenue article de foi.

Les Etats-Unis avaient donné à la doctrine révolutionnaire ce qui lui manquait encore : l'exemple. L'avenir ne dépendait plus que de l'énergie du gouvernement. Mais y avait-il encore un esprit de gouvernement ?

IV.
La crise de l'autorité

Il y a des périodes où les dangers et les malheurs publics font toucher au peuple l'utilité du commandement. Mais le péril oublié, le mal réparé, ce sentiment disparaît.

Désirée après la Fronde pour sa bienfaisance, saluée avec enthousiasme en 1661, l'autorité lassait en 1715 avant d'être, en 1789, traitée de tyrannie. Ce n'était pas qu'elle fût plus lourde ni plus coûteuse : elle avait seulement vieilli. Habitué à ses services, le pays ne les remarquait plus. Il prenait pour naturels et spontanés un ordre et une tranquillité qui ne se maintenaient que par des soins continuels et il s'impatientait de la soumission qui en était le prix.

A peine Louis XIV avait-il fermé les yeux que les agitations renaissaient parmi ceux qui, par position, sont les adversaires-nés du pouvoir royal : les grands et les corps privilégiés. Forts par eux-mêmes, ils s'accommodent beaucoup mieux d'un état semi-anarchique où ils font figure de chefs ou de pouvoirs indépendants que d'une autorité unique et forte qui, maintenant la paix et la justice, rend leur patronage inutile, leur enlève clients et influence et les contraint eux-mêmes à obéir. Délivrés de la surveillance royale, ils se jetèrent dans tout ce qu'avait interdit le règne précédent et ils adoptèrent avec joie les idées de liberté indéfinie qui commençaient à circuler ouvertement.

Elles étaient gracieuses et semblaient innocentes. Elles flattaient les vanités, sans paraître menacer les intérêts. Quoi de plus agréable, dans ces conditions, qu'un voyage au pays des nuées en compagnie d'un guide spirituel et bien élevé ?

Dans la fête brillante que se donne la haute société, la conversation est la pièce principale, et sans philosophie la conversation serait fade ! Elle y met son piment, son ironie, ses paradoxes, ses pointes, ses audaces, ses impiétés. « Point de dîner ni de souper où elle n'ait sa place, dit Taine. On est à table au milieu d'un luxe délicat, parmi des femmes souriantes et parées, avec des hommes instruits et aimables, dans une société choisie où l'intelligence est prompte et le commerce est sûr. Dès le second service, la verve fait explosion, les saillies éclatent, les esprits flambent ou pétillent. Peut-on s'empêcher, au dessert, de mettre en bons mots les choses les plus graves ? Vers le café, arrive la question de l'immortalité de l'âme et de l'existence de Dieu. Pour nous figurer cette conversation hardie et charmante, il nous faut prendre les correspondances, les petits traités, les dialogues de Diderot et de Voltaire, ce qu'il y a de plus vif, de plus fin, de plus piquant et de plus profond dans la littérature du siècle ; encore n'est-ce là qu'un résidu, un débris mort. Toute cette philosophie écrite a été dite, et elle a été dite avec l'accent, l'entrain, le naturel inimitable de l'improvisation, avec les gestes et l'expression mobile de la malice et de l'enthousiasme. Aujourd'hui refroidie et sur le papier, elle enlève et séduit encore ; qu'était-ce alors qu'elle sortait vivante et vibrante de la bouche de Voltaire et de Diderot ?... »

Au XVIIe siècle, les écrivains avaient été traités avec la plus grande distinction à la Cour et à la ville. Mais on ne croyait pas qu'ils avaient une mission à remplir et on pensait que les lettres ne pouvaient être qu'un noble divertissement où l'esprit s'égaie en liberté, sans autre désir que de plaire au public en s'égalant aux modèles éternels laissés par les Anciens. Au XVIIIe, à la littérature désintéressée succède la littérature de combat, ambitieuse et agressive. Les écrivains deviennent des réformateurs professionnels, mais, dans leur rôle nouveau, ils bénéficient du respect et de l'admiration qui avaient entouré leurs prédécesseurs. Convives recherchés et rois des salons, adulés au-delà de tout ce que l'on peut imaginer, ils sont les directeurs de conscience de l'aristocratie élégante. Mille jolies têtes poudrées se grisent des théories qui les feront rouler dans le panier de Sanson.

A peine sorti du collège, Voltaire a pour protecteur un homme très répandu, le marquis de Caumartin, ancien intendant des Finances et conseiller d'Etat, qui le présente au grand prieur de Vendôme. Il se lie avec le président Hénault, le maréchal de Villars, le président de Maisons, le marquis d'Ussé, le duc de Richelieu. Assis à la table du prince de Conti, qui, comme lui, fait des vers, il lui demande : « Sommes-nous princes ou poètes ? » Sa querelle avec le chevalier de Rohan et son voyage à Londres ne l'empêchent pas d'être nommé gentilhomme ordinaire de la chambre, ni d'être reçu à la Cour en cette qualité. Devenu chambellan et familier du roi de Prusse, chevalier de son ordre, il ne perd pas son titre français et c'est à « M. de Voltaire, gentilhomme ordinaire du Roi » que Bernis, en 1758, envoie un passeport pour qu'il puisse, en toute tranquillité, se rendre de Genève à la cour de l'Electeur palatin.

En 1747, au jeu de la Reine, comme il voyait son amie, Mme du Châtelet, perdre une très grosse somme — 84 000 livres — il lui dit tout haut, en anglais, qu'elle jouait avec des fripons. Son propos avait été compris et, comme il n'était pas d'une bravoure excessive, il s'enfuit à Sceaux, chez la vieille duchesse du Maine, belle-fille de Louis XIV. Il se tenait dans sa chambre, volets clos, et travaillait à la lueur des bougies. « La nuit, raconte M. Henri Carré, vers 2 heures, quand la duchesse avait congédié son monde et s'était mise au lit, il descendait chez elle ; un valet qui était dans la confidence dressait une table dans la ruelle et lui apportait à souper. » La duchesse lui expliquait les intrigues du temps de Louis XIV et il lui lisait, en échange, le conte ou le roman qu'il était en train d'écrire.

Installé aux Délices et à Ferney, riche d'une énorme fortune, il est roi. Il entretient une correspondance immense avec des princes étrangers, avec des ministres, des généraux, des ducs, des intendants. Fort de ses relations, il se met en tête, au plus fort de la guerre de Sept ans, de rétablir la paix par le truchement du cardinal de Tencin, archevêque de Lyon, resté ministre d'Etat et de la margrave de Bayreuth, sœur de Frédéric. Par cent libelles, il remue l'opinion, l'autorité, la justice. Mais comme hissé sur la pyramide de ses rentes viagères, il n'aime pas la dépense inutile, quand il envoie un article à l'*Encyclopédie*, il le fait passer par l'intermédiaire de M. de Malesherbes, directeur de la librairie, qui a la franchise postale.

Rousseau eut plus à se plaindre des philosophes, ses amis prétendus, Hume, Diderot, Voltaire, d'Alembert, que de la société qu'il promettait à la destruction. Cependant son passé n'était pas ignoré. On connaissait la stupide et rapace Thérèse Levasseur, avec laquelle il vivait, qui sans doute le soignait bien, mais qui le trompa, au moins avec Boswell, et qui lui avait imposé sa mère, une affreuse cancanière. Il avait fait confidence à plusieurs personnes de l'abandon de ses enfants et celles-ci n'avaient pas gardé le secret. Cependant il est reçu partout. Il habite à Chenonceaux, chez Mme Dupin, à l'Ermitage chez Mme d'Epinay, à Montmorency chez le maréchal de Luxembourg, au Temple et à Trye chez le prince de Conti, à Ermenonville, chez le marquis de Girardin. Le prince de Ligne lui offre une maison dans une seigneurie qu'il possède en Allemagne et où personne ne le contrariera : « Vous aurez la clef de mes livres et de mes jardins. Vous planterez, vous sèmerez, vous ferez ce que vous voudrez. » Le prince de Conti lui écrit des lettres d'une affection débordante. Mme de Luxembourg lui envoie un jour ce billet : « Je vous aime de tout mon cœur. M. de Luxembourg vous embrasse et vous aime de tout son cœur » et, une autre fois celui-ci : « Ce n'est pas à vous à vous mettre à mes pieds c'est à moi à me jeter aux vôtres... » Lorsque l'*Emile* paraît, le Parlement, tout janséniste, le déclare de « prise de corps ». Le maréchal de Luxembourg avait cru, très imprudemment, pouvoir parer le coup. Il favorise la fuite de son hôte, qui, en chemin, rencontre les hommes chargés de l'arrêter, lesquels le laissent passer en le saluant poliment. Huit ans plus tard, il se réinstalla dans son ancien logement, rue Plâtrière : on lisait *Emile* et on avait oublié la prise de corps. A la fin du règne de Louis XVI, son tombeau devint un lieu de pèlerinage. « La moitié de la France s'est déjà transportée à Ermenonville pour y visiter la petite île qui lui est consacrée, note un nouvelliste. La reine et tous les princes et princesses de la cour s'y sont eux-mêmes transportés la semaine dernière. On m'a assuré que cette illustre famille était restée plus d'un heure à l'ombre des peupliers qui environnent le tombeau... »

Au XVIIe siècle, on s'était beaucoup moqué des nobles, mais seulement à cause de leurs ridicules, de leurs défauts et de leurs petitesses. On les attaque, cette fois, dans leur honneur, leurs fortunes, leurs droits, leur existence même. Et ce sont eux qui encouragent leurs agresseurs, les cajolent, font leur renommée et, à l'occasion, les nourrissent comme le comte d'Artois et le prince de Condé nourrissaient Chamfort qui, en retour, invitait la Nation à supprimer la noblesse, traitait de *sots* les courtisans et de *catins* les femmes titrées.

En 1765, Horace Walpole, de passage à Paris, s'étonnait de tant d'insouciance : « Le rire est aussi démodé que les pantins ou le bilboquet. Nos bonnes gens n'ont plus le temps d'être gais, ils ont trop à faire, il faut d'abord qu'ils mettent par terre Dieu et le Roi ; tous et chacun, hommes et femmes, s'emploient en conscience à leur démolition. » Et comme il parlait de Voltaire à une dame, elle lui répondit avec mépris : « Il est bigot, c'est un déiste. »

En 1771, après l'exil du Parlement, toutes les assemblées de plaisir et de société étaient devenues, au dire de Besenval, « de petits états généraux où les femmes, transformées en législateurs, établissaient des prémisses et débitaient avec assurance des maximes de droit public. » L'une de ces protestataires, Mme de la Mark, n'écrivait-elle pas que « le pouvoir absolu est une maladie mortelle » et que « les actions des souverains sont soumises à la censure de leurs propres sujets » ?

Le comte de Ségur a laissé, dans ses *Mémoires*, une peinture exacte et sensée de cette folie : « Pour nous, jeune noblesse française, sans regret pour le passé, sans inquiétude pour l'avenir, nous marchions gaiement sur un tapis de fleurs qui nous cachait un abîme. Riants frondeurs des modes anciennes, de l'orgueil féodal de nos pères et de leur grave étiquette, tout ce qui était antique nous paraissait gênant et ridicule. La gravité des anciennes doctrines nous pesait... La liberté, quel que fût son langage, nous plaisait par son courage, l'égalité par sa commodité. On trouve du plaisir à descendre tant qu'on croit pouvoir remonter dès qu'on veut et, sans prévoyance, nous goûtions à la fois les avantages du patriciat et les douceurs d'une philosophie plébéienne. Ainsi, quoi que ce fussent nos privilèges, les débris de notre ancienne puissance que l'on minait sous nos pas, cette petite guerre nous plaisait. Nous n'en éprouvions point les atteintes, nous n'en avions que le spectacle... Les formes de l'édifice restant intactes, nous ne voyions pas qu'on le minait en dedans. Nous riions des graves alarmes de la vieille cour et du clergé qui tonnaient contre cet esprit d'innovation. Nous applaudissions les scènes républicaines de nos théâtres, les discours philosophiques de nos Académies, les ouvrages hardis de nos littérateurs... »

Est-il besoin, pour compléter le tableau, de rappeler la première représentation du *Mariage de Figaro*, le

27 avril 1784 ? Toute la Cour y était. Dès 11 heures du matin, la duchesse de Bourbon avait envoyé des valets de pied faire la queue au guichet, qui ne s'ouvrait qu'à 4 heures. Des femmes de qualité s'installèrent au poulailler avec les filles et tout ce beau monde applaudit à tout rompre les tirades contre la noblesse : « Vous vous croyez un grand génie ?... Qu'avez-vous fait pour tant de biens ? Vous vous êtes donné la peine de naître... »

« Je ne croyais pas qu'il fût si amusant de se voir pendre en effigie », aurait dit la danseuse Guimard. Quand les aristocrates acclament ceux qui les pendent en effigie, on peut prévoir qu'il ne se passera pas longtemps avant qu'ils ne soient pendus pour de bon. On peut être surpris de la docilité à se laisser arrêter que montreront tant d'hommes habitués au maniement d'armes. Pas un ne tuera un des sectionnaires venus le saisir à domicile. C'est qu'ils tiennent moins à la vie qu'à une certaine manière de vivre et que, dès l'été 1789, ils sauront que cette manière de vivre est condamnée.

Mais ces nobles ne sont point de simples particuliers. Ce sont des serviteurs de l'Etat, des magistrats, des officiers, des ambassadeurs, des ministres. Leur philosophie est, en quelque manière, une trahison, car comment défendront-ils le Roi et la monarchie s'ils sont persuadés que le meilleur gouvernement est la démocratie ?

Le duc d'Orléans, cousin du Roi, est grand maître de la Franc-Maçonnerie. Il y a, dans les régiments, vingt-cinq loges militaires où officiers et soldats fraternisent dans le culte de l'égalité. A la loge *Union*, de Toul-Artillerie, le vénérable est un sergent, tandis que le colonel, marquis d'Havrincourt, n'est que le délégué du Grand-Orient. La majorité des magistrats, certains intendants, beaucoup de dépositaires de l'autorité, sont gagnés au parti philosophique et fréquentent les sociétés de pensée. L'Académie française a été conquise et, depuis que d'Alembert est secrétaire perpétuel, elle écarte les indépendants. Quand Turgot devient ministre, c'est une ruée. Il lui faut caser Dupont de Nemours, Morellet, de Vaisnes, Condorcet, Suard et faire entrer à l'Etat-Major le comte de Guibert, amant de Mlle de Lespinasse.

Prenons un exemple particulièrement typique : celui de M. de Malesherbes, directeur de la librairie.

Sous l'Ancien Régime, le directeur de la librairie était chargé de contrôler la publication, le commerce et la circulation des imprimés. Il visait les ouvrages en manuscrit et pouvait interdire ceux qui lui paraissaient contraires aux bonnes mœurs ou dangereux pour l'ordre social. Il avait la surveillance des frontières et des officines clandestines. Il ordonnait la saisie des livres et journaux mis en vente ou distribués sans avoir été soumis à sa censure et en poursuivait les auteurs et les colporteurs. Poste de premier ordre, poste capital au moment où une grande offensive intellectuelle est dirigée contre la monarchie.

Il fut occupé, jusqu'en 1750, par le comte d'Argenson, qui, prenant ses devoirs au sérieux, mit sur pied, à partir de 1748, un système de répression efficace. Les frontières furent fermées, des arrestations décidées, une série de perquisitions opérées avec fruit. Mais, au beau milieu de la lutte, d'Argenson fut remplacé par le premier président de la Cour des Aides, Malesherbes. Fils du chancelier Lamoignon, irreligieux et philosophe (Voltaire s'en porte garant), formé par un des Parlementaires les plus agités et les plus obtus, l'abbé Pucelle, très richement marié à la fille du fermier général Grimod de la Reynière, Malesherbes était vaniteux, crédule, très sensible aux hommages intéressés des gens de lettres, honnête en gros, mais craignant plus que tout de sembler réactionnaire, il avait assez de ruse pour paraître exécuter les ordres du Roi, tout en les trahissant. Quelques mesures de rigueur seront bien prises par lui, pour la forme, mais elles seront aussitôt rapportées, « laissées sans exécution ». Leur seul résultat sera de faire aux publicistes poursuivis une réclame tapageuse et une flatteuse réputation de martyrs, sans les gêner en rien ni les intimider un instant.

Coup sur coup, paraissent la *Lettre sur les sourds*, de Diderot, les *Discours*, de Rousseau, les grandes œuvres de Voltaire, l'*Encyclopédie*, les *Mélanges* de d'Alembert... Des livres interdits par d'Argenson, comme l'*Histoire de Louis XI*, de Duclos, sont autorisés. La garde des frontières est illusoire. Les ballots de brochures séditieuses que se font envoyer les courtisans ne sont plus visités. On crée des boutiques dans les maisons des princes, dans celles de l'Ordre de Malte, dans les couvents et les établissements religieux. Il y en a dans le château de Versailles. Tout le monde les connaît, mais la police feint de les ignorer.

Contrairement à une légende scolaire, l'*Encyclopédie* bénéficiera, de la part du pouvoir, d'une tolérance presque continuelle. Jamais elle n'a été poursuivie pour des articles politiques. Ce sont les articles religieux (ou antireligieux) qui lui attirèrent les foudres mouillées de l'Eglise et de la justice. A la suite de la censure par la Sorbonne de la thèse de l'abbé de Prades, collaborateur du dictionnaire pour la théologie, le Conseil d'Etat condamne les irrévérences de l'ouvrage et déclare « supprimés » les deux tomes parus, mesure parfaitement inefficace puisqu'ils sont entre les mains des souscripteurs. Il est prescrit également de saisir les manuscrits préparés pour les prochains volumes. Voici comment les choses se passèrent. C'est Mme de Vandeul, la fille de Diderot, qui le raconte :

« M. de Malesherbes prévint mon père qu'il donnerait ordre le lendemain d'enlever ses papiers et ses cartons. « — Ce que vous m'annoncez là me chagrine terriblement ; jamais je n'aurai le temps de déménager tous « mes manuscrits et d'ailleurs, il n'est pas facile de trouver en vingt-quatre heures des gens qui veuillent bien « s'en charger et chez qui ils soient en sûreté. — En- « voyez-les tous chez moi, répondit M. de Malesherbes,

« on ne viendra pas les y chercher ! » En effet, mon père envoya la moitié de son cabinet chez celui qui en ordonnait la visite. »

Au jour dit, Malesherbes, porteur d'une lettre de cachet, vint en grande pompe saisir les papiers qui étaient chez Diderot et qu'il ne trouva pas. Cette trahison ne resta pas ignorée puisque l'avocat Barbier la mentionne dans son *Journal.* Mais de quelle autorité peut jouir un gouvernement desservi de cette manière ? La publication de l'*Encyclopédie* continue, le tirage est augmenté, les deux tomes « supprimés » sont édités et dans l'avertissement du troisième, Diderot se dit « rassuré par la confiance du ministère public ».

Lors de la crise de 1759, après l'attentat de Damiens et la publication de l'*Esprit* par Helvétius, le Parlement s'en mêle. Les sept tomes parus sont soumis à l'examen d'une commission qui ne se réunira jamais, la distribution est interdite, mais elle est déjà faite ; le Conseil d'Etat révoque le privilège d'édition, ce qui ne constitue pas une interdiction de vendre, mais retire aux éditeurs la propriété commerciale. Il leur est d'ailleurs aussitôt accordé un autre privilège pour les volumes de planches et une permission « tacite » pour l'impression des volumes de textes, à la condition qu'ils seront censés imprimés en Suisse et distribués tous ensemble. Malesherbes s'était fait l'informateur d'Helvétius et l'on trouve dans une de ses lettres ces mots qui sentent le complot : « Dispensez-moi de signer. »

Sa duplicité est constante. A propos d'un livre de Voltaire qu'il a dû interdire et qui doit être saisi, il écrit à l'inspecteur Hémery dont il redoute la conscience professionnelle (21 octobre 1760) : « J'aurais désiré que les exemplaires non seulement ne fussent pas saisis, mais parvinssent à leur destination en s'assurant seulement qu'il n'y aura pas de débit public. » Hémery répond que tout se passera conformément aux désirs de Malesherbes pourvu que les libraires fussent prudents.

Avec plus de zèle encore, Malesherbes sert d'intermédiaire entre Rousseau et son libraire, le conseille pour la rédaction du contrat de l'*Emile*, lui envoie par courrier spécial les épreuves qu'il aurait dû arrêter et quand le Genevois est en dificulté avec son éditeur ordinaire, il s'entremet obligeamment pour lui en trouver un autre. Il prend même la peine de se rendre à Montmorency pour le rassurer, lorsque la publication est retardée, en raison du grand nombre de corrections.

Bien entendu, ce sont les défenseurs de l'autorité qui font les frais de son libéralisme, Fréron ne put jamais obtenir un privilège pour l'*Année littéraire* et, à chaque instant, son journal était suspendu parce qu'il avait osé critiquer d'Alembert, Voltaire ou même Marmontel. Une fois il est blâmé pour avoir cité une phrase de l'arrêté du Conseil de 1752 condamnant l'*Encyclopédie*. En 1758, il manque d'être traduit en justice pour avoir publié le compte rendu d'un ouvrage contraire à l'*Encyclopédie* et il lui est interdit de répondre, sous peine de poursuite, aux attaques dont il est lui-même l'objet. « Tout est permis contre Fréron, dit Brunetière, rien n'est permis à Fréron », et c'est presque vrai. En 1752, Malesherbes supprime un ouvrage du P. Geoffray, hostile à Diderot. En 1754, il fait blâmer par son agent à Lyon, Bourgelat, collaborateur lui-même de l'*Encyclopédie*, un P. Tholomas qui s'était avisé de répondre à l'article *Collège* du dictionnaire. Palissot, Gilbert seront en butte aux mêmes persécutions, et Gilbert en mourra.

Les philosophes criaient à la tyrannie. La véritable tyrannie était celle qu'ils exerçaient sur la littérature. Voltaire ne cesse de faire appel à l'autorité contre ceux qu'il traite en ennemis, que ce soit Fréron, ou Rousseau, ou l'inspecteur de l'Opéra, ou un de ses libraires. Ecoutez de quel ton d'Alembert réclamait pour ses amis la protection du pouvoir : « J'apprends, Monsieur, que dans la dernière feuille de Fréron, l'*Encyclopédie* est traitée d'ouvrage scandaleux. Je sais que ces feuilles et leurs auteurs sont sans conséquence, mais cette raison ne doit point, ce me semble, autoriser une licence pareille, ni permettre à un censeur de l'approuver. Ce serait me manquer à moi-même et à tous mes collègues que de ne pas vous porter mes plaintes, bien résolu à me tenir tranquille ensuite, si par un malheur que je n'aurais pas à me reprocher, justice ne nous est pas faite. J'ai tout lieu, Monsieur, d'espérer de vous. Votre équité et l'honneur que j'ai d'être votre confrère m'en répondent... » Et les gens du Roi de courir à l'aide des ennemis du Roi !...

Multiplions cet exemple par cent et par mille et nous aurons une idée de ce que fut la politique intérieure de la France de 1750 à 1789 : une abdication progressive de la monarchie.

A ses côtés, avec sa tolérance, avec l'aide et les subsides de l'aristocratie, avec la complicité et la participation de la magistrature, de la police et de l'administration, se constitue un nouveau pouvoir, actif, audacieux, intolérant : le parti philosophique. Il a ses cadres : les sociétés ; ses chefs ou ses inspirateurs : les encyclopédistes ; son armée : la basoche, le petit monde des suppôts de justice, les étudiants en droit, vrais ou faux ; ses grandes manœuvres : les luttes politiques autour des impôts et de la religion.

Les contemporains se rendirent parfaitement compte de cette dépossession et de ce suicide. Plusieurs les signalent en termes formels. Non seulement Voltaire qui, à vingt reprises, avait adjuré « les cacouacs » de former un «troupeau», «un corps d'initiés», mais aussi Duclos qui déclare que si «le puissant commande», ce sont les « gens d'esprit » qui « gouvernent », Necker qui consacre à l'opinion publique plusieurs pages de son *Traité des Finances* et conclut « qu'elle règne sur tous les esprits », que les princes la « respectent », et lui « sont soumis », qu'elle « donne des lois à la ville, à la Cour, et jusque dans le palais des Rois», d'Alembert enfin qui dit plus nettement encore que « l'opinion gouverne le monde » et que « les philosophes gouvernent l'opinion ».

Le règne de Louis XV est rempli par les démêlés

des deux pouvoirs. A propos de tout : des jansénistes, des vingtièmes, des jésuites, des routes, de la corvée, des franchises provinciales, de la circulation des grains, éclatent de véritables révoltes philosophiques contre lesquelles le gouvernement miné, affaibli, découragé, reste impuissant. Sans doute, l'armée d'attaque est divisée. Parlementaires et philosophes sont bien loin de s'entendre toujours. Adversaires du pape et du Roi, les premiers demeurent respectueux de la religion et très attachés à leurs privilèges de caste, tandis que les seconds sont déistes, athées, égalitaires. Mais si l'on se chamaille pendant les trêves, on se réconcilie devant l'ennemi et l'on monte au combat côte à côte et fraternellement.

Rien de plus monotone que ces batailles, engagées, conduites et terminées d'une manière toujours semblable, avec la même audace et les mêmes armes du côté des assaillants, la même incohérence et les mêmes capitulations du côté du ministère.

Les lois sont faites par le Roi en son Conseil, mais il appartient aux Parlements de les appliquer, d'en juger les infractions et de punir ceux qui y contreviennent. De là, pour les ministres, l'obligation de les leur communiquer aux fins d'enregistrement. Sous Louis XIV, ce n'était qu'une simple formalité de transcription, mais le grand Roi mort, le Régent eut l'imprudence de rendre aux Cours souveraines le droit de remontrances, c'est-à-dire la faculté de critiquer les édits qui leur étaient soumis et même celle d'en demander l'abrogation pure et simple en refusant d'en prendre copie. En théorie, ce refus pouvait être facilement brisé, le Roi ayant le droit de passer outre en procédant lui-même aux enregistrements, dans une séance solennelle appelée lit de justice. Mais les Parlements prirent vite l'habitude de renforcer leur opposition légale et limitée par une opposition illégale, mais autrement efficace.

Très riches, propriétaires de leurs charges, comme le sont aujourd'hui les notaires et les avoués, alliés aux plus grandes familles, solidement unis par des liens de parenté et d'intérêt, se succédant de père en fils ou d'oncle à neveu, dominant de très haut les juridictions inférieures, entraînant avec eux la foule immense des avocats, des clercs, des procureurs, ils proclamaient la grève de la justice à tous ses degrés, terrorisaient et ameutaient les plaideurs, arrêtaient l'expédition des affaires privées et publiques et par des délibérations et des arrêtés démagogiques aussitôt répandus et affichés, faisaient appel sans vergogne aux passions populaires les plus irréfléchies et les plus basses.

Travaillé par les libellistes, enflammé par des démonstrations théâtrales, Paris grondait, prêt à l'émeute. Par les sociétés, l'agitation gagnait la province. Poussés par elles, s'entraînant les uns les autres, Etats, villes, chapitres, corporations s'assemblaient et protestaient. Fouetté par l'agitation, le gouvernement essayait de la rigueur, envoyait dans leurs maisons de campagne les plus excités des grévistes, enfermait quelques meneurs, établissait une commission extraordinaire pour liquider les procès pendants. Nouvelles déclamations; nouveaux pamphlets; départ en corps des exilés au milieu d'une foule hurlante et surtout, comme personne ne croyait à la fermeté royale, refus des avocats de plaider devant les nouveaux juges et refus des plaideurs de se présenter à leur tribunal. Puis, au bout de quelque temps, avances discrètes de la Cour ; départ du ministre, du gouverneur ou de l'intendant incriminé ; capitulation en règle de son successeur et rentrée triomphale des « Pères de la Patrie » !...

Le plus triste est que, dans ces querelles, la justice et le progrès étaient du côté du Roi.

Les Parlements excellèrent à dissimuler sous leurs tirades humanitaires et libérales les idées les plus arriérées et les intérêts les plus égoïstes. Ils parvinrent à faire échouer les plus utiles réformes parce qu'elles étaient contraires à leurs privilèges de classe, et en particulier, l'égalité devant l'impôt amorcée une fois de plus par l'établissement du vingtième. Ils immobilisèrent la monarchie dans la routine et la contraignirent à recourir sans cesse aux expédients ruineux qu'elle avait elle-même condamnés. Leur action consolidait les abus que leurs discours rendaient plus sensibles et plus difficiles à supporter. Ils paralysaient la monarchie et dénonçaient son immobilité ! Ils attisaient la révolte et empêchaient d'y porter remède ! Admire qui voudra cette absurdité !

Louis XV était trop intelligent pour ne pas voir que l'opposition parlementaire conduisait la monarchie à la catastrophe et, en dépit de son respect des situations acquises, trop pénétré de ses devoirs pour ne pas tenter une réaction. En 1771, sentant que l'indulgence n'était plus de saison, et que les temps graves approchaient, il se décida à porter le grand coup qui pouvait sauver l'Etat. Le chancelier Maupeou fut chargé de l'opération. Par une série d'édits rigoureux, il enlève au Parlement de Paris et aux Parlements de province leurs attributions politiques et il divise leurs trop vastes ressorts en un certain nombre de nouvelles cours appelées Conseils supérieurs. La justice est rapprochée des justiciables, la vénalité des charges abolies, les épices interdites, les frais diminués, la procédure simplifiée, les tribunaux devenus inutiles ou trop rapprochés les uns des autres — le Grand Conseil, trois Cours des Aides, le Conseil des Dombes, les amirautés, la Table de Marbre, le Bureau de finances de Paris, des bailliages — supprimés. Un nouveau personnel, moins nombreux, plus éclairé et plus instruit, remplaçait l'ancien, démissionnaire ou exilé. L'oligarchie intraitable et hautaine dont l'aveuglement obstiné avait rendu tout changement impossible était enfin brisée.

L'affaire avait été menée à grand train, sans violence, mais sans faiblesse. Le public sentant que, cette fois, le Roi était prêt à aller jusqu'au bout, n'avait pas bougé. Une partie des philosophes, Voltaire en tête, s'étaient même rangés aux côtés du chancelier et l'avaient soutenu de leurs écrits.

Les plaisanteries de Beaumarchais et ses démêlés avec

le conseiller Guzman — qui fut d'ailleurs blâmé et contraint de donner sa démission — n'empêchèrent pas la réforme de réussir, ni les nouvelles cours de fonctionner. Les plaideurs se rendirent vite compte qu'elles étaient plus accessibles, plus rapides, moins coûteuses que les autres. Les magistrats dépossédés se découragèrent. Certains firent leur soumission et demandèrent à être admis dans les Conseils supérieurs.

Le contrôleur général Terray profita aussitôt de ce renversement pour procéder à des remaniements d'impôts habiles et productifs, rayer des exemptions abusives, et surtout faire payer exactement les vingtièmes aux privilégiés qui avaient pris l'habitude de frauder le fisc et de soustraire à ses investigations la majeure partie de leurs revenus.

Le Parlement disparu, un vingtième exact : c'était la fin des emprunts et des anticipations, le déficit vaincu, l'amortissement rendu possible. C'était surtout un coup mortel aux privilèges illégitimes et la voie ouverte pour une réforme financière complète et une organisation rationnelle du royaume. Comme l'a très fortement marqué Jacques Bainville, si on pouvait faire l'économie de la Révolution, c'était en 1774 et non en 1789.

Par malheur, Louis XV mourut. Par malheur encore, Louis XVI lui succéda. Ce gros homme point sot, qui avait grand appétit et qui s'endormait après dîner, était rempli de qualités dont quelques-unes au moins étaient d'un roi. Il était travailleur, attentif, consciencieux, bien intentionné. Il avait des connaissances, de la mémoire, du jugement. Ayant eu la force de soustraire sa politique étrangère aux factions, il trouva l'homme qu'il fallait pour la réaliser, profita des leçons du règne précédent, reconstitua la marine et réussit à maintenir la paix sur le continent tout en prenant sur mer et aux colonies la revanche du traité de Paris.

Mais dès qu'il s'applique à la politique intérieure, il est inférieur à lui-même. Il ne voit plus clair, et ne sait plus ce qu'il veut. Il a prononcé dans sa vie quelques phrases qui en disent long. Quand on lui annonce la mort de Louis XV, il s'écrie : « Quel fardeau ! Et l'on ne m'a rien appris. Il me semble que l'univers va tomber sur moi ! » A Reims, quand il reçoit la couronne : « Elle me gêne ! » En 1776, quand il accepte la démission de Malesherbes : « Que vous êtes heureux ! Que ne puis-je quitter ma place ! » Au fond, c'est le roi du *Télémaque*, un philosophe couronné qui rougit de commander à des hommes libres. Il est si pénétré de Fénelon et de Rousseau qu'un an après son avènement, il s'affilie à une loge maçonnique de la Cour. Il croit à la bonté humaine, et répugne aux moyens d'autorité. Aveuglément optimiste, il s'obstine à penser que les choses s'arrangeront d'elles-mêmes par le seul jeu de la divine nature. Il se refuse à prévoir le pire et à recourir à la force, au moment où il le peut encore. Pendant des années, les publicistes célèbrent sa bonté et sa vertu ; cette prétendue bonté fit plus de mal à la monarchie que les maîtresses de Louis XV et les banqueroutes de Terray.

Et puis, alors que tous les Capétiens ont été des chefs de guerre, Louis XVI n'a pas eu l'occasion de paraître sur un champ de bataille. L'armée ne le connaît pas. Il ne s'applique pas à s'y faire aimer. S'il monte à cheval, c'est pour chasser. Presque jamais pour passer la revue de sa maison aux Sablons. Jamais pour visiter et pour faire manœuvrer un régiment. Lui et ses frères sont les princes les moins militaires de toute la dynastie. Or, comme le dira plus tard Mme de Staël, personne, dans ce domaine, ne peut suppléer à l'action personnelle du monarque, « surtout pas quand il s'agit d'employer l'armée à l'intérieur ».

La reine Marie-Antoinette avait de la grâce, de la majesté, du courage, de la volonté et de l'esprit. Mais elle subissait aussi l'influence de la mode qui voulait partout simplicité et liberté. Son mariage avait été d'abord un mariage blanc. Ce n'est qu'au bout de sept ans, que Louis, ayant subi une petite intervention chirurgicale, remplit pleinement son devoir de mari. Durant ces sept années, Marie-Antoinette s'abandonna à toutes les frivolités. « Je m'étourdis le plus que je peux, écrivait-elle à sa mère, car ce n'est pas être reine de France que de n'avoir pas les honneurs d'un Dauphin. » Le mauvais pli était pris. Femme, mère, reine, elle prétendit vivre comme une princesse sans royaume. Les cérémonies lui causaient de l'impatience et de l'ennui. Elle se laissa facilement persuader, dit le duc de Lévis, « qu'il y avait de la duperie à ne pas rendre sa condition aussi heureuse que celle de ses premiers sujets dont la société faisait ses délices ; que dans un siècle aussi éclairé où l'on faisait justice de tous les préjugés, les souverains devaient s'affranchir de ces entraves gênantes, que la coutume leur imposait ; enfin, qu'il était ridicule de penser que l'obéissance des peuples tînt au plus ou moins d'heures que la famille royale passait dans un cercle de courtisans ennuyeux et ennuyés ». Aussitôt : bouleversement de la vie de Cour : « Excepté quelques favoris... toute le monde fut exclu. Le rang, les services, la considération, la haute naissance ne furent plus des titres pour être admis dans l'intimité de la famille royale. Seulement le dimanche, les personnes présentées pouvaient, pendant quelques instants, voir les Princes. Mais elles se dégoûtèrent, pour la plupart, de cette inutile corvée dont on ne leur savait aucun gré ; elles reconnurent à leur tour qu'il y avait de la duperie à venir de si loin pour n'être pas mieux accueilli et s'en dispensèrent... Versailles, ce théâtre de la magnificence de Louis XIV, où l'on venait avec tant d'empressement de toute l'Europe prendre des leçons de bon goût et de politesse, n'était plus qu'une petite ville de province, où l'on n'allait qu'avec répugnance et dont on s'en allait le plus vite possible... »

L'étiquette imposait le respect, renouait chaque jour les liens de fidélité qui attachaient les courtisans aux souverains, faisait planer le Roi au-dessus des cabales et des intrigues de palais. Dès qu'elle fut détruite, la Cour devint la proie des coteries. Partagée entre deux ou trois, la Reine mécontenta et humilia toutes les autres. Des salons délaissés s'échappèrent chansons et pamphlets. Paris se remplit de cette littérature boueuse, où l'on remuait à la pelle les saletés et les infamies que l'on rapportera vingt ans plus tard à l'audience du tribunal révolutionnaire. Le réquisitoire de Fouquier-Tinville ne fera que répéter les calomnies de Madame, de la comtesse d'Artois, ou de Mme de Balbi.

Le nouveau règne commença par une faute, la plus grosse qui se pût commettre, la seule qui fût irréparable : le rappel des Parlements. Pour qui a médité, ne fût-ce que deux minutes, sur les désordres qu'ils avaient provoqués depuis un demi-siècle, cette mesure est incompréhensible et elle ne s'expliquerait, en effet, en aucune manière si Louis XVI et ses conseillers avaient été des hommes de sens rassis, habitués à voir les événements comme ils sont et à tenir compte du passé. Mais c'étaient des doctrinaires et des sentimentaux. Cédant à tous les courants d'opinions, ils vivaient dans un monde irréel où les mots leur cachaient les choses. Leur naïveté attendrie en faisait d'avance les instruments inconscients des ambitieux et des agités, à qui l'institution des nouveaux magistrats avait fait perdre places, privilèges, influences et acclamations populaires. Rien de plus curieux, à ce propos, que de comparer les arguments mis en œuvre de part et d'autre. Les mémoires de Maupeou au Roi sont des modèles de prévoyance et de raison. Il invoque l'expérience et cite des faits. Ses adversaires répondent par des principes et des sanglots : « Sans Parlements, point de monarchie », dit Maurepas. Et, en bon élève de Fénelon, Louis XVI approuve : « Qu'ont fait les grands, les Etats de province, les Parlements pour mériter leur déchéance ? » La pression du dehors acheva de le décider. Des pamphlets menaçants furent répandus, des placards séditieux affichés. On lui fit craindre pour sa popularité. Il céda. Les « grandes robes » revinrent en triomphe au milieu des manifestations et, pour célébrer leur victoire, adressèrent au Roi des remontrances méprisantes et hargneuses qui étaient la négation pure et simple de son autorité.

Il était contradictoire d'annoncer une politique de progrès et d'en relever les adversaires abattus ; absurde de vouloir des réformes et de s'en refuser les conditions ; fou d'espérer l'obéissance en donnant des primes à la rébellion : on s'était flatté de restaurer la monarchie patriarcale avec ses grands corps équilibrés, sa noblesse autonome et ses juges indépendants. On s'était condamné à l'impuissance et à l'anarchie.

On ne tarda pas à s'en apercevoir. Le règne de Louis XVI n'est fait que de projets avortés, de promesses non tenues, de transformations arrêtées aussitôt qu'ébauchées. Toutes les tentatives de progrès, et en particulier celles qui acheminaient la France vers l'impôt égal, se brisèrent contre l'obstruction des Parlements. Les ministres rêvaient de grandes entreprises qui affranchiraient l'autorité et sauveraient la situation. Bien vite, les Parlements les ramenaient aux expédients ruineux et odieux : prolongations d'impôts et emprunts déguisés, pour lesquels il fallait encore acheter très cher leur complicité et leur silence. Ces capitulations étaient d'autant plus humiliantes que l'on avait visé plus haut et d'autant plus désastreuses que, pour gagner l'appui de l'opinion, on avait eu soin de répandre partout des « rapports » ou des « préambules » critiquant très violemment les abus que l'on prétendait abolir et que l'on finissait par conserver. Que pouvaient penser les paysans qui avaient lu, à la porte de l'église, les diatribes de Turgot contre la corvée, qui les avaient entendu commenter au prône et à qui on annonçait, trois mois plus tard, qu'en dépit de toutes les bonnes raisons, rien ne serait changé et que la corvée continuerait à être perçue sous la même forme ?

Bridé par les maîtres qu'il s'était donnés, agité et impuissant à la fois, le gouvernement n'inspirait plus ni crainte ni respect. Ses contradictions, sa faiblesse, ses reculades encourageaient la critique, la désobéissance et la révolte. Tout semblait permis contre lui et — ce qui est pis — sans risques !

L'affaire du Collier montra à quel point il était tombé. Le cardinal de Rohan, évêque de Strasbourg et grand aumônier de France, était devenu amoureux de la Reine, qui le détestait et le méprisait. Une aventurière, la comtesse de la Mothe, et un charlatan, Cagliostro, l'avertirent qu'ils avaient les moyens de lui concilier les bonnes grâces de Marie-Antoinette. Le Cardinal, qui était bel homme, mais d'une vanité voisine de la sottise, les crut. Il eut une entrevue nocturne, dans un bosquet, avec une fille de chambre qu'il prit pour la Reine et qui lui emprunta 150 000 livres. Peu après, elle le pria de servir d'intermédiaire entre elle et les joailliers Boehmer et Bossange, pour l'achat d'un collier de diamants d'un million et demi qu'elle désirait se procurer en secret, afin de ne pas alarmer le Roi. L'affaire fut conclue, la parure livrée à Mme de la Mothe et négociée à Londres. Quand la première échéance arriva, tout se découvrit. Louis XVI fit arrêter sur-le-champ Rohan, Cagliostro, la comtesse et leurs complices, en tout une quinzaine de personnes. S'il avait eu l'esprit politique, il aurait lui-même puni le cardinal en l'envoyant aussitôt méditer dans quelque discret monastère d'où il n'aurait plus fait parler de lui. Il eut la naïveté de le remettre au Parlement. L'instruction et le procès furent longs et scandaleux. Les factions de Cour intervinrent en faveur des accusés pour humilier la Reine. La Sorbonne prit parti pour son prieur. Les libellistes s'emparèrent de l'affaire pour salir la famille royale. Bref, Rohan fut acquitté. La sentence signifiait qu'il était légitime de croire la Reine de France capable de se vendre — ou presque — pour un collier.

Partout, cette injure s'accompagnait de rébellion. Des conflits éclataient à propos des sujets les plus futiles. Le gouvernement était complètement paralysé, au moment même où la situation financière faisait plus que jamais sentir la nécessité d'un rajeunissement. N'ayant plus la volonté de surmonter lui-même les obstacles, il allait être naturellement conduit à chercher des appuis dont la popularité et l'autorité fussent capables de balancer le crédit et les intrigues des Parlements. On s'acheminait ainsi vers l'arbitrage des Etats généraux, mais on essaya d'abord des Notables.

C'était là encore une vieille idée de Fénelon que, faute de mieux, Calonne avait adoptée. Son plan était d'achever la monarchie, en effaçant les complications et les anomalies laissées par l'histoire : « Je ferai voir, écrit-il dans un mémoire daté d'août 1786, que la disparité, la discordance, l'incohérence des différentes parties du corps de la monarchie est le principe des vices constitutionnels qui énervent ses forces et gênent toute organisation ; qu'on ne peut en détruire aucun sans les attaquer tous dans le principe qui les a produits et qui les perpétue... ; qu'un royaume composé de pays d'Etats, de pays d'élections, de pays d'administrations provinciales, de pays d'administrations mixtes, un royaume dont les provinces sont étrangères les unes aux autres, où des barrières multipliées dans l'intérieur séparent et divisent les sujets du même souverain, où certaines contrées sont affranchies totalement de charges, dont les autres supportent tout le poids, où la classe la plus riche est la moins contribuante, où les privilèges rompent tout équilibre, où il est impossible d'avoir ni règle constante, ni vœu commun est nécessairement un royaume très imparfait, très rempli d'abus et tel qu'il est impossible de le bien gouverner... » On réunit à Versailles 144 hauts personnages : princes, ducs, maréchaux, magistrats, prélats, maires des grandes villes et délégués des pays d'Etats avec mission de délibérer sur un programme de réformes qui leur était soumis. Le gros morceau concernait les finances. L'impôt cédulaire sur le revenu, le vingtième, était conservé pour les revenus mobiliers, industriels et commerciaux, mais le vingtième foncier, le plus productif, était remplacé par une *subvention territoriale*, égale pour tous, pesant même sur le clergé, perçue en nature, avec une certaine progressivité qui permettait d'assimiler « les châteaux, parcs, enclos et maisons de plaisance », aux meilleurs fonds. La subvention serait répartie par des assemblées provinciales élues, où seraient ignorées les distinctions traditionnelles entre les trois ordres. Elles seraient pour le reste consultées par les intendants, seuls ordinateurs des dépenses. Diverses mesures étaient proposées pour l'unification des douanes et pour la simplification des taxes indirectes. Le poids de la gabelle serait allégé. L'amortissement de la dette publique assuré en vingt-cinq ans, par l'affermage d'une partie du domaine royal et l'extinction rapide de la dette du clergé — 130 millions — par la vente de ses rentes féodales.

La première séance s'ouvrit le 22 février 1787, par quelques mots de Louis XVI qui furent mal entendus. Calonne parla une heure et quart. Il fit appel à la raison des privilégiés et à leur libéralisme, sans paraître se douter le moins du monde que ce libéralisme ne consistait pas du tout à sacrifier les privilèges, mais seulement à fronder le roi et à ruiner son pouvoir. Piqués par les pamphlets, criblés de railleries par les parlementaires, poussés par les salons, travaillés par les Princes (sauf le comte d'Artois) qui rêvaient de régence, les Notables se raidirent et, tout en proclamant qu'ils étaient prêts aux plus grands sacrifices, soulevèrent des questions préalables qui les ajournaient indéfiniment. Entre autres choses, ils réclamèrent l'institution d'une comptabilité contrôlée, protestèrent contre les pensions de Cour (qu'ils touchaient), arguèrent du faux bilan de Necker pour flétrir le vrai, et pour finir demandèrent la convocation des Etats généraux, seuls qualifiés pour procéder à la refonte des impôts. On retombait au même point : les Notables, créés pour faire échec aux Parlements, se rangeaient à leurs côtés.

La manœuvre d'obstruction fut conduite par les cinq archevêques, d'Aix : Mgr de Boisgelin ; de Bordeaux : Mgr Champion de Cicé ; d'Arles : Mgr Dulau ; de

Toulouse : Mgr Loménie de Brienne ; de Narbonne : Mgr de Dillon. Calonne s'efforça en vain de convaincre les meneurs dans des conférences particulières. Puis il essaya de l'intimidation en faisant dénoncer par des pamphlétaires, l'égoïsme des privilégiés : « On paiera plus ? Sans doute. Mais qui ? Ceux-là seulement qui ne paient pas assez... Des privilèges seront sacrifiés ? Oui. La justice le veut et le besoin l'exige... » Alors la clameur contre Calonne devint assourdissante. Le Roi lui ordonna de se retirer, tout en ôtant les Sceaux à Miromesnil qui l'avait sourdement combattu. Ce double départ n'arrangea rien (avril 1787).

Loménie de Brienne, nommé chef du Conseil royal des finances, avait beau avoir brillé à la tête de l'opposition, il se trouvait en face des mêmes problèmes que son prédécesseur, sans avoir plus que lui le choix des moyens. De l'expérience, il ne resta guère, avec l'idée d'une convocation prochaine des Etats, qu'une mesure malheureuse : l'institution des Assemblées provinciales. Pleines de très bonnes intentions, elles ne firent rien d'utile, mais travaillèrent à discréditer l'œuvre des intendants et, à force de plaintes, de tracasseries et de querelles, réussirent presque partout à les décourager. Tandis que les difficultés s'accumulaient, tous les ressorts de l'autorité se détendaient un à un. La partie la plus solide et la plus moderne du gouvernement monarchique venait d'être atteinte à son tour, et ce n'était pas la nomination comme ministres d'Etat de Malesherbes et de l'aimable duc de Nivernais, tous deux septuagénaires, qui pouvait lui rendre l'énergie.

La révélation du déficit succédant aux assurances et aux mensonges de Necker, sur lesquels on vivait encore, avait fait l'effet d'un coup de tonnerre. L'opinion désorientée ne put croire que la principale cause des difficultés était la folle politique d'emprunts pratiquée par le Genevois. On réclama des coupables, on parla de vols, de scandales, d'agiotages. La terreur se répandit d'une énorme augmentation des impôts alors qu'il ne s'agissait que de faire payer ceux qui ne payaient pas et, à la faveur de cet affolement, l'agitation commença à gagner les profondeurs du pays.

C'est dans ces conditions désastreuses que le ministère se retourna vers les Parlements pour faire sanctionner le peu que les Notables lui avaient accordé et obtenir ce qu'ils avaient refusé. Le garde des Sceaux, Lamoignon, conseillait d'aller vite, de mettre sans tarder les magistrats au pied du mur et de les contraindre par un langage clair et énergique à se prononcer pour ou contre la justice fiscale, pour ou contre les privilèges financiers. Tout au contraire, Brienne leur expédia les édits un à un, en commençant par ceux qui étaient populaires : assemblées provinciales, remplacement de la corvée, libre circulation du blé. En dépit de leur répugnance, ils les acceptèrent sans protestation, de manière à se concilier le public, mais au premier édit portant création d'une taxe nouvelle, ils soulevèrent les mêmes objections que les Notables, réclamèrent, comme eux, communication des pièces comptables, flétrirent, comme eux, les dépenses des maisons princières et pour terminer proclamèrent, comme eux, que la nation réunie dans ses Etats pouvait seule prendre les mesures nécessaires pour « extirper de grands abus ».

On retombait dans la petite guerre traditionnelle avec les mêmes coups portés de part et d'autre : remontrances, séance royale, enregistrement par autorité du Roi, protestation contre cette transcription, arrêt la déclarant nulle et non avenue, cassation de l'arrêt par le Conseil, itératives remontrances, lit de justice, exil du Parlement à Troyes, grève de la justice, et, enfin, paix boiteuse et mal assurée où chaque partie laissait un peu de son honneur. Le Parlement rentrait à Paris, les vingtièmes qui arrivaient à expiration étaient prorogés et le gouvernement autorisé à en poursuivre la perception avec plus d'exactitude (septembre 1787).

Privé des impôts productifs qu'il avait réclamés, il se mit courageusement à l'œuvre pour améliorer ceux qui lui avaient été concédés. En même temps, il opérait d'énormes compressions de dépenses, réduisait de moitié les services de la maison du Roi, simplifiait la comptabilité et l'administration centrale, diminuait les pensions, limitait le nombre des officiers généraux, supprimait les droits de franchise postale abusivement prodigués..., besogne excellente qui avait le défaut de ne pas apporter de soulagement immédiat et de pousser dans le camp des mécontents les gentilshommes dévoués qui en étaient victimes et qui de serviteurs heureux et soumis à Versailles devinrent des raisonneurs aigris et désœuvrés dans les provinces.

Le temps n'était plus aux demi-mesures. L'idée des Etats faisait chaque jour du chemin. Le gouvernement, qui avait besoin d'un grand emprunt de consolidation, se trouva contraint de céder aux sollicitations des porteurs éventuels et, tandis qu'il en émettait la première tranche, il annonça la réunion des Etats pour 1792. Aussitôt, l'opposition s'organisa pour l'obtenir sans délai.

A dater de ce jour, l'audace des cours de justice ne connaît plus de bornes. Sur toute l'étendue du royaume, c'est une révolte ouverte contre la royauté dont elles tirent leurs pouvoirs et dont elles ne sont, en droit, que les porte-parole. Celles de province s'opposent à la perception des nouveaux vingtièmes ; celles de Paris font échouer l'emprunt en effrayant les capitalistes. Le duc d'Orléans, cousin du Roi, prend la tête du mouvement. Le soir du 18 novembre, une conférence se tient chez lui, qui réunit les parlementaires les plus radicaux et les agitateurs de son entourage personnel, Choderlos de Laclos, le romancier des *Liaisons dangereuses*, le marquis de Crest, frère de Mme de Genlis, ancienne maîtresse du duc. Excédé, Louis XVI perd patience, ordonne au duc de se retirer dans son château de Villers-Cotterets et fait arrêter deux des rebelles, qui ont pris part au conciliabule, les conseillers Freteau et Sabatier. Le Parlement de Paris fulmine aussitôt de nouvelles remontrances pour lui en contester le droit et sous prétexte de représailles, interdit aux contrôleurs des contributions à procéder à la vérification des revenus imposables, c'est-à-dire, au vrai, les empêche de mettre en lumière les énormes fraudes commises par ses membres. Ce misérable égoïsme, cette sale cupidité qui rejetait hypocritement toutes les charges publiques sur les classes les plus pauvres furent salués par l'opinion comme un exploit héroïque digne des Romains ! Le Roi n'avait plus le choix de ses actes : il lui fallait ou abdiquer ou sévir ; ou remettre sa couronne à une oligarchie judiciaire bornée et tyrannique ou en briser par la force les criminelles entreprises. Bref, il fallait recommencer Maupeou après l'avoir désavoué et dans des circonstances mille fois plus difficiles !

La réforme judiciaire que proposa Lamoignon n'était cependant pas le résultat d'une improvisation. Le garde des Sceaux y songeait depuis longtemps, et il en avait arrêté les grandes lignes quand il n'était encore que président à mortier. La lenteur des jugements, la multiplication immense des procédures et des frais, le pullulement des officiers inférieurs : greffiers, procureurs, huissiers, secrétaires, l'augmentation effrayante des épices, l'ignorance des jeunes conseillers, l'aveuglement des vieux, les terribles défaillances de certaines cours, le nombre des erreurs judiciaires, le scandale de plusieurs énormes méprises jetant dans les esprits l'indignation et la terreur, la complication des tribunaux spécialisés, la décadence des études de droit : autant de raisons qui, une à une, justifiaient ses projets.

Ceux-ci, au nombre de six, reprenaient et complétaient l'œuvre réussie jadis par Louis XV. Les justices seigneuriales étaient à peu près anéanties ; les tribunaux spéciaux à peu près supprimés. Les Parlements perdaient toutes les attributions politiques qu'ils s'étaient arrogées et ne gardaient que quelques cas d'appel et quelques rares affaires relatives à la noblesse, au clergé et au domaine royal. C'étaient de majestueuses inutilités. En dehors d'eux, se constituait la hiérarchie judiciaire à trois degrés que reprendra plus tard Napoléon : les *prévôtés* pour les contraventions, les appositions de scellés, les actes de tutelle, les inventaires... ; les *présidiaux*, ou tribunaux de première instance pour les délits et les causes civiles jusqu'à 4 000 livres ; les *grands bailliages* pour les appels, les crimes et les causes importantes. La procédure criminelle était adoucie ; la torture et la sellette supprimées ; un dédommagement accordé à l'innocent poursuivi à tort ; l'unification de la jurisprudence préparée ; la justice rapprochée des justiciables ; une quantité de charges inutiles supprimées. Des garanties de rang et d'honneur faciliteraient le recrutement des nouveaux magistrats. En attendant qu'il fût terminé, les Parlements étaient mis en vacances.

A cette loi réfléchie, bienfaisante et audacieuse, Brienne avait superposé une dernière disposition destinée à enlever aux Parlements l'autorité de leur antique et majestueuse origine. Dans l'histoire de l'ancienne monarchie, il allait chercher, pour la ressusciter, la *Cour du Roi*, assemblée des vassaux et des conseillers qui assistaient les premiers Capétiens et d'où étaient sortis par démembrement le Parlement, d'une part, le Conseil du Roi de l'autre. Cette Cour plénière reconstituée héritait de l'enregistrement des lois au moins jusqu'à la convocation des Etats, toujours promise pour 1792. Elle se composait des princes et des pairs, des maréchaux, d'évêques, de conseillers d'Etat et de magistrats nommés à vie et irrévocables. Elle se réunissait régulièrement de décembre à avril et extraordinairement sur convocation royale.

Ces mesures arrêtées au Conseil et livrées aux imprimeurs furent révélées par trahison à quelques parlementaires parisiens qui ameutèrent aussitôt leur compagnie. Le 3 mai 1788, elle se réunissait et jurait de résister par tous les moyens aux projets qui lui étaient dénoncés. Une tentative de la police pour arrêter les deux conseillers d'Eprémesnil et Montsabert, provoquait une véritable émeute de clercs et de juges, auxquels commençait à se mêler la populace. Il fallut faire intervenir la troupe.

Deux jours après, le Parlement était mandé à Versailles pour y entendre lecture des six édits tandis que les gouverneurs et les intendants en donnaient communication aux cours de province.

On a souvent écrit que le « coup d'Etat » de mai avait provoqué dans toute la France une formidable explosion d'hostilité devant laquelle Brienne avait dû reculer. Cela est entièrement faux. Les édits ne soulevèrent d'abord aucune indignation. Le malaise des derniers mois provenait si bien d'une carence de l'autorité qu'il suffisait qu'elle se manifestât par un acte énergique pour réveiller dans les cœurs le respect et l'obéissance et ramener à elle, au moins provisoirement, l'immense majorité de l'opinion. A Paris, le ministre Breteuil ayant fait fermer les sociétés et les chambres de lecture, l'opposition se trouva dépourvue de cadres et de permanences. Quelques arrestations opérées à bon escient achevèrent de la désorienter. Un déploiement de soldats en armes fit réfléchir les badauds. Tous les témoins, pour s'en louer ou pour s'en plaindre, signalent l'apathie de la rue. Dans les salons et les cafés, on commençait à dire que la réforme offrait de grands avantages ; que les parlementaires s'étaient bien souvent montrés égoïstes, ignorants, injustes et cruels ; que leur reculade de Troyes prouvait leur hypocrisie et leur lâcheté ; qu'il était inutile de se battre pour eux, etc. Au reste, les nouveaux tribunaux qui se partageaient l'immense ressort du Parlement commençaient à s'installer et à fonctionner, en dépit des avanies, des menaces, et des outrages prodigués à leurs membres par les meneurs de la basoche. Les présidiaux d'Orléans, d'Angoulême, de Tours, de Poitiers, du Mans, de Beauvais, de Sens, de Langres, de Riom, de Châlons et de Lyon ne faisaient aucune difficulté pour se transformer en grands bailliages. Le Châtelet résistait mais ce n'était là qu'un simulacre et tout le monde savait que, jaloux du Parlement et souvent humilié par lui, il n'attendait que quelques défections nouvelles pour se rallier à son tour. Comme l'écrit M. Jean Egret : « Toute une classe de bourgeois fortunés et souvent déjà anoblis qui représentait le Tiers-Etat dans les Assemblées provinciales et s'apprêtait à le représenter aux Etats généraux, se montrait disposée, dans l'administration de la justice, à assurer la relève de l'aristocratie parlementaire », acharnée à préparer sa propre perte.

En province, où les mesures de police avaient été mal prises et où l'intimidation était plus facile qu'à Paris, le parti parlementaire marquait des succès, mais ils étaient loin d'être généraux. En bien des endroits, dans le Midi surtout, le gouvernement l'emportait. En bien d'autres, il était clair qu'on ne lui désobéissait qu'à contrecœur, par crainte des insultes et des vengeances. Les corps constitués, violemment sollicités de se prononcer contre le ministère, ne mettaient aucun empressement à faire connaître leurs sentiments. Leurs protestations, quand ils se décidèrent à en présenter, furent, le plus souvent, de pure forme, incolores et sans nerf. Leurs députations, quand il y en eut, ne manifestèrent ni entrain ni conviction. A Dijon, par exemple, il avait été convenu que les quatre avocats mandés à Versailles pour répondre de la conduite de leurs confrères donneraient à Lamoignon une leçon de civisme. Pour les encourager à la fermeté, on leur avait même fait répéter la scène pendant deux jours, avec les intonations et les apostrophes. Mis en présence du garde des Sceaux, ils oublièrent leur leçon, bafouillèrent des excuses, protestèrent de leur soumission et s'en allèrent dépenser dans les guinguettes de Sèvres et de Saint-Cloud le produit de la souscription patriotique organisée en leur honneur. Et la Bourgogne passait pour un des centres de résistance ! Que Brienne tînt bon encore quelques semaines, il mettait de son côté les tièdes et les hésitants, et l'armée parlementaire se débandait comme au temps de Maupeou !

Malheureusement, il n'était pas homme à affronter une longue lutte. Il se ralliait volontiers aux solutions brutales mais il ne savait pas les soutenir. Il se lassa vite de la manière forte et, dès le début de juin, il commençait à négocier avec un Parlement rebelle : celui de Provence. Bien entendu, au lieu de produire l'apaisement qu'il en attendait, cette faiblesse ne fit qu'encourager la résistance et, répercutée par des milliers de correspondants, le bruit se répandit dans toute la France que le ministère ne tarderait pas à se déjuger et que les Parlements rétablis dans leur toute-puissance exerceraient de terribles représailles sur ceux qui les avaient abandonnés. Parmi les gouverneurs et les commandants chargés de l'exécution des édits et de la répression des troubles, plusieurs n'accomplissaient leur tâche qu'avec un dégoût non dissimulé. Beaux esprits de salon, la tête farcie de tirades philosophiques, ils étaient de cœur avec l'opposition, déclamaient, dans le privé, contre le despotisme ministériel et ne faisaient rien pour soustraire les magistrats fidèles aux humiliations et aux brimades. Dans les villes où le parti parlementaire disposait d'une nombreuse clientèle de bas officiers, de parents et de domestiques, la vie de ces malheureux devenait impossible. On affichait à leurs portes des pamphlets orduriers, on tirait des coups de pistolet dans leurs fenêtres, on les poursuivait à coups de pierres, on les huait à la sortie du Palais, on les mettait en quarantaine, on prononçait contre eux des flétrissures solennelles, parfois même on brisait leurs voitures et on les frappait. A Pau, il y eut une descente de montagnards sur la ville, métayers et bergers aux ordres des grands propriétaires. L'Intendance fut assiégée, sans que la troupe intervînt. A Dijon, le commandant, M. de Gouvernet, fit mieux : sous prétexte que ses ordres avaient été dépassés, il destitua et condamna à la prison un lieutenant de maréchaussée qui avait dispersé la populace ameutée devant l'hôtel de l'Intendance ! Résultat : il fallut faire venir deux régiments pour renforcer les gendarmes débordés.

Les défaillances de l'autorité furent plus graves encore en Bretagne et en Dauphiné. Il régnait dans l'aristocratie de ces provinces un esprit révolutionnaire bizarrement composé d'amour de la nouveauté et d'attachement aux vieilles institutions, de fanatisme local et d'exaltation philosophique. En Bretagne, où le gouvernement avait toujours été difficile et où la noblesse, maîtresse des Etats, était depuis longtemps exercée aux cabales et aux mouvements d'ensemble, l'abaissement du Parlement était représenté comme une violation du contrat de la duchesse Anne et une atteinte à l'indépendance de la Nation. Le Dauphiné n'avait plus de représentation depuis 1628, mais en octobre 1787, il avait reçu une Assemblée provinciale. Craignant que cette nouvelle administration ne mît ses soins à répartir plus exactement les impôts, le Parlement et la Chambre des Comptes avaient aussitôt imaginé de la ruiner par une surenchère : ils lui interdirent de siéger et, au nom des privilèges de la province, réclamèrent à grands cris le rétablissement des anciens Etats seuls qualifiés pour parler légalement en son nom. En Bretagne et en Dauphiné, les commandants étaient deux nobles libéraux, le comte de Thiard et le duc de Clermont-Tonnerre, aussi résolus l'un que l'autre à ne rien faire contre des factieux. D'avance, on pouvait annoncer tout ce qui allait suivre.

M. de Thiard commença par interdire à l'intendant Bertrand de Molleville de fermer des chambres de lecture qui étaient autant de clubs insurrectionnels. Il couvrit la désobéissance de plusieurs officiers qui refusèrent de marcher contre leurs compatriotes. Il toléra et approuva à demi les manifestations et les mascarades qui jetaient le ridicule et l'odieux sur les nouveaux édits et sur leurs partisans. Il borna ses mesures d'ordre et de répression à de ridicules revues de troupe au cours desquelles les soldats étaient injuriés, bousculés et désarmés, sans être autorisés à faire le moindre geste de protection. Douze nobles bretons élus par leurs pairs furent enfin envoyés à la Cour, porteurs d'un violent réquisitoire contre les ministres. Brienne les fit arrêter et enfermer à la Bastille, mais, inconséquent en tout, il prescrivit de leur meubler un appartement spécial et leur accorda l'autorisation de recevoir leurs parents et de communiquer librement avec l'extérieur. Les « martyrs » eurent vite fait de transformer leur confortable prison en un foyer d'agitation, d'où partaient, sans arrêt, les correspondances les plus incendiaires.

A Grenoble, Clermont-Tonnerre laissa les choses s'envenimer sans esquisser le moindre geste de prévoyance et d'énergie. Le 7 juin, excitées par les écrits de Barnave, les bandes recrutées par les juges se répandent dans les rues et se portent vers l'hôtel du commandant, pour le contraindre à rouvrir le Palais. Elles se heurtent à quelques détachements de *Royal Marine* et d'*Austrasie*. Aussitôt, les émeutiers grimpent sur les toits et criblent les soldats de briques, de pierres et de tuiles. Une patrouille de *Royal Marine*, serrée de près, fait feu et s'enfuit. Le commandant d'*Austrasie*, le lieutenant-colonel de Boissieu, ordonne à sa troupe de tout supporter sans répondre. Clermont-Tonnerre fait proclamer qu'il a confiance dans les sentiments pacifiques de la foule et réduit à vingt-cinq hommes la garde de son hôtel qui est aussitôt envahi et mis à sac. Le duc est lui-même fait prisonnier et sous menace de la hache doit rétablir le Parlement qui rentre en triomphe au son des cloches et sous une pluie de fleurs. Le 21 juillet, convoqués par les chefs du mouvement, se réunissent illégalement à Vizille les Etats du Dauphiné dont les décisions, rédigées par Mounier, serviront de thème à une partie de la campagne de brochures qui sévira toute la fin de 1788.

Ces manifestations bruyantes prennent, avec l'éloignement du temps, l'aspect d'un triomphe. Au vrai, l'agitation demeurait superficielle, limitée à la noblesse d'épée et de robe, à la grande bourgeoisie d'affaires et à la populace des grandes villes, toujours disposée à descendre dans la rue pour n'importe quelle raison, pour piller les boutiques aussi bien que crier : « Vive le Roi ! » En Dauphiné même, les rebelles ne tenaient que Grenoble. La masse de la province restait calme. A Vizille, sur 1 212 communautés, 194 seulement s'étaient fait représenter et dès l'arrivée du maréchal de Vaux à Grenoble, l'ordre régna. Son nom seul faisait peur. En Bretagne, le procureur syndic des Etats qui avait entrepris une tournée pour provoquer et recueillir des manifestations antiministérielles, fut froidement accueilli à Lannion, à Saint-Brieuc et à Tréguier ; mal à Morlaix ; très mal à Quimper d'où il dut s'enfuir précipitamment, poursuivi par l'émeute et couvert d'ordures. A Rennes, dès que Thiard eut été remplacé par le maréchal de Stainville, le calme revint comme par enchantement ; tous les nobles prirent la fuite pour se cacher dans leurs châteaux : on savait que, désormais, les troupes étaient autorisées à user de leurs armes.

De ce qui se passait exactement, le Roi ne se rendait nullement compte. Abasourdi par le tintamarre, harcelé de réclamations, poursuivi par les lamentations des grands seigneurs libéraux, égaré par les écrits parlementaires qui représentaient la France en feu, trompé par les gouverneurs qui poussaient les choses au noir pour faire cesser au plus tôt une mission qui leur pesait, il s'imaginait avoir tous ses sujets contre lui. Des scrupules s'élevaient dans sa conscience. Il commençait à désirer une solution bâtarde, un accord, un replâtrage... Là-dessus, Brienne qui cherchait à séparer le Tiers et la Noblesse, eut la malencontreuse idée de jeter dans les jambes de ses ennemis la question des Etats généraux. Un arrêt publié le 5 juillet annonça une convocation prochaine et demanda à « toutes les personnes instruites du royaume » d'envoyer au gouvernement des mémoires et des projets, propres à l'éclairer sur le meilleur mode d'élection et d'organisation de la future assemblée. C'était faire sentir aux privilégiés que les prochains Etats pourraient bien ne pas ressembler aux anciens et leur échapper complètement. C'était aussi jeter de l'huile sur le feu et provoquer le pays à l'agitation alors qu'il fallait avant tout y ramener le calme et la tranquillité.

L'invitation fut entendue ; en trois semaines, parurent plus de brochures que l'on n'en avait vu en trente ans. Sous ce déluge, le ministère acheva de perdre la tête. Le désordre moral n'incitait pas beaucoup à travailler. Les affaires allaient mal. Les impôts ne rentraient pas. Brienne, qui n'avait pas eu la prudence de se constituer un petit trésor de guerre alla mendier une avance à l'assemblée du clergé, qui la lui refusa. Il fallut suspendre les paiements : c'était la fin.

Le 8 août, un arrêt supprimait la Cour plénière et convoquait les Etats généraux pour le 1er mai 1789. Le 25, Brienne démissionnait. Le 26, Necker était rappelé. Le 14 septembre, Lamoignon se retirait. Le 25, les Parlements étaient rétablis dans leur toute-puissance et leur retour était, à Paris, le signal de désordres graves qui durèrent quinze jours et qui ne furent réprimés qu'avec peine et à coups de fusil. On était déjà en pleine période électorale : le sort du pays allait se jouer dans cette aventure à laquelle s'était laissé acculer le gouvernement pour la seule et simple raison qu'il n'avait pas *osé* ni *voulu* gouverner, alors qu'il en avait encore les moyens et la force.

La Révolution ne s'est pas faite contre un tyran. Elle s'est faite contre un Roi qui n'était plus assez Roi. Aussi peut-on dire que, si elle a beaucoup et inutilement détruit, elle a exprimé d'abord, dans l'esprit d'hommes modérés, un besoin d'organisation, d'achèvement, de simplification du royaume, besoin qu'avaient ressenti tous les grands serviteurs de la monarchie et que Louis XV, dans les quatre dernières années de son règne, avait commencé à satisfaire en allant à l'essentiel. L'obstruction aristocratique et cléricale, devant laquelle Louis XVI recula, interdit cette évolution pacifique, tout en exaspérant les griefs et les rancœurs. Dans son *Histoire de l'Assemblée constituante,* Alexandre de Lameth a écrit : « Qui avait accoutumé le peuple aux attroupements et à la résistance ? Le Parlement. Qui, dans les provinces, avait montré le plus d'hostilité contre l'autorité royale ? La noblesse. Qui avait refusé avec le plus d'opiniâtreté à venir au secours du Trésor et employé le plus d'astuce pour se soustraire aux charges publiques ? Le clergé. Ainsi c'était véritablement les Parlements, la noblesse et le clergé qui avaient seuls déclaré la guerre au gouvernement et donné le signal de l'insurrection. Le peuple n'était là que comme *auxiliaire.* » Ce mot d'auxiliaire prouve que les privilégiés ne savaient pas quelles forces ils avaient mises en mouvement. Ils croyaient recommencer une Fronde. Ce sera une révolution et ils en seront les premières victimes.

V.
L'anarchie

Comptant pour réussir sur l'éclat de ses services, la monarchie se confiait au hasard des Etats généraux en toute innocence et en toute bonne foi.

Le moment était singulièrement mal choisi. La France souffrait d'une crise économique très dure, et les effets lui en paraissaient d'autant plus pénibles qu'elle s'était habituée au bien-être et à l'aisance.

Les raisons de cette crise sont complexes. Mais de nombreux travaux, entre autres ceux de M. Labrousse, permettent du moins d'en délimiter les contours. Tout d'abord, s'il est vrai qu'un flux de prospérité emporte le pays à partir de 1730 environ, cette montée ne s'accomplit pas de façon absolument uniforme. Le mouvement de fond s'accélère après la guerre de Sept Ans, pour atteindre un sommet : il se ralentit en 1778, pour faire place à une régression temporaire qui éprouve surtout le secteur vinicole. Or, sur les trente-deux généralités du royaume, trois seulement, celles de Caen, de Lille et de Valenciennes, n'ont point de vigne. Les plus grandes généralités productrices, Bordeaux, Languedoc, La Rochelle, s'ouvrent directement sur la mer : la production totale du royaume représente, bon an mal an, plus de trois cents millions, dont un dixième, au moins, est exporté.

Mais le poids social de ce grand produit français dépasse même son poids économique. Le vignoble exige beaucoup de main-d'œuvre : selon Lavoisier, il fait vivre deux millions et demi de personnes. En outre, pour les petits propriétaires terriens — c'est le grand nombre — la récolte de céréales amputée des semences, de la consommation familiale, de la nourriture des bêtes et des redevances en nature, ne laisse pas grand-chose pour la vente. Parfois même, rien du tout. Le vin, au contraire, représente le produit de commerce, celui qui apporte l'argent. Pour parler le langage des économistes, c'est par le vin que le paysan entre dans le cycle d'échange. Le profit viticole représente la bonne part du profit rural populaire : aussi la vigne est-elle partout.

Mais voici que sur elle fondent les catastrophes. La récolte de 1777 est très mauvaise. Maladie ? Gelée ? les deux à la fois, sans doute. Les prix montent, mais on n'a presque rien à vendre. Là-dessus, trois années de profusion. Les vins communs restent pour compte aux vignerons. Pour les grands crus, la guerre d'Amérique et le blocus anglais entravent l'exportation. En Champagne et en Bourgogne, le marché commence à peine à se remettre que la vendange de 1785 l'écrase de son poids fabuleux : c'est la production de 1781 retrouvée, plus du double d'une année normale. Et le consommateur boude parce que la qualité est mauvaise. En Languedoc, c'est pire encore. Les années de surproduction succèdent aux années de surproduction ; leur chaîne s'allonge ininterrompue jusqu'en 1786. Les cours dégringolent de plus de moitié. Ils remontent à partir de 1787, mais seulement parce que les froids tardifs et les pluies d'été ont rendu la récolte déficitaire. A cause du rôle particulier de la vigne, c'est l'ensemble de l'économie rurale qui est atteint.

Le gouvernement accuse la fatalité ; le paysan accuse le gouvernement. Il ne fallait pas abolir l'arrêt de 1731 qui interdisait les nouvelles plantations ! Il ne fallait pas taxer si lourdement les boissons ! « Il semble, par les impôts énormes mis sur le vin, qu'on ait voulu en interdire l'usage en France... Si les aides étaient supprimées, le vigneron trouverait en tout temps la vente de son vin et ne languirait pas auprès de sa marchandise comme il y languit à présent. » Mais les aides rapportent soixante millions par an et le budget est déjà en déficit !

Le gouvernement, plus sage, se préoccupa de ranimer l'exportation : en 1786, il négocia avec l'Angleterre un nouveau traité de commerce qui fut signé en septembre. Tout pénétré par la doctrine du « laissez-faire, laissez-passer », persuadé que la multiplication des échanges servirait à la consolidation de la paix, Vergennes s'était décidé à renverser la traditionnelle politique douanière de protection et de prohibition pour la remplacer par un régime voisin du libre-échange. Les clauses du traité réduisaient de moitié environ les taxes perçues par les Anglais sur les vins, les eaux-de-vie et les vinaigres venus de France. En revanche, les marchandises anglaises, en particulier la bonneterie, les tissus, la quincaillerie, les ouvrages, gros et menus, de fer, d'acier et de cuivre, ne payaient plus que 10 % de leur valeur à leur entrée chez nous. Sous cette invasion notre industrie chancela. Les entreprises les mieux outillées — le groupe normand, par exemple, résistèrent. D'autres fermèrent leurs portes ou réduisirent leur production. Vergennes espérait que les difficultés contraindraient les usines à moderniser leurs machines et leurs méthodes et qu'un petit mal serait payé par un grand bien. Le rapport présenté en août 1791 à la Constituante par les Comités d'agriculture et du commerce affirme que le calcul était bon et que nos manufactures en ont été « régénérées ». Sur l'heure, on ne vit que les stocks invendus, les ouvriers sans travail errant dans les rues des villes, demandant du pain et maudissant les riches. Les premiers troubles, effrayant la clientèle, aggravèrent le chômage.

Pour comble de malheur, les récoltes de 1787 et de 1788 furent médiocres. En 1787, les inondations recouvrirent les champs, firent pourrir les semences, provoquèrent en bien des endroits des éboulements de terrain qui détruisirent vignes, prés et arbres. Le 13 juillet 1788, comme on se mettait à la moisson, un orage épouvantable, accompagné de grêle, s'abattit sur tout le Nord de la France, de la Champagne à la Normandie. Au témoignage de l'avocat général Séguier, suspect il est vrai de quelque exagération, la récolte aurait été, en certains cantons, à moitié perdue. A la nouvelle, les paysans, par crainte de la disette, cachèrent leurs grains et les halles se vidèrent. Les sinistres rumeurs d'accaparement et de famine en reçurent une nouvelle force. Le libraire Hardy, le 20 août 1788, paie 10 sols un pain de quatre livres, 12 sols le 8 novembre et 14 sols le 11 décembre. L'administration, il est vrai, avait des réserves et des ordres d'achats considérables étaient passés à l'étranger. Ces précautions furent contrariées par les troubles sur les marchés, par le pillage des convois, par les attentats contre les moulins et contre les boulangeries, souvent par la malveillance des autorités locales qui refusaient de loger la troupe envoyée pour protéger voitures et bateaux. Les historiens qui pensent que certains au moins de ces incidents furent voulus, citent une phrase d'Alexandre de Lameth : « De tous les moyens de remuer le peuple, il n'en est pas de plus puissant que de lui présenter l'image de la famine. »

Il semble en outre qu'il se soit produit à partir de 1785 une perturbation générale dans les prix. A la hausse lente et, somme toute, bienfaisante qui couvre le règne de Louis XV, succède une accélération tumultueuse due, pour les produits intéressés, non seulement à la rareté ou à la mauvaise récolte, mais peut-être à l'abondance des moyens de paiement, traites, effets de commerce, billets de la Caisse d'Escompte, qui jouent le rôle d'une monnaie fiduciaire superposée à la monnaie métallique déjà surabondante. Comme les salaires ne suivent pas la même cadence, il en résulte une disparité cruelle. Selon M. Labrousse, pour la période 1785-1789, le renchérissement des denrées et objets nécessaires à l'existence aurait atteint 65 % par rapport à la période 1726-1741, tandis que le salaire ne se serait accru que de 22 %. Cette disproportion semble excessive. Le matériel statistique de l'Ancien Régime était encore trop rudimentaire, trop entaché de fraudes et d'erreurs pour qu'on pût se fier aveuglément au jeu subtil des courbes et moyennes, en donnant aux chiffres de base une valeur absolue. Retenons-en que de nouvelles difficultés de vie créaient dans les villes un malaise propre aux désordres. Encore faudrait-il nuancer le tableau. Il n'y a jamais d'uniformité dans la France d'avant 1789. La crise viticole va de pair avec une fièvre de construction urbaine et un essor du commerce extérieur qu'un historien récent qualifie de spectaculaire. Enregistrons ces disparités, en remarquant qu'elles peuvent aussi aigrir les colères des mal lotis.

Cependant, le retour de Necker avait quelque peu ranimé la confiance et donné au gouvernement les moyens de vivoter. Mais le Genevois était tout à fait incapable de dominer les événements. Sans doute même ne les comprenait-il pas.

Jusque-là l'agitation s'était déroulée selon la ligne ordinaire et Brienne n'avait pas été renversé par d'autres moyens que les ministres de Louis XV, Machault, Silhouette ou Bertin, mêmes prétextes, mêmes scènes, même vocabulaire, mêmes troupes. Mais cette fois, la victoire des assaillants avait été trop complète pour qu'ils pussent maintenir leur coalition équivoque. Unis contre le pouvoir royal tant qu'il avait paru redoutable ou tout au moins capable d'un retour offensif, aristocrates et libéraux se séparèrent dès qu'il eut capitulé. On sortait des chemins battus. Il ne s'agissait plus que très secondairement du Roi et du ministère. Une nouvelle puissance allait naître : les Etats. Qui saurait s'en rendre maître ?

Réactionnaires et privilégiés, les Parlementaires et la vieille noblesse demandaient qu'ils fussent convoqués selon les formes anciennes qui, reproduisant les hiérarchies de naissance, de charges et de fortunes, assuraient la prépondérance des deux premiers ordres. Egalitaires et disciples de Rousseau, les libéraux voulaient une véritable assemblée, soumise à la seule loi du nombre, sans distinction de classe ni d'origine. L'idéal des Parlementaires était une monarchie faible, où le Roi ne serait plus que le premier des nobles, où les pouvoirs administratifs passeraient des intendants à l'aristocratie locale, où, surtout, rien ne se ferait sans l'aveu des Cours de Justice, gardiennes et interprètes des lois fondamentales. Les libéraux rêvaient d'une constitution qui ferait bien de la couronne une magistrature honorifique, mais supprimerait aussi les privilèges individuels, familiaux et corporatifs, pour soumettre la nation au gouvernement des « lumières ».

Entre les deux programmes aucun compromis n'était possible et le conflit éclata tout de suite, à la grande surprise des Parlementaires qu'avait aveuglés la chute de Brienne et de Lamoignon. Ils se croyaient encore les maîtres de la situation que, déjà, ils étaient abandonnés, dépassés et combattus par leurs alliés de la veille. Les lampions allumés en leur honneur n'étaient pas éteints qu'ils s'entendaient dénoncer comme tyrans et ennemis du peuple. Sans transition, les injures et les menaces remplaçaient le délire des acclamations et des bravos.

Quoi de plus naturel ? Dans la course à la popularité, les Parlementaires étaient bien forcés de rester en arrière. Tant qu'il s'était agi de déclamer contre le Roi et ses serviteurs, ils ne s'étaient pas laissé devancer. Le Roi hors de cause, c'était à leur tour d'être visés. A peine restauré, dans une courte session consacrée à la liquidation de la réforme judiciaire, le Parlement de Paris avait stipulé (25 septembre 1788) que les Etats seraient composés suivant la forme observée en 1614, mais à la rentrée des tribunaux, le 12 novembre, la superbe judiciaire était déjà tombée : « La compagnie rendue à elle-même, écrit le conseiller Pasquier, avait le pressentiment d'une révolution prochaine... Plus d'entraînement, plus d'enthousiasme, plus d'efforts, plus d'effets d'éloquence..., il semblait qu'un voile noir eût été tendu sur l'assemblée. »

En vain, par un nouvel arrêt explicatif, le 5 décembre, les Parlementaires s'engagent-ils à ne pas « souffrir la levée d'aucun subside qui ne soit accordé, ni consacré à l'exécution d'aucune loi qui ne soit demandée ou consentie par les Etats généraux », pamphlets, journaux, discours, feuilles volantes s'abattirent contre eux. C'est un déluge d'*Observations*, de *Lettres*, de *Réponses*, de *Considérations*, d'*Adresses*, de *Simples avis* où sont dénoncés avec une véhémence furieuse l'avidité, l'ignorance et l'égoïsme de ces grands juges qui, trois mois auparavant, étaient tous des Catons et des Brutus. Réunis de nouveau en novembre, les Notables salués naguère comme le Sénat de Rome pour avoir refusé au gouvernement les impôts nécessaires à la marche des services publics étaient, eux aussi, vilipendés et maudits parce qu'ils se prononçaient pour le maintien des anciennes lois.

Laissé à lui-même, Louis XVI, naturellement respectueux des situations acquises et des droits consacrés par les ans, se serait sans doute prononcé dans le sens de la tradition. Necker, qui avait l'orgueil timide, l'inclina du côté des libéraux, sans toutefois le rallier absolument à eux. Le résultat du Conseil du 27 décembre 1788 accorda bien au Tiers un nombre de députés égal à celui des deux autres ordres réunis, mais il ne spécifia pas qu'il disposerait aussi d'un nombre double de suffrages et que les délibérations et les votes se feraient en commun.

L'intendant de la marine, Malouet, qui fut député du Tiers de Riom, suppliait Necker de publier sans tarder le programme royal : « Vous devez avoir un plan arrêté de concessions, de réformes, qui, au lieu de tout ébranler, consolide les bases de l'autorité légitime. Ce plan doit devenir par votre influence le texte de tous les cahiers de bailliage. Il ne faut pas attendre que les Etats généraux vous demandent ou vous ordonnent ; il faut vous hâter d'offrir tout ce que de bons esprits peuvent désirer en limites raisonnables, soit de l'autorité, soit des droits nationaux. » C'était la sagesse. Barère, le futur conventionnel, qui passa l'année 1788 à Paris, pour affaires de famille, a laissé un journal de son séjour, où abondent les réflexions politiques. Il a confiance dans le Roi. Qu'il se prononce pour l'abolition des privilèges et personne ne lui chicanera son pouvoir absolu ! Le conflit n'est pas entre le peuple et la monarchie, mais entre le Tiers et les deux premiers ordres. « L'aristocratie a une force réelle, tandis que le despotisme d'un seul n'a qu'une force d'opinion. On oblige les ministres d'un prince à détruire des abus, à faire des sacrifices ; on les chasse même ; on l'a prouvé par l'archevêque de Sens et M. de Lamoignon. Mais jamais on n'obligera les aristocrates que par la force. » Le *Résultat du Conseil* contenait bien quelques indications : réunion périodique des Etats pour le vote de l'impôt, suppression des lettres de cachet, institution d'une liste civile pour subvenir aux dépenses personnelles du Roi... Mais tout cela était vague ou sans portée. Tout ce qu'on sut faire, ce fut de promulguer, le 24 janvier, un règlement bouleversant le mode ordinaire de convocation pour le remplacer par un système compliqué où chaque parti trouvait des raisons de se croire brimé. On eût dit que le gouvernement prenait plaisir à mécontenter tout le monde.

En gros, on établissait le suffrage universel : direct pour les privilégiés, à deux degrés pour le Tiers, les non-nobles se réunissant d'abord dans les villes par corporation ou par quartier, à la campagne par paroisse, pour désigner les électeurs primaires, ces électeurs primaires s'assemblant ensuite au bailliage pour élire les députés. C'était un parti défendable à condition de donner à la foule des électeurs, des chefs sûrs et des conseils solides. Point. Toutes les précautions étaient prises au contraire pour la séparer des hommes qui auraient pu la contenir et l'éclairer. Dans les villes, en appelant à l'assemblée les habitants, catégorie par catégorie (à Paris, soixante districts remplaçaient les quartiers), on ôte toute chance d'influence aux magistrats et aux notabilités. Dans le clergé, les chanoines n'ont qu'une voix par groupe de dix ; les moines une par couvent. Les élections ecclésiastiques sont livrées aux curés de campagne mécontents ou aigris et, parmi eux, aux plus bruyants, c'est-à-dire aux moins respectables. D'une manière plus générale, on ressuscite, comme base des circonscriptions électorales, la division du pays en bailliages, division périmée qui rompait les cadres normaux de la vie économique et sociale, troublait les habitudes des citoyens et déroutait les administrateurs. Mieux encore. Pour soustraire l'électeur aux sollicitations de la fortune ou tout simplement à la routine des habitudes, on interdit de former des listes de candidats. Chacun devait trouver en lui-même l'élu de son choix. Enfin, pour couronner cette pyramide de naïvetés, le garde des Sceaux, Barentin, le plus étonnant garde des Sceaux qui ait jamais présidé à une élection, invitait sévèrement tous les agents du Roi « à ne point se permettre de chercher à déterminer le choix des votants, ni de faire aucunes démarches tendant à gêner les suffrages » !

Isolés, désorientés, sans mots d'ordre, sans guides, sans inscription préalable, les électeurs étaient poussés au vote en troupeau et, non content de demander à cette masse inorganique de désigner à mains levées des représentants, on lui prescrivait encore d'arrêter elle-même leur programme et de rédiger collectivement ses cahiers de plaintes ou doléances.

C'était absurde ! Et pourtant tout se passa le plus rapidement, le plus aisément du monde. Les cahiers furent rédigés, les députés nommés sans hésitation ni retard, comme par enchantement. C'est que, si le gouvernement ne bougea pas, d'autres firent campagne à sa place et leur travail fut d'autant plus facile que la foule n'était plus retenue, ni dirigée, et que les autorités sociales qui auraient pu protéger sa faiblesse, en étaient écartées ou demeuraient, par ordre, neutres et impartiales.

Le parti libéral avait déjà ses comités locaux : loges, académies, chambres de lecture, sociétés philosophiques et patriotiques tenues en haleine depuis le début de 1788, exercées au maniement de l'opinion et à l'agitation des places publiques par un an de cris, de discours et de manifestations. Merveilleux instruments de propagande et de combat, toutes ces organisations étaient déjà reliées par une correspondance incessante, un échange régulier de nouvelles et de brochures. Il suffisait de peu de chose pour les fédérer complètement et emprisonner la France électorale dans les mailles de leur réseau. Ce fut l'ouvrage d'un Comité central, le *Cub des Trente*, qui se réunissait chez Duport et où se retrouvaient tous les chefs du mouvement *patriote*.

Le duc de Montmorency-Luxembourg, qui faisait partie du club, nous a laissé quelques notes relatives à son fonctionnement : « Les séances se tenaient les dimanche, mardi et vendredi de 5 heures du soir, jusqu'à 10, et on ne pouvait être admis sans le vœu unanime de la société, qui d'abord n'était que de douze et où je fus d'abord invité ; les personnages les plus frappants étaient l'évêque d'Autun [Talleyrand], le duc de Biron, Mirabeau, La Fayette, Target, Lacretelle, le comte de Castellane, sans nulle valeur, mais un esprit chaud, ardent, perdu de dettes et cherchant à agioter et à avoir de l'argent par tous les moyens, l'abbé Louis, conseiller au Parlement, Trudaine, aussi conseiller, le maréchal de Beauvau, le marquis qui a écrit beaucoup de brochures [Condorcet], l'abbé Sieyès, le vicomte de Noailles et autres [Dupont de Nemours, Freteau, Lepeletier de Saint-Fargeau...] qui, après, ont été affichés [ou affiliés ?] ; on y choisissait le président qui s'établissait auprès d'une table, posait la question et ordonnait la discussion, prenait les voix comme on était placé, la résumait et indiquait la séance prochaine. On ouvrait la séance par rendre compte de la situation des esprits, de la marche des

Notables et des ministres, de l'effet des pamphlets qu'on avait distribués, et on réglait celle qu'on donnerait à l'Assemblée, et surtout au moyen de diriger l'opinion publique pour forcer les événements à se porter d'après leurs idées. On développait tous les moyens... On méprisait Necker et on le regardait comme un mannequin nécessaire pour agiter la populace et pour la porter à l'effervescence... »

Dans son *Histoire de la Constituante*, Alexandre de Lameth parle aussi d'un comité, qu'il appelle la société de Viroflay. Elle s'employait « à donner aux élections une direction favorable aux intérêts populaires ». Elle avait des statuts. On prêtait le serment de garder le secret. Le duc de Clermont-Tonnerre en faisait partie et comme on le savait faible, les membres de la société ne manquaient pas de lui dicter son devoir dans les occasions.

C'est du Club des Trente et de ses filiales que partirent ces brochures courtes, nerveuses, vibrantes qui enflammèrent les esprits et jetèrent l'odieux et le ridicule sur les partisans de l'Ancien Régime. Young, le 9 juin 1789, note dans son journal qu'il en a paru 92 la semaine précédente, à Paris seulement. Réservoir inépuisable d'orateurs, de journalistes et de politiciens, les Sociétés établirent les modèles de cahiers, les répandient dans les campagnes, préparèrent et dirigèrent les Assemblées électorales, firent exclure leurs adversaires, triompher leurs hommes, adopter leur programme. Le travail de cet « appareil » fut grandement facilité partout où en faisaient partie les juges royaux chargés de diriger la convocation. Certains modèles connurent une faveur particulière, par exemple, en Anjou, celui qui avait été préparé par La Revellière-Lépeaux (sous le masque d'un laboureur) ; dans la sénéchaussée de Nîmes, ceux de Rabaud-Saint-Etienne ; dans la région de Metz, celui d'Anthoine, qui devint le bras droit de Robespierre à la Constituante, qui fut membre du comité insurrectionnel du 10 août et qui était alors lieutenant-général du bailliage de Boulay ; dans la région de Rouen l'*Avis aux bons Normands* de l'avocat Thouret dans le pays chartrain, celui de Marius Bourgeois, membre de la loge *La Franchise* à Chartres, et frère du futur conventionnel ; dans la région de Nantes, les *Charges d'un bon citoyen de la campagne*, du comité Baco-Cottin, un procureur et son bailleur de fonds, riche propriétaire à Saint-Domingue ; dans le bailliage de Châlons-sur-Marne, les « mémoires » des notaires Delacour et Billy, sans parler de la célèbre brochure de Sieyès : *Qu'est-ce que le Tiers-Etat* ? répandue dans toute la France. Laclos composa les *Instructions* qui furent distribuées à profusion dans les domaines du duc d'Orléans. Sieyès y ajouta des *Délibérations* à prendre dans les assemblées électorales.

En confrontant les noms qui se trouvent au bas des motions, des adresses, des procès-verbaux, M. Augustin Cochin a pu reconstituer par le menu les démarches du comité dijonnais, composé de petits bourgeois obscurs, dont plusieurs se firent nommer députés aux Etats, mais dont aucun ne laissa un nom, Durande, médecin, Hoin, chirurgien, Gillotte, procureur, Durande, Navier, Volfius, Minard, Morellet, Larché, Gouget, Arnoult, avocats, Trullard, procureur-syndic de la ville. Leur tactique est de noyauter d'abord l'ordre des avocats et par lui d'entraîner les corps constitués, l'un après l'autre, l'un à l'imitation de l'autre, en commençant par ceux où ils ont le plus d'amis, puis le faisceau des adhésions grossissant, de peser par leur poids sur les hésitants. « Il n'est pas d'argument, ni de séduction, qui agisse sur l'opinion comme ce fantôme d'elle-même. Chacun se soumet à ce qu'il croit approuvé par tout le monde. L'opinion suit sa contre-façon et de l'illusion naît la réalité. » Dans une quinzaine de villes bourguignonnes, les mêmes procédés furent employés par des gens de même sorte. La campagne pour le doublement du Tiers fait office de grandes manœuvres. Puis viennent la campagne pour l'ajournement des Etats de la province et la campagne pour le vote par tête. Ensuite la rédaction des cahiers et l'élection des députés. Sans arrêt, d'une ville à l'autre, circulent les motions, les délibérations, les brochures et ce déluge inspire aux scrupuleux le sentiment d'une volonté irrésistible.

Lorsque l'opinion est douteuse, aux réunions par corporation, dont tous les présents se connaissent, le comité substitue des assemblées générales, sans statut, où tout le monde peut entrer, parler, huer, applaudir, sachant qu'un groupe discipliné manœuvrera avec plus de succès au sein de la confusion, que dans une institution soumise à des règles fixes et possédant son bureau. Dans les campagnes, le comité s'employa à gagner les curés en exagérant leurs plaintes et en les excitant contre leurs évêques. Lors de la désignation des députés, à Chalon-sur-Saône, les curés de six diocèses différents avaient été si bien stylés qu'au premier scrutin, sans qu'il y ait eu déclaration de candidature, ils réunirent leurs voix sur les mêmes noms, inconnus de la majorité d'entre eux.

L'argent, à coup sûr, ne manquait pas : le duc d'Orléans en donna beaucoup. Brissot assure que le célèbre avocat Bergasse y consacra le gros de sa fortune. Tout porte à croire qu'il en vint de Londres : c'était la conviction de notre ambassadeur, le chevalier de La Luzerne. Sa correspondance, conservée aux Affaires étrangères, présente d'importantes lacunes : il est visible qu'elle a été expurgée. Cependant, dans diverses dépêches, il annonce le départ pour Paris d'un certain Forth, intime du Palais Royal, préposé à l'achat de « boutefeux », il donne les noms des banques Drumond et Hope qui font passer l'argent en France, avec un détour de prudence par Amsterdam ; il dénonce d'autrès agents. Rien de surprenant dans tout cela : au début de 1789, Pitt s'était fait accorder par le Parlement vingt-cinq millions de fonds secrets et vers le même temps, il se vanta aux Communes de « faire la guerre aux Français d'une manière plus sûre que celle des armes ». S'il faut en croire Cabanis, Mirabeau mourant l'aurait appelé « le ministre des préparatifs ».

Quoi qu'il en soit, les Anglais, qui espéraient une revanche de la guerre d'indépendance américaine, pouvaient se réjouir de la tournure prise par la campagne électorale. Des bataillons de *jeunes citoyens* recrutés parmi les dernières classes de la population intimidèrent les craintifs et contraignirent au silence ou à la fuite les plus hardis des « réactionnaires ». En certains endroits, il y eut de véritables batailles, du sang versé, des morts. A Paris même, à la fin d'avril, une insurrection éclata faubourg Saint-Antoine devant la fabrique de papiers peints Revillon et prit subitement des proportions alarmantes. Il fallut faire tirer la troupe qui ne se rendit maîtresse de la rue qu'après un sauvage combat de nuit.

Dans l'ensemble, les élections donnèrent bien ce qu'en attendaient les clubs philosophiques. L'énorme amas de cahiers de plaintes, dont une petite partie seulement est convenablement éditée, en témoignent nettement.

Les cahiers de campagnes ne sont presque jamais des cahiers de paysans. Presque partout ils ont été proposés, rédigés ou copiés par des hommes de loi. Ils reproduisirent les modèles non seulement dans leur esprit, mais dans leur style — qui les trahit. Parfois le tabellion lettré qui a tenu la plume les a embellis de citations latines, de vers anglais, de passages de Fénelon, de Montesquieu, de Le Trosne, d'invocations à la Nature ou de remerciements à l'Etre Suprême, dans le goût du Vicaire savoyard. Parfois, un laboureur tenace et rusé y a fait ajouter des revendications plus précises, ou une liste puérile de criailleries locales. A l'étage supérieur, les cahiers de bailliages qui n'auraient dû être que la synthèse des cahiers de paroisses, des cahiers de communautés, compagnies et corporations, enfin des cahiers de villes, sont plus nettement encore « orientés ». Les commissaires chargés de la rédaction retranchent et ajoutent. Parfois, ils substituent aux vœux qu'on leur a remis d'autres articles, copiés sur un modèle, et qui les contredisent. Mais, dans les cités comme dans les villages, il est une revendication qui dut être adoptée d'enthousiasme : l'éternelle doléance contre l'impôt. Partout on demandait un système de contributions égales pour tous, déterminées d'après des indices simples, laissant peu de place à la fraude et respectant le secret des fortunes.

Dans les assemblées du clergé, évêques et curés s'étaient violemment pris de querelle. Presque partout les curés l'avaient emporté et avaient fait adopter des doléances contre le luxe, la négligence et l'avidité des prélats.

La noblesse, gagnée en partie et depuis longtemps aux idées libérales, avait accueilli des formules « avancées », ce qui ne menaçait pas directement ses intérêts : constitution, tolérance, suppression des intendants, réforme du clergé, égalité fiscale même (dans plus de la moitié des cahiers publiés), mais avec des restrictions et à la condition qu'il ne fût pas touché aux rentes seigneuriales utiles.

Très généralement, les hommes des Sociétés s'étaient efforcés de laisser dans l'ombre les demandes proprement paysannes : suppression des droits féodaux, partage des communaux, règlement de la vaine pâture, etc. La question agraire en effet risquait de diviser leurs troupes en irritant, non seulement les gros bailleurs de fonds, nobles et privilégiés, mais aussi les bourgeois possesseurs de fiefs ou fermiers de droits seigneuriaux.

La France agricole allait être représentée, pour le Tiers, par des avocats et des procureurs ; pour la noblesse, par des hommes de salon ; pour le clergé, par des curés, lecteurs de l'*Encyclopédie*.

A la fin d'avril, les onze cents députés commencèrent à débarquer à Versailles, les uns en pays de connaissance, le sourire aux lèvres, légers et fringants, les autres, perdus, gênés et souffrant de leur gaucherie. Le 2 mai, eut lieu la présentation au Roi ; le 4, la procession du Saint-

Sacrement ; le 5, l'ouverture des Etats. On débutait mal : le Tiers, déjà, se plaignait d'être reçu sans égards. Les cérémonies avaient été ennuyeuses et fatigantes. Le sermon de l'évêque de Nancy, violente mercuriale contre la Cour, faisait scandale. La Reine, se sentant épiée, avait pris son grand air majestueux et semblait lointaine et méprisante.

On avait depuis trois mois tant remué de métaphysique qu'on ne se rappelait plus pourquoi on était là. Contraint chaque matin de faire un miracle pour satisfaire aux échéances de la journée, le gouvernement était sans doute le seul à s'en souvenir. Il s'agissait de trouver de l'argent et puisque Parlements et Notables n'avaient pas voulu en accorder, c'était aux Etats d'en découvrir. On changeait de conseilleurs, mais on gardait les créanciers : vérité désagréable que Necker se chargea de rappeler. Il le fit sans grandeur, sans grâce et sans bonne foi, dans un discours de trois heures, filandreux, hérissé de chiffres, où la misère du Trésor n'était avouée qu'à demi et où, pour y remédier, il n'était proposé que de petits moyens et de petites réformes. Il prévoyait bien que la tâche des Etats s'étendrait immensément. « Quelle diversité d'objets s'offriront de toutes parts à votre considération ! L'esprit en est effrayé !... » Il laissait entendre qu' « à une époque où les restes de l'ancienne barbarie ne tiennent plus que par des liens usés, affaiblis et prêts à se rompre », l'abolition des survivances féodales s'imposait. Il prononçait même l'expression *d'ordre nouveau*, mais rien ne sortait de la brume et ce vague devait être insupportable aux juristes qui formaient les gros bataillons du Tiers. Un plan d'action clair, définissant sans ambiguïté ce qui serait cédé et ce qui serait retenu, s'élevant aux bons endroits à un certain ton de fermeté et de décision, aurait groupé autour du trône tous les esprits calmes, intimidé les autres et enfermé les travaux des Etats dans des bornes convenables. On n'eut qu'une pénible sensation de malaise et de flottement. Le magicien déçut, mais son exposé fournit au Tiers l'arme qui, à coup sûr, devait amener la Cour à la soumission : le chantage au déficit.

Les hommes qui avaient conduit la campagne électorale pour le Tiers étaient trop habiles pour ne pas sentir cette magnifique possibilité de manœuvre. Et le coup était d'autant plus indiqué, d'autant plus facile à jouer que le chômage grandissant contraignait le ministère à distribuer en secours le peu d'argent qui lui restait.

Que pouvait faire le Roi puisqu'il n'y avait pas de programme royal ? User de la force et dissoudre les Etats ? Cela n'aurait point rempli les coffres ni rassuré les porteurs de rentes. Et puis, les Etats renvoyés, à qui recourir ? On se retrouvait en face des anciens pouvoirs : Parlements, Notables, Assemblée du Clergé dont on n'avait rien pu tirer. Gouverner sans eux ? Les réduire à l'obéissance ? Brienne venait d'essayer et s'y était cassé les reins. Sa tentative, mal engagée et mal soutenue, avait achevé de perdre les moyens violents dans l'esprit de Louis XVI, trop bon disciple de Fénelon pour ne pas les avoir déjà en profonde et naturelle aversion. Les *Communes,* d'ailleurs, trouvaient des alliés dans les deux autres ordres : de grands seigneurs libéraux étaient de cœur avec elles ; les curés de campagne les servaient de tout leur poids. Le premier mois fut de tâtonnements, de désordre, de tumulte, de paroles vaines. Le public manifestait dans les tribunes ; des spectateurs, même des femmes, se mêlaient aux députés et s'asseyaient parmi eux. Malouet ayant demandé qu'on fît sortir tous les étrangers à l'assemblée, Creuzé-Latouche, député de Chatellerault, rapporte dans son journal que « plusieurs membres se sont élevés avec force contre cette proposition et ont dit que les citoyens qui étaient avec nous étaient nos amis et nos frères et que nous ne pouvions rien faire de mieux que de les rendre témoins de toutes nos délibérations » ; l'homme des ruines, Volney, député d'Anjou, renchérit : « Tous les citoyens étaient non seulement nos frères, mais nos maîtres... Loin de les faire sortir, il serait à souhaiter que la salle fût disposée de manière à en admettre la plus grande quantité possible. » Ces semaines de bavardages ne furent pas perdues pour tout le monde. Les meneurs eurent le temps de se concerter et, brusquement, les événements se déclenchèrent.

Le 10 juin, le Tiers, las de demander en vain le vote par tête et la vérification en commun des pouvoirs, procédait seul à l'appel de tous les députés : le 17, grossi de quelques curés, il se proclamait Assemblée Nationale ; le 19, il entraînait le Clergé qui décidait à une infime majorité de se joindre à lui ; le 20, trouvant sa salle de délibération fermée, il tenait séance dans un jeu de paume et jurait de ne point se séparer tant que la Constitution ne serait pas votée ; le 23, il entendait un discours sévère du Roi, défendant d'admettre le public aux séances des Communes, sommant les ordres de délibérer isolément et de ne point mettre en question les prérogatives historiques des classes ou des personnes, décrétant néanmoins les mainmortes abolies et promettant que, chaque année, les ministres rendraient compte aux Etats de leur administration ; le Roi parti, le Tiers refusait, par la voix de Mirabeau, de déférer à ses volontés et le Roi ne faisait rien ; le 24, quarante-sept gentilshommes conduits par le duc d'Orléans venaient se joindre aux révoltés : c'étaient des francs-maçons escortant leur grand-maître ; le 27, Necker, ayant offert sa démission, Louis XVI sanctionnait le fait accompli et ordonnait la réunion qu'il avait défendue quatre jours plus tôt.

Embellis par la légende, ornés de mots historiques, tous ces événements ont pris un air de grandeur tragique et d'inexorable fatalité. Il y eut en réalité beaucoup d'indécision et beaucoup de désordre. Si Mirabeau, Sieyès, Mounier, Barnave jouaient leur rôle en ambitieux et en convaincus, leurs collègues, moins braves et moins décidés, s'attendaient chaque matin à être renvoyés le soir et tenaient leurs valises prêtes. La faiblesse royale fit leur audace. Ils perdirent alors toute mesure et se laissèrent emporter bien plus loin qu'ils ne l'auraient voulu.

Un souverain qui ne fait plus son métier ; un ministère sans principes, sans prestige, sans énergie ; une Assemblée en révolte, perdue dans les idéologies, autorisant par son exemple tous les excès, cet état a un nom : c'est l'anarchie. En cet été de 1789, la France entière, à la suite de son gouvernement, sombre lentement dans l'anarchie. Pas de jour où l'on ne signale quelque trouble grand ou petit : moulins assiégés, boutiques pillées, convois attaqués, marchés mis à sac. Les biens, les vies même, sont en danger. Contrebandiers, voleurs, faux sauniers, braconniers, traîneurs de rues, déserteurs, toute une louche population sort de l'ombre, se mêle à l'émeute, l'entretient et l'avilit. Pendant quatre jours, Rouen est à la merci de cette tourbe. La maréchaussée est impuissante. Les troupes régulières dispersées en une multitude de minuscules détachements ne se sentent en force nulle part et chancellent. Les autorités découragées par dix ans de capitulations s'évanouissent. Seul le fisc, que talonnent les besoins du Trésor, essaie de surnager et toutes les fureurs se tournent contre lui. Plus d'impôts. Plus de taxes. Le cri est général. On déchire les rôles. On détruit les registres. On renverse les barrières d'octroi. On brûle les bureaux de la ferme. On malmène les commis. On pourchasse les collecteurs. En moins de six semaines, tout l'édifice financier est par terre.

Paris, plus encore que la province, est en effervescence. Nulle part il n'y a tant de misérables, tant de chômeurs, tant de faux sauniers sans emploi. « Des bandes, raconte Taine, se forment autour de la capitale, comme dans les contrées où la société humaine n'a pas encore commencé ou a cessé d'être. Dans les premières semaines de mai, près de Villejuif, il y en a une de cinq ou six cents vagabonds qui veulent forcer Bicêtre et s'approchent de Saint-Cloud. Il en vient de trente, quarante et soixante lieues, de la Champagne, de la Lorraine, de toute la circonférence du pays ravagé par la grêle. Tout cela flotte autour de Paris et s'y engouffre comme dans un égout, les malheureux avec les malfaiteurs, les uns pour trouver du travail, les autres pour mendier, pour rôder, sous les suggestions malsaines de la faim et des rumeurs qui s'élèvent de la rue. » Les excitations ne manquent pas. Dans les dernières années, Paris a recueilli tous les révolutionnaires de l'Europe. Il en est venu de Hollande, du Brabant, de Genève : exilés politiques, mécontents, déclassés, débris d'insurrections avortées. Les premiers désordres en feront venir d'autres : illuminés, espions, agents provocateurs. On les héberge, on les fête, on les écoute. Tous les cafés sont des clubs. Tous les clubs des foyers de sédition.

En plein centre, entre le Louvre et les boulevards, les agitateurs ont leur permanence inviolable : le Palais-Royal propriété de la maison d'Orléans, « centre de la prostitution, du jeu, de l'oisiveté et des brochures ». Les galeries qui viennent d'être terminées abritent tous les désœuvrés de la capitale. Restaurants, caveaux, tripots, maisons de rendez-vous, hôtels garnis y attirent toute cette population errante qui ne vit que pour la parade, le plaisir, les mauvais coups, l'aventure. L'auditoire est prêt. Les orateurs ne sont pas loin. A côté ou au-dessus des limonadiers et des marionnettes, il y a des clubs : le *Salon des Arts*, l'*Assemblée militaire*, le *Club des Colons*, le *Club de Valois*, la *Société Olympique*, siège central de la Franc-Maçonnerie. Du matin au soir, des centaines de personnes bourdonnent dans cette enceinte. Menaces, harangues, fausses nouvelles, pamphlets, motions incendiaires, excitations au meurtre se répandent et se répercutent. « Les passions sont déchaînées », dit un témoin. Les énergumènes règnent en maîtres. Le ministre de Parme mande à sa cour qu'ils sont « payés par un très haut personnage », le duc d'Orléans. Un jour, on reconnaît parmi les badauds un agent de la police. On l'empoigne, on le plonge dans le bassin, on le pourchasse de porte en porte, on le roue de coups, on le crible de pierres, on le piétine, on le jette à l'eau à nouveau. Pendant cinq heures on s'acharne sur lui. Enfin, il s'échappe sanglant, un œil hors de l'orbite, couvert de plaies, hurlant et fou de douleur. Les députés de la droite n'osent plus se montrer à Paris. A Versailles, à la porte même de leur salle, ils sont couramment insultés, hués et malmenés. Le 24 juin, l'évêque de Beauvais est à demi assommé. Le 25, l'archevêque de Paris n'est sauvé que par la vitesse de ses chevaux. Ce même jour, les quatre cents électeurs qui ont nommé la députation parisienne se réunissent au Musée de Paris, qui était une salle de conférences, puis s'installent à l'Hôtel de Ville, pour « surveiller les menées des aristocrates » et maintenir la liaison entre Paris et l'Assemblée. C'est un second pouvoir en face du pouvoir légal.

Le gouvernement s'attendait si peu à cette explosion, il croyait si candidement à la bonté humaine, il était si persuadé que les Etats se passeraient en embrassades et en cordialités, qu'il n'avait pris aucune mesure de protection. Trente commis, quarante-huit commissaires, vingt inspecteurs, quelques centaines d'indicateurs, onze ou douze cents hommes du guet : voilà toute la police parisienne et Paris a plus de cinq cent mille habitants. Quant aux troupes, elles se réduisent à la maison militaire, sérieusement diminuée par raison d'économies. En 1788 encore, on vient de réformer six cents gardes. En tout et pour tout, il reste deux cents gendarmes, chevau-légers et grenadiers, trois ou quatre cents gardes du corps, casernés à Vincennes, deux régiments de gardes-françaises et de gardes suisses. Encore, dès le début de juin, ne peut-on plus compter sur les gardes-françaises. Un club régimentaire, formé de soldats et de sous-officiers, y fonctionne presque ouvertement. La discipline est ruinée. Le colonel détesté. Des agents orléanistes, des personnes de qualité, comme un marquis de Valadi, ancien officier lui-même, font la tournée des casernes pour « éclairer les soldats sur les véritables devoirs de l'homme ». Des distributions de tracts et d'argent accompagnent la propagande orale. Dans son journal, le libraire Hardy assure que « l'insubordination militaire a été préparée de longue main ». Beaucoup d'hommes vivent avec des filles du Palais-Royal, où ils viennent chaque soir parader et boire. Le 25 et le 26, des mutineries éclatent et plusieurs compagnies refusent de prendre le service. Le 30, onze mutins ayant été mis au cachot, une bande se forme au Palais-Royal, marche sur la prison, enfonce les portes, délivre les révoltés et donne une fête en leur honneur.

La situation devenait désespérée. Le gouvernement fit ce que la prudence commandait, ce que tout autre gouvernement eût fait depuis longtemps à sa place : il appela de nouvelles troupes. Mais, ayant eu ce simulacre d'énergie, il rendit aussitôt la défense inefficace : les troupes reçurent l'ordre de s'abstenir de toute violence et de ne faire feu en aucun cas. C'était vouloir arrêter la révolution avec un mannequin.

L'Assemblée, cependant, s'était émue. Craignant toujours de ne pas paraître assez *patriote,* assez avancée, elle avait, le 8 juillet, sur la proposition de Mirabeau, présenté au Roi une adresse de protestation. Le 10, le Roi répondit que l'Assemblée n'était pas menacée et qu'il n'avait d'autre intention que de maintenir la paix publique.

Le péril croissait d'heure en heure et les régiments nouvellement arrivés étaient l'objet d'une propagande séditieuse effrénée. Les officiers libéraux fermaient les yeux. Certains d'entre eux, et des plus titrés, disaient tout haut que si un coup de force était en préparation, ils ne marcheraient pas. Le Roi se résolut à recourir aux hommes qui passaient pour capables de ressaisir les choses et mater les factieux. Le 11, Necker fut renvoyé et remplacé par un ancien ministre, Breteuil, qui, comme secrétaire de la Maison du Roi, avait eu Paris, la Cour et la police dans son département.

Le choix n'était pas mauvais. Breteuil avait de la clairvoyance et de la décision. C'est lui qui en 1787 avait fermé les Chambres de lecture et les Sociétés. Si l'on voulait tenter quelque opération de même nature, il était assez raisonnable de l'en charger.

Par contre, c'était une faute d'avoir échelonné l'arrivée des renforts sur une dizaine de jours. L'effet de surprise était perdu et les premiers bataillons en place étaient exposés sans défense à la contagion révolutionnaire. C'était une faute aussi d'avoir nommé au commandement des troupes, le vieux maréchal de Broglie, qui avait quitté le service depuis vingt-huit ans et qui, installé à Versailles, vit à peine les régiments, ne contrôla pas l'exécution de ses ordres et ne put que s'écrier, lorsqu'il apprit la prise de la Bastille : « Ce n'est pas possible. » Un seul de ses généraux, Narbonne-Fitzlar, se montra au Champ-de-Mars en uniforme, les autres y vinrent en civil.

Enfin, il fallait, tout en prenant Breteuil, garder Necker. Assurément, il n'était point à la hauteur des circonstances et ses responsabilités étaient lourdes. Mais il inspirait confiance aux épargnants et aux financiers. Les cent ou deux cent mille rentiers parisiens croyaient aveuglément à son génie et étaient persuadés que son départ serait l'équivalent de la banqueroute. Plus de Necker, plus de coupons. La misère pour beaucoup, la gêne pour les autres. Les spéculateurs et les banquiers partageaient la même illusion. Tous les agioteurs avaient, comme on dit, joué la tendance optimiste : succès de l'Assemblée, réforme financière, hausse des fonds d'Etat. Necker parti, c'était la baisse, la liquidation désastreuse, l'exécution, la faillite. La dissolution des clubs et l'épuration de la ville auraient, sans nul doute, été accueillies avec un soupir de soulagement par les commerçants et les propriétaires qui, depuis quinze jours, réclamaient la constitution d'une garde bourgeoise pour la défense de l'ordre et de la propriété. Le renvoi de Necker transforma ces conservateurs en émeutiers.

Les agents de change se réunirent hâtivement, décidèrent de ne pas ouvrir la Bourse le lendemain et expédièrent l'un des leurs à Versailles pour établir la liaison avec l'assemblée. Quant aux banquiers, ils descendirent dans la rue avec leur famille et leur personnel et mirent à la disposition des révolutionnaires, argent, locaux, armes et provisions. Deux d'entre eux, Delessert et Prevoteau, avancèrent pendant plus d'un mois les sommes nécessaires à l'entretien d'un bataillon. Les capitalistes, a écrit Rivarol, « voulaient que M. Necker régnât pour les payer, qu'on essayât d'une révolution pour les payer, que tout fût renversé pourvu qu'on les payât. Ils aidèrent le peuple et l'Assemblée nationale à s'emparer de tout, à condition que tout serait conservé pour eux ».

Est-il certain toutefois que le maintien de Necker aurait suffi à détourner le cours des choses ? Après les journées d'octobre, le Châtelet entama une procédure criminelle qui n'eut pas de suites, mais au cours de l'enquête plus de trois cents témoins furent entendus. On parla aussi du 14 juillet. Trois députés rapportent en termes remarquablement concordants une discussion survenue le 17 au cours d'un déjeuner chez Malouet entre celui-ci et le député d'Hennebont, le procureur du Roi Coroller, membre du Club breton, futur conventionnel et futur correspondant de Carrier :

— Vous ne seriez venus à bout de rien, dit Malouet, sans la défection des gardes-françaises et des troupes.

— Nous étions sûrs des troupes, répond Coroller. Nous avions depuis longtemps des correspondances avec tous les régiments.

— Mais malgré tous ces moyens, continue Malouet, vaus auriez sûrement échoué si la Cour n'avait pas commis la maladresse de renvoyer M. Necker.

— Cet événement, riposte Coroller, n'a fait que hâter de deux jours l'exécution de notre part. Nous étions sûrs d'armer Paris et, pour cela, le feu devait être mis au palais Bourbon.

Coroller, interrogé à son tour, ne répondit rien et les juges n'insistèrent pas. La question reste donc posée. Ce qui est certain, c'est que, selon notre envoyé

La Luzerne, l'ambassadeur anglais à Paris, le duc de Dorset, avait dès les premiers mouvements de troupes, assuré à sa cour que si elles étaient employées, « elles se déclareraient pour le peuple de préférence au roi ». Et La Luzerne ajoutait que le duc devait avoir « des données extrêmement positives ».

Le 12, à midi, Paris n'est plus qu'une immense confusion. Dans un remous de hurlements, de tocsins et de fausses nouvelles, tourbillonne une foule affolée où se mêlent les rentiers qui défendent leur argent et les repris de justice qui attendent l'occasion de les détrousser. Ici, on promène en triomphe les bustes de Necker et du duc d'Orléans. Là, on pille, on assassine, on s'enivre. Les dragons du prince de Lambecs, rangés sur la place Louis-XV, à l'entrée des Tuileries, sont bombardés de briques, de pierres et de tessons de bouteilles. Le prince dégage sa troupe en quelques galops et, conformément aux instructions, rompt le contact pour se retirer sur la rive gauche. Les gardes-françaises, sorties de leurs casernes, font feu sur des patrouilles fidèles.

La nuit du 12 au 13 et la journée du 13 sont sinistres. On dirait que l'on assiste à la décomposition totale de la société. Les bourgeois se barricadent dans leurs maisons. La rue est livrée à la plus vile populace et à la plus effrayante. Le garde-meubles est forcé. Les électeurs du second degré, réunis à l'Hôtel de Ville et terrorisés par les événements, essaient d'organiser une milice urbaine où les premiers habitants, gentilshommes en tête, se font inscrire. Mais les brigands, qui viennent de mettre à sac l'hôtel de la police, s'arment aussi et plus vite. Ils pillent les boutiques d'armuriers, envahissent la prison de la Force, délivrent les détenus et en grossissent leur flot boueux.

Les bandes se portent partout où il y a des fusils et des piques. Le matin du 14, elles se jettent sur les Invalides, sans que Besenval qui a trois régiments suisses et huit cents cavaliers à l'Ecole militaire fasse le moindre mouvement. Une heure après, elles refluent sur la Bastille. Le gouverneur, M. de Launay, avec sa petite garnison de Suisses et d'invalides, aurait pu, sans peine, se défendre, mais sa philosophie y répugnait. Il parlemente, retire ses canons, obstrue les embrasures, fait visiter la vieille forteresse à un émissaire de l'Hôtel de Ville et invite à sa table deux délégués des assiégeants. Ces attentions d'homme du monde n'empêchent pas une cohue furieuse, renforcée de nombreux curieux, de s'amasser au pied des murs, tiraillant sans arrêt et cherchant le moyen d'incendier une des tours. Finalement, deux hommes armés de haches, le charron Tournay et l'épicier Pannetier, en grimpant sur le toit d'une échoppe, parviennent à briser les chaînes d'un pont-levis qui s'abat avec fracas. Non point le point-levis de la forteresse, mais celui qui donne accès à une cour extérieure, sur laquelle s'ouvre le petit hôtel du gouverneur. Cette cour, dite du gouvernement, est envahie, les premiers bâtiments pillés, quatre canons braqués sur la seconde porte. La garnison, après avoir fait signe aux assaillants de s'éloigner, prend peur. Instinctivement, elle riposte, puis, perdant la tête, ne se sentant pas commandée, elle contraint Launay à capituler. Un bas-officier, qui commandait les gardes séditieux, promet, sur son honneur de soldat, qu'il ne serait fait de mal à personne. En dépit de quoi Launay est massacré, et son corps traîné au ruisseau. Un garçon cuisinier « qui savait travailler les viandes », coupe la tête, la met au bout d'une pique et, suivi d'une meute sauvage, la promène jusqu'à la nuit. Le major, l'aide-major, un lieutenant sont abattus à leur tour. Deux invalides sont pendus. Un autre a la main coupée. La foule, ivre de meurtre, court à l'Hôtel de Ville. Le prévôt des marchands, Flesselles, se porte à sa rencontre. Il traverse la place de Grève. Avant d'arriver au quai, il est, à son tour, massacré et dépecé.

Pendant ce temps, on explorait la Bastille. Il y avait sept prisonniers : quatre faussaires, un jeune débauché, enfermé à la demande de sa famille, et deux fous. Les faussaires décampèrent sans demander d'explication. Le disciple du marquis de Sade fut reçu en grande pompe par les Sociétés, où il prononça d'attendrissants discours contre la Tyrannie et le Despotisme. Les deux fous, d'abord acclamés avec le même enthousiasme, furent, le lendemain, conduits à Charenton.

On découvrit aussi des machines inconnues que Dussaulx devait décrire à l'Assemblée comme d'horribles instruments de torture. Il y avait « un corselet de fer inventé pour retenir un homme par toutes les articulations et le fixer dans une immobilité éternelle » : c'était une armure moyenâgeuse tirée du musée d'armes anciennes qui se trouvait dans la vieille forteresse. Il y avait « une machine non moins destructive qui fut exposée au grand jour, mais personne ne put en deviner ni le nom, ni l'usage direct » : c'était une presse à imprimer saisie en 1786 chez un nommé François Lenormand. Enfin, on trouva les tombes des suicidés qui ne pouvaient pas être inhumés dans les cimetières, en terre sainte : ce furent désormais les squelettes des malheureux prisonniers exécutés secrètement au fond des cachots. « Les ministres ont manqué de prévoyance, tonna Mirabeau, ils ont oublié de manger les os. »

La nouvelle de l'insurrection arriva à Versailles dans la nuit. L'Assemblée gardait assez de lucidité pour se rendre compte que les horreurs qui avaient suivi la reddition de la forteresse, non seulement justifiaient les craintes du Roi, mais encore donnaient à Breteuil mille excellentes raisons pour organiser une répression impitoyable, à laquelle le Parlement donnerait avec joie les formes légales. Un vrai roi aurait opéré plus lestement encore. Louis XV eût sauté en selle à n'importe quelle heure, serait entré dans Paris avec tout ce qu'il avait de monde propre au combat et, au jour, aurait été follement acclamé par une bourgeoisie qui, ayant crié, avait désormais peur pour sa vie et pour ses biens. Il aurait fait pendre une douzaine de massacreurs aux fenêtres de l'Hôtel de Ville, remis une garnison dans la Bastille et serait rentré à Versailles, pour accueillir les protestations d'obéissance d'une Assemblée humblement soumise. Comme l'écrit M. Soreau, les difficiles problèmes qui se posaient n'eussent pas été résolus pour si peu. Mais le Roi eût pu les résoudre monarchiquement. Les chefs de la gauche connaissaient Louis XVI. Aussi s'employèrent-ils, sans retard, à transformer en autant d'actes héroïques les crimes dont ils voulaient couvrir les instigateurs. La légende de la Bastille est née quatre heures après l'événement. Le 15, les rentiers parisiens qui s'éveillaient honteux et inquiets d'avoir laissé le champ libre aux assassins apprirent qu'il n'y avait jamais eu d'assassins, que le Peuple entier s'était soulevé pour la défense de la Liberté et que les meurtres de Launay et de Flesselles étaient les manifestations sublimes de sa justice souveraine.

On dressa une liste officielle des « vainqueurs de la Bastille », 954, en tout, y compris les imposteurs qui se portaient garants l'un de l'autre. Ils reçurent des brevets, des armes d'honneur, un habit portant une couronne brodée sur la manche gauche, certains des pensions ou des secours annuels. En 1832, une centaine de survivants obtinrent encore une rente viagère de 250 livres. Parmi les combattants se trouvait un ancien sergent aux gardes suisses, Pierre-Augustin Hulin, qui, devenu général de Napoléon, présida à l'assassinat du duc d'Enghien. Une nuée de brochures d'innombrables actes, épitres et chansons célébrèrent l'événements du 14, comme le début d'une ère nouvelle. Le 15, l'archevêque de Paris fit chanter un *Te Deum* « en impromptu » et les agents de change annoncèrent que la Bourse ouvrirait le 21.

C'étaient là précautions superflues. Le Roi ne réagit pas plus à l'annonce de la prise de la Bastille que n'avait réagi Lambesc sous les tessons de bouteilles et les briques. Ou, plutôt, il réagit de la même manière : il céda tout ce qu'on voulut. Renvoi de Breteuil, rappel de Necker, retrait des troupes, reconnaissance de la municipalité illégale, visite solennelle à l'Hôtel de Ville, harangue insolente du maire Bailly, abandon de la cocarde blanche pour la cocarde tricolore : rien ne l'arrêta. Les jours suivants, l'Assemblée reçut des députations du Grand Conseil, de la Cour des Aides, du Parlement, de la Chambre des Comptes. Elles donnèrent du « Monseigneur » aux députés qui les remercièrent de leurs félicitations : « L'Assemblée est très satisfaite de la justice et du respect que lui rend le Parlement de Paris. »

La prise de la Bastille était pour le régime un coup terrible : la révélation de sa faiblesse. Gardant son caractère d'insurrection, elle n'eût signifié cependant qu'une impuissance policière momentanée, sans que rien d'essentiel fût compromis sans remède. Exaltée par les folliculaires, prônée par l'Assemblée, approuvée par la Cour, reconnue par les tribunaux, légitimée par Louis XVI, elle devenait le signe de l'abdication royale, la preuve que la Monarchie renonçait à ses propres principes. Qu'on imagine le trouble que produisit dans les imaginations populaires l'effondrement soudain de ce qui, depuis des générations, était, en cette terre, le suprême recours contre la méchanceté des hommes et l'hostilité des choses. Le Roi demeurait, pour la masse, le père auprès de qui on cherche soutien et abri. Vers lui, à travers les siècles, les regards s'étaient portés. On en appelait à sa bonté contre les exactions, contre les impôts, contre les mauvais ministres. « Ah ! Si le Roi savait ! » avait été, pendant des centaines d'années, le cri des pauvres gens. Et voilà que le Roi s'humilie, reconnaît la suzeraineté de l'émeute, la sainteté de l'insurrection. Et c'est parmi le peuple de France un malaise, une terreur vague qui s'insinuent dans les cœurs et obscurcissent les esprits.

L'avenir est menaçant. Mais, au seuil de cet inconnu, combien de motifs de crainte pressants, immédiats ! Par grandes secousses, cette fois, la France glisse à l'abîme. Plus de juges, plus d'armée, plus de lois. On ne sait qui commande ni qui obéit. Tous les pouvoirs tombent à terre. Le 22 juillet, l'intendant de Paris, Bertier de Sauvigny, un des grands administrateurs du siècle, est arrêté à Compiègne, chargé d'outrages, conduit à Paris, amené à l'Hôtel de Ville, décrété d'arrestation, attaqué à la sortie et massacré. Restif assure que les cris de mort n'étaient poussés que par cinq ou six personnes et répétés par trente polissons en guenilles. Pendant quelques minutes Bertier se défend, puis il tombe. Un soldat lui fend la poitrine et lui arrache le cœur. Un autre lui coupe la tête et la promène au bout d'un bâton. Le beau-père de Bertier, le conseiller d'Etat Foulon, un vieillard de soixante-quatorze ans, est saisi près de Fontainebleau. Un collier de chardons au cou, du foin dans la bouche, on l'entraîne en prison. Sur le chemin, il est enlevé et pendu à une lanterne. Le lendemain, le lieutenant de police, de Crosne, s'enfuit pour se soustraire au même sort. En province, gouverneurs, intendants, juges, commandants militaires, officiers d'administration, de police et de finances se terrent ou s'enfuient. Bien rares ceux qui échappent aux menaces et aux violences.

Pour les remplacer, on crée en désordre des municipalités et des gardes nationales. Mais ces autorités nouvelles vacillent à tous les souffles populaires. Le maire de Paris, Bailly, semble ignoré de son conseil, qui ne se soucie ni de sa personne ni de ses opinions. Le Conseil lui-même n'arrive point à s'imposer aux soixante comités de districts qui prétendent gouverner leurs quartiers comme s'il n'y avait ni Roi, ni Assemblée, ni tribunaux, ni commune. Situation terrible, car, tandis que, battus en brèche dès leur naissance, tous ces pouvoirs se contrarient, la foule ouvrière et paysanne, sentant partout la lâcheté ou la décrépitude, s'inquiète, s'exaspère, prête à toutes les folies. Et comme il importe de justifier *a posteriori* les usurpations et les crimes en transformant les victimes en coupables, l'Assemblée institue le 28 juillet un comité de recherches, chargé de déjouer les « complots » aristocratiques.

Qu'il se rencontre alors un groupe d'hommes ayant un

seul cœur, un seul esprit, une seule doctrine et, par le simple fait qu'ils sont *un* dans la foule, *organisés* dans le désordre, *décidés* dans l'indécision, leur puissance sera sinon sans bornes, tout au moins sans rapport avec la médiocrité de leurs effectifs et de leurs moyens.

Ce groupe existe : c'est le petit groupe des Clubs. Des députés qu'ils ont fait élire, ils reçoivent des correspondances régulières. Imprimées, affichées, commentées, répandues de toutes manières, elles orientent l'opinion, lui révèlent les intentions, vraies ou fausses, de la Cour, les périls vrais ou faux, qui menacent la Liberté, les mesures, vraies ou fausses, que la capitale a déjà prises et qui s'imposent aux provinces, si elles veulent se montrer ses égales en patriotisme. Quelques conciliabules chez le duc d'Orléans ou au Club breton et une même impulsion est transmise aux extrémités de la France. Dans l'affreux désarroi qui suit la prise de la Bastille et que l'on appelle la Grande Peur, il y a eu très vite une simultanéité et une identité des alarmes, des paniques et des actions qui ne peuvent s'expliquer que par cette organisation centrale de l'esprit public servie par un peuple d'adeptes, peu nombreux sans doute, mais trié, chauffé, docile aux moindres suggestions, crédule aux plus gros mensonges.

Brusquement, donc, vers le 25 juillet, une nouvelle fuse de tous les côtés, en Normandie, en Dauphiné, en Alsace, en Auvergne, partout : des brigands armés arrivent, pillant tout, incendiant les maisons, brûlant les blés verts. On les a vus, leurs rassemblements sont proches, des nuages de poussière les annoncent. Le tocsin sonne. Des courriers partent au galop alerter les villages voisins. Les hameaux isolés se vident. Les femmes et les enfants s'enfuient. Les hommes s'arment en hâte. Les commandants militaires leur livrent des fusils par dizaines de mille, des munitions, des équipements, des canons même. Malheur à celui qui refuserait ! Après quelques nuits de garde et de patrouilles, on s'aperçoit que la plaine est déserte et la route sans écho. Mais la Révolution paysanne, campagnarde, populaire est partout armée.

N'a-t-elle pas des ennemis plus cruels et plus perfides que les brigands évanouis ? Les fauteurs de chômage et de disette, ceux que les lettres venues de Paris chargent de tous les crimes, de tous les complots, de toutes les trahisons : les aristocrates, les riches, les nobles. On les accuse de préparer l'invasion étrangère. Le 1er août, *Le Patriote français* de Brissot publie une prétendue lettre de Bordeaux : « On nous menace de trente mille Espagnols ». Dans la vallée du Rhône, les Espagnols sont remplacés pour les besoins de la cause par des Piémontais. Et c'est, dans toute la France, une formidable jacquerie. Taine croit pouvoir établir qu'elle fut particulièrement effrayante dans les provinces de l'Est, de la Flandre à la Provence. Des historiens plus récents distinguent six courants différents, dont ils tracent des itinéraires assez incertains. En réalité, peu de cantons furent indemnes. Partout des abbayes pillées, des maisons détruites, des propriétés saccagées. Les paysans soulevés prétendent n'en vouloir qu'aux droits féodaux, dont ils anéantissent les titres. Mais, avec les parchemins, ils brûlent les armoires, le château et parfois le châtelain. Aux laboureurs et aux journaliers se joignent, pour les conduire, les rôdeurs et des évadés de prison. Un épisode tristement fameux se situe à Bollon (dans la Sarthe), où M. de Montesson et son gendre, adjoint au maire du Mans, sont massacrés dans des conditions particulièrement horribles et leurs têtes portées au bout des piques (23 et 24 juillet). Vols, tortures, incendies, assassinats : c'est un ouragan de crimes et de destructions qui passe sur la France...

Pendant ce temps, l'Assemblée discutait la Constitution. Rassurée par l'apostrophe de Barnave : « Ce sang était-il donc si pur ? », la majorité avait pris assez légèrement les meurtres de Foulon et de Bertier. Avertie des excès qui se commettaient chaque jour en province, elle n'en demeurait pas moins adversaire d'une répression qui l'aurait coupée de ses alliés populaires et privée, contre la Cour, de l'indispensable appui des émeutes de rue. Dans ces conditions, il ne restait qu'une voie : celle des abandons. On s'y lança à corps perdu. Le 4 août, sur la proposition d'un député sans fortune, le vicomte de Noailles, et d'un grand seigneur philosophe, le duc d'Aiguillon, l'Assemblée décida de supprimer tous les privilèges des communautés et des personnes. Dans une sorte de délire sentimental, coupé d'acclamations et de larmes, on adopta pêle-mêle la suppression des droits féodaux, des garennes, des banalités, des dîmes, du casuel, des immunités provinciales et municipales. On s'embrassait, on pleurait, on sacrifiait ses droits et ceux du voisin, on ne savait plus ce qu'on disait ni ce qu'on faisait. Au petit jour, on acclama Louis XVI, *restaurateur de la liberté française*, et on renvoya à la prochaine séance la mise en décrets de la fièvre nocturne.

Ce n'était pas chose facile. Des droits féodaux allégrement sacrifiés, les uns étaient personnels et la marque d'une condition inférieure : il n'y avait que des avantages à les anéantir ; les autres étaient réels, incorporés à la terre et constituaient une véritable propriété. En cette qualité, ils avaient fait l'objet de nombreuses transactions : affermages, ventes, partages, prêts hypothécaires que l'on ne pouvait effacer sans injustice d'un trait de plume. D'autre part, en bien des endroits, ils étaient la principale ressource des petits nobles ruraux qu'il était difficile de réduire de sang-froid à la misère. Le rachat était la seule solution acceptable. Il fallut bien s'y rallier. Mais c'était un fossé creusé entre la révolution « bourgeoise » et la révolution paysanne. Les décrets d'application tardèrent jusqu'en mai 1790. Dans certains départements, notamment en Gironde, on a dénombré des conventions de rachat en assez grand nombre. Ailleurs, les paysans refusèrent de rien payer. Ce fut, en hiver et au printemps de 1790, l'occasion de nouveaux troubles, pillages de châteaux et incendies d'archives. Le Quercy, le Rouergue, la Bretagne, autour de Ploërmel, le Gâtinais, furent les plus éprouvés.

Quant aux dîmes, elles étaient, elles aussi, susceptibles d'avoir été négociées et aliénées. On en maintint cependant la suppression, mais, avec elles, disparurent les rentes dont vivaient les vieux collèges, les bourses centenaires, les allocations servant à l'entretien des chaires et des professeurs.

Même hécatombe du côté du Tiers. Les privilèges offerts d'enthousiasme étaient des biens fort précieux : des assemblées, des Etats, des juridictions, des abonnements d'impôts, des garanties contre le fisc, la douane et le service militaire, des facilités d'administration, des franchises économiques qui se chiffraient en beaux et bons écus : pour Bordeaux, le monopole de sortie des vins d'Aquitaine, pour Marseille, la quasi-totalité du commerce du Levant.

Amendés, les décrets d'août ébranlaient encore le pays jusque dans ses fondations. Toutes les conditions de la vie sociale et de la vie économique se trouvaient changées. Un pareil bouleversement ne va pas sans ruines. Ceux-là mêmes qui recevaient le plus n'étaient pas sans être lésés d'une autre manière. Peut-être n'y avait-il pas un Français qui ne perdît quelque chose.

Certains, sans doute, y avaient réfléchi et il n'est pas impossible que, bien plus que par la peur, leurs votes aient été secrètement inspirés par l'espoir qu'un si grand trouble provoquerait une réaction étendue dont les Parlements, silencieux mais toujours debout, prendraient la tête au nom de la loi et de la propriété.

En fait, les Parlements ne bougèrent pas, mais le parti révolutionnaire se coupa en deux. La fissure, visible le 5 août, alla s'élargissant les semaines suivantes, lorsque les principaux articles constitutionnels vinrent en discussion.

Les modérés, avec Malouet, Bergasse et Mounier, estimaient que, pour arrêter la désagrégation du pays, il était indispensable de rendre au pouvoir exécutif et au pouvoir judiciaire la force qui leur permettrait de faire cesser les attentats. Quant à la Constitution, les députés, liés par leurs cahiers, n'avaient pas à mettre en cause le régime qui existait en droit et en fait, mais seulement à l'améliorer. Donc pas de *Déclaration des Droits* inopportune et même dangereuse, si elle n'est pas corrigée par une *Déclaration des devoirs* ; un gouvernement équilibré, où l'autorité sera partagée entre le Roi, une Chambre haute héréditaire ou à vie et une Chambre basse, élue par les citoyens aisés ; les lois faites par l'accord des trois pouvoirs, avec la faculté pour le Roi de refuser sa sanction.

Pour la gauche, au contraire, la révolution ne peut être ni arrêtée ni entravée. Si regrettables que fussent les désordres, ils n'atteignaient que les bénéficiaires de l'Ancien Régime. Des poursuites, confiées nécessairement aux agents du Roi, auraient mis la révolution entière en danger. Souveraine, l'Assemblée n'a pas à s'embarrasser des instructions de ses commettants. Si elle veut reconstruire rationnellement le pays, il est nécessaire qu'elle affirme d'abord l'existence de droits naturels imprescriptibles. Pas de Chambre haute, refuge des aristocrates. Pas de veto royal, ou, tout au plus, un veto temporaire.

Des négociations engagées entre les partis sous les auspices de La Fayette, et de l'ambassadeur des Etats-Unis, Jefferson, n'aboutirent pas. A la fin d'août, la rupture était consommée. Il était dès lors assez facile de prévoir que, pour venir à bout des récalcitrants, les *patriotes* allaient avoir recours à leur arme ordinaire : une émeute dont le but serait, cette fois, de mettre sous la verge de la populace non plus seulement le Roi, mais l'Assemblée elle-même. Leur grand journal était alors *Les Révolutions de Paris* de Loustalot : les Clubs qui, durant les pourparlers, étaient restés calmes, entraient brusquement en effervescence et prenaient leurs dispositions pour contraindre le gouvernement à quitter Versailles pour Paris. Le 30 août, éclatait une insurrection qui fut comme la répétition générale des journées des 5 et 6 octobre. Elle échoua faute d'une préparation suffisante : la garde nationale, mal travaillée, resta fidèle à son devoir et dispersa les manifestants. Mais le canevas des événements prochains était dévoilé.

Les députés modérés le comprirent et ils demandèrent au Roi de transférer l'Assemblée à vingt lieues de Paris, à Soissons ou à Compiègne, où elle serait à l'abri des entreprises du Palais-Royal. Louis XVI, qui ignorait la peur, refusa : cette retraite lui semblait indigne de lui. Il avait ajourné la ratification des décrets d'août et voyait avec douleur les brèches que les lois en préparation faisaient à son autorité souveraine, mais il ne se résignait pas à la défendre par les moyens appropriés : « Il y avait malheureusement autour du Roi et de la Reine, dit Malouet, un bourdonnement de conseils, violents en projets, mais sans aucune tenue et sans capacité dans l'exécution. C'en était assez pour exaspérer les patriotes et les porter aux dernières extrémités, c'en était trop peu pour leur en imposer. Le dédain avec lequel on parlait à la Cour du parti populaire persuadait aux princes qu'il n'y avait qu'à enfoncer son chapeau pour le disperser ; et, le moment venu, l'on ne savait pas même enfoncer son chapeau. »

Comme en juillet, Louis XVI s'imagina qu'il suffirait, pour contenir l'émeute, d'user d'intimidation et de parades militaires et on se mit en quête d'un second croquemitaine. Au milieu de septembre, des ordres de marche étaient expédiés au régiment de Flandre en garnison à Douai et, le 23, il faisait, tambours en tête, son entrée à Versailles.

Pour neutraliser la propagande révolutionnaire, la Cour s'empressa autour de lui, multipliant, envers les chefs et les soldats, ces petites amabilités et ces menues attentions qui caressent si doucement les amours-propres. Selon l'usage, les corps de troupes en garnison à Versailles offrirent à leurs nouveaux camarades des dîners de bienvenue. Le plus brillant et le plus gai fut celui des gardes du corps, le vendredi 2 octobre. La réception, commencée au milieu de l'après-midi, devint bientôt si animée et si bruyante que le Roi et la Reine eurent la curiosité d'aller voir ce qui se passait. Leur arrivée imprévue fut l'occasion de vivats enthousiastes et de toasts abondants. Quand ils se retirèrent, toute la jeunesse leur fit cortège jusqu'au Palais et la cour de marbre s'emplit de ses bravos.

On n'avait pas bu à la santé de la Nation. Quelques excités avaient, après le départ du Roi, crié : « A bas l'Assemblée ! » mais il n'y avait eu ni cocardes tricolores foulées aux pieds, ni cocardes blanches distribuées. Tel quel, le banquet ressemblait « à toutes les fêtes officielles dans lesquelles les convives chantent, crient, pleurent ou s'embrassent et trébuchent un peu en regagnant leur lit ». Mais les orateurs et les journalistes, à l'affût d'un prétexte pour soulever l'indignation de Paris, eurent vite fait de transformer ce repas bien arrosé en orgie et en provocation. En même temps, s'il faut en croire Bailly, des attentats opportuns — marchés mis à sac, convois et bateaux attaqués, boulangeries et moulins pillés — paralysèrent le ravitaillement de la capitale, si bien qu'à la voix des démagogues, les faubourgs virent se dresser à la fois le spectre de la famine et celui de la réaction. Cette manœuvre était d'autant plus facile que le gros pain de la classe pauvre venait surtout de la banlieue, Gonesse, Goussainville, Le Mesnil-Aubry, Villiers-le-Bel ; il suffisait de terroriser les porteurs. Pitt, de son côté, avait interdit le départ pour la France des blés entreposés dans les ports anglais. Malheureux brouillon, victime d'un entourage d'agités, le duc d'Orléans ouvrit encore une fois ses coffres et l'argent coula à flots. Le 5 octobre, au matin, après deux jours d'effervescence croissante, l'émeute se déclencha, conduite selon un plan rigoureux qui ne se dévoila que progressivement.

Tout d'abord, c'est un soulèvement de femmes affamées qui vont à Versailles demander du pain à leur bon Roi. Quoi de plus innocent ? Elles partent à cinq ou six mille, poissardes, dames de la Halle, filles publiques, avec, confondus dans leurs rangs, un certain nombre d'hommes fardés et enjuponnés.

Deuxième colonne : la garde nationale, poussant à sa tête son général, La Fayette, éperdu et glorieux, flottant sur son cheval, ne sachant ni ce qu'il faisait là ni ce qui allait se passer, mais bien décidé à être, au bout du compte, acclamé et porté en triomphe.

Enfin, en arrière-garde : une troupe de gens de sac et de corde, ramassés dans les bouges et les ruisseaux.

Il pleuvait à verse. A Versailles, du côté de la Cour, tout était tranquille. Le Roi, qui venait de repousser la Déclaration des droits, chassait dans les bois de Verrières. Profitant d'une éclaircie, la Reine, après déjeuner, était partie pour son jardin de Trianon. Ce n'est qu'à trois heures et demie que le Roi put tenir conseil. Le successeur de Breteuil, le comte de Saint-Priest, semble avoir eu seul une conscience nette du péril. En tout cas, il fut le seul à proposer un plan en rapport avec la gravité des circonstances : envoyer à Rambouillet la Reine et la famille royale, au besoin la Cour et le gouvernement ; occuper d'urgence et à tout prix les ponts de Neuilly, de Saint-Cloud et de Sèvres (celui-ci était en bois et facile à détruire) ; former avec les gardes du corps et deux cents chasseurs une troupe de cavalerie dont le Roi prendrait la tête et qui chargerait les bandes en marche. A la porte du cabinet, M. de Narbonne-Fitzlar s'offrait pour commander le feu, si personne ne voulait se charger de la corvée.

Necker riposta qu'il n'y avait aucun danger pressant, que les mesures de Saint-Priest conduisaient droit à la guerre civile, que le seul parti raisonnable était d'attendre en laissant venir. Le Roi ne voulait pas de sang. On se contenta de fermer les grilles et de mettre en ligne, devant le château, sans cartouches, le régiment de Flandre et les gardes. « Je m'arrête à regret, écrit encore Malouet, sur les fautes de ce prince infortuné qui méritait, par la bonté de son cœur, une autre destinée : il y a tel capitaine de grenadiers qui l'eût sauvé, lui et l'Etat, s'il l'avait laissé faire. »

Cependant, dégouttantes de pluie, crottées jusqu'à l'échine, pataugeant et vociférant, les femmes commençaient à arriver.

Les unes envahissent l'Assemblée et, ôtant leurs cottes pour les faire sécher, s'installent sur les bancs, mêlées aux députés qu'elles bousculent, embrassent et injurient tour à tour. « Il y eut, dit un témoin, des scènes peu décentes. » Les autres marchent sur le château. Un instant intimidées, elles s'approchent des soldats et tentent de forcer les barrages. Jusqu'à la nuit, elles restent là, criant, chantant, s'offrant, menaçant les officiers, flattant les soldats, disloquant les compagnies, distribuant de l'argent et des promesses. Les filles embauchées à Paris font leur métier avec d'autant plus de conscience qu'elles sont ivres : « Nous allons avoir un plaisir de mâtin », disent les hommes. A 8 heures, pour empêcher la débandade, on prend le parti de lever la plus grosse partie du service d'ordre et, noyées dans le brouillard, les troupes regagnent leurs casernes, saluées au passage par quelques coups de fusil. C'est la fin de la résistance.

Obsédé par les députés, le Roi donne son consentement à la Déclaration des droits et aux articles constitutionnels déjà votés. Triomphalement, Mounier court porter la nouvelle à l'Assemblée et à la foule qui commence à se disperser. A minuit, dans la ville pluvieuse et obscure, l'armée parisienne arrive harassée. La Fayette se présente au château, protestant de son loyalisme, jurant qu'il répondait de ses bataillons, de l'ordre et de tout. Le Roi, rassuré ou feignant de l'être, lui accorde ce qu'il demande : les gardes du corps remettent à la garde nationale les postes extérieurs du château, la Cour se retire, les lumières s'éteignent, La Fayette lui-même, après une dernière ronde, va se coucher. Au petit jour, tout dormait.

C'était pourtant le moment dangereux. La nuit avait été tranquille, parce que, après leur première victoire, les émeutiers étaient tombés sur place à demi morts de fatigue. Dès le lever du soleil, des roulements de tambour les regroupent, plus menaçants que jamais. Ils trouvent les passages du château ouverts, désertés. En un clin d'œil, ils envahissent les cours, enfoncent les portes, pénètrent dans le palais, arrivent jusqu'aux appartements de la Reine qui a juste le temps de se réfugier chez le Roi par un corridor dérobé. Des gardes du corps sont blessés, d'autres massacrés, leurs cadavres dépecés et traînés dans la boue. Des femmes les piétinent. Des hommes ramassent des caillots de sang pour s'en frotter les bras et le visage. On crie : « Il nous faut le cœur de la Reine ! » — « Nous voulons lui couper la tête, arracher son cœur, fricasser ses foies, prendre ses boyaux pour en faire des rubans et cela finira par là. » Enfin le tumulte est tel que des détachements de gardes nationaux, cantonnés en ville, accourent au pas de charge et déblaient non sans peine les salles dévastées. La Fayette, arraché de son lit, désespéré des sottises qui composent sa vie depuis vingt-quatre heures, reparaît, range son monde, harangue les uns, adjure les autres, et rétablit enfin un semblant de discipline. Le Roi, la Reine paraissent au balcon, seuls et avec leurs enfants. On les acclame, mais de la foule instable, émue et prête à s'abandonner, monte ce cri, raison dernière de toute l'insurrection : « Le Roi à Paris ! » Pas de résistance possible. Le Roi est aux mains de la garde nationale qui est de cœur avec les clubs : « Le Roi à Paris ! » Pour épargner de plus grands malheurs, il faut céder.

Un cortège hideux et grotesque se met en marche. D'abord, en guise de trophées, les têtes sanglantes des gardes ; puis une cohue de femmes, de brigands, de soldats ivres, débraillés, hurlants, tenant les propos les plus obscènes et faisant les gestes les plus immondes ; des voitures de farine, apparues comme par miracle ; encore des soldats en désordre qui déchargent leurs armes au hasard ; enfin, « roulant dans l'obscurité poudreuse d'une forêt de piques et de baïonnettes », le carrosse royal, gardé par quelques détachements fidèles et accompagnés d'une immense clameur où dominent les cris de « Vive la Nation ! » On mit sept heures pour arriver à Paris. Là, c'était de la frénésie. On illuminait. On tirait le canon. Toute la ville était descendue dans les rues. C'est à peine si, dans cette masse grouillante, les voitures pouvaient s'ouvrir un chemin. Il y eut arrêt, réception et discours à l'Hôtel de Ville. Enfin, à neuf heures et demie, la famille royale s'installait aux Tuileries démeublées, dont les domestiques barricadaient en hâte les issues. Quelques jours après, l'Assemblée à son tour quittait Versailles pour Paris. Les Clubs tenaient leurs otages.

VI.
Les assignats

Lorsque le 7, au matin, les nouveaux hôtes des Tuileries commencèrent à se chercher dans les chambres délabrées et obscures où il leur fallait désormais habiter, les cours et les entrées du château étaient déjà envahies d'une cohue bruyante et curieuse. Cette première journée se passa en reconnaissances dans les appartements et en conversations avec le menu peuple. Tandis que des serviteurs déballaient en hâte le mobilier rapporté pêle-mêle de Versailles, le Roi et la Reine recevaient des délégations, se montraient aux fenêtres, haranguaient la foule, écoutaient ses doléances et répondaient à ses reproches. Les jours suivants, il y eut réception des corps constitués, revue de la garde nationale, promenades dans le jardin public. Il semblait que les scènes de Versailles ne fussent qu'un mauvais rêve évanoui. La beauté de la Reine, sa majesté, son courage, le sourire et la grâce de son fils, la bonhomie du Roi, tout cela retournait les esprits. Très à l'aise parmi les petites gens, Louis XVI avait des mots heureux que l'on colportait. Entre Paris et les souverains, se renouaient les relations cordiales de jadis. « Je me porte bien, soyez tranquille, écrivait Marie-Antoinette à Mercy-Argenteau. En oubliant où nous sommes et comment nous y sommes arrivés, nous devons être contents du mouvement du peuple, surtout ce matin ; j'espère, si le pain ne manque pas, que beaucoup de choses se remettront. »

Comme après le 14 juillet, le mot d'ordre était d'affirmer qu'il n'y avait eu ni attentats ni violences. Le Conseil général de la Commune assurait aux provinces que « l'amour seul et pleinement libre de Sa Majesté avait procuré à sa capitale le bonheur de la posséder dans son sein ». Dans une proclamation, Louis XVI renchérissait. Informé d'avance de l'arrivée des Parisiens, il lui eût été facile, lui faisait-on dire, de se transporter ailleurs qu'à Paris, « mais il avait préféré venir avec confiance dans sa capitale où il a reçu les témoignages les plus respectueux de l'amour et de la fidélité des habitants ».

Dans la ville, quelques mesures de police jointes à une éphémère reprise du commerce changeaient l'apparence des choses. On passait sans transition de la panique à la confiance. Le duc d'Orléans, compromis dans les événements des 5 et 6, jugeait sage d'accepter une mission diplomatique en Angleterre et s'éloignait de Paris. Du côté des aristocrates, l'hiver, doux et sec, fut très gai. « Nous avons eu des fêtes charmantes », écrit l'un d'eux, promis à la guillotine. On se grise de réceptions et de bals. On se venge des assassinats par des épigrammes. L'étudiant bordelais Edmond Gérard, arrivé à Paris au début de décembre, écrit à ses parents : « Quelle opulence ! Quelle richesse dans toutes ces boutiques, dont l'éclat fatigue les yeux éblouis ! » Il court à l'Opéra où dansent Vestris et Gardel, aux Italiens où chante Mme Dugazon, à la Comédie où joue Mlle Raucourt. Les événements sont un prétexte à chansons et à frivolités. Et puis les illusions sont tenaces. A la fin de 1789, d'Eprémesnil dit à Montlosier : « Rassurez-vous, tout ceci finira par un arrêt du Parlement. » Pour lui, tout finit par la guillotine. « J'ai remarqué, notera Pauline de Tourzel, que dans les temps de révolution, il y avait toujours des moments de calme après les grands orages et c'est cela qui trompe ceux qui sont engagés dans ces crises. Si elles se développaient sans discontinuité, on se roidirait pour résister et peut-être finirait-on par en triompher. Mais comme le courant se ralentit quand il a emporté les premières digues, on se laisse aller à l'espoir que tout est fini et, dans la crainte de troubler ce calme relatif dont on jouit délicieusement, on omet de prendre les précautions nécessaires. »

Pauline de Tourzel avait raison. Cela lui était facile : elle écrivait bien après 1789. Sur le moment, néanmoins, il se trouva des hommes pour voir clair. Cent vingt députés du centre, jugeant qu'ils n'étaient plus en sécurité, donnèrent leur démission. A leur tête, Mounier, qui avait rédigé le programme de Vizille. Il se flattait d'avoir gardé dans sa province une influence sans bornes. Quand il essaya de l'ameuter contre la dictature de Paris, il ne trouva pas d'écho. L'opinion avait marché, tandis que lui-même ne changeait pas. C'est déjà un réactionnaire, presque un suspect. Les hommes s'useront vite au service de la Révolution. En huit mois, deux équipes, deux générations, pourrait-on dire, y ont succombé : les parlementaires qui avaient provoqué la réunion des Etats, les modérés qui les avaient dirigés cinq mois. Les Parlements s'étaient imaginé avoir le droit d'enregistrer les édits de l'Assemblée comme ils avaient le droit d'enregistrer les édits royaux. Très vite, ils apprirent à leurs dépens que la souveraineté populaire est moins endurante que la souveraineté personnelle : aux premiers mouvements, ils étaient mis en vacances, en attendant d'être supprimés (15 octobre 1790). Le Châtelet, insulté par Marat, en la personne d'un de ses juges, avait prescrit l'arrestation du journaliste. Un soulèvement des districts organisé par Danton l'obligea à rapporter l'ordre. Sans plus de succès, il essaya alors d'inculper Danton (janvier 1790). L'Assemblée lui retira une partie de ses attributions et il ne tarda pas à disparaître à son tour. La même disgrâce frappait les Etats provinciaux. Démonétisés, sans crédit, sans force, les modérés ne savaient non plus que s'en aller et gémir.

Ces éliminations successives des moins violents par les plus violents sont la loi même de la Révolution jusqu'au

9 Thermidor. Si l'on se défait de la légende, de la phraséologie et du romantisme avec lesquels ces événements sont ordinairement racontés, on s'aperçoit que tout le mécanisme de la période révolutionnaire a consisté à laisser les partis avancés prendre le dessus et l'émeute diriger la politique. Contre la cour et contre les privilégiés, les Constituants avaient fait appel aux portions turbulentes de la capitale. Tout en déplorant au fond d'eux-mêmes les excès qui avaient été commis depuis le 13 juillet, ils avaient fermé les yeux parce qu'ils tenaient à garder en réserve la force des clubs et des faubourgs. Ils sont désormais prisonniers de leur alliance, prisonniers de la formule *pas d'ennemis à gauche* qu'ils avaient appliquée tacitement, mais docilement.

Après les Parlementaires et les modérés, ce sera le tour des Feuillants, des Girondins, des Dantonistes : tout le monde y passera, jusqu'au jour où, acculée à des difficultés insurmontables, la Révolution se tuera elle-même en tuant Robespierre.

Toutes ces épurations se firent de la même manière. Le procédé consistait à tenir la Commune de Paris et, par elle, par les sections, par les clubs, par la presse, à entretenir dans les quartiers les plus exaltés une agitation continuelle qui, le moment venu, se déchaînait contre tel homme ou tel groupe. La peur des complots, la peur de la trahison, la peur de la famine, sont les grands moteurs des insurrections populaires, des *journées* qui intimident jusqu'à la fin les Assemblées révolutionnaires, remplies, comme toutes les assemblées, d'hommes faibles et incertains. Aussi bien, l'inquiétude est-elle le signe même du *patriotisme*. Les *patriotes* sont inquiets par état. Quiconque se rassure est suspect.

Augustin Cochin, qui a le premier et très profondément analysé cette formation ou plutôt cette déformation de l'esprit public, cite un rapport de Saint-Just qui montre quels prodiges furent accomplis en ce genre et à quel état de frénésie crédule pouvaient en arriver les *purs*, les *solides*, ceux de la dernière heure, ceux qui avaient guillotiné tous les autres. Voici quelques lignes de ce rapport : « En 1788, Louis XVI fit immoler 8 000 personnes de tout âge, de tout sexe, dans Paris, dans la rue Mêlée et sur le Pont-Neuf. La Cour renouvela ces scènes au Champ-de-Mars ; la Cour pendait dans les prisons ; les noyés que l'on ramassait dans la Seine étaient ses victimes ; il y avait 4 000 prisonniers ; l'on pendait par an 15 000 contrebandiers ; on rouait 3 000 personnes ; il y avait dans Paris plus de prisonniers qu'aujourd'hui. » (26 février 1794.) Cela est dit à la tribune de la Convention, applaudit, imprimé, envoyé aux moindres villages, commenté, répété, embelli. Les fidèles des clubs croient tout. Les autres n'osent rien dire. Et, ajoute avec raison Augustin Cochin, toutes ces histoires ont la vie dure. Des conjurations inventées, des massacres fabriqués, des fausses alarmes, il subsiste une crainte vague mais tenace. « Des calomnies énormes et célèbres, comme le pacte de famine ou les tortures de la Bastille » ont été « si puissamment lancées qu'elles vivent encore sans l'ombre d'un fondement ».

Excitation méthodique de l'opinion, pression de la rue sur les autorités nominales : tels sont les deux ressorts du véritable gouvernement révolutionnaire, celui des clubs. En cet hiver où il est loin d'avoir conquis toute la France, les moyens de lui résister ne manquaient pas. Encore fallait-il les découvrir et les mettre en œuvre. Mais on sent qu'en face de cette puissance anonyme, le Roi et ses conseillers sont désemparés. Ils ne savent que faire. Ils se perdent en intrigues puériles sans se rendre compte que l'unique moyen de salut est de prendre à bras-le-corps le danger, d'opposer propagande à propagande, opinion à opinion. A l'été de 1789, Young, traversant la Bourgogne et l'Auvergne, ne revenait pas des étranges histoires qu'il entendait débiter gravement autour de lui : la Reine voulait empoisonner le Roi, et Monsieur, donner la Régence au comte d'Artois, mettre le feu à Paris, faire sauter le Palais-Royal... A Royat, il manque lui-même d'être emprisonné comme agent de Marie-Antoinette, chargé de creuser une mine sous le village... Mais Young est sur la voie de l'essentiel, quand il s'étonne de ne jamais entendre qu'un son de cloche. Dans son pays, dit-il, devant une pareille campagne, la Cour eût, il y a beau temps, inondé les comtés de journaux à elle, démenti, et, au besoin, calomnié à son tour. Cette riposte n'exigeait point de génie. Un programme de réformes, du caractère, une organisation, quelque suite dans les idées auraient suffi. A défaut d'un attachement raisonné, la monarchie conservait dans le peuple d'énormes puissances sentimentales qui se manifesteront par accès longtemps encore et qu'il était indiqué d'utiliser au lieu de les laisser se dissiper en vaines explosions. Que cette besogne politique n'eût rien de fastueux : cela est certain, mais puisqu'on avait engagé la partie sur ce terrain, encore fallait-il la jouer selon la règle.

L'Assemblée installée au Manège, après un bref séjour à l'Archevêché, avait repris le débat sur la Constitution. Gouvernement, administration, justice, impôts, distinctions sociales, statut du clergé, droit civil, droit pénal : tout ce qui est la base même des sociétés était mis ou remis en question. Lorsque la question du *veto* avait été inscrite à l'ordre du jour, en septembre, l'Assemblée avait même refusé de prendre lecture d'un mémoire sur le sujet préparé par le Roi et par ses ministres. Ceux-ci ne pouvaient assister aux séances que s'ils y étaient mandés. Mais, tandis que, pour emporter un vote, les partis avancés ne reculent devant aucun moyen, si grossier soit-il, les amis de la Cour et les modérés ne montrent qu'indécision, division et mollesse. Tapage des tribunes, tumulte, menaces, manifestations extérieures, défilé de pétitionnaires : telles sont les armes ordinaires de la gauche, et sur cette assemblée trop nombreuse, peuplée d'hommes de bonne volonté, mais dépourvus de sang-froid, et perdus d'emphase, cette stratégie de réunion publique est, pour ainsi dire, infaillible.

Les aristocrates — nobles et prélats — affectent

de ne pas se montrer dans ce mauvais lieu où s'ils y apparaissent, c'est pour rire, parler haut, lancer des impertinences, aigrir par leur attitude leurs adversaires et les galeries. Les modérés sont très affaiblis par la démission des cent vingt, presque tous remplacés par de nouveaux élus d'opinions plus radicales. Ils vont essayer de constituer en face du club de gauche — le club des Jacobins — un club rival : Club des Impartiaux, puis Club monarchique qui, tout en maintenant le principe de la Constitution, devait combattre, soit directement, soit par des sociétés affiliées, les campagnes et les projets des Jacobins.

Ceux-ci, de leur vrai nom, *Société des Amis de la Constitution,* étaient nés à Versailles, dans le sous-sol du café Amaury, avenue de Saint-Cloud. Ils ne furent d'abord que l'assemblée des députés de Bretagne, le *Club breton.* Puis ils admirent des représentants d'autres régions, de simples citoyens, et c'est probablement un Girondin, Kersaint, qui, en novembre, les baptisa. Quoi qu'il en soit, on retrouve là tout l'Etat-Major qui a dirigé la campagne du doublement et des Etats, soit à Paris, soit en province, Le Chapelier, Lanjuinais, Sieyès, Mirabeau, Duport, Lacretelle, Barnave, les Lameth, Condorcet, Desmoulins, Volney, La Revellière-Lépeaux, Robespierre, Fréron... Le club siège au couvent des Jacobins rue Saint-Honoré. Il compte 1 100 membres à la fin de 1790. Par son bureau de correspondance, il anime les clubs provinciaux qui lui sont affiliés et qui, après épuration, sont issus des anciennes sociétés : il y en a 152 en août 1790, 406 en juin 1791. La pauvre « Société monarchique », elle, n'eut jamais que deux séances : la première, dénoncée dans tous les journaux comme contre-révolutionnaire ; la seconde, insultée, et dissoute par la populace. Son principal fondateur, Malouet, demanda la protection de l'Assemblée. Il fut traité de factieux, de perfide, d'empoisonneur du peuple et n'arriva pas à se faire entendre. Quant au club de droite, le *Salon français,* ouvert en avril 1790, il fut fermé le 15 mai, à la suite de manifestations. « La Cour, a écrit Rivarol, a déployé une profondeur d'ineptie, d'imprévoyance et de nullité d'autant plus remarquable qu'il n'y a que des hommes au-dessous du médiocre qui aient figuré dans la Révolution : prince du sang, militaire, député, philosophe, peuple, tout a été mauvais jusqu'aux assassins. » Aucun chef ouvrier ne se révéla en aucune ville. Un seul individu avait le tempérament, la volonté et l'ambition nécessaires pour dominer les événements au lieu de les suivre : Mirabeau, Honoré-Gabriel de Riquetti de Mirabeau, député du Tiers d'Aix-en-Provence.

Mirabeau sort des proportions ordinaires de l'humanité. Il est taillé sur un autre patron que le commun des mortels. « Monstre », « exagération », « matamore ébouriffé » : dès sa petite enfance, lorsque son père parle de lui, c'est pour en faire un être d'exception dans le bien comme dans le mal. Mais ce père dur, avare, enivré de lui-même, ne sut ni ménager son naturel ardent ni diriger ses penchants impétueux. Il irrita son fils par les contradictions, l'exaspéra par les châtiments, le désespéra par les privations.

Massif, la tête énorme sur des épaules larges, le teint blanc, le visage boursouflé et ravagé de petite vérole, les yeux châtains, les cheveux crépus, la bouche petite, la main fine, Mirabeau attire et repousse à la fois. Voluptueux, ardent, sanguin, d'une sensualité tyrannique, il se dit lui-même un athlète en amour et, de ce côté, il est incorrigible, sans décence, sans mesure, servi par une puissance de séduction et de mensonge à laquelle peu de femmes résistent. On l'avait marié à vingt-trois ans à une demoiselle de Marignane. Il ne lui fut pas fidèle longtemps : juste assez pour se ruiner avec elle en fêtes et en prodigalités de toutes sortes. Au cours d'un voyage, il lui prend la fantaisie de s'arrêter à Grasse chez sa sœur : Mme de Cabris· En attendant de la haïr avec fureur, il éprouvait pour elle une affection si exubérante que les bruits les plus injurieux avaient circulé sur leur compte. Un jour, comme Mirabeau se promenait en compagnie de Mme de Cabris, habillée en homme, il rencontre un de leurs parents, un M. de Villeneuve, qui passait pour avoir colporté certaines des calomnies dont la ville s'indignait. Excité par un repas copieux, Mirabeau lui casse son parasol sur le dos et l'assomme à demi. Scandale. Arrestation. Mirabeau est conduit au château d'If, puis transféré à Joux, près de Pontarlier. Bien traité par le gouverneur, à peu près libre d'aller et venir à son gré, il séduit la marquise Sophie de Monnier, s'évade, s'enfuit en Suisse avec elle, cueille au passage une cousine de sa sœur, est convaincu de rapt, condamné à mort par contumace, extradé et enfermé à Vincennes, tandis que Sophie accouche dans une maison de correction de la rue de Charonne.

A Vincennes, pendant trois ans, Mirabeau lit, travaille, écrit. Son cerveau comme son cœur est sans cesse en ébullition. Il sait tout, comprend tout. Le commerce, la finance, les lettres de cachet, le magnétisme, l'agiotage, la banque Saint-Charles, la navigation sur l'Escaut, Bicêtre, la statistique, les eaux de Paris, la littérature obscène, les fortifications, la tactique, il n'est aucun sujet à la mode qu'il n'ait abordé et traité, avec éclat, tapage et succès. « Il n'ignorait rien, dit M. Aulard, de ce qui intéressait ses contemporains et ce qu'il avait appris il se l'assimilait assez vite pour paraître l'avoir su dès sa naissance. » Au besoin, il pillait sans vergogne les écrits de ses amis, ce qui faisait dire à Rivarol, longtemps après sa mort, que « sa tête n'était qu'une éponge gonflée des idées d'autrui ».

Le règlement de Vincennes était sévère, mais ce n'était qu'un règlement. En fait, Mirabeau communiquait librement avec l'extérieur. Il en profite pour bombarder Sophie d'une correspondance fort chaude et, finalement, le 13 décembre 1780, il est remis en liberté. Sans un sou, « nu comme un ver », il s'installe chez Boucher, premier commis de la police dont les généreux procédés ont grandement adouci son sort en prison. Mme Boucher n'est insensible ni à ses malheurs ni à sa personne. Il noue avec elle une intrigue menée lestement à son terme, en même temps que quelques autres. Mais il n'a pas le temps de s'attacher à ces bagatelles et, à peine sorti de prison, le voici à nouveau emporté par le tumulte de sa vie.

Procès à Pontarlier, procès à Aix, internement de Sophie, jugement de séparation de corps obtenu par Mme de Mirabeau, duel avec un comte de Galliffet, action en reddition de comptes contre M. de Mirabeau père, liaison avec Mme de Nehra, voyage à Londres, procès avec un secrétaire, attaques contre la Compagnie des Eaux, pour le compte de spéculateurs qui jouent à la baisse, polémique avec Beaumarchais à la solde du parti contraire, difficultés d'argent, voyages en Allemagne, audience du vieux Frédéric à qui il déplaît, des essais, des pamphlets, des livres, des démarches tantôt obséquieuses tantôt arrogantes auprès des ministres, l'agitation pour les Etats, les élections, les Etats : neuf ans d'orages, de luttes, de tempêtes, de scandales, un mélange de génie, de débauches et de charlatanisme, et pour finir, la plus effroyable des réputations.

Nous croyons volontiers que les grands hommes ont eu auprès de leurs contemporains un crédit égal à la renommée qu'ils ont laissée. En réalité, si Mirabeau était, de tous les députés aux Etats, le plus célèbre, il était aussi le plus décrié. On le considérait avec curiosité, mais avec méfiance. On subissait son éloquence, mais on le craignait. Exclu par la noblesse, il s'était fait élire par le Tiers, mais à ses collègues du troisième ordre il n'inspirait aucune confiance. On parlait couramment de sa bassesse, de sa vénalité, de ses vices. Il parviendra à séduire, à convaincre, à arracher certains votes, il aura de l'influence, il n'aura jamais l'autorité. De là, dans toute sa conduite, un désaccord continuel, une dualité inévitable.

Pour vaincre les préventions, pour gagner la popularité, il est contraint de se mettre à la tête du parti avancé, de se poser en tribun de la plèbe, en initiateur de la démocratie. C'est lui qui, après la séance royale du 23 juin, relève le courage de l'Assemblée et, de sa célèbre apostrophe, fait éclater la fragilité des menaces royales. En juillet, en octobre, c'est encore lui qui trouve les périodes les plus enflammées pour flétrir la concentration des troupes ou le banquet des gardes du corps. Le voilà l'idole de la foule. Il se complaît à ce rôle. Son tempérament l'y pousse. Le fracas, les cris, le contact des masses, tout cela lui fouette le sang, le grise, l'emporte. Et cependant, il est royaliste. Mieux que cela : il a une doctrine de la monarchie, un plan d'action très solide, très médité, auquel il reviendra toujours et que, pendant des mois, il essaiera de faire adopter par Louis XVI, convaincu, à juste raison, qu'il peut seul maintenir et consolider le trône. Un jour à l'Assemblée, il se préparait à demander des sanctions sévères contre les émeutiers qui avaient pillé l'hôtel de Castries. Le côté droit, croyant à tort qu'il voulait prendre le tour de parole d'un de ses membres, proteste violemment contre sa présence à la tribune. Aussitôt Mirabeau entre en fureur, apostrophe la droite, l'accuse elle-même de sédition, glisse légèrement sur l'affaire de Castries et fait décréter le passage à l'ordre du jour, c'est-à-dire l'enterrement de la répression. C'est, en petit, l'image d'une année.

Dans les derniers jours de mai, Mirabeau, ayant rencontré Malouet, lui avait dit : « Monsieur, je viens à vous sur votre réputation... Vous êtes un des amis sages de la liberté, et moi aussi. Vous êtes effrayé des orages qui s'amoncellent, je ne le suis pas moins. Il y a parmi nous plus d'une tête ardente, plus d'un homme dangereux ; dans les deux premiers ordres, dans l'aristocratie, tout ce qui a de l'esprit n'a pas le sens commun et, parmi les sots, j'en connais plusieurs capables de mettre le feu aux poudres. Il s'agit donc de savoir si la monarchie et le monarque survivront à la tempête qui se prépare, ou si les fautes faites et celles qu'on ne manquera pas de faire encore, nous engloutiront tous... Je sais que vous êtes l'ami de M. Necker et de M. de Montmorin qui forment à peu près tout le Conseil du Roi... Je désire connaître leurs intentions. Je m'adresse à vous pour en obtenir une conférence... Ils doivent avoir un plan d'adhésion ou d'opposition à certains principes. Si ce plan est raisonnable, dans le système monarchique, je m'engage à le soutenir et à employer tous les moyens, toute mon influence pour empêcher l'invasion de la démocratie qui s'avance sur nous. »

La conférence eut lieu. Necker s'y montra, dès l'abord, si froid, si distant, si réservé, que Mirabeau blessé s'en retourna sans avoir prononcé plus de quatre mots. Et puisqu'on ne voulait pas l'entendre de bon gré, il s'appliqua à se faire craindre : « Votre homme est un sot, il aura de mes nouvelles ! » siffla-t-il à Malouet. Et il tint parole.

Un mois plus tard, Mirabeau entre en relation avec un grand seigneur belge passé au service de la France, le comte de la Marck, qui, à la faveur de quelques fiefs qu'il possédait dans le royaume, avait été élu député de la noblesse. Les deux hommes ont de l'estime l'un pour l'autre. Ils dînent souvent ensemble, tête à tête. Le comte a ses grandes et ses petites entrées à la Cour. Mirabeau cherche à reprendre le contact : « Faites donc qu'au château, on me sache plus disposé pour eux que contre eux. » Mais, au château, on fait la sourde oreille. Mépris, rancune, méfiance, peu importe : toutes les ouvertures restent sans réponse. Et chaque fois, Mirabeau s'irrite davantage. « Quelle fonction m'est-il donc possible de prendre ? Le gouvernement me repousse et je ne puis que me placer dans le parti de l'opposition qui est révolutionnaire, ou risquer de perdre ma popularité qui est ma force. Les armées sont en présence, il faut négocier ou se battre ; le gouvernement qui ne fait ni l'un ni l'autre joue un jeu très dangereux. » Et encore : « Tout est perdu ; le Roi et la Reine y périront, et vous le verrez, la populace battra leurs cadavres... Oui, oui, on battra leurs cadavres. Vous ne comprenez pas assez les dangers de leur position ; il faudrait cependant les leur faire connaître. »

Arrivent les journées d'octobre. Mirabeau se rend compte que la monarchie avilie ne peut se relever que par une action décidée et il dresse un grand mémoire qu'il fait remettre au comte de Provence dans l'espérance qu'il en parlera à la Reine. Tentative inutile. Il se tourne alors vers La Fayette. Chef de la seule force organisée, La Fayette était censé, auprès du Roi, protéger la Cour contre les séditions du peuple et, auprès du peuple, défendre la liberté contre les complots de la Cour. Mirabeau lui offre son alliance aux conditions suivantes : faire adopter publiquement par le Roi un programme de monarchie constitutionnelle, avec un corps législatif qui consentirait l'impôt et un pouvoir exécutif maître dans sa sphère ; en finir avec la politique à la petite semaine de Necker ; constituer un ministère de première force où figureraient à la fois Mirabeau et La Fayette et qui exercerait au nom du Roi et de l'Assemblée réconciliés une véritable dictature. La Fayette, enchanté de jouer les maires du palais, n'écoute qu'à demi. Il répond par des compliments, des mots aimables, des habiletés de détail. La négociation s'ébruite. Le 7 novembre, l'Assemblée déclare incompatibles les fonctions de ministre et de député.

Tout était à recommencer, et dans de très mauvaises conditions. Ecarté du ministère, Mirabeau ne pouvait plus être qu'un conseiller intime et mystérieux, et c'est à quoi, en effet, après bien des répugnances, Louis XVI finira par l'utiliser, en le payant. Mais ce rôle n'était pas fait pour lui. Premier ministre, représentant du trône, Mirabeau eût pu en pleine lumière s'installer sur la brèche qu'il avait ouverte et la défendre de toute son énergie. Ce n'était point le cas. Il lui fallait soutenir en public un personnage qu'il abdiquait en secret. Position fausse pour un génie aussi fougueux et une nature aussi indomptable. Tandis qu'il fait passer au Roi des notes sages, mesurées, prudentes, il éclate à chaque instant en sorties furieuses dont il doit ensuite s'excuser et corriger le mauvais effet. Il s'était prononcé en 1789 contre les assignats ; il en fait voter la création en 1790. Poussés à ce degré, le don de la parole et le sens du combat sont des forces dont celui qui en est habité n'arrive plus à se rendre maître.

Nous connaissons complètement les pièces remises par Mirabeau à la Cour. Elles consistent en cinquante rapports qui vont de juin 1790 à mars 1791. C'est un plan complet, non point de contre-révolution, mais d'utilisation de la Révolution. Ce qui est mort est mort et ne mérite pas d'être pleuré. Plus de distinction de classes. Plus de Parlements. Une monarchie moderne où le pouvoir royal tenu de collaborer avec les représentants de la nation sera néanmoins beaucoup plus assuré et beaucoup plus fort que lorsqu'il était pris dans l'étau des corps privilégiés. « Comparez le nouvel état des choses avec l'Ancien Régime : c'est là que naissent les consolations et les espérances. Une partie des actes de l'Assemblée nationale, et c'est la plus considérable, est évidemment favorable au gouvernement monarchique. N'est-ce donc rien que d'être sans parlements, sans pays d'états, sans corps de clergé, de privilégiés, de noblesse. L'idée de ne former qu'une seule classe de citoyens aurait plu à Richelieu : cette surface égale facilite l'exercice du pouvoir. Plusieurs règnes d'un gouvernement absolu n'auraient pas fait autant que cette seule année de révolution pour l'autorité royale. » Si cette base est admise, il n'y a plus qu'à aller de l'avant. Les ressources et les moyens ne manquent pas. Les occasions se présenteront d'elles-mêmes. La balle viendra au joueur. Mais qu'on se décide une fois pour toutes. Qu'on en finisse avec les demi-volontés, les réticences, les flottements ! Qu'on dirige l'opinion au lieu de se laisser traîner par elle, en la maudissant. Bref, qu'on fasse le contraire de ce qu'on faisait depuis quinze ans !

C'était trop demander à Louis XVI. Son éducation, ses habitudes, sa philosophie, tout en lui s'opposait à ce changement de front. Il achetait les avis de Mirabeau, mais ne les suivait pas et subissait le prestige de La Fayette sans en profiter ; on eût dit qu'il se complaisait à la stérile rivalité de ses deux mentors, afin d'avoir un prétexte pour ne pas sortir de l'indécision. Marie-Antoinette eût pu comprendre la nécessité d'agir et l'y contraindre. Mais elle ne vit Mirabeau qu'une seule fois. En mars 1791, poursuivi par la haine de Barnave, de Duport, des Lameth et des Jacobins, épuisé par les excès de travail et les excès de plaisir, celui-ci tombait malade sans espoir de guérison. Le 2 avril, il mourait après d'atroces souffrances supportées stoïquement.

A ces dix-huit mois de trêve, qu'avait gagné la monarchie ? Une ou deux grandes manifestations de loyalisme, des acclamations délirantes à la fête de la Fédération, le 14 juillet 1790, premier anniversaire de la prise de la Bastille, quelques paragraphes de la Constitution un peu moins défavorables à la prérogative royale, une apparence de sécurité : c'est tout. Ce n'est rien. A considérer les événements de haut : c'est une belle affaire manquée, une illustration nouvelle de la crise d'autorité, ouverte en 1774 par le renvoi de Maupeou ; à les suivre dans le détail : c'est une série d'incidents plus ou moins graves, sans lien apparent, mais dont la répétition révèle un trouble général.

L'installation des nouvelles autorités administratives élues n'alla point sans désordres, là surtout où les passions religieuses étaient restées vives. Mais beaucoup plus inquiétantes encore furent les mutineries militaires, répétitions aggravées de l'affaire des gardes-françaises.

Le ministre de la Guerre, La Tour du Pin, était un brave homme et un bon soldat, mais faible, sensible, tout à fait de son temps, un de ces hommes, dit M. Madelin, qui essaient d'éteindre des incendies avec une éponge. Pour l'Assemblée, l'armée était une force réactionnaire dont il convenait de se méfier et, comme pour en hâter la dissolution, elle avait mis à l'étude le statut d'une armée nouvelle. Mais qu'était l'armée ancienne ? Des soldats, gens de tous ordres, les uns honnêtes, épris d'aventures, d'autres déclassés, certains aux instincts de brigands, transformés en gardiens de la société par une discipline de fer, des sous-officiers aigris, parce qu'arrêtés dans leur avancement par de sottes mesures, des officiers divisés, les uns libéraux, ayant donné lors de la suppression des Parlements en 1788 l'exemple de la désobéissance, les autres, hommes de devoir, mais désarmés par la défaillance de leurs supérieurs. Tout cela ne tenait que par la triple action de l'honneur, de la hiérarchie et de la force. Dès octobre 1789, la machine se détraque.

Humiliés par les municipalités investies du droit de réquisition, traités en suspects par les clubs, les chefs n'arrivent plus à se faire obéir. Les plus énergiques sont dénoncés par les gazettes, hués dans les rues, et, à l'occasion, lapidés ou massacrés. Les casernes deviennent des foyers d'agitation révolutionnaire où trônent des comités de soldats qui s'arrogent le droit de vérifier les comptes d'administration et de dénoncer à l'Assemblée et au ministère les faits et gestes de leurs colonels ou de leurs capitaines. Un régiment se révolte parce qu'on veut le changer de garnison ; un autre pille la caisse du quartier et dépose ses officiers ; un troisième assiège la maison de son colonel. Au printemps de 1790, vingt corps de troupe se sont insurgés.

Dans les ports militaires, c'est pire. Centres artificiels où il n'existe d'autre industrie que l'arsenal, d'autre trafic que les modestes dépenses des officiers, d'autre bourgeoisie que quelques hommes de loi, ils se trouvent très vite livrés aux sociétés populaires dont les autorités et les gardes nationales ne sont que les humbles servantes. Ne recevant de Paris que de vagues exhortations à la douceur, sûrs d'être désavoués à la première ombre de résistance, les commandants multiplient les concessions, les bassesses, les affirmations de civisme, sans obtenir par cette abdication journalière autre chose qu'un redoublement d'anarchie. Dès la fin de 1789, les ouvriers abandonnent les arsenaux. A Toulon, le 1er décembre, une mutinerie générale éclate dans les dépôts et les ateliers. Le commandant d'Albert de Rions essaie de faire tête. Sous prétexte de le soustraire aux vengeances, la municipalité le met en prison, avec tout son état-major. L'Assemblée n'ose même pas blâmer cet attentat, et, à peine libéré, le comte de Rions est déplacé. A Saint-Domingue, les équipages de la station navale se révoltent, forment un gouvernement insurrectionnel, sont battus, s'emparent d'un des vaisseaux, le *Léopard*, et se réfugient à Brest où ils arrivent en août 1790. C'est le signal d'un soulèvement général qui ne prend fin que cinq mois plus tard par le désarmement de l'escadre. Les matelots de la division Saint-Félix, en croisière sur les côtes de l'Inde, avertissent poliment leur amiral qu'en cas de guerre ils ne se battront que s'ils le jugent juste et opportun. A La Réunion, le commandant Macnemara est assassiné.

Là où les troupes restent dans le devoir, des conflits éclatent avec les nouveaux magistrats. La municipalité de Marseille entre en fonction en janvier 1790. A peine installée, elle exige du Roi le départ de la garnison, qui lui est accordé. Il ne reste plus que les détachements logés dans les forts. La municipalité somme les commandants de les évacuer, sous peine d'être déclarés fauteurs de guerre civile et, pour appuyer son ultimatum, elle les fait cerner par six mille gardes nationaux. Ils capitulent. Un seul, le chevalier de Bausset, major du fort Saint-Jean, refuse sa signature. Il est massacré et sa tête promenée au bout d'une pique. « Accident fâcheux », dit le rapport officiel. Le ministère s'émeut et l'Assemblée prie le maire de remettre les forts à l'armée. Comme il est bien décidé à ne jamais les rendre, il imagine de les faire démolir. Tandis qu'il proteste à Paris de sa soumission, deux cents terrassiers commencent la destruction de la citadelle et les Jacobins instituent une contribution forcée pour les payer.

En dépit de son caractère émouvant de fraternité nationale, la fête de la *Fédération* précipita les troubles.

Tous les régiments étaient représentés à la grande parade du Champ-de-Mars. Leurs délégués demeurèrent à Paris plusieurs jours. Caressés et endoctrinés par les clubs, ils retournèrent dans leur province la tête en feu et bourrée de déclamations révolutionnaires. En août, trois régiments s'insurgent à Nancy. Le maréchal de camp de Noue est arrêté, arraché à son hôtel, blessé, mis au cachot. Le mouvement gagne Lunéville. Les gardes nationaux du département y adhèrent. Pressée par La Fayette, l'Assemblée ordonne à Bouillé, commandant en second des Trois Evêchés, d'organiser la répression. Il réunit une petite armée, marche sur Nancy, force l'entrée de la ville et, après une bataille de deux heures, qui fait trois cents morts ou blessés, se rend maître de la situation. Le club des Jacobins de Nancy est dissous, les meneurs traduits devant les conseils de guerre qui prononcent trente-trois condamnations à mort et de nombreuses condamnations aux galères. Comme toujours, les timides et les peureux volent au secours de la victoire. L'Assemblée vote des félicitations à Bouillé. Les Jacobins de Paris envoient aux sociétés affiliées une adresse où ils vantent l'obéissance et la discipline. Ce beau zèle ne dura pas. Trois mois ne s'étaient pas écoulés que, sur le rapport de Sillery, mari de Mme de Genlis, agent du duc d'Orléans, l'Assemblée retirait ses compliments à Bouillé, faisait sortir les condamnés du bagne et rouvrait les Jacobins de Nancy. *Pas d'ennemis à gauche.*

Le prétexte des séditions militaires avait presque toujours été la mauvaise qualité de la nourriture, le désordre de la comptabilité et l'insuffisance des fonds régimentaires. Mais ce manque d'argent n'était point propre à l'armée. L'Etat tout entier souffrait du même mal et la Révolution, en tarissant la perception des impôts et en anéantissant la confiance, n'avait fait que l'aggraver. Lorsque les possédants sont traités en suspects, en délinquants et en criminels, les recours au crédit sont voués au désastre. La Caisse d'Escompte était à bout de ses avances. Un emprunt d'Etat de trente millions lancé en août 1789 avait lamentablement échoué, avec deux millions six cent mille francs souscrits. Une seconde émission de quatre-vingts millions proposée peu après au public, à un taux plus avantageux (5 % contre 4 1/2), réussit à peine moins mal. En sept mois, elle ne rapporta que vingt-sept millions d'argent frais et cinquante-deux millions d'anciens papiers repris au pair : de quoi vivre trois semaines. Les dons volontaires et la contribution patriotique d'un quart du revenu ne furent qu'un prétexte à déclamations et à pleurnicheries, également grotesques. La suppression des privilèges aurait dû fournir quelques ressources nouvelles : avant même qu'elles aient produit un denier, il fut décidé qu'elles seraient intégralement affectées à des dégrèvements au profit de certaines catégories de taillables. Quant au recouvrement des impôts, en raison du bouleversement général et de l'impuissance des nouvelles administrations, il sera constamment inférieur aux prévisions et ne donnera jamais que des résultats dérisoires, 14 % seulement pour les recettes prévues en 1789.

L'Assemblée avait bien pris un certain nombre de mesures pour assurer le passage d'un régime à l'autre. Elle avait porté en supplément des impôts directs le montant des impôts de consommation supprimés et elle avait maintenu en fonctions l'ancien personnel, pour laisser le temps aux municipalités élues de se préparer au travail de répartition et de taxation, tout nouveau pour elles. On se flattait ainsi « d'éviter toute lacune dans les recettes ». Mais ces mesures n'étaient que sur le papier. Si les privilégiés, plus ou moins terrorisés, payèrent, les autres firent grève. M. Schnerb, dans son travail sur le département du Puy-de-Dôme, nous montre les collecteurs paralysés par la crainte de représailles, les contribuables ignorant par système les corps administratifs de l'Ancien Régime, les municipalités déclamant contre la façon dont les rôles d'autrefois avaient été dressés, mais n'arrivant pas à établir correctement les nouveaux, la masse enfin se rebellant contre toute tentative de perception, encouragée qu'elle était par l'impunité dont avaient joui les individus responsables des brûleries et des crimes lors de la Grande Peur.

Mais si, de tous côtés, la matière imposable se dérobait, les dépenses, elles, se faisaient chaque jour plus nombreuses et plus pressantes : secours aux chômeurs, ateliers de charité, achats de blé, indemnités aux propriétaires d'offices supprimés, remboursements de cautionnements, dettes du clergé tombées à la charge de l'Etat par la suppression de la dîme : cent trente millions de plus à trouver par an, quand on manquait déjà du nécessaire.

Lorsque les nouveaux impôts entrèrent en vigueur avec beaucoup de retard, en janvier et en mars 1791, ce fut une autre déception. La contribution foncière n'était guère qu'une résurrection de la taille réelle : faute de cadastre, elle en conservait tous les défauts. Les rôles de 1791 ne commencèrent à être recouvrés qu'en 1793. Pour la cote mobilière, le système adopté par la Constituante était trop compliqué : il sera aboli en 1795 ; il faudra reprendre la question à plusieurs reprises et on y travaillera encore sous le Consulat. La patente donnera aussi des déboires analogues : supprimée en 1793, rétablie deux ans plus tard, remaniée sans rapporter grand-chose. La contrebande est active, et pas seulement en Alsace. Le tabac passe en fraude dans le Nord, le Pas-de-Calais ; il est débarqué clandestinement la nuit, sur les plages désertes. Les petits pêcheurs côtiers participent en grand nombre à ce commerce frauduleux. A Etaples une émeute éclate contre les employés qui ont découvert le trafic. Partout, ce ne sont que moins-values.

Le gouffre ne pouvait être comblé que d'une manière : en y jetant la fortune des particuliers et plus spécialement la fortune du clergé, qui ne ressemblait point aux autres et que la tradition, le courant général des idées permettaient de regarder comme une fraction de la fortune publique temporairement détachée.

L'idée était dans l'air depuis longtemps. Calonne l'avait

eue et l'avait fait répandre. Beaucoup de cahiers l'avaient appuyée. Elle s'imposait d'autant mieux que de cette masse énorme de richesse, une grande partie ne servait plus qu'à faire vivre des chapitres oisifs, des abbés de cour et des ordres monastiques en décadence. Les mots décisifs furent prononcés par un évêque, Talleyrand. Le 10 octobre, il proposait de remettre les biens du clergé à l'Etat et son projet était aussitôt repris, complété et soutenu par Mirabeau, Barnave et Thouret.

Leur argumentation avait le mérite d'être simple et directe. Le clergé ne pouvait être regardé comme le véritable propriétaire des biens ecclésiastiques, mais seulement comme l'administrateur d'une fortune léguée à l'ensemble des fidèles, c'est-à-dire au pays entier qui conservait sur elle une pleine souveraineté. Le clergé n'existant plus en tant qu'ordre ne pouvait exister en tant qu'administrateur. L'Etat était dans le droit et la logique en se substituant à lui. Une seule condition : reconnaître le passif au même titre que l'actif ; assurer les dépenses qui étaient la contrepartie des recettes. En vain, les défenseurs de la propriété ecclésiastique, l'évêque de Boisgelin, les abbés Maury et Sieyès, objectèrent-ils que les dons avaient été faits non point à la communauté des fidèles, mais à tel établissement particulier, à telle église, à tel monastère, nommément désignés ; que la propriété collective méritait autant de respect que la propriété privée ; que toucher à l'une c'était préparer la destruction de l'autre ; que l'opération projetée ne rapporterait rien au Trésor et ne servirait qu'à enrichir la bande noire des spéculateurs et des intermédiaires. Aucun raisonnement ne pouvait tenir contre la menace de banqueroute et si, par surcroît, les députés n'avaient pas cru à la nécessité de la confiscation, ils l'auraient néanmoins votée pour enlever au clergé son principal instrument de puissance et de prestige.

Le 2 novembre, par 568 voix contre 346, l'Assemblée se rallia à la proposition Talleyrand ; les biens du clergé étaient déclarés *à la disposition* de la Nation, à charge pour celle-ci de pourvoir éventuellement, d'une manière convenable, aux frais du culte, à l'entretien de ses ministres et au soulagement des pauvres, formule encore vague d'où il ne résultait ni la mise en vente, ni même le séquestre. Mais il était clair que cette situation ambiguë ne pouvait se prolonger longtemps. L'Etat n'avait pas besoin d'une hypothèque lointaine, mais bien de secours immédiats et, pour lui, tout le problème consistait à réaliser rapidement les réserves qu'il venait de s'attribuer. Une adjudication précipitée de deux ou trois milliards de terre étant une impossibilité absolue et évidente, il ne restait qu'à préparer une aliénation progressive, en anticipant sur les paiements par une émission de papier-monnaie. Mais par qui ce papier serait-il émis ? En quelle quantité ? Et comment ?

Nous savons par beaucoup d'expériences combien il est dangereux de laisser à l'Etat la faculté d'imprimer à son gré des billets. Un intermédiaire vigilant, un établissement autonome assez fort pour résister aux injonctions du ministre des Finances est, en cette matière, le moyen le plus sûr de prévenir les catastrophes. En dépit de son existence mouvementée, la Caisse d'Escompte gardait, au milieu du désarroi, assez de crédit et assez de solidité pour jouer ce rôle de régularisateur. Necker la mettait en avant. Cela suffisait pour que l'Assemblée n'en voulût pas. On piétina un mois à la recherche d'une autre combinaison. Enfin, les 19 et 21 décembre, on décida de créer une caisse nouvelle : *la Caisse de l'Extraordinaire*, que devait alimenter la vente de 400 millions de biens nationaux à désigner ultérieurement, après inventaire. Sans attendre, la Caisse émettait, pour la même somme de 400 millions, des *assignats* divisés en coupures de mille francs et produisant un intérêt de 5 %. Ces assignats seraient, pour une part, remis à la Caisse d'Escompte en remboursement de ses avances et, pour le reste, reçus de préférence dans le paiement des biens nationaux.

Il ne s'agissait pas encore d'un véritable papier-monnaie, mais d'une obligation hypothécaire, impossible à utiliser dans les transactions courantes. Ces 400 millions ne tardèrent pas à être dévorés, et, au printemps de 1790, on se retrouvait devant le déficit avec une dette un peu plus lourde et une opinion un peu plus inquiète. Aussi, en avril, l'Assemblée franchissait-elle un nouveau pas : le clergé était purement et simplement dépossédé ; l'Etat prenait à son compte toutes ses charges ; les biens ecclésiastiques confisqués, se trouvant désormais nets de toute revendication, étaient donnés en gage direct aux assignats ; lesquels assignats auraient désormais cours forcé et devraient être reçus comme espèces sonnantes dans toutes les caisses du royaume. Le 9 juillet, l'aliénation totale des biens nationaux par le moyen du papier-monnaie était décidée. Le 29 septembre, une nouvelle tranche de 800 millions de billets — ne portant pas intérêt, cette fois — était émise pour le remboursement de la dette publique. Après un an de tâtonnements, la Révolution avait trouvé sa politique financière : l'inflation.

Lorsqu'on relit les débats qui précédèrent le vote de ces différentes mesures, on est frappé de leur actualité. Ce sont des paroles que nous avons entendues, des discours qui ont sonné à nos oreilles, des arguments qui nous sont familiers. La science financière n'est pas neuve. Ce sont toujours les mêmes problèmes qui se posent et les solutions possibles, bonnes ou mauvaises, ne sont pas très nombreuses. Pas plus que les gouvernements européens après la guerre de 1914, les Constituants n'avaient à chercher bien loin pour trouver des exemples et des leçons. Si le système de Law datait de soixante-dix ans, le faillite du papier américain était encore sous leurs yeux. Mais rien ne sert aux foules passionnées et l'on trouve toujours des raisons pour les aveugler.

L'inflation de Law et l'inflation américaine étaient, disait-on, de mauvaises inflations, des inflations condamnables, parce qu'elles ne reposaient que sur des espérances : pour l'une, les trésors imaginaires du Mississipi ; pour l'autre, l'avenir incertain d'une République naissante. Pouvait-on assimiler à ces cautions nuageuses deux milliards de bonne terre française ? Pouvait-on imaginer un papier plus solide, plus sain, plus honnête que celui qui représenterait ce trésor ?

Les sages faisaient remarquer que l'on ne s'arrêterait pas sur le chemin des émissions si l'on s'y engageait d'un cœur aussi léger ; que la valeur nominale des billets ne tarderait pas à excéder la valeur réelle du gage ; que cette valeur même était assez mal connue et, au surplus, sujette à varier selon les récoltes, le prix du blé, l'augmentation ou la diminution du commerce ; qu'enfin si un bien foncier est suffisant pour gager une obligation enfermée dans un tiroir aussitôt signée, il ne l'est pas pour garantir un papier-monnaie qui ne se soutient qu'à la condition de pouvoir être échangé à chaque instant contre une quantité fixe de monnaie métallique ou tout au moins accepté en paiement de n'importe quelle marchandise. Si un particulier refusait de recevoir des assignats, serait-il possible de lui offrir en remplacement un pan de mur pris à une abbaye ou un morceau de pré enlevé à un chapitre ? Au-dedans et au-dehors de l'Assemblée, Talleyrand, Condorcet, Malouet, Lebrun, Dupont de Nemours, Lavoisier, multiplièrent contre l'assignat-monnaie les avertissements et les conseils. Impossibilité d'arrêter les émissions sans une crise effroyable, dépréciation accélérée des billets à l'égard de l'argent, bouleversement des fortunes, élévation du prix de la vie allant de pair avec l'accroissement des moyens de paiement, désorganisation du commerce, misère générale : il n'est à peu près aucun des événements qui devaient suivre qui n'ait été prévu par eux. Dupont de Nemours fit scandale en annonçant le pain à cinq sous la livre, le vin à seize sous la bouteille, les souliers à douze francs la paire. Il n'avait qu'un tort : celui d'être trop modeste dans ses évaluations. En 1796, le pain sera à 50 francs et la paire de bottes à 4 000.

Aux arguments les plus forts et les plus convaincants, à la protestation presque unanime des places de commerce, les partisans de l'assignat-monnaie répondirent par des raisons d'opportunité et de politique.

Le numéraire se cache, l'industrie languit, le commerce souffre. L'assignat ramènera l'abondance. Abondance factice si l'on veut, mais qu'importe ? Tout est préférable à la stagnation, à la gêne et au chômage. Si les billets se déprécient, on n'aura que plus d'intérêt à s'en débarrasser rapidement. La vente des biens nationaux en sera accélérée, la production stimulée. « On nous parle, s'écriait Mirabeau, de la hausse des denrées, du renchérissement de la main-d'œuvre et de la ruine des manufactures qui doit s'ensuivre. Eh ! qu'on nous parle donc aussi des centaines de manufactures qui n'ont point d'ouvrage, de cette foule d'ouvriers qui meurent de faim, de ces milliers de marchands dont les affaires s'anéantissent dans un repos dévorant !... On vous dit que doubler ainsi le numéraire, c'est doubler en peu de temps le prix de tout ; que le même nombre d'objets à représenter ayant le double de signes, chacun d'eux doit perdre la moitié de sa valeur. Fausse conséquence, s'il en fut jamais ! car les signes étant doublés, les objets à représenter se multiplient, les consommations, les reproductions s'accroissent, mille choses abandonnées reprennent leur valeur, les travaux augmentent, d'utiles entreprises se forment et l'industrie fournit une nouvelle matière à de nouvelles dépenses !... » Et l'abbé Brousse renchérissait : « Avez-vous bien calculé les besoins accumulés de l'agriculture, du commerce, de l'industrie ? Savez-vous quelle est la mesure précise de leurs demandes, après tant d'années de détresse, d'oppression, lorsque le règne de la liberté commence ? Qui pourra prononcer qu'un milliard de plus, loin d'être une surcharge accablante, ne sera pas plutôt un germe de vie et de bonheur ? Voyez plutôt par ce nouveau secours les arts et l'activité commerciale se ranimer, s'élever à de nouvelles entreprises, tenter des spéculations plus hardies, la mer se couvrir de nouvelles flottes... tous les genres de prospérité se répandre sur le sol favorisé de la France ! » D'ailleurs, si l'on ne veut pas de l'assignat, par quoi le remplacer ? Des privations, des économies, une conversion forcée de la dette, de nouveaux impôts perçus rigoureusement ? Autant de façons de compromettre l'Assemblée et de la faire haïr du pays.

Au contraire, l'assignat nouera indissolublement le sort de la Nation et le sort de la Révolution. Tous les acheteurs de biens ecclésiastiques seront personnellement intéressés à l'abaissement définitif du clergé. Tous les porteur d'assignats deviendront les défenseurs du régime qui les a créés. « Les assignats, disait Montesquiou, seront le lien de tous les intérêts particuliers avec l'intérêt général. Leurs adversaires mêmes deviendront propriétaires et citoyens par la Révolution et pour la Révolution. Ils vivront de cette terre désormais affranchie malgré eux, et ce sera le terme des vaines terreurs, par lesquelles ils voudraient nous arrêter. » Et encore : « Il s'agit d'affermir la Constitution, d'ôter toute espérance à ses ennemis, de les enchaîner au nouvel ordre par leur propre intérêt. »

Les meilleurs conseils de prudence ne pesaient pas lourd en face d'une pareille tentation. La démission de Necker, devenu aussi impopulaire qu'il avait été adulé, passa presque inaperçue et ne changea rien. A son retour, les journaux et les brochures l'avaient traité de « ministre adorable », de « demi-dieu », de « père tendre et adoré de ses enfants » ; l'*Almanach des Muses* appelé « le cygne du lac genevois ». On le peignait maintenant comme « se traînant de bassesse en bassesse », essayant en vain de « raccrocher quelque débris de son ancien crédit ». En cours de route, il fut même arrêté à Arcis-sur-Aube et il fallut un ordre de Paris pour qu'il pût gagner Coppet. Depuis des mois, il ne comptait plus. Aux 1 200 millions d'assignats primitifs s'ajoutèrent 600 nouveaux millions le 18 mai 1791, 300 millions le 17 décembre, 300 le 30 avril 1792, 300 le 31 juillet, 400 le 24 octobre, 300 le 1er février 1793, 1 200 le 7 mai, 2 milliards, le 28 septembre. En 1796, on sera à 45 milliards.

Moins les billets ont de valeur, plus il en faut. Plus on en imprime, plus ils baissent. Chaque dépréciation nécessite une nouvelle émission. Chaque émission entraîne une dépréciation. Au début, on n'avait émis que de grosses coupures, afin de maintenir la circulation métallique pour les transactions quotidiennes. Mais le numéraire se cachant, en octobre 1790, on émet des assignats de 50 livres, en mai 1791, des assignats de 5 livres. Il s'y ajoute, pour suppléer au manque de petite monnaie, les émissions *épidermiques* de billets si mal nommés billets de confiance, dont le total, en novembre 1792, dépasse de 5 millions, rien que pour Paris, la valeur des assignats qui doivent leur servir de garantie. De millions en milliards, la machine roule à l'abîme, mais pour l'arrêter dans cette course funeste, il faudrait un immense courage et une héroïque volonté. L'inflation, c'est la facilité, l'illusion, le péril ajourné, la difficulté remise au lendemain. Et il est si commode de cacher l'enchaînement fatal des choses par des jeux de chiffres, des menaces aux aristocrates, des déclamations contre Pitt et Cobourg ! En se dépréciant, l'assignat créait un terrain de choix pour la démagogie et chaque entreprise de la démagogie était un coup à l'assignat. Par ce double propulseur, les phénomènes révolutionnaires devinrent de plus en plus intenses. Pour grossir le gage terrien du papier, les Assemblées furent amenées à créer de nouvelles catégories de suspects, dont les crimes imaginaires ou réels servirent de prétexte à de nouvelles confiscations. La chute du change, la vie plus chère, la disette, l'agiotage, l'effondrement des fortunes contribuèrent à accroître la panique et à mettre le pays dans l'état d'affolement nécessaire aux mouvements insurrectionnels et aux mesures extrêmes. Après s'être grisées un instant de la richesse fictive qui sortait des presses de l'Extraordinaire et qui, par la défaveur du change, provoqua une montée des exportations, les villes vécurent pendant des années dans la gêne et dans la peur de la famine. Et comme loin de renier ses premières erreurs, la Révolution s'y enfonça davantage, par l'effet conjugué du mal et du remède, la situation ne fit qu'empirer, jusqu'au jour où tout craqua.

Mais, par un contraste très naturel, l'assignat qui ruinait les villes enrichissait les campagnes ou plutôt une classe de campagnards. Les biens nationaux étaient payables en assignats et les acquéreurs après un versement de 10 ou de 12 % dans la quinzaine, avaient douze ans pour se libérer. Comme l'Etat reprenait son papier au pair, il suffisait d'attendre la baisse, pour profiter de la différence entre la valeur nominale et la valeur réelle. En septembre 1793, l'assignat perdait 71 % de sa valeur. En 1796, un assignat de 100 livres, qui valait six sous, était accepté aux guichets officiels en paiement de 100 livres de bonne terre. Les paysans qui, en échange de leur blé ou de leur beurre, recevaient des quantités croissantes de vignettes, pouvaient avoir une ferme au prix d'un pigeonnier. Plus le mouvement de dégringolade s'accéléra, plus grand fut leur bénéfice. Encore au début y eut-il une certaine concurrence et quelques règlements au comptant. Les biens de première origine, comme on disait, c'est-à-dire les biens du clergé et certains biens de la couronne trouvèrent facilement amateurs. Des prêtres, des nobles, des avocats, des notaires, des négociants qui avaient des fonds liquides se portèrent acheteurs sans la moindre hésitation, ni le moindre scrupule. Il y eut des fraudes. A Tours, le procès d'un certain Beaulieu, ancien archiviste du chapitre de Saint-Gatien, entré au bureau des domaines nationaux, révéla que « des adjudications sans nombre avaient été faites par les administrateurs, avec des désignations contraires aux affiches, sans nulle estimation préalable ». Les paysans, tout en n'étant pas exclus de ces premières opérations, n'en eurent pas la plus forte part. D'ailleurs, parmi les lots mis en vente se trouvaient des couvents urbains, des maisons de ville (on vendit à Tours l'hôtel de l'Intendance), des maisons de plaisance, etc. Mais, par la suite, les gros acquéreurs se trouvèrent à leur tour proscrits et leurs biens, propres ou acquis, furent mis en adjudication. Ceux qui furent épargnés virent fondre leurs revenus, tandis que les ruraux, producteurs de denrées de première nécessité, augmentaient leurs prix en proportion de la baisse de la monnaie et, en définitive, ce furent eux les grands profiteurs de l'affaire. Non point assurément les journaliers — ceux-là réclamaient un partage égal et une distribution gratuite — mais les laboureurs, les fermiers, les tonneliers, à la façon du père Grandet, les marchands de vin, les aubergistes, les artisans et les boutiquiers de village. Dans une étude sur les ventes dans les Bouches-du-Rhône, M. Moulin cite le cas de trois sœurs : Marie, Magdeleine et Thérèse Chabrier qui achetèrent pour 218 100 livres, sur mise à prix de 61 350 livres, une maison provenant de la congrégation de Saint-Homobon, qu'elles payèrent en sept mois. En numéraire, elle leur revint à 28 564 livres. Ou encore le cas d'Augustin Blanc qui eut, pour 370 livres en numéraire, un pré et une grange estimés 1 890 et adjugés 6 100.

Sur ce point, la majorité de l'Assemblée avait vu juste. L'assignat assura la Révolution. Craignant d'être dépossédés par une réaction, d'autant plus attachés à leur terre qu'ils l'avaient eue pour presque rien, les acquéreurs de biens nationaux devinrent les défenseurs obligés du régime qui les avait rendus propriétaires à si peu de frais. Mais s'ils sont les appuis de la Révolution, ils n'en sont point les animateurs. Pour eux, elle a déjà porté tous ses fruits. La question agraire résolue au-delà de toutes leurs espérances, ils ne souhaitent rien de plus. Quand viendront les jours sombres de la guerre et des réquisitions, ils appelleront de leurs vœux le dictateur républicain qui saura à la fois sanctionner l'éviction des aristocrates et assurer à leurs successeurs la jouissance paisible des fortunes confisquées. Des décrets de finances de 1790, sortirent ainsi toute une série de conséquences contradictoires, mais logiques, qui pèseront sur les années suivantes.

Les Constituants font dans l'histoire figure d'hommes prudents. Il arrive à des observateurs superficiels d'opposer leur action à celle des deux autres Assemblées. C'est pure rêverie. La politique de la Constituante engageait si profondément l'avenir que la Législative et la Convention ne pourront guère qu'en subir ou en développer les effets. Entre elles, il n'y a ni coupure ni déviation, mais une succession insensible. Ce que l'une a fait avait été amorcé par l'autre. Cela est vrai pour la question financière. Cela l'est aussi pour la question religieuse.

VII.
Varennes

En dépouillant le clergé de ses dîmes d'abord, de son capital ensuite, les Constituants s'étaient engagés du même coup à rembourser ses dettes et à salarier ses membres. L'Eglise et l'Etat se trouvaient ainsi étroitement associés et sous prétexte d'économies et de réformes, l'Assemblée fut vite tentée de régler les affaires du corps ecclésiastique de manière à se le subordonner entièrement.

Du dehors et à distance, l'Eglise a de la force et de la grandeur. Cent trente mille personnes environ sont engagées dans les liens sacrés : cent trente évêques, cinq ou six cents grands vicaires, soixante mille curés et vicaires, onze ou douze mille chanoines et chapelains, soixante mille religieux et religieuses : une véritable armée où ne manquent ni les connaissances ni les talents. Lorsque aux processions de la Fête-Dieu se déroule le long cortège des confréries et des congrégations, lorsque parmi les tapisseries et les feuillages étincelle le trésor des cathédrales et des monastères, qui aurait l'impiété de chercher au-delà de ces splendeurs quelque signe de décadence ou de fatigue ? Et pourtant l'Eglise de France dépérit. Non point que les membres indignes y soient nombreux. Dans sa grande *Histoire religieuse*, M. de la Gorce remarque très justement que les dépravés sont, parmi les prêtres de 1789, une infime exception.

Mais si le scandale est rare, le zèle ne l'est pas moins. Des journées sans heurt, des études sans foi, une religion sans flamme : telle est la vie de beaucoup de clercs. Ils prêchent, mais sans ardeur. Ils secourent les pauvres, mais ils ne les cherchent pas. Les plus actifs s'emploient à la gestion compliquée des fondations de l'ordre ; les plus érudits rédigent des mémoires pour les Académies ; les plus ambitieux se poussent dans les Assemblées locales. Entre tant de soucis terrestres, il ne reste rien pour Dieu. Des monastères se dépeuplent faute de novices, et, au bas de la hiérarchie, les curés de campagne, mal payés, surchargés de besogne, expédient leur ministère comme un métier qui ne nourrit plus son homme.

Un changement était nécessaire. Il s'imposait aux catholiques les plus intransigeants et il semblait d'autant plus facile à réaliser que le bas-clergé s'était montré dès le début très favorable à la Révolution et que, somme toute, les évêques n'avaient à peu près rien fait pour en gêner le cours, pas même lorsqu'il s'était agi de la nationalisation. La marche à suivre était tout indiquée : une négociation régulière entre le Roi et la Curie ou, tout au moins, des pourparlers officieux par l'intermédiaire des pricipaux prélats. Mais les Constituants étaient trop étroitement philosophes pour se plier à cet empirisme. Les uns considéraient l'Eglise comme le refuge infâme de toutes les superstitions et croyaient sincèrement que l'esprit humain ne serait affranchi qu'au jour où elle-même serait écrasée ; d'autres, imbus de droit romain, serviteurs passionnés de l'Etat, n'admettaient entre lui et les individus, ni corporations ni corps intermédiaires ; d'autres, enfin, protestants et jansénistes, portaient dans leurs veines les rancunes inassouvies de Port-Royal et des Camisards. Déjà, le 28 octobre 1789, un décret surpris en une fin de séance avait suspendu à titre provisoire l'émission des vœux solennels dans les monastères. Le 13 février 1790, l'interdiction devenait définitive. Quant aux vœux anciens, le pouvoir civil devait désormais les ignorer et ne plus en assurer le respect. Enfin, un regroupement des religieux dans un petit nombre de maisons était ordonné. L'évacuation des couvents désaffectés ne suscita point d'agitation. Beaucoup de villes et de villages avaient demandé par voie d'adresse le maintien de leurs abbayes. Les sympathies n'allèrent point au-delà. Il n'y eut de troubles graves qu'à Montauban où catholiques et protestants se battirent.

Ce n'était là encore que des escarmouches. L'assaut véritable fut livré au printemps de 1790, lorsque le Comité ecclésiastique de l'Assemblée eut terminé son rapport. Les plus importants de ses membres étaient des avocats et, plus particulièrement, d'anciens avocats du clergé. Ils ont plaidé des procès de dîmes, de succession, de mitoyenneté ; à ce titre « ils n'ont pénétré le monde ecclésiastique que par ses petitesses, ses rapacités, ses compétitions vaniteuses. N'ayant vu que quelques dossiers pleins de misères, ils se sont persuadés que toute la vie cléricale n'est que la répétition de ces mêmes dossiers », et, peu à peu, leur est née l'idée de l'affranchir et de la renouveler par un retour à la simplicité primitive. Du même comité, font encore partie un évêque effaré qui n'y paraît plus, quelques timides abbés, dociles dans l'espoir que leur docilité sera récompensée et, pour le reste, des légistes rogues et austères qui veulent réduire les prêtres au rôle subordonné d'officiers de morale et d'instruction, selon la formule de Mirabeau et l'esprit du *Vicaire savoyard.* De la collaboration des légistes et des jansénistes sortit le projet de *Constitution civile* qui fut déposé le 21 avril, discuté à la fin de mai, voté article par article avec de sensibles modifications dans le courant de juin, adopté dans l'ensemble et soumis à la ratification du Roi, le 12 juillet.

La Constitution s'ouvrait par toute une série de suppressions. Elle détruisait tous les bénéfices auxquels nulle charge n'était attachée, abolissait tous les chapitres, destituait quarante-huit évêques pour n'en plus laisser subsister qu'un seul par département, réduisait à dix le nombre des archevêques, appelés désormais métropolitains, et n'admettait plus qu'un seul curé par ville de dix mille habitants ou par commune rurale de deux lieues carrées environ. Evêques et curés seraient choisis par les électeurs qui nommaient les Conseils de district et de département. Les élections se feraient à la pluralité des suffrages et nul n'en serait exclu : ni les libres penseurs, ni les hérétiques, ni les juifs (devenus citoyens comme les autres, en janvier 1790, les juifs de l'Est exceptés). L'institution canonique serait donnée aux évêques non par le pape mais par le métropolitain. S'il refusait, le tribunal civil désignerait un autre prélat pour le remplacer. Le pape serait simplement informé des nominations, mais il était entendu que cette démarche serait le signe « de l'unité de foi et de communion avec le chef de l'Eglise universelle ». Fonctionnaires, les curés seraient divisés en huit classes avec des traitements échelonnés de 1 200 à 6 000 livres. Les évêques recevraient 12 000 livres, les métropolitains 20 000 en province et 50 000 à Paris. Par contre, le casuel était supprimé et les offrandes réservées aux pauvres.

Tel est le contenu de cet acte étrange qui ne répondait à aucune conception nette. Les uns y avaient vu une étape vers l'anéantissement de la foi, les autres un expédient pour garder ce qu'il faut de religion au peuple. Ceux-là y avaient cherché une revanche et ceux-ci l'espoir d'une renaissance. « De ces collaborations de pensées, dit M. de la Gorce, est née une confusion immense. Chaque disposition s'accompagne de clauses contradictoires. On sent une œuvre à plusieurs faces, fragile, travaillée de germes dissolvants et destinée à périr, soit sous la foi intégrale qui renaîtra, soit sous la montée de l'incrédulité qui submergera tout. » Jugeant pour des raisons de bonne police la religion profitable à l'ordre social, les Constituants avaient voulu « l'emprisonner dans un cadre officiel où elle se conserverait, sans se renouveler ni s'étendre » et, du même coup, ils n'avaient donné à l'Eglise d'autre choix que la servitude ou la révolte. En cas d'obéissance, ce serait l'esclavage ; en cas de rébellion de conscience : la guerre civile.

Les membres du Comité ecclésiastique avaient-ils pressenti ce dilemme ? A la fin de leur projet, ils avaient ajouté un paragraphe ainsi conçu : « Le Roi sera supplié de prendre toutes les mesures qui seront jugées nécessaires pour assurer l'exécution du présent décret. » Que signifiait ce langage énigmatique, sinon que le Roi serait chargé d'interpréter et peut-être d'adoucir les volontés de l'Assemblée, de manière à les rendre acceptables pour l'autorité pontificale ? Mais, bien qu'au milieu de juin une nouvelle bataille entre protestants et catholiques eût ensanglanté les rues de Nîmes, l'Assemblée ne semble pas avoir admis une seule minute l'éventualité d'une résistance. Elle supprima l'invitation faite au Roi de négocier, sans lui substituer le moindre article qui réprimât l'indocilité. Imprévoyance majeure, sans doute, mais la somnolence du clergé n'annonçait-elle pas toutes les capitulations ?

Le pape Pie VI régnait depuis 1778. Il avait assisté à peu près dans tous les pays de la chrétienté à un affaissement des forces catholiques, attaquées de front par les philosophes, minées sourdement par les princes réformateurs. Naturellement actif et ambitieux, il était, à force d'avanies, devenu patient, prudent et résigné. Les premières mesures révolutionnaires l'inquiétèrent beaucoup, mais il s'appliqua à n'en rien laisser paraître. Le cardinal secrétaire d'Etat, Zelada, un vieillard de soixante-douze ans, plus avide de repos que de bataille, lui conseillait la temporisation. L'ambassadeur de France, le cardinal de Bernis, le suppliait de ne rien brusquer... Il se contenta, dans une lettre très confidentielle, d'exhorter Louis XVI « à veiller sur le dépôt de la foi, à ne pas permettre que l'erreur s'emparât du sanctuaire ». Vinrent, à l'automne de 1789, la sécularisation des biens d'Eglise, puis en février 1790 l'interdiction de prononcer des vœux monastiques et la suppression des ordres religieux. Le pape ne pouvait plus se taire.

Le 29 mars 1790, dans un consistoire secret, il condamnait les lois récentes ; mais son allocution ne fut pas publiée, les journaux reçurent l'ordre de n'en rien dire et le Sacré Collège approuva unanimement cette attitude. De Paris, tandis que la Constitution civile commençait à faire parler d'elle, le nonce transmettait à chaque courrier les avis qu'il recueillait parmi les membres de l'épiscopat. Tous recommandaient la conciliation : « Il faut, répétaient-ils, que Sa Sainteté vienne au secours de l'Eglise de France et, même au prix des plus grands sacrifices, sauve l'unité. »

Louis XVI lui-même ne désespérait pas de trouver un arrangement qui lui permettrait, en conscience de sanctionner la réforme ecclésiastique sans offenser ni Dieu ni l'Eglise. A Saint-Cloud, où il s'était installé pour les beaux jours, il jouissait sans arrière-pensée de l'apaisement qui avait suivi les grands périls d'octobre. Pendant l'hiver, il avait visité les hôpitaux et les églises. Il s'était montré dans la rue. Presque partout, il avait été accueilli non seulement avec respect, mais avec affection. Deux jours après le vote de la Constitution civile, il présidera la fête de la *Fédération,* assistera à la grand-messe célébrée au Champ-de-Mars et se fera acclamer frénétiquement. « L'idolâtrie pour la monarchie se répand avec la force la plus violente, écrivait le *Courrier de Provence,* et l'on a semblé oublier les restaurateurs de la liberté française... » Tous ces témoignages d'attachement et de respect, loin d'inciter le Roi à préparer une réaction, le confirmèrent au contraire dans sa politique de ménagements et de temporisation. Roi constitutionnel, entouré de l'amour de ses sujets, il attendrait dans une expectative affable que les circonstances fissent apparaître la nécessité d'un pouvoir exécutif plus fort. Les directoires de départements et des districts qui venaient d'être élus et qui se composaient en général de bourgeois rangés et honnêtes, fort attachés à l'ordre et au trône, ne tarderaient pas à se rendre compte que, faute d'un chef, l'administration fonctionnait mal. Certains que le Roi ne méditait aucune entreprise contre-révolutionnaire, rassurés par la loyauté avec laquelle il avait appliqué les lois fondamentales, les députés seraient contraints de lui rendre quelques prérogatives essentielles. A quoi bon compromettre les bénéfices de cette résignation dans un conflit clérical où il ne serait pas suivi par la bourgeoisie conservatrice, demeurée très voltairienne ?

Pour la défense de la religion, Louis XVI était prêt à tout supporter, mais justement parce que la partie était grave et qu'une fausse manœuvre pouvait entraîner les pires catastrophes, il lui répugnait de s'engager contre l'Assemblée sans avoir épuisé tous les moyens de conciliation. Aussi imagina-t-il de ratifier et de publier la Constitution, en demandant en même temps au pape de la reconnaître à titre temporaire. Entre le provisoire et le définitif, les jours passeraient, l'Assemblée, satisfaite d'avoir triomphé en principe, ne refuserait pas de se prêter aux modifications indispensables et le cap serait doublé sans tempêtes.

Cette manœuvre devait être vaine. D'une part, la Constitution atteignait trop la discipline pour pouvoir être acceptée par le pape, même sous bénéfice de revision et, d'autre part, les Constituants étaient trop systématiques pour tolérer la moindre correction à leur œuvre. L'archevêque d'Aix, Boisgelin, qui était cependant l'homme le plus mou et le plus disposé aux reculades, rédigea une brève réfutation de la nouvelle loi et tout aussitôt ses réserves furent contresignées par trente évêques et archevêques, membres de l'Assemblée, et par quatre-vingt-treize autres prélats. Mais dans leur désir anxieux d'éviter le schisme, les autorités ecclésiastiques n'allèrent point au-delà des protestations doctrinales. Elles se retranchèrent dans une attitude passive, feignirent d'ignorer la Constitution et attendirent que leurs adversaires prissent l'initiative des premiers coups. Les chanoines continuèrent à officier. Les évêques supprimés gardèrent leur juridiction. Les évêques conservés refusèrent d'agrandir la leur. Le pape lui-même, n'approuvant ni ne désapprouvant, se contenta d'entreprendre une consultation générale des cardinaux, des théologiens et des chefs d'ordres. La situation devenait fort embarrassante. Les directoires de départements et de districts chargés d'appliquer la loi ne savaient comment s'y prendre. Les uns ne faisaient rien, les autres faisaient trop et ce mélange incohérent de rigueur et de négligence compliquait encore les choses. C'est alors que naquit dans la majorité de l'Assemblée la volonté têtue d'en finir par un coup de force, par une mesure brutale qui forcerait les évêques et les prêtres à sortir de l'expectative et à se déclarer, par oui ou par non, pour ou contre les réformes. Le 27 novembre 1790, poussée par le protestant Barnave, l'Assemblée décidait que tous les ecclésiastiques restés en fonctions devraient prêter serment de maintenir la Constitution civile. Quiconque refuserait serait censé avoir renoncé à son office et remplacé. Les ministres du culte qui, sans avoir prêté serment, continueraient à s'immiscer dans leurs anciennes fonctions seraient poursuivis comme perturbateurs. Mêmes sanctions seraient prises contre les laïcs qui tenteraient d'organiser la résistance.

Un mois après, Louis XVI ratifiait le décret. Conseillé par Boisgelin qui lui avait dit qu'une acceptation arrachée par la force n'engagerait pas sa conscience, il avait fait ce sacrifice à ce qu'il croyait être la paix publique et l'intérêt du royaume.

Création de l'assignat-monnaie en septembre, obligation du serment en novembre ; en trois mois, l'Assemblée venait de commettre ses deux fautes majeures. Mais tandis que l'inflation ne fera sentir ses terribles conséquences que peu à peu, le conflit religieux va entrer tout de suite dans sa phase aiguë.

Les députés qui n'avaient vu du clergé que ses membres les plus timorés, croyaient que le décret sur le serment serait généralement obéi. Il fallut très vite déchanter. Parmi les évêques, sept seulement jurèrent :

Talleyrand, évêque d'Autun ; Jarente, évêque d'Orléans; Lafont de Savine, évêque de Viviers ; Brienne, archevêque de Sens et ancien premier ministre ; Gobel, coadjuteur de l'évêque de Bâle ; Martial de Brienne, coadjuteur de son oncle à Sens, et Dubourg-Miroudot, évêque *in partibus* de Babylone. « Il semble, dit M. de la Gorce, que l'Eglise de France se soit plutôt purgée qu'affaiblie par ces défections. » Si des prélats, on descend aux curés, des résultats sont moins faciles à établir, surtout dans les campagnes où, pour avoir la paix, les municipaux admirent parfois que le curé jurât *avec réserves.* D'autre part, beaucoup d'ecclésiastiques qui avaient d'abord cédé se rétractèrent par la suite, quand le pape eut solennellement condamné la constitution civile, en mars et en avril 1791. Enfin, pour grossir les états officiels, dont une moitié environ est encore conservée aux Archives, on a fait figurer sur les listes de soumission, à la suite des prêtres fonctionnaires, quantité de religieux et de prêtres habitués qui étaient affranchis de toute obligation et qui ont juré, par simple ambition, sans que personne le leur demandât. Dans l'ensemble, selon les calculs les plus sérieux, 52 à 55 % des prêtres refusèrent le serment. Les départements de l'Ouest, des Flandres et d'Alsace donnèrent la majorité aux réfractaires. Les départements des Alpes, la Seine-et-Oise, la Seine-et-Marne, le Doubs, la Nièvre et la Somme aux constitutionnels.

L'Eglise ancienne était mutilée. Il fallait construire l'Eglise nouvelle. Les deux premiers évêques élus : Expilly à Quimper, Marolles à Soissons, ne trouvaient personne pour les instituer. Des sept jureurs, trois manquaient évidemment de prestige et les quatre autres se dérobaient. « Je jure, mais je ne sacre pas », disait Brienne. Talleyrand, enfin, se dévoua, sauvant ainsi l'Eglise constitutionnelle qui, sans lui, aurait été condamnée, soit à disparaître, soit à verser dans le presbytérianisme. Expilly et Marolles, sacrés par lui le 24 février, sacrèrent à leur tour, le 27, trois de leurs confrères, qui en sacrèrent d'autres, tant et si bien qu'à la fin d'avril, soixante nouveaux prélats étaient installés. Même opération pour le clergé sulbalterne, où les vides se comblèrent d'autant plus facilement que de très nombreuses paroisses avaient été supprimées.

Mais il ne suffisait pas d'avoir des ministres et des temples, il fallait encore des fidèles, et ceux-ci se dérobaient. Privés de leurs traitements, chassés de leurs demeures, les anciens curés n'étaient point partis. Ils disent la messe, ils prêchent, ils distribuent les sacrements. Si l'état civil est confié au curé constitutionnel et si l'on est bien forcé de s'adresser à lui pour les baptêmes, les mariages et les enterrements, on peut doubler la cérémonie officielle d'une cérémonie familiale que préside le curé réfractaire.

Par le bref du 13 avril, le pape a déclaré les consécrations criminelles et sacrilèges, interdit toutes fonctions aux consécrateurs et aux consacrés, prononcé la suspension de tout prêtre qui ne se rétracterait pas dans les quarante jours. Presque partout, dès leur installation, les curés assermentés voient s'écarter d'eux les âmes pieuses. A Pâques, leurs églises demeurent vides. A leurs messes, il n'y a guère que des indifférents qui y viennent par politique. Au contraire, réfugiés dans des granges, dans des chapelles, dans des églises vacantes qu'ils ont louées, les insermentés réunissent des assitances si nombreuses que les clubs s'en alarment. En dépit d'un décret du 7 mai, en dépit de la *Déclaration des Droits* qui garantit formellement la liberté religieuse, tout va être mis en œuvre pour empêcher le culte privé de s'étendre et de durer.

Un peu partout éclatent des incidents : dévotes attaquées et flagellées en public, offices interrompus par l'émeute, chapelles particulières envahies et saccagées. Mais tout cela n'atteignait point les consciences. Pour démoraliser les insoumis, les partisans du décret avaient trouvé mieux : faire du pieux Louis XVI un constitutionnel zélé, en le forçant à recevoir la communion pascale des mains d'un prêtre jureur. Le malheureux Roi, qui avait maintenu l'ancien culte à l'intérieur des Tuileries, pensa se défendre contre cette apostasie publique en se réfugiant à Saint-Cloud où, déjà, l'année précédente, il avait passé le printemps et l'été. Le départ devait avoir lieu le 18 avril, à dix heures du matin. Lorsque les voitures de la Cour vinrent se ranger devant le château, elles furent bloquées par une foule compacte que La Fayette se déclara impuissant à disperser. Il fallut renoncer au voyage. L'affaire était l'œuvre d'un avocat, Danton, qui émergeait ainsi de la cohue des agitateurs subalternes. La gauche ne se contenta pas de cette victoire. Par des sommations réitérées, elle contraignit le Roi à licencier dans les deux jours les membres de sa chapelle, à se rendre précipitamment à l'Assemblée pour y jurer lui-même à nouveau de maintenir la Constitution civile, enfin, à assister, le dimanche de Pâques, à la messe officielle célébrée à Saint-Germain-l'Auxerrois.

On ne saurait exagérer l'importance de cet événement. Humilié, menacé, dépouillé de ses prérogatives, prisonnier dans son palais, Louis XVI n'était désormais plus libre de ses opinions. Sa conscience appartenait à la majorité de l'Assemblée et sa religion lui était dictée par les clubs. A dater de ce jour, il se considéra comme délivré de toutes ses promesses de fidélité à la Révolution et il ne songea plus qu'à se débarrasser au plus vite du joug dont, subitement, il venait de sentir le poids.

Des Français, déjà, avaient cherché refuge à l'étranger. Non par une entreprise délibérée et réfléchie, mais sous la menace du danger. Les premiers étaient partis le 16 juillet 1789, à la suite du comte d'Artois et du prince de Condé qui, la veille, avaient reçu un placard promettant bonne récompense à qui apporterait leurs têtes au Caveau du Palais-Royal. Blessés dans leur orgueil et leur honneur par la suppression des titres et des particules, beaucoup de gentilshommes les avaient rejoints dans la seconde moitié de 1789. La suspicion, les insultes, les brimades, les périls qui menaçaient leurs familles en chassèrent d'autres. La Reine conseilla elle-même à ses amis Polignac de l'abandonner pour se mettre à l'abri.

On a dit qu'en émigrant la noblesse française s'était suicidée, qu'elle aurait dû se grouper à Paris, former une troupe autour du Roi et se battre. Mais comment sauver le Roi malgré lui ? Comment se battre contre ses ordres ? Talleyrand et le comte d'Artois eurent sur ce sujet une conversation qu'en 1814, Talleyrand rappela au prince qui, selon Vitrolles et devant lui, en reconnut l'exactitude. Talleyrand conseillait une politique énergique et audacieuse, sans doute celle que Mirabeau essaya plus tard de faire prévaloir. Le futur Charles X objecta que le Roi céderait toujours plutôt que de faire couler une goutte de sang :

— Quant à moi, ajouta-t-il, je pars demain et je quitte la France.

— Alors, Monseigneur, riposta Talleyrand, il ne reste donc plus à chacun de nous qu'à songer à ses propres intérêts, puisque le Roi et les princes désertent les leurs et ceux de la monarchie.

— En effet, conclut le prince, c'est ce que je vous conseille de faire. Quoi qu'il arrive, je ne pourrai vous blâmer.

En février 1791, les tantes du Roi partirent à leur tour. Quoique munies des passeports les plus réguliers, elles furent arrêtées à Arnay-le-Duc et retenues prisonnières douze jours. Il fallut que Mirabeau intervînt en personne à l'Assemblée pour qu'elles pussent continuer leur route. Mais ce qui est permis à des particuliers, même de très haut rang, n'est pas permis à un Roi. Le Roi de France n'émigre, ni n'abdique. Jamais Louis XVI n'y songea. Tout son plan consistait à quitter Paris en cachette, à se retirer dans une ville de province, à y réunir des troupes fidèles, et, retrouvant la force et la sécurité, à en appeler à la Nation de la tyrannie des clubs et de l'Assemblée. L'immense majorité du pays, qui sentait que la Révolution était engagée sur une pente fatale, répondrait à son appel. L'Assemblée se dissoudrait. La Constitution serait amendée. Le Roi pardonnerait, pacifierait, réconcilierait et, après quelques convulsions, tout rentrerait dans l'ordre. Mais quelle ville choisir ? Autrefois, Mirabeau avait conseillé Rouen, Bouillé fit choisir Montmédy, petite, fortifiée, où il était facile de maintenir l'ordre. Au surplus, Montmédy n'était pas très éloignée de Metz, la grande place militaire du royaume, le quartier général de Bouillé, dont l'armée, depuis la répression de Nancy, était suspecte aux *patriotes*. Tout fut machiné entre Bouillé et Fersen, l'ami dévoué de la Reine, et le départ fixé au 6 juin. Mais les Jacobins avaient des espions jusque dans les domestiques du château. Il fallut attendre qu'une femme de chambre que l'on soupçonnait de trahison cessât son service. La fuite se trouva remise au 20, qui était un lundi.

Les Tuileries étaient surveillées comme une prison : à toutes les issues, des gardes nationaux ; dans le jardin, dans les cours, le long de la terrasse, six cents sectionnaires armés ; dans les escaliers et dans les couloirs, des patrouilles incessantes ; dans les antichambres et les salons, des valets et des suisses qui dormaient en travers des portes. Il ne pouvait être question de partir en une seule fois. A 10 heures et demie, Mme de Tourzel, gouvernante des enfants de France, sortit la première, par un appartement abandonné, conduisant par la main le Dauphin et Madame Royale. Vers minuit, après avoir feint de se coucher comme à l'ordinaire, le Roi, la Reine et Madame Elisabeth, sœur du Roi, réussirent à se glisser hors du château, un à un, et par des voies différentes. Leurs costumes, très simples, les déguisaient quelque peu et la Reine était voilée. Tout le monde se retrouva à l'angle du Petit Carrousel où attendait un fiacre. L'endroit était encombré de voitures, de cochers, de palefreniers. Les guinguettes étaient pleines de buveurs. Personne ne fit attention à la famille royale.

A la barrière Saint-Martin, on changea de véhicule et on partit à allure modérée. Un postillon précédait d'un relais la grosse berline verte trop lourde, trop lente, où avaient pris place le Roi, la Reine, les deux enfants, Madame Elisabeth et Mme de Tourzel. A 6 heures on était à Meaux, à 8 heures à La Ferté-sous-Jouarre. Là, on quitta la route de Dormans pour prendre celle de Montmirail, plus courte de deux lieues et demie. Le temps s'annonçait magnifique. Le Roi, son *Itinéraire* à la main, s'intéressait au paysage et distribuait des aumônes aux mendiants que l'on rencontrait. Au hameau de Chaintrix, il est reconnu par le fils du maître de poste, de Lagny, qui a assisté, l'année précédente, à la fête de la Fédération. Mais Lagny est bon royaliste et la berline repart à grand train. A Châlons, rue Saint-Jacques, les voyageurs sont à nouveau découverts. Les curieux s'amassent autour d'eux, mais personne ne fait un geste pour les retarder. Dès ce moment, néanmoins, la partie est compromise. Porté par quelque émissaire ignoré, l'avis de leur passage va précéder les fugitifs. Les villages sont alertés. Le bruit se répand comme une traînée de poudre: « Le Roi arrive ! » et quand les détachements de Bouillé qui, à quatre lieues de Châlons, devaient commencer à escorter les souverains, se présenteront pour prendre leurs postes de garde, ils trouveront les paysans si surexcités qu'ils jugeront prudent de se retirer.

Le Roi et la Reine, qui étaient encore certains du succès, eurent la révélation affreuse du péril en arrivant à six heures du soir, à Pont-de-Somme-Vesle, où ils devaient rencontrer les hussards de M. de Choiseul. Pas de hussards. Pas le moindre uniforme. La route est vide. Que faire ? Interroger les gens ? C'était se trahir. Attendre ? Et si l'on était poursuivi ? Retourner ? Impossible. Alors ? Alors, continuer, suivre le chemin sinistre où la catastrophe est embusquée. La conduite de Choiseul est difficile à expliquer. La berline était attendue à 3 heures après midi. Il était arrivé à midi, provoquant d'inutiles et dangereux rassemblements. Comme la voiture avait du retard, il en conclut que le voyage n'avait pas lieu. Il partit avec ses hussards, non par la route que devait suivre le Roi, mais à travers la campagne et de sa propre autorité, il fit dire aux chefs des autres détachements que le voyage était remis, rompant de ce coup la chaîne des postes et le dispositif de sécurité.

A Sainte-Menehould, les dragons de Damas étaient bien arrivés depuis plusieurs heures, mais ils avaient bu, flâné, bavardé et ils n'étaient point sûrs. La berline n'avait point disparu que la ville était en ébullition et que, de porte en porte, on se criait la nouvelle : « Le Roi vient de passer ! » Le fils du maître de poste, Drouet, et un employé du district, Guillaume, qu'on appelait La Hure, s'offrirent pour arrêter le convoi suspect. Ils enfourchèrent deux chevaux de la poste et se lancèrent dans les chemins de traverse de l'Argonne. A Clermont, pas de dragons, mais seulement leur colonel, le comte de Damas, qui, de crainte d'un conflit avec les bourgeois, avait renvoyé sa troupe. Il faisait nuit noire. Epuisés, les voyageurs s'endormirent. La berline gardait une demi-heure d'avance ; elle la perdit dans la ville basse de Varennes, à la recherche du relais qui avait été replié à la réception du contre-ordre envoyé par Choiseul. Drouet, qui connaissait les lieux, fila droit sur la route de Montmédy, jeta l'alarme, réveilla les municipaux, fit barricader le pont de l'Aire et, quand la berline se présenta, elle fut subitement entourée de gardes nationaux en armes que commandait le procureur de la commune, Sauce.

Les passeports ? Les passeports établis au nom d'une amie de Fersen, la baronne de Korff, sont parfaitement en règle. Il n'y a aucune raison pour retenir la voiture. C'est l'avis général. Mais Drouet intervient. Il crie, jure, tempête. Le père Sauce, terrifié, décide de garder la baronne de Korff et ses compagnons jusqu'au lendemain et, poliment, il leur offre sa maison pour passer la nuit. Un juge, Destez, qui s'est marié à Versailles, accourt, reconnaît le Roi et plie le genou devant lui. Louis XVI, très ému, l'embrasse, embrasse Sauce, embrasse les officiers de la commune, explique tranquillement « qu'il est sorti de Paris parce que sa famille y est chaque jour exposée à périr ; qu'il en a assez de vivre au milieu des poignards et des baïonnettes et qu'il vient se réfugier parmi ses fidèles sujets ». En un instant, il n'a plus que des amis et l'on convient qu'à l'aube il reprendra son voyage interrompu. Les hussards repoussés de Pont-de-Somme-Vesle venaient d'arriver après une longue marche en forêt. Choiseul et Damas accourent et proposent au Roi de dégager le passage à coups de sabre, après quoi l'on se remettra en route sans tarder. Louis XVI refuse. La municipalité n'a-t-elle point promis de le laisser partir dans quelques heures ? A quoi bon charger ces bons villageois ? Point de violences. Point de sang. Cette bonhomie achève de tout perdre. Sauce, de plus en plus embarrassé, a le temps de lancer un exprès sur Paris. A Clermont, son courrier rencontre les messagers de l'Assemblée qui depuis le matin galopaient sur la trace de la famille royale.

La fuite avait été connue à Paris le 21, à 7 heures. En guise d'adieu, le Roi avait laissé une proclamation où il faisait un tableau, hélas ! strictement vrai du malheureux état où était tombée la France. Il y énumérait tous les sacrifices qu'il avait consentis pour rétablir la concorde et pour lesquels il n'avait reçu d'autre récompense que « de voir la destruction de la royauté, tous les pouvoirs méconnus, les propriétés violées, la sûreté des personnes mise partout en danger, les crimes restés impunis et une anarchie complète s'établir au-dessus des lois, sans que l'apparence d'autorité que lui donnait la nouvelle Constitution fût suffisante pour réparer un seul des maux qui affligent le royaume ». Traitant point par point de sa situation personnelle, de l'administration intérieure, de l'armée, de la diplomatie, des finances, de l'Assemblée, des outrages qu'il a endurés, des crimes qui ont été commis sous ses yeux et contre ses serviteurs, Louis exposait qu'« étant prisonnier dans ses propres Etats » depuis les journées d'octobre, toutes ses démarches, à dater de son internement aux Tuileries, étaient entachées de nullité ; que les députés avaient manqué à une des clauses principales portées dans tous les cahiers, à savoir que la confection des lois se ferait de concert avec le Roi ; que la justice et l'administration remises à des corps élus, mal ajustés, sans subordination, indépendants du gouvernement, étaient impuissants devant les clubs ; que ces mêmes clubs avaient à peu près détruit l'armée en passe de devenir « la terreur et le fléau de l'Etat » ; que l'Assemblée elle-même avait excédé à tout moment les bornes qu'elle s'était elle-même fixées ; qu'elle avait, par système, dégradé la royauté et accoutumé le peuple à la mépriser.

En déclarant entaché de nullité tout ce qu'on lui avait imposé par la menace ou par la force, Louis XVI ne faisait que rappeler un principe constant de droit public. Pour inciter les Conventionnels à le juger révolutionnairement, Robespierre ne dira pas autre chose : tout ce qui a été fait était illégal. Le Roi revendique pour lui-même le respect, la sécurité, la liberté, l'autorité qui est dévolue normalement à un souverain investi du pouvoir exécutif, mais à aucun moment il ne se propose de revenir à la situation ancienne : division en ordres, privilèges, droits féodaux, inégalité devant l'impôt... Il mentionne bien son discours du 23 juin 1789, mais seulement au chapitre *finances*, pour rappeler qu'il avait depuis longtemps reconnu aux Etats le droit d'accorder des subsides, qu'il n'entendait pas imposer les peuples sans leur consentement et qu'il avait fait tout le possible pour faciliter les réformes financières. Au surplus, il posait très exactement le problème politique : « en envoyant vos représentants à l'Assemblée, désiriez-vous que l'anarchie et le despotisme des clubs remplacent le gouvernement monarchique ? »

Le document est porté à l'Assemblée qui en entend la lecture avec anxiété, espérant y trouver quelque indication sur les projets du Roi. La Fayette, une heure avant l'ouverture de la séance, a expédié en province un ordre du jour annonçant que Louis XVI a été enlevé par les ennemis de la Révolution et enjoignant à tous les bons citoyens de se lever pour l'arracher à ses ravisseurs. L'Assemblée adopte cette version des événements, prescrit une enquête, fait tirer le canon d'alarme, interdit la sortie du royaume à toute personne même munie de papiers en règle. Mais cette agitation fébrile masque mal ses terreurs. Tout le monde croit que le Roi a gagné la frontière du Nord d'où il dictera ses conditions à la France. Paris a débordé dans les rues et envahi les Tuileries. Une immense rumeur monte de la ville. Entre le Roi et l'émeute, que pèsera le fragile prestige des députés ? Que seront-ils demain ? Que vaudront leurs têtes ?

Vingt heures après, leurs fondés de pouvoirs remettaient à Louis XVI, dans la chambre à coucher de Sauce, le décret de prise de corps et Louis XVI s'écriait : « Il n'y a plus de roi en France ! » Car, au drame de Varennes, ne manquent ni les coups de théâtre ni les mots historiques.

Le décret avait été signifié aux souverains à cinq heures. On ne se mit en marche qu'à sept. Le Roi avait retardé le départ tant qu'il avait pu, espérant toujours donner à Bouillé le temps d'accourir et de le délivrer. Une cinquantaine de cavaliers déjà patrouillaient dans les moissons, mais leur chef n'osait rien ordonner. Quand Bouillé arrivera à son tour avec quatre cents soldats de Royal-Allemand, ses officiers lui objecteront que les chevaux sont fatigués, qu'il n'y a pas assez d'hommes, que les chemins sont mauvais, qu'il n'y a point de gué à la rivière, qu'il est trop tard, et Bouillé s'en ira. Tout ce qui de près ou de loin touche au trône est frappé de la même paralysie.

La route de Varennes à Paris fut pour les prisonniers un véritable calvaire. Le cortège aviné, la foule outrageante, les menaces, les insultes, la fatigue : toutes les scènes d'octobre renouvelées et accrues. Au spectacle de l'abaissement royal, la lâcheté populaire s'exalte. Des gens s'accrochent aux portières de la berline et jettent à la Reine les pires ordures. Des misérables crachent au visage du Roi. A Châlons, un homme est assassiné parce qu'il salue la Reine. L'hôtel de l'Intendance, où les souverains ont passé une partie de la nuit, est assiégé et envahi par une horde d'individus de bas étage qui vocifèrent à plein gosier que : « Capet est assez gras pour ce qu'on veut faire », qu'ils se chargent « de confectionner des cocardes avec les boyaux de Louis et d'Antoinette et des ceintures avec leur peau ». Il faut repartir sous un tonnerre d'imprécations et de huées. A Epernay, où l'on fait halte pour déjeuner, le petit Dauphin manque d'être étouffé et la Reine est si brutalement bousculée à sa descente de voiture que sa robe est déchirée de haut en bas. Le repas terminé, Louis XVI, Marie-Antoinette et Madame Elisabeth ne peuvent sortir de l'auberge qu'un à un, encadrés d'un groupe de gardes nationaux qui se tiennent par le bras, Mme de Tourzel est portée en berline presque évanouie. Entre Epernay et Château-Thierry, se présentent les trois députés que l'Assemblée a délégués : La Tour-Maubourg, Barnave et Pétion, un royaliste, un constitutionnel, un avancé. Ils se fraient un passage dans la foule. Le Roi répète son éternelle protestation : « Je ne voulais point sortir de France, je l'ai déclaré, cela est vrai », puis ordonne à ses compagnons de se serrer pour faire place aux commissaires qui montent en s'excusant.

La présence des députés apporta aux prisonniers quelque répit. Témoins indignés des avanies et des humiliations dont le Roi et la Reine étaient abreuvés, ils prirent des dispositions pour se délivrer de l'escorte sordide et suante qu'ils traînaient avec eux. A la sortie de Château-Thierry, sur leur commandement, la garde nationale à cheval, venue de Soissons, barra la route et empêcha les curieux de se joindre aux voitures qui partirent au grand trot entourées seulement de quelques cavaliers. C'était la tranquillité pour une étape. Les prisonniers et leurs gardiens se mirent à converser. Barnave avait maladroitement débuté. Croyant qu'un des gardes du corps qui se trouvait sur le siège était le comte de Fersen, il se permit à l'égard de la Reine un sourire malin, presque sardonique. Marie-Antoinette se hâta de faire connaître, sans affectation, le nom des trois gardes et Barnave se tut. Pétion y mit plus d'insolence. Il dit qu'il savait tout, que les fugitifs étaient montés au Carrousel dans une voiture de remise, conduite par un Suédois dont il avait oublié le nom, mais que la Reine saurait bien le lui rappeler...

« Je ne suis pas dans l'usage de savoir le nom des cochers de remise », répliqua-t-elle avec hauteur.

Néanmoins, ces escarmouches passées, une sorte de cordialité s'établit. Le visage de la Reine s'éclaircit. Le Roi se montra simple et bon, comme à son ordinaire, parlant peu mais avec beaucoup d'aisance et de réflexion. Il interrogea Pétion sur les sentiments de la gauche et il ajouta, curieusement :

— Vous êtes pour une République, vous, monsieur Pétion ?

— Sire, je l'étais à la tribune, répondit Pétion ; ici, je sens que mon opinion change.

Le malheureux s'imaginait que Madame Elisabeth était amoureuse de lui et, dans sa relation de voyage, il a consigné le récit de sa bonne fortune en trente lignes qui le vouent pour toujours au ridicule.

On coucha à Meaux. Dès six heures, on se remit en route sous un ciel de feu et dans une atmosphère de plomb. Il avait été impossible d'organiser un service d'ordre. La berline avançait pas à pas, à travers une masse humaine si dense que l'on n'apercevait que le moutonnement des têtes. Il fallut treize heures pour arriver à Paris. On contourna le mur d'enceinte de la porte de la Villette à celle de Neuilly, puis on descendit les Champs-Elysées jusqu'aux Tuileries. Des gardes nationaux faisaient la haie, présentant les armes, la crosse en l'air, comme à un enterrement. Le mot d'ordre était : « Pas un cri, pas un salut » et ce silence lourd était plus écrasant encore que la foule pressée. De temps en temps, au loin, un roulement de tambour, une bousculade, quelques cris, mais à nouveau le silence. Aux

Tuileries, la berline vint se ranger devant le large perron de trois marches qu'il fallait traverser pour gagner la porte centrale du Pavillon de l'Horloge. C'était l'instant critique. Toutes les consignes sont oubliées. La foule se rue, furieuse. Les gardes du corps sont happés par la tourmente et disparaissent. La Fayette, les députés, les gardes se précipitent, s'interposent et réussissent à reformer une haie. Le Roi passe, posément, sans la moindre trace d'émotion et nul ne dit mot. La Reine se montre à son tour : quelques murmures s'élèvent, vite réprimés. On applaudit le Dauphin et sa sœur. Madame Elizabeth et Mme de Tourzel, à demi mortes de fatigue, franchissent les dernières l'étroit passage. Il est sept heures du soir. La grille du péristyle retombe. Le lendemain, en se réveillant, la Reine s'aperçut que ses cheveux étaient devenus blancs, comme ceux d'une vieille femme.

Les députés, eux, étaient à la fois très fiers et très embarrassés. Ils avaient décidé que Louis XVI serait retenu aux Tuileries sous bonne garde et ordonné au ministre de la Justice d'apposer le sceau de l'Etat aux décrets qu'ils voteraient sans qu'il fût besoin de la sanction royale. C'était la suspension, presque la déchéance, une déchéance provisoire qui laissait ouvertes toutes les difficultés. Le Roi serait-il déclaré déchu pour toujours ? Quel serait alors son successeur ? Si c'était le petit Dauphin, qui serait Régent ? Fallait-il, indépendamment de la personne du souverain, maintenir la Constitution ou proclamer la République ? Quelle République ? Une République populaire à base de plébiscite ou une République césarienne avec un tribun qui serait un dictateur ?

Les quatre jours d'interrègne n'avaient été marqués par aucun désordre grave. Cependant, la disparition subite du Roi, que l'immense majorité du pays considérait comme l'âme et la vie de la France, avait causé, selon la juste expression de M. Lenotre, une impression d'anéantissement et de léthargie, et, dans cette angoisse, on avait vu se manifester une multitude d'initiatives plus ou moins illégales, dont le pullulement semblait annoncer une anarchie prochaine. D'autre part, il était clair (et beaucoup étaient bien obligés d'en convenir, au moins en secret) que le Roi n'avait pas voulu quitter la France. Si telle avait été son intention, il n'aurait point cherché à gagner la lointaine frontière de l'Est. Il serait allé au plus court, au Nord, par Lille ou Maubeuge, comme venait de le faire, avec succès, le comte de Provence, la même nuit, et dans les mêmes conditions. Enfin, sans Roi, toute l'œuvre de la Constituante s'écroulait. C'était une seconde révolution à accomplir, dans les circonstances les plus incertaines, sans savoir comment on s'arrêterait, en face d'une Europe alarmée qui, peut-être, irait jusqu'à la guerre. La bourgeoisie constitutionnelle se refusa à courir l'aventure et Barnave, gagné à la cause royale, moitié par pitié, moitié par raison, exprima fort nettement ses sentiments dans un grand discours prononcé le 15 juillet : « Tout changement de la Constitution est fatal, tout prolongement de la Révolution est désastreux... Un pas de plus serait un acte funeste et coupable. Un pas de plus dans la ligne de la liberté serait la destruction de la royauté ; dans la ligne de l'égalité, la destruction de la propriété. *Si l'on voulait encore détruire... trouverait-on une aristocratie à anéantir, si ce n'est celle des propriétés ?* » Le mot était profond : il fut compris et, *pour contenir la révolution sociale, l'Assemblée se résigna à arrêter la révolution politique.* Il fut entendu une fois pour toutes que le Roi avait été enlevé, et, grâce à cette fiction, il fut, par les décrets des 15 et 16 juillet, mis hors de cause et rétabli dans tous ses droits. Pour la vraisemblance, une instruction était ouverte contre Bouillé et ses complices, auteurs présumés de l'enlèvement.

Depuis 1788, au fur et à mesure que les événements s'étaient précipités, le parti révolutionnaire avait été de plus en plus poussé vers la gauche et, à chaque étape, il s'était séparé avec violence de son aile droite, qui s'imaginait que la Révolution devait s'arrêter à elle et se refusait à suivre le mouvement. Les Parlementaires avaient été les victimes de la première épuration, après la chute de Brienne ; les amis de Mounier, les victimes de la seconde, après les journées des 5 et 6 octobre. Une fois encore, les clubs s'apprêtèrent à recommencer le jeu qui leur avait si bien réussi et entreprirent une agitation pour imposer, par le dehors, à l'Assemblée, le changement de régime qu'elle venait de repousser.

Les Jacobins avaient commencé à faire circuler une pétition demandant la déchéance du Roi et son remplacement par tous les moyens constitutionnels. Un schisme s'était alors déclaré. Sur 2 400 membres à Paris, 1 800 ou 1 900 quittèrent la Société en protestant. Sieyès, Barnave, les Lameth en regroupèrent environ 600 pour fonder au couvent des Feuillants une société rivale, et cette défection, jointe aux votes de l'Assemblée, avait paralysé le mouvement. Il fut repris par un autre club, beaucoup plus populaire, beaucoup plus avancé : la Société des Amis des Droits de l'Homme, que l'on appelait aussi le Club des Cordeliers parce qu'elle siégeait dans un couvent de cet ordre, avant de se transporter dans une salle de conférences.

Les Cordeliers dataient de l'été 1790, mais ils n'avaient commencé à compter sérieusement qu'à partir de l'hiver 1790-1791, lorsqu'ils avaient pris la tête des Clubs de quartier (ou sociétés fraternelles) qui s'étaient organisés, sous l'inspiration de Marat et de Danton, pour grouper les petites gens et les gens de métier que le chiffre élevé de la cotisation (six livres par trimestre, plus douze livres d'entrée) écartait des Jacobins. Les Cordeliers et leurs affiliés étaient d'autant plus redoutables qu'ils ne séparaient pas les revendications corporatives des revendications politiques. C'étaient eux qui, à partir de mai 1791, avaient organisé les grandes grèves de charpentiers, de typographes, de chapeliers et de maréchaux-ferrants, contre lesquelles l'Assemblée avait voté, le 14 juin 1791, la loi Le Chapelier qui réprimait sévèrement, comme un délit, toute coalition pour imposer un salaire uniforme aux patrons.

La loi, inspirée par la philosophie individualiste, ne suscita aucune opposition, ni des Jacobins, ni de Robespierre, ni des compagnonnages, ni des journaux. Elle comprenait huit articles. Le premier interdit de rétablir les corporations sous quelque forme que ce soit. Le second défend aux citoyens d'une même profession, lorsqu'ils se trouveront ensemble, de ne nommer ni secrétaires ni syndics, de tenir des registres, de prendre des arrêtés ou délibérations, que repousseront le cas échéant les corps administratifs ou municipaux (art. 4). L'article 5 est le plus important : « Si contre les principes de la liberté et de la Constitution, des citoyens attachés aux mêmes professions, arts et métiers, prenaient des délibérations ou faisaient entre eux des conventions tendant à refuser de concert ou à n'accorder qu'à un prix déterminé le secours de leur industrie ou de leurs travaux, lesdites délibérations et conventions sont déclarées inconstitutionnelles... » Leurs auteurs, chefs et instigateurs seront poursuivis, comme seront poursuivis les individus qui proféreraient des menaces contre les entrepreneurs et contre les ouvriers qui se seraient mis d'accord sur un salaire inférieur (art. 6). La liberté du travail sera assurée, au besoin, par la force et qui essaiera de la troubler sera poursuivi (art. 7 et 8). On peut dire que tout le syndicalisme contemporain est une insurrection contre la loi Le Chapelier.

La crise politique n'en continuait pas moins.

A la voix de Danton, les Cordeliers décidèrent que le 17 une nouvelle pétition, où il ne serait plus question des « moyens constitutionnels » mais seulement de déchéance, serait portée en grand apparait à l'autel de la Patrie, au Champ-de-Mars. Les sociétés populaires convoqueraient leurs adhérents pour venir la signer en masse.

Forts des décrets votés la veille et l'avant-veille par la Constitutante, La Fayette, commandant de la garde nationale, et Bailly, maire de Paris, interdirent tout cortège. Les clubs qui s'étaient donné rendez-vous à onze heures, place de la Bastille, où ils comptaient se former en colonnes pour défiler, trouvèrent la place garnie de troupes et ils furent dispersés à mesure qu'ils se présentaient. La concentration dut être reportée au Champ-de-Mars, déjà encombré d'une foule de curieux qui y stationnait depuis le matin. Sous l'autel de la Patrie, même, on découvrit deux individus qui s'y étaient blottis en cachette. Pour quoi faire ? Peut-être était-ce de simples vagabonds qui avaient dormi là. Peut-être aussi, puisque l'un d'eux s'était muni d'un vilebrequin, n'est-il pas interdit de penser qu'ils désiraient, au moyen d'ouvertures judicieusement percées, contempler par en dessous les citoyennes pétitionnaires et s'offrir gratuitement un plaisir facile. Quoi qu'il en soit, les deux misérables furent arrachés à leur niche et jetés à la foule. La foule avait ses nerfs. Le bruit se répandit qu'on venait de découvrir deux brigands qui se préparaient à faire sauter l'autel, et, sans plus ample enquête, les deux brigands furent pendus — révolutionnairement. Comme la masse des manifestants grossissait, La Fayette se décida à déblayer la place et Bailly fit déployer le drapeau rouge, enseigne de la loi martiale, votée en octobre 1789, après l'assassinat d'un boulanger, qui fournissait la buvette de l'Assemblée, et que des émeutiers avaient pillé et pendu. Les Parisiens étaient depuis trois ans trop habitués à narguer les soldats pour prendre la menace au sérieux. Une volée de pierres s'abattit sur le service d'ordre qui riposta par une première décharge en l'air, puis, quand un coup de pistolet eut été tiré sur La Fayette, par une véritable décharge. C'est le signal de la bataille. Des coups de feu éclatent un peu partout, la fusillade crépite, les gardes, exaspérés d'être sous les armes par une chaleur torride, tirent sans arrêt. En quelques minutes, l'enceinte de la Fédération se vide et les fuyards sont poursuivis sans pitié, surtout du côté du Gros-Caillou. Dans son journal, Marat prétendit qu'il y avait eu quatre cents morts. C'est une exagération manifeste. Il est probable qu'il y eut deux tués et sept blessés du côté de la troupe, une douzaine de tués et un plus grand nombre de blessés du côté des Cordeliers.

Le chiffre exact, impossible à établir, importe peu ; l'essentiel est que, pour la première fois depuis 1788, le gouvernement légal avait tenu tête à l'insurrection. En province, les pétitions pour la déchéance ne réunirent qu'un nombre minime de signatures — 54 à Montpellier — et dans un petit nombre de villes seulement. Comme l'écrit M. Reinhard, « une infime minorité se prononça donc contre la monarchie ». L'Assemblée sembla même vouloir consolider sa victoire. Sur le rapport de Bailly, elle adoptait le 18, presque sans discussion, un décret qui réprimait très durement la provocation au meurtre, l'excitation des citoyens à la désobéissance, la publication et le colportage des écrits séditieux. Son comité de recherches engageait une procédure contre les auteurs des troubles récents. Les meneurs se terraient. Danton s'enfuyait en Angleterre. Encore un peu de vigueur et le courant démagogique était endigué. Mais, une fois de plus, faute de caractère, l'Assemblée s'arrêta en chemin : l'instruction fut étouffée, les clubs restèrent ouverts. De tout ce remue-ménage, il ne subsista que des rancunes sans que la situation fût sensiblement améliorée. La revision de la Constitution entreprise par les modérés n'aboutit pas, par la faute de la droite qui, heureuse de jouer de mauvais tours à ses anciens ennemis, mêla ses bulletins à ceux de l'extrême-gauche. On se contenta de quelques mesures fragmentaires : des titres honorifiques furent rendus aux princes et princesses de la famille royale, les conditions d'électorat renforcées, le droit de pétition collective supprimé : en somme, peu de chose. Plus important était le vote qui retirait à la Constitution civile son caractère de loi fondamentale pour en faire une loi ordinaire, donc susceptible de modification. Mais ce n'était encore là que l'amorce très vague d'une œuvre lointaine.

L'Assemblée était épuisée. L'affaire du Champ-de-Mars avait usé ses dernières forces. Son prestige sombrait dans l'indifférence. Il faisait un temps accablant. Les députés, qui succombaient de fatigue, étaient pressés de s'en aller et le public, lassé, pressé de les voir partir. Avant de se séparer ils ordonnèrent par décret la libération de tous ceux qui avaient été incarcérés pour faits d'émeute ou de révolte depuis le 1er mai 1788. La Législative complétera la mesure en annulant toutes les poursuites engagées pour violation des lois relatives à la circulation et au commerce des grains. Le 4 septembre, la Constitution fut portée à Louis XVI qui répondit, le 13, par une lettre très digne, qu'il l'acceptait : « Je manquerais pourtant à la vérité, ajoutait-il, si je disais que j'ai aperçu dans les moyens d'exécution et d'administration toute l'énergie qui serait nécessaire pour imprimer le mouvement et conserver l'unité dans toutes les parties d'un si vaste empire, mais puisque les opinions sont aujourd'hui divisées sur ces objets, je consens que l'expérience en demeure seule juge. »

Le 14, il lisait, au Manège, sa déclaration d'acceptation. Tout était à la joie· L'Hôtel de Ville organisait des fêtes splendides. La Reine était acclamée à l'Opéra, le Roi, presque porté en triomphe dans le jardin des Tuileries. Des émigrés rentraient... Paris, alangui, s'étirait au soleil, s'abandonnant à la douceur de vivre. La Constitution, monument éternel de la sagesse humaine, allait assurer le bonheur de la France. La Révolution était finie.

VIII.
La guerre

La Révolution ne faisait que commencer. La Constitution était inapplicable.

« Ce qu'on appelle un gouvernement, dit Taine, c'est un concert de pouvoirs qui, chacun dans un office distinct, travaillent ensemble à une œuvre finale et totale. Que le gouvernement fasse cette œuvre, voilà tout son mérite ; une machine ne vaut que par son effet. Ce qui importe, ce n'est pas qu'elle soit bien dessinée sur le papier, mais c'est qu'elle fonctionne bien sur le terrain. En vain, les constructeurs allégueraient la beauté de leur plan et l'enchaînement de leurs théorèmes, on ne leur a demandé ni plans ni théorèmes, mais un outil. Pour que cet outil soit maniable et efficace, deux conditions sont requises. En premier lieu, il faut que les pouvoirs publics s'accordent : sans quoi ils s'annulent. En second lieu, il faut que les pouvoirs publics soient obéis : sans quoi ils sont nuls. La Constituante n'a pourvu ni à cette concorde, ni à cette obéissance. »

Le Roi, commis honoraire, est séquestré dans son château. Ses ministres sont pris hors de l'Assemblée. Ils n'y pénètrent qu'en humble posture pour fournir des renseignements ou répondre à des interrogatoires. Tous les magistrats secondaires ou locaux : juges, administrateurs de district et de département, maires et officiers municipaux, tous, du plus petit au plus grand, sont électifs. Ils dépendent de leurs administrés, pas de leurs supérieurs. Le Roi représente le pouvoir exécutif, mais il n'a point d'agent d'exécution. Il est censé commander l'armée, mais la troupe et la gendarmerie sont à la disposition des communes et il ne peut donner d'ordre à la garde nationale. Il ne lui reste qu'une seule arme : la faculté d'ajourner pour quatre ans les décrets qu'il n'approuve pas. C'est le *veto suspensif*, le *non* temporaire contre lequel l'Assemblée n'a d'autre recours que la force, car il n'y a personne pour arbitrer le conflit, ni corps électoral ni Chambre haute. On a refusé au souverain le droit de dissolution ; on n'a pas voulu de seconde chambre, de crainte qu'elle ne devienne le refuge des aristocrates. Ligoté, le Roi paraît encore trop redoutable. Pour mieux l'empêcher d'agir, on le rend suspect. L'éducation de son fils est placée sous le contrôle de l'Assemblée. Tous ceux qui l'approchent ou le servent sont par définition corrompus. S'il se résigne à son rôle de spectateur passif, les gazettes l'accusent de tiédeur et les républicains dénoncent son inutilité. S'il quête la popularité, c'est un complot. S'il use du *veto*, de la rébellion.

L'Assemblée législative se dit seule en possession de la confiance du peuple. Mais elle est élue à un suffrage à deux degrés, par des électeurs censitaires, c'est-à-dire justifiant le paiement d'une certaine contribution, égale à trois journées de travail au premier degré, celui des citoyens actifs, et à dix au second. Sont seuls éligibles les citoyens dont la contribution s'élève à un marc d'argent, cinquante francs. Pour les chefs de la gauche extrême, cela seul est un attentat aux droits de l'homme et une injure à la souveraineté nationale.

En fait, le pays légal est plus vaste qu'il apparaît au premier abord. Selon les calculs de M. Reinhard, si l'on avait donné le droit de vote à tous les Français âgés de vingt et un ans, il y aurait eu 6,2 millions d'électeurs. La législation censitaire en admettait 4,3 soit environ 70 % et parmi les exclus, on comptait aussi bien les fils de famille, vivant chez leurs parents et ne payant pas de contribution, que les mendiants et les vagabonds. On ne peut donc pas dire que la richesse ait seule servi à départager les citoyens. Mais l'argument ne cessera pas d'être employé. L'Assemblée ne dispose pas pour se faire écouter de plus de moyens que le Roi. Les directoires de département et de district peuvent la braver impunément, tout comme les municipalités peuvent braver les départements et les districts. Dans ce système, où il n'y a ni hiérarchie ni contrainte légale, les seules autorités qui devraient compter sont les plus petites, celles qui s'exercent sans intermédiaire, celles qui ont prise directe sur les citoyens. Mais, faute de prestige, de connaissances et de personnel, il se trouve que celles-ci sont les moins faites pour mener à bien les multiples tâches dont elles sont chargées.

Dans la moitié des communes, les officiers municipaux savent à peine lire et c'est à ces ignorants que l'on demande d'assurer tous les services publics, depuis l'armement de la garde nationale jusqu'à la confiscation des biens ecclésiastiques ! Les municipalités importantes seraient tout de même écrasées si elles ne prenaient pas le parti de négliger de leurs fonctions tout ce qui est trop compliqué, tout ce qui est administration pure, tout tout ce qui risquerait de les mettre en difficulté avec leurs électeurs.

Les rôles d'impôts ne sont pas établis ou le sont mal. Les manifestations ne sont pas réprimées. La sécurité des personnes n'est pas assurée. Le décret qui autorise le culte privé est méconnu, la loi qui ordonne le rachat des rentes féodales et le paiement des droits non rachetés est systématiquement violée. Quand les receveurs insistent, c'est l'émeute. Les citoyens montrent d'autant moins de goût à passer du rôle d'électeurs souverains à celui d'administrés dociles que les élections sont plus fréquentes et que leur souveraineté est plus souvent sollicitée. On vote sans cesse. En mai 1790, élection des administrateurs de district et de département. En octobre, élection du juge de paix et du tribunal de district. En novembre, renouvellement partiel du corps municipal. En février et mars 1791 : nomination de l'évêque et des curés. De juin à septembre, renouvellement partiel des administrateurs de département et de district, élection du tribunal criminel, élection des députés. En novembre, renouvellement partiel du conseil municipal. Toutes ces opérations ne se font pas en un jour. Elles traînent des semaines entières. En nombre d'endroits, elles sont contestées et doivent être recommencées. Partout elles s'accompagnent de conciliabules, de pétitions, de cortèges. D'un bout de l'année à l'autre, le pays vit dans une atmosphère de campagne électorale. Quels nerfs y résisteraient ? Et quel homme, s'il n'en fait sa profession, aura assez de loisirs et assez de ressources pour se donner entièrement à cette besogne ?

Après l'enthousiasme des six premiers mois, on constate très vite un relâchement. Il faut vivre. Bon gré, mal gré, la France retourne aux occupations qui la nourrissent. Dès le milieu de 1790, le chiffre des abstentions est énorme. A Besançon, sur 3 200 inscrits, il n'y a que 959 votants. A Grenoble, 2 500 inscrits, 2 000 absents. Pour l'élection des députés, selon les départements, on compte deux tiers ou trois quarts d'abstentionnistes. A Paris, en novembre 1791, aux élections municipales, 80 000 inscrits, 10 000 votants : Pétion est élu maire par 6 728 voix. Par la démission de la majorité, la minorité devient toute-puissante. « A défaut du grand nombre qui se dérobe, c'est le petit nombre qui fait le service et qui prend le pouvoir. » Une fois de plus, sous l'équivoque de la volonté générale et sous la comédie des scrutins, nous retrouvons le peuple des clubs. Robespierre n'a jamais caché ce mécanisme. Le 16 février 1791, dans un discours aux Jacobins, il proposa de construire sur les ruines de la Bastille ou ailleurs, un palais pour la Législative, dont la particularité eût été de pouvoir accueillir dix mille spectateurs (applaudissant, huant, interrompant, menaçant), grâce auxquels, les votes se faisant sous leur surveillance, la minorité « pure et courageuse » l'aurait toujours emporté sur « la majorité imbécile et corrompue ». Ces dix mille, c'était le peuple « patriote » parisien, mobilisable à tout moment. Encore l'évaluation est-elle, peut-être, généreuse. En juin 1793, le policier Dutard estimera qu'il n'y a pas à Paris plus de trois mille révolutionnaires décidés. Au risque de paraître monotone, c'est toujours à cette minorité organisée qu'il faut en revenir, si l'on veut voir les choses comme elles sont et non point comme les papiers officiels les présentent.

En face des sociétés, que restait-il ? La division en départements avait été prescrite par la Constituante pour briser le cadre provincial. Sieyès conseillait même de partager la France en 81 carrés, d'égale superficie. Il fallut bien, dans le détail du tracé, tenir compte des convenances locales et des rivalités de clochers. La conciliation fut laborieuse. Les commissaires se déterminèrent pour des raisons très diverses. Pour former le département de la Mayenne, par exemple, on réunit toutes les communes de la généralité de Tours, adonnées à la culture et au travail du lin. Le département du Tarn, lui, a été constitué par la fusion des trois petits diocèses d'Albi, de Castres et de Lavaur, auxquels on a ajouté six paroisses enlevées au diocèse Bas-Montauban. Certains départements ont une unité de sol et de productions ; d'autres, comme l'Isère, sont un « non-sens géographique ». Quoi qu'il en soit, ils ont duré : preuve qu'ils offraient des commodités au pouvoir. Mais par leur peu d'étendue, par l'insignifiance de deux chefs-lieux sur trois, ils n'ont pas cessé d'être un obstacle à toute véritable vie régionale.

La Législative se réunit le 1er octobre. Elle comptait 745 membres. « Jamais il n'y eut d'Assemblée plus jeune, écrit Michelet. Elle apparut comme un bataillon uniforme d'hommes presque du même âge, de même classe, de même langue et de même habit. Sauf Condorcet, Brissot et quelques autres, ils sont inconnus. » Comme pour mieux couper les liens qui rattachaient encore le nouveau régime à l'ancien, la Constituante a décidé que ses membres ne seraient pas rééligibles. Leurs successeurs sont de petits bourgeois médiocres, maladroits, soupçonneux, sans expérience, bourrés de préventions et avides de grands mots. La droite, c'est-à-dire désormais les constitutionnels, ne compte qu'une centaine de membres. Avec ses alliés très incertains du centre, elle peut réunir deux cents ou deux cent cinquante voix. Cent quarante Jacobins seulement siègent à gauche, mais ils dominent et entraînent les trois cent quarante indépendants qui font la majorité et qui, pour la plupart, doivent leur mandat à la puissante société. Des cent quarante, émergent Condorcet et Brissot, députés de Paris, le second, directeur du *Patriote français,* Vergniaud, Gensonné et Guadet, députés de Bordeaux. Ce sont eux qui, par leur éloquence, vont tenir le devant du théâtre.

On parle beaucoup à la Législative. Sur 745 députés, il y a 150 avocats au moins, 150 moulins à paroles dont une vingtaine ronflent toujours ensemble. Les séances de la Constituante étaient désordonnées. Celles de la Législative sont anarchiques. Figurez-vous, dit un témoin oculaire et habituel, « une salle de collège, où des centaines d'écoliers se querellent et sont, à chaque instant, sur le point de se prendre aux cheveux. Leur costume plus que négligé, leur mouvement emporté, leur brusque passage des clameurs aux huées sont un spectacle qu'on ne peut ni comparer ni peindre. » Les tribunes conspuent les orateurs modérés. Des attroupements d'hommes et de femmes sont autorisés à traverser la salle en poussant des cris et des menaces. On admet à la barre toutes les délégations, toutes les parades, fussent-elles indécentes ou puériles. C'est un vacarme continu, rehaussé d'intermèdes tintamarresques.

Seuls, les très grands orateurs arrivent à imposer le silence et à se faire entendre, au moins par accès. Jamais, pourtant, il n'y eut pareille griserie de mots, discours pompeux, rhétorique plus creuse. Le bric-à-brac des *conciones* y sonne d'un bruit de ferraille. Le cercle de Popilius, les Gracques, les flambeaux de l'hyménée, Brutus, Caton, le réchaud de Scévola, la plèbe retirée sur le Mont Sacré, Catilina, Cincinnatus et sa charrue, Saturne dévorant ses enfants, le Sénat vendant le champ où campait Hannibal, toutes les vieilles réminiscences scolaires dégringolent du haut de la tribune, entremêlées de niaiseries solennelles, de prosopopées, d'apostrophes aux dieux et de citations du *Contrat social.* Vergniaud lui-même se laisse emporter par la phrase ronflante et ne résiste pas aux acclamations qui encouragent l'emphase et l'extravagance. Au vrai, c'est un esprit creux. En dépit de ses dons, il était, à trente-six ans, sans place, sans métier, ayant tâté de tout, du séminaire, du droit, de l'administration, du barreau, du monde, passant son temps dans les cafés, dans les coulisses, incapable de se fixer et de remplir une tâche utile. Il parle bien : c'est tout.

Condorcet, lui, se fait une autre spécialité : celle de l'ennui. « Il écrivait, dit Rivarol, avec de l'opium sur des feuilles de plomb. » Mais c'est Condorcet, directeur de la Monnaie, secrétaire perpétuel de l'Académie des Sciences, philosophe, mathématicien, ancien ami de d'Alembert, survivant notable de l'*Encyclopédie.* Il faut à chaque Assemblée un penseur et un oracle. L'emploi revenait d'office à ce gros personnage académique. On se résigna à l'écouter et à l'admirer.

Mais si les acteurs sont mauvais, la pièce est tragique. La première ivresse passée, l'inflation a commencé ses ravages. La vie est difficile ; les denrées sont rares et chères ; les troubles chassent la clientèle ; le commerce languit. Si les récoltes de 1789 et 1790 ont été bonnes, celle de 1791 est mauvaise. De Saint-Domingue en feu, les produits coloniaux n'arrivent plus. Le sucre manque. Dès l'automne, on signale à nouveau un peu partout des épiceries assiégées, des convois attaqués, des marchés mis à sac. En février 1792, au dire du ministre de l'Intérieur, il ne se passe pas de jour qui n'apporte la nouvelle de quelque insurrection alarmante. Perquisitions armées dans les fermes, taxations arbitraires des blés, violations de domiciles, arrêt des transports, pillage des moulins et des greniers, d'un bout à l'autre du royaume, c'est une seconde épidémie de violences, si semblable à la première, celle de 1789, qu'en la décrivant, on semble être retourné deux ans en arrière.

En février, à Dunkerque, dix maisons de commerce, parmi les plus importantes, sont dévastées, avec les demeures des négociants et des armateurs ; il y a quatorze tués et soixante blessés. A Noyon, trente mille paysans arrêtent sur l'Oise les bateaux chargés de blé et s'approprient les cargaisons. Les marchés de la Beauce sont pris d'assaut par les bûcherons et les cloutiers des forêts de Conches et de Breteuil, et les municipalités sont contraintes de taxer la farine, le beurre, les œufs, les fers et le charbon. A Montlhéry, un marchand de grains est assassiné. A Etampes, le maire est massacré. Mêmes scènes dans l'Yonne et la Nièvre où les assaillants sont cette fois les Morvandiaux transporteurs de bois. En mars et en avril, le Cantal est la proie d'une jacquerie qui jette l'épouvante dans une vingtaine de communes : châteaux incendiés, propriétaires soumis à des réquisitions forcées, autorités inertes ou complices. Dans les Bouches-du-Rhône, le mépris des lois est arrivé au dernier degré. La guerre civile sévit en permanence. De véritables expéditions villes contre villes, communes contre communes, s'y organisent chaque semaine. La garde nationale de Marseille se fait une fructueuse spécialité de ces razzias qui l'amènent successivement à Aubagne, à Auriol, à Eyguière, à Apt, à Arles surtout, où elle lève une contribution de 86 000 livres. Manosque et Digne sont visitées à leur tour. Il en coûte 13 000 livres à celle-ci, 62 000 à celle-là.

Sous les apparences du droit proclamé et juré à cent reprises, il ne reste que l'oppression d'une classe par une autre, le déchaînement brutal des appétits, la tyrannie des fanatiques qui s'arrogent tous les droits du souverain.

Pourtant, ce ne sont pas ces désordres qui emportent le trône et la Constitution. En effrayant les modérés et les bourgeois, ils les auraient plutôt consolidés. Pour arriver à la République, il faudra, non seulement les ravages des assignats et des lois religieuses, mais aussi et surtout le péril extérieur, la guerre.

Les origines en sont enveloppées de tant de brouillards et de tant de complications que pour arriver à s'y reconnaître il est nécessaire d'en passer en revue, un à un, les différents acteurs : le Roi, l'Europe, les émigrés, les révolutionnaires.

Dès la fin de 1789, Louis XVI avait fait remettre à son cousin d'Espagne une protestation secrète contre les actes qu'on lui avait « arrachés par la force » et contre l'œuvre de la Constituante qu'il qualifiait de « métaphysique » : ce n'était qu'une manière d'apaiser sa conscience, en face des princes de sa famille, héritiers possibles d'un trône qui s'en allait en morceaux. Mais un appel de lui aux souverains pour le rétablissement de son autorité n'aurait étonné personne. Le recours à l'étranger était conforme aux doctrines politiques du temps et il n'était pas besoin de chercher très loin pour en trouver de nombreux exemples. Puisque l'Etat ne se sépare pas du Roi, puisque le Roi est la plus haute incarnation de la Patrie, les ennemis du Roi sont en même temps les ennemis de l'Etat. Le droit comme le devoir du prince étant de les combattre, lui seul est juge des moyens les plus propres pour les vaincre. La question de la légalité ou de l'illégalité de semblables démarches n'offre donc aucun intérêt, sinon de nous faire constater que sur ce point nos idées ne sont pas celles de nos arrière-grands-pères.

Mais si, de toute son âme, Louis XVI se croyait autorisé à demander du secours à Vienne ou à Berlin, tout comme, de nos jours, les communistes orthodoxes de Budapest et de Prague ont appelé l'armée soviétique pour mettre fin à une tentative de réforme, il ne pouvait, en conscience, chercher le salut de la royauté dans la perte du royaume.

Aussi, quand les décrets sur le clergé le décidèrent à réclamer une intervention de l'Europe, la conçut-il d'une tout autre manière qu'on ne le dit ordinairement. Il ne s'agit pas pour lui de monter contre la France une expédition internationale de police réactionnaire. De cela, il n'est pas question. Ce que Louis XVI souhaite, c'est un congrès de souverains, doublé d'une concentration de troupes. Congrès et concentration se feront à grand tapage et en grand apparat. Après quelques parades préliminaires, les princes fulmineront un manifeste terrible contre les révolutionnaires de Paris qui, intimidés par ce bruit de bottes et de sabres, baisseront aussitôt le ton, tandis que le courage renaîtra parmi les bons citoyens amis de l'ordre et de la monarchie. Les puissances déclareront qu'elles ne prétendent point s'ingérer dans le gouvernement intérieur de la France, mais qu'elles ne connaissent que le Roi et qu'elles ne veulent traiter qu'avec lui, quand il sera libre. La nation, épouvantée, se précipitera au pied du trône et suppliera Louis XVI de la sauver de l'invasion et de la guerre. Louis XVI cédera à ces supplications, calmera la colère de l'Europe et, rétabli dans son prestige par cette médiation, se fera rendre aussitôt les pouvoirs dont il a été dépouillé.

C'est toujours la méthode de l'épouvantail. Pas d'invasion, pas de démonstration à proximité des frontières, un lointain croquemitaine faisant les gros yeux et brandissant une épée de bois. On est surpris que Louis XVI et Marie-Antoinette aient pu croire à l'efficacité d'une pareille comédie. C'est à cela pourtant que se borne tout leur plan d'intervention tel qu'il est exposé notamment dans un mémoire de Marie-Antoinette à son frère, en date du 8 septembre 1791, plus de deux mois après Varennes, et dans une lettre de Louis XVI au roi de Prusse en date du 3 décembre, trois mois après l'ouverture de la Législative.

Enfantillage ? Oui, mais enfantillage qui paraissait aux Cours une énormité et la modestie des plans royaux était peut-être raisonnée sur une exacte connaissance de l'Europe.

Les événements de France avaient été accueillis par elle avec beaucoup de sang-froid et quelque satisfaction. Les révolutions n'étaient point une nouveauté pour les chancelleries. L'usage constant était de les considérer comme une cause de décadence et de les souhaiter à ses adversaires. Notre pays tenait dans le monde une trop grande place pour qu'on ne se réjouît pas en beaucoup de lieux de le savoir contraint par le péril intérieur à négliger ses intérêts au dehors. Une France déchirée et sans ressort répondait merveilleusement aux désirs des quatre grandes puissances : la Russie, absorbée par les affaires d'Orient, l'Autriche, affaiblie par la révolution belge et par la guerre turque, la Prusse, alarmée du réveil polonais, et surtout l'Angleterre, mal remise de la guerre d'Amérique, gênée dans ses finances, en quête de débouchés nouveaux pour son industrie. « Les Français, écrivait Burke, se sont montrés les plus habiles artisans de ruine qui aient jamais existé au monde. Ils ont entièrement renversé leur monarchie, leur Eglise, leur commerce et leurs manufactures. Ils ont fait nos affaires, à nous leurs rivaux, mieux que vingt batailles de Ramillies n'auraient pu le faire. Si nous avions complètement vaincu la France, si elle était prosternée à nos pieds, nous aurions honte d'envoyer aux Français, pour régler leurs affaires, une commission qui leur imposât une loi aussi dure, aussi fatale à leur grandeur nationale que celle qu'ils se sont donnée eux-mêmes. » Il n'est pas jusqu'aux petits princes allemands qui n'aient salué avec plaisir l'éclipse du soleil de Versailles. Après avoir subi si longtemps le prestige de la plus brillante cour d'Europe, ils éprouvaient un certain contentement à voir s'écrouler les splendeurs qu'ils adoraient naguère avec servilité.

La pratique de la démocratie nous a si bien accoutumés aux luttes des partis que nous nous représentons inconsciemment la vie internationale sur le modèle de la vie parlementaire et, par paresse d'esprit, nous aimerions croire qu'en 1789 tous les rois prirent parti pour le roi de France et tous les peuples pour le peuple français. Il faut renoncer à cette vue grossière. Les plaintes de Louis XVI ne rencontraient aucun écho. Les rois étaient indifférents au sort du roi de France, ou, s'ils ressentaient, parfois, quelque pitié pour lui, leur sympathie n'allait pas au-delà des condoléances de pure forme. « Le roi de Prusse, mande notre ministre à Berlin, m'a fait l'honneur de m'adresser la parole et m'a tenu des propos fort convenables sur la situation du Roi... Malgré cela, la satisfaction de cette cour éclate ouvertement, si ce n'est qu'elle voudrait que les troubles de France fussent plus graves et d'une éternelle durée. » C'est le propre frère de Marie-Antoinette, le brutal et systématique Joseph II, qui écrit à son chancelier, après la prise de la Bastille : « Ma santé n'est point dérangée au point de m'affecter d'événements auxquels je n'ai aucune part. » Elle l'était cependant assez pour le conduire au tombeau. Son frère et successeur Léopold était un esprit délié, méditatif et souple. Il avait gouverné la Toscane et pris au pays de Machiavel des leçons de diplomatie. Différent en tout de Joseph, il lui ressemble par son égoïsme d'Etat, et il l'exprime avec le même cynisme : « Il n'est aucun souverain de l'univers qui ait le droit de demander compte à une nation d'une constitution qu'elle se donne ; si elle est bonne, tant mieux pour elle, si elle est mauvaise, ses voisins en profiteront. »

Ces dispositions bien établies, il serait intéressant de savoir si les cabinets de Londres et de Berlin sont demeurés les spectateurs souriants mais passifs de nos malheurs ou s'ils n'ont point travaillé à les aggraver. Le procédé était conforme à une tradition qui remontait haut et qui ne s'est pas perdue. Malheureusement pour l'histoire, ces interventions sont discrètes et laissent peu de traces dans les archives. Néanmoins, en dépouillant les papiers du tribunal révolutionnaire, M. Albert Mathiez a ramené au jour de nombreuses affaires d'intelligences avec l'ennemi qui datent, il est vrai, de 1793, mais qui, rapprochées de divers autres documents, nous permettent d'entrevoir avec quelque sûreté les manœuvres des agents étrangers. Marat a parlé des agitateurs prussiens qui se mêlèrent aux assaillants de la Bastille. Plus précisément, en octobre 1790, nous voyons arriver à Paris un conseiller du roi Frédéric-Guillaume, Benjamin Veitel Ephraïm qui avait déjà été mêlé aux mouvements des Pays-Bas et qui, sous prétexte de négoce et de fournitures, devait travailler la gauche de l'Assemblée, afin qu'elle contraignît le Roi à rompre l'alliance autrichienne. Le 22 avril 1791, il écrivait à son maître que « le Club des Jacobins est tout à fait adonné à la Prusse » et c'est cette même influence étrangère que le Constituant Rabaut-Saint-Etienne met en avant pour justifier sa démission du Club en pleine crise de Varennes. Pour lui, le mouvement républicain est fomenté à Berlin ou à Londres. « On ne peut cacher, écrit-il à ses compatriotes de Nîmes le jour même du massacre du Champ-de-Mars, on ne peut cacher qu'il a été répandu de l'argent, que des étrangers se sont distribués dans les attroupements et que l'influence séditieuse venait du dehors. » Sur l'ordre du comité des recherches de l'Assemblée, Ephraïm fut arrêté dans la nuit du 18 au 19 juillet, en même temps qu'une aventurière hollandaise, Etta Palm, qui se faisait appeler la baronne d'Aelders. Mais il excipa de sa qualité de conseiller intime et fut relâché au bout de trois jours sans qu'on ait osé examiner tous ses papiers.

L'Angleterre, elle aussi, entretenait à Paris de nombreux agents secrets. Dans chacune de ses dépêches, notre ambassadeur à Londres, La Luzerne, mettait en garde contre leurs intrigues le ministre Montmorin qui, n'ayant plus ni police ni moyen de répression, ne pouvait, en réponse, qu'avouer son impuissance et son ignorance. Un rapport de La Luzerne, du 26 novembre 1789, signale nommément, comme salariés du gouvernement de Pitt, Danton et son premier clerc Paré, alors complètement inconnus l'un et l'autre. C'est d'ailleurs à Londres que Danton se réfugia en juillet 1791, pour échapper aux poursuites engagées contre les Cordeliers. S'il faut en croire le plus récent biographe de Pitt, J.-H. Rose, Mirabeau aurait de même accepté de l'argent anglais pour prononcer un discours contre l'alliance espagnole et faire dissoudre un armement maritime préparé à Brest. On était loin de l'Internationale des Rois !

En face des puissances qui avaient vu ou cru voir du premier coup le profit qu'elles pouvaient tirer de la crise française, les révolutionnaires n'avaient apporté à l'Assemblée que des idées assez confuses, un mélange bizarre de rêveries pacifistes et de traditions périmées. Les hommes qui affectent en politique intérieure les idées les plus avancées sont souvent en politique extérieure des attardés et des rétrogrades. Les Constituants professaient en cette matière des principes qui avaient cours vers 1640 et qui étaient déjà démodés en 1715. Ils en sont restés à Richelieu et à la guerre contre les Habsbourg. Le rapprochement avec l'Autriche est pour eux un scandale. Que cette alliance, ramenée par Vergennes à son objet strictement défensif, fasse obstacle à l'avidité de la Prusse, qu'elle ait permis, en assurant la paix sur le continent, de vaincre les Anglais sur mer et de réparer, par la guerre d'Amérique, les pertes du traité de Paris, peu leur importe ! Ils ne comprennent pas. La Maison d'Autriche est l'ennemie : s'allier avec elle est une trahison et une duperie ! Avant d'être la Reine de France, Marie-Antoinette, fille du dernier duc de Lorraine, est l'*Autrichienne*, et ce sobriquet la perdra plus sûrement que toutes ses imprudences.

Quant au *Pacte de Famille* (l'alliance avec les Bourbons d'Espagne et d'Italie), les Constituants n'en sont pas non plus de très chauds partisans. L'Espagne est la troisième puissance maritime du monde et son aide est indispensable pour tenir tête à l'Angleterre. Mais pourquoi se mesurer avec l'Angleterre ? Pour les colonies ? Depuis un demi-siècle, tous les philosophes, Montesquieu et

Voltaire en tête, proclament que les colonies sont une charge, une cause de dépeuplement et de brigandage ! Ce n'est pas pour conquérir « quelques arpents de neige » ou pour servir les intérêts de quelques marchands d'esclaves que la France nouvelle fera la guerre aux Anglais, inventeurs du parlementarisme, ni à la Prusse de Frédéric, terre bénie des lumières et de la philosophie !

Le système politique qu'avaient établi les derniers grands ministres de la monarchie se trouvait ainsi en contradiction avec quelques-unes des tendances profondes de l'opinion révolutionnaire, toujours prête à assimiler les ennemis du dehors aux adversaires du dedans et à se laisser guider sur les deux terrains par la même sentimentalité.

Les premiers incidents dataient du début même de la Constituante. Au printemps de 1789, l'Angleterre était en querelle ouverte avec l'Espagne, au sujet de la baie de Nootka, qu'elle prétendait occuper contre le gré de la Cour de Madrid qui la revendiquait elle-même comme annexe du Mexique. Au moment où se réunissaient les Etats, les Espagnols avaient capturé un navire anglais et il en était résulté une négociation qui, au printemps de 1790, allait tout droit à une rupture. L'Espagne réclama l'exécution de l'alliance et, devant les mesures belliqueuses du gouvernement de Londres qui, le 4 mai, avait ordonné la mobilisation de la marine, Louis XVI informait l'Assemblée, le 14, qu'il était contraint, pour la sûreté du royaume, d'armer une escadre de quatorze vaisseaux.

Sans doute se flattait-il de soulever l'opinion et de rallier tous les députés autour de lui dans un mouvement unanime de patriotisme. Il se trompait. La politique extérieure était, comme le reste, un élément de division. Le message royal apporta un aliment nouveau aux luttes des partis. Saisie d'une question d'intérêt national, l'Assemblée la trancha selon les lois de son idéologie. « Que toutes les nations soient libres comme nous, s'écria un député, et il n'y a plus de guerre ! » Le 22, à la voix de Pétion et de Robespierre, la Constituante déclara au monde la paix perpétuelle. Plus de diplomates ! Plus d'armées ! Plus d'intrigues ! Plus de sang ! « La nation française renonce à entreprendre aucune guerre dans la vue de faire des conquêtes et n'emploiera jamais ses forces contre la liberté d'aucun peuple. » Ce décret, dont l'absurdité éclate à la lumière des années suivantes, avait dans le cas particulier un sens fort clair : c'était la rupture de l'alliance franco-espagnole, la fin du Pacte de Famille.

Un mois après, nouvelles difficultés. Avignon et le Comtat Venaissin, possessions pontificales, formaient une enclave dans le royaume. Il subsistait là comme un débris du Moyen Age. Le gouvernement du pape, très débile à Rome même, y était parfaitement impuissant. Les communes s'administraient à peu près à leur guise, tirant chacune à soi. Avignon était une vraie cour des Miracles d'où contrebandiers et repris de justice narguaient la police. L'écroulement des autorités françaises leur donna toute licence et la situation devint rapidement intenable. Les partisans de l'ordre supplièrent le Roi d'intervenir et de purger le pays. Mais comme Avignon penchait pour la France, Carpentras demeura pontifical et aristocrate. Enfin, le 12 juin 1790, tout à fait gagnés par la contagion révolutionnaire, les Avignonnais chassèrent le légat et demandèrent l'annexion. Qu'allait devenir la motion du 22 mai interdisant les conquêtes ? Les légistes de la Constituante ne se laissèrent pas arrêter pour si peu. La France, déclarèrent-ils, a, en effet, renoncé aux conquêtes préparées par la ruse et accomplies par la force, selon l'ancien droit. Elle ne s'est pas interdit d'accueillir les populations qui viendraient à elle spontanément, en vertu du droit nouveau de disposer d'elles-mêmes. « La réunion libre d'un peuple à un autre a-t-elle quelque chose de commun avec les conquêtes ? dit Robespierre. Une conquête n'est-elle pas l'oppression d'un peuple auquel le conquérant donne des fers ? » L'occupation d'Avignon est donc juste. Ce n'est pas un attentat contre la liberté : c'est un affranchissement.

La théorie est subtile, mais singulièrement dangereuse : où s'arrêter dans cette voie ? S'il suffit d'un vote (plus ou moins sincère) ou d'un plébiscite (plus ou moins truqué) pour transformer une annexion en réunion spontanée, il n'y a aucune raison pour qu'à la faveur d'une propagande révolutionnaire bien menée, la France n'entreprenne pas d'absorber la moitié de l'Europe. Camille Desmoulins, qui a intitulé son Journal *Les Révolutions de France et de Brabant,* proclame sans arrêt la solidarité des mouvements révolutionnaires. « Il faut faire du droit public de l'Europe comme Luther fit du droit canon : en jeter tous les livres au feu... Qu'importe, après tout, que les tyrans d'Europe se réunissent contre nous pour nous faire la guerre ? Je dis plus peut-être qu'une pareille circonstance est nécessaire pour mûrir et opérer plus promptement les autres révolutions nationales qui se préparent. »

Les agitateurs étrangers, dont Paris était plein, répandaient dans leur pays d'origine les principes de leur patrie d'adoption. Par ces émissaires, la France semblait appeler les populations limitrophes à suivre son exemple, afin de préparer par des séditions démocratiques, des vœux d'annexion que désormais elle se réserverait d'accueillir. Au lieu d'être un accident de politique intérieure française, la Révolution allait devenir une entreprise cosmopolite, une religion universelle, menaçant tous les Etats non seulement dans leur forme, mais même dans leur existence. Accueillir dans ces conditions la requête des Avignonnais, c'était lancer un défi à l'Europe. La Constituante hésita un an et demi. Six jours avant de se séparer, le 12 septembre 1791, sur l'avis conforme d'une commission qu'elle avait envoyée dans le Comtat pour désarmer les partis, elle votait la réunion. « Il est évident, écrivait aussitôt le comte de la Marck, que d'après cette conduite, la France va être en véritable état de guerre avec tous les gouvernements ; elle les menacera sans cesse d'insurrections chez eux et les insurrections la conduiront à la conquête, Rome détrônant les rois quand les peuples se mettaient sous sa protection n'avait pas d'autre système... Il est possible que quelques têtes folles de la nouvelle assemblée profitent de l'enthousiasme de la réunion pour faire décréter une invasion dans les Pays-Bas... De là, à l'insurrection du pays de Liège et de la Hollande, il n'y a qu'un pas. Tout cela vous paraîtra fou. Eh bien ! pour la prochaine législature, telle qu'elle est composée, des mesures aussi incendiaires, aidées de l'ambition de M. de la Fayette, paraîtront la chose du monde la plus simple. »

La Marck voyait juste. A l'affaire du Comtat s'ajoutaient l'affaire des princes possessionnés d'Alsace et l'affaire des rassemblements d'émigrés. L'Empereur et l'Empire étaient intéressés aux deux questions et, dans la première, le droit nouveau et le droit ancien s'opposaient d'une manière absolue.

Les traités de Westphalie qui avaient cédé l'Alsace à la France n'étaient clairs qu'en ce qui concernait les pays relevant directement de la maison d'Autriche. Pour le reste, les négociateurs allemands avaient introduit dans le texte des obscurités de forme dont ils espéraient bien profiter par la suite pour reprendre ce qu'ils avaient cédé. Louis XIV n'eut point de cesse qu'il n'eût dissipé ces équivoques et soumis tout le pays à son entière souveraineté. Mais en même temps qu'il exigeait le serment de fidélité des princes allemands, possesseurs de domaines et de fiefs en Alsace, c'est-à-dire en France, il les confirmait, comme il était équitable, dans les droits et privilèges seigneuriaux dont ils jouissaient sous la suprématie de l'Empire. En 1789, les territoires dont ils étaient seigneurs nommèrent les députés aux Etats, mais eux-mêmes n'en envoyèrent pas. « Il s'ensuivit que, dans ces territoires, les vassaux firent acte de citoyens français et furent représentés à l'Assemblée, tandis que leurs seigneurs firent acte d'étrangers et ne furent pas représentés. » C'est dans ces conditions qu'intervinrent les décrets du 4 août et les actes confisquant les biens du clergé. Les princes allemands refusèrent de les reconnaître pour la double raison qu'ils ne les avaient pas consentis et qu'ils étaient contraires aux traités. L'Assemblée, tout en offrant des indemnités aux nobles et aux évêques dépossédés, maintint énergiquement son droit à procéder aux réformes en vertu de sa seule autorité et sans négociation. Droit international, souveraineté de la nation : les deux parties ne parlaient pas la même langue et c'est pourquoi, en dépit de la médiocrité des intérêts en cause, le procès prit tout de suite une tournure périlleuse.

En acceptant une transaction qui aurait sanctionné l'abolition du régime féodal sur une partie de leurs terres, les princes en auraient compromis le principe sur l'autre et c'était tout le régime germanique ébranlé. De son côté, en admettant leur thèse, l'Assemblée aurait renoncé à son œuvre unificatrice, car si les contrats qui liaient les princes d'Alsace à la France étaient valables, toutes les provinces pouvaient arguer de semblables chartes pour maintenir les choses dans l'état où elles étaient lors de leur réunion à la couronne. Enfin, l'Assemblée aurait abjuré en même temps le principe de la souveraineté populaire, car elle aurait reconnu que l'Alsace faisait partie intégrante de la France, non seulement par la volonté de ses habitants, mais encore par la lettre des traités et par la sanction du droit public enropéen. On retombait dans l'opposition qui déjà rendait insoluble l'affaire d'Avignon. Quand la Législative se réunit, on n'avait pas fait un pas.

Dernière cause de mésentente : les émigrés. Il ne s'agit pas ici des malheureux que les persécutions et les attentats ont contraints à fuir leur patrie pour échapper à la ruine et à la mort. Il s'agit des émigrés volontaires, des émigrés de la première heure : ceux qui ont suivi le comte d'Artois dès juillet 1789, et qui s'arment pour rétablir l'Ancien Régime jusque dans ses injustices et ses vexations. Il se sont rassemblés, dans les pays de la rive gauche du Rhin, à Mayence, à Coblence et à Worms, et ils y mènent joyeuse vie dans l'attente d'un retour rapide et triomphal. Frivoles, élégants et moqueurs, ils se grisent de projets saugrenus et se dépensent en intrigues puériles. Sans idées, ni jugement, ils ne sont à l'aise que dans les cabales de cour et ils s'imaginent de taille à reconstruire la France ! Le courageux journaliste François Suleau qui les a rejoints à Neuwied est tellement écœuré de leurs rodomontades qu'il préfère revenir à Paris, où la mort l'attend. Selon l'expression d'Albert Sorel, « ce n'est pas une croisade austère, enthousiaste et croyante qui se prépare..., c'est une Fronde tapageuse, confuse et inconsidérée ». Si ses troupes sont maigres, au moins a-t-elle ses princes, ses chefs, son gouvernement : le comte de Provence, arrivé en juin 1791 et qui s'est proclamé Régent, son frère, le comte d'Artois, son cousin Condé qui est généralissime, les maréchaux de Broglie et de Castries, l'ancien contrôleur général Calonne qui est à lui tout seul le ministère et le conseil, le marquis de Bouillé qui n'a pas su sauver le Roi à Varennes et qui, par vengeance, s'établit le chef d'état-major de la prochaine invasion.

Tout ce monde s'agite et prend des attitudes. C'est un bourdonnement de menaces qui n'ont d'autre résultat que d'alarmer les révolutionnaires et de compromettre la famille royale. Mais des dangers que l'on court aux Tuileries, nul n'a cure à Coblence ! Le noyau de l'émigration est formé par des ennemis personnels de Marie-Antoinette, la coterie qui, dès son arrivée à Versailles, l'a poursuivie de ses chansons et de ses calomnies. Que la Reine soit menacée, tant pis ! Ou plutôt tant mieux ! Car de l'excès du mal naîtra la réaction. Comprenant l'immense péril que constitue ce ramassis d'écervelés, Louis XVI a expédié aux souverains son ancien ministre, Breteuil, avec mission de les mettre en garde contre toute entreprise qui ne serait pas approuvée par lui et l'on assiste à ce spectacle extravagant des émigrés combattant la diplomatie du Roi, et, à l'occasion, la dénonçant aux Jacobins !...

Bien décidées à ne rien faire, les chancelleries avaient d'abord enregistré avec politesse les demandes d'hommes et d'argent que leur présentait le comte d'Artois, puis elles s'étaient lassées et n'avaient même plus mis à leur refus les formes que semblaient exiger le rang et la naissance du solliciteur. En août 1791, le futur Charles X se décida à une suprême tentative.

Le roi de Prusse Frédéric-Guillaume et l'empereur Léopold étaient les hôtes de l'électeur de Saxe au château de Pillnitz. Ils devaient parler de la Pologne, mais sans rien arrêter, et il est probable qu'aucune affaire sérieuse n'aurait été délibérée à Pillnitz, si, le 26, le comte d'Artois ne s'y était présenté, entouré de tout l'état-major de l'émigration. « L'objet de cette bruyante visite, dit encore Albert Sorel, était de compromettre les souverains allemands dans la cause de la noblesse et de les engager à des démarches qu'ils seraient ensuite obligés de soutenir par la force : l'occupation de l'Alsace, par exemple. » Frédéric-Guillaume n'était pas ennemi d'une expédition sans risques et bien payée, mais Léopold ne voulait absolument rien entendre. Finalement, pour se débarrasser de leurs encombrants visiteurs, les deux princes se résignèrent à signer un vague manifeste qui, bien entendu, ne les obligerait à aucune mesure précise, mais qui, paraissant rentrer dans le plan de congrès armé, cher à Louis XVI, effrayerait peut-être les Parisiens, et, dans ce cas, vaudrait aux signataires la reconnaissance du Roi.

Par cette déclaration, dont tous les termes sont pesés pour s'annuler les uns les autres, l'Empereur et le roi de Prusse considèrent que le rétablissement de l'ordre en France est un objet d'intérêt européen. Ils *espèrent* que les autres souverains penseront comme eux et qu'*ils ne se refuseront pas* à employer à cette tâche les moyens les plus efficaces. *Alors et dans ce cas*, ils sont eux-mêmes résolus à agir promptement. Tout cela était hypothétique. L'action austro-prussienne ne devrait se déclencher que si l'Europe *entière* s'y joignait et cette unanimité était non seulement improbable, mais impossible. C'était un échec complet pour les émigrés. Au lieu d'un engagement ferme, ils ne tenaient qu'un document insignifiant, un véritable congé en forme diplomatique. A peine leur était-il signifié, que Léopold conseillait à sa sœur et à son beau-frère d'accepter le plus vite possible la Constitution revisée afin de mettre les brouillons en présence d'un fait accompli qui leur enlèverait tout prétexte d'agitation.

Telle était cette fameuse déclaration de Pillnitz que Mallet du Pan a appelée « une comédie auguste », et qui était en réalité fort sinistre. Deux classes d'hommes avaient un égal intérêt à la travestir : les émigrés, pour masquer leur impuissance et faire croire à une coalition européenne ; les révolutionnaires, pour en tirer la preuve d'une trahison de la Cour. C'est à quoi on s'appliqua de part et d'autre.

Monsieur et le comte d'Artois, qui s'étaient chargés de porter la Déclaration du 27 à la connaissance des Français, en accompagnèrent la publication le 10 septembre d'une lettre-manifeste, qui en changeait complètement le caractère. L'invasion du territoire français y était représentée comme imminente, les pires représailles annoncées, la médiation de Louis XVI écartée par avance et son serment de fidélité au régime, qualifié de lâcheté, de capitulation momentanée à laquelle il était impossible d'accorder foi. De leur côté, les publicistes avancés persuadèrent facilement à l'opinion que le véritable sens de la déclaration était donné par le commentaire et que les réserves entortillées de l'original ne comptaient pas. Quant au Roi, il se trouva pris entre les deux courants, également incapable de les maîtriser ou de leur céder. Complice de ses frères aux yeux de la Révolution, il était menacé par eux d'être mis en tutelle si la réaction triomphait. Méprisé ou haï par les deux extrêmes, il ne lui restait que le frêle appui des modérés et il s'y cramponna de toutes ses forces.

Dégoûté de tout effort violent par son arrestation à Varennes et par l'apathie de l'Europe, il n'avait plus d'autre désir que de faire respecter la Constitution, comptant sur le temps et l'expérience pour en corriger les défauts. Il l'avait apprise par cœur et s'y référait jusque dans les plus petites circonstances, avec cette minutie et cette manie du scrupule qu'il apportait à toute chose. Un jour, comme il devait passer une revue de la garde nationale, les officiers le pressèrent d'en revêtir l'uniforme, affirmant que cette marque de bienveillance aurait le meilleur effet sur le moral des soldats. « Mettre un uniforme ? se récria-t-il. Je ne sais si la Constitution me le permet. » Il avait renvoyé la plupart de ses ministres et choisi leurs successeurs parmi les Feuillants. Ses conseillers ordinaires étaient les auteurs mêmes de la Constitution, les chefs de l'ancienne majorité : Barnave, Duport et les Lameth. Ils corrigeaient ses discours et guidaient ses moindres démarches. La Reine était en correspondance journalière avec eux et les lettres ne cessèrent que pour être remplacées par des conversations directes. Sur le terrain de la légalité, la monarchie était irréprochable et imbattable. Elle ne pouvait être jetée à terre que par une grande secousse extérieure qui dresserait contre elle le patriotisme français et, pour cette opération, l'adversaire était tout désigné : c'était l'Autriche, alliée officielle du gouvernement et alliée de la famille royale. « La rupture de l'alliance autrichienne, disait un Girondin, est aussi nécessaire que la prise de la Bastille. »

Ce n'est pas là une opinion isolée. C'est la pensée de toute la gauche qui se rend très bien compte que, pour s'emparer du pouvoir, elle ne peut plus compter sur l'enthousiasme révolutionnaire qui a soutenu la Constituante.

Le pays est las du désordre. Pour les paysans comme pour les bourgeois, la Révolution est faite. La politique ne les intéresse plus. Puisque le Roi s'est rallié loyalement au nouveau régime, il est temps de reprendre la vie normale et de restaurer une monnaie saine. En ouvrant la session de la Législative, le Roi a précisément proposé à l'Assemblée un vaste plan de redressement économique, d'assistance et d'éducation nationales qui a été bien accueilli par la classe moyenne des villes. Assez de pillages, assez de troubles, assez d'attentats, assez de manifestations ! Du calme et du travail ! « Les imprudences de la nouvelle législature, écrit Barnave le 10 octobre, ont fait éclater l'impression qu'avait produite la conduite du Roi, elles ont fortifié et approfondi cette impression. Les députés de l'ancienne Assemblée retournent chez eux avec les dispositions les plus favorables... La royauté... acquiert chaque jour le respect, la confiance et l'affection du peuple. Ce sont les vrais principes de la force. Le parti républicain se trouve représenté à l'Assemblée d'une manière si dégradante que bientôt les mots de républicains et de brigands deviendront synonymes dans la conversation même du peuple. Par là, la Constitution prendra son véritable caractère beaucoup plus tôt qu'on n'aurait pu le penser. La majorité de l'Assemblée sera forcée par l'opinion de marcher avec le gouvernement, et du dehors l'aristocratie formera seule une véritable opposition. »

Même note dans les journaux avancés. Le ressort est détendu. L'esprit révolutionnaire se meurt. « La Nation est fatiguée, impriment les *Révolutions de Paris* ; si vous n'y prenez garde, elle est prête à retourner à ses anciennes habitudes. » « L'espérance des patriotes s'éloigne, dit Desmoulins... leur première ardeur se refroidit et leur parti s'affaiblit tous les jours. » Et enfin Marat : « Quand on suit d'un œil attentif la chaîne des événements qui préparèrent et amenèrent la nuit du 14 juillet, on sent que rien n'était si facile que la Révolution ; elle tenait uniquement au mécontentement des peuples aigris de la tyrannie de leurs chefs. Mais quand on vient à considérer le caractère des Français, l'esprit qui anime les différentes classes du peuple, les intérêts opposés des différents ordres de citoyens, les ressources de la Cour et la ligue non moins naturelle que formidable des ennemis de l'égalité, on sent trop que la Révolution ne pouvait être qu'une crise passagère, et qu'*il était impossible que la Révolution se soutînt par les moyens qui l'avaient amenée.* »

C'est bien de ce malaise et de cet affaiblissement que sortira la guerre. Pour faire rebondir la Révolution à bout de souffle, pour stimuler et subjuguer le pays qui doute et leur échappe, les Girondins n'hésiteront pas à mettre le feu à l'Europe. La guerre est pour eux une formidable manœuvre de politique intérieure. Par elle, ils comptent réveiller l'enthousiasme révolutionnaire, mettre au service de la défense jacobine les mesures de défense nationale et faire bénéficier leur parti des forces soulevées pour la défense de la Patrie. Menacée de paralysie, la Révolution n'y échappe que par une crise de folie sanguinaire.

« La guerre, a écrit Jean Jaurès, agrandissait le théâtre de l'action, de la liberté, et de la gloire. Elle obligeait les traîtres à se découvrir et les intrigues obscures étaient abolies comme une fourmilière noyée par l'ouragan. La guerre permettait aux partis du mouvement d'entraîner les modérés, de les violenter au besoin, car leur tiédeur pour la Révolution serait dénoncée comme une trahison envers la patrie elle-même. La guerre enfin, par l'émotion de l'inconnu et du danger, par la surexcitation de la fierté nationale, raviverait l'énergie du peuple. Il n'était plus possible de le conduire directement par les seules voies de la politique intérieure à l'assaut du pouvoir royal. Une sorte de cauchemar d'impuissance semblait peser sur la Révolution. Quoi ! Ni au 14 juillet, ni au 6 octobre, ni même après Varennes, nous n'avons pu ou renverser ou subordonner le Roi ! Bien mieux, à chacun des combats qu'elle soutient, à chacune même des fautes qu'elle commet, la royauté semble grandir en force et à l'heure où c'est le Roi qui devrait être châtié, il n'y a que les démocrates qui soient poursuivis. Pour rompre ce charme séculaire de la royauté, il faut qu'elle s'abandonne enfin à la Révolution ou que, par une trahison flagrante contre la patrie, elle suscite contre elle la colère des citoyens déjà enfiévrés par la lutte contre l'étranger. »

Les six mois que mirent les Girondins (on disait : les Brissotins) à faire triompher le parti de la guerre sont parmi les plus dramatiques de notre histoire, mais par un contraste fréquent, l'homme qui a joué alors le principal rôle, Brissot, est un des plus équivoques que l'on puisse imaginer. Comme bien d'autres, il semblait promis à une vie tranquille. Fils d'un restaurateur de Chartres, très à l'aise dans ses affaires, il avait été destiné à la basoche et placé comme clerc chez un procureur. C'était trop peu pour lui. Esprit remuant, barbouillé de lectures hâtives, il se croyait, dès son jeune âge, promis à une haute destinée, et il avait abandonné la procédure pour courir sa chance, mais jusqu'alors son ambition s'était traînée dans des affaires de police, des besognes de librairie et des spéculations à la petite semaine, parmi le monde très louche des libellistes payés et des espions internationaux. On l'avait dit complice du fameux maître-chanteur Théveneau de Morande. Il s'était fait élire péniblement député de Paris et il rêvait d'un grand coup de théâtre qui le révélerait au monde. Comme, à deux reprises, il avait habité Londres (où il avait failli être arrêté pour escroquerie) et fait un séjour de cinq mois aux Etats-Unis pour le compte du banquier Clavière, qui spéculait sur les fonds américains, il posait au personnage cosmopolite et cela lui donnait de l'autorité sur ses collègues de province. Exercé aux jugements hâtifs et aux systèmes bâclés, il éblouissait les auditeurs naïfs par sa faculté d'improvisation, tandis que les « rognures d'histoire » dont il bourrait ses discours le faisaient passer auprès des autres pour un homme sérieux et informé. Pendant des semaines et des semaines, il se fera, dans les clubs, dans la presse et à l'Assemblée, le prédicateur obstiné de la guerre qui vient.

A lui et à ses amis, Vergniaud, Isnard, Gensonné, Ruhl, Hérault de Séchelles, tous les arguments seront bons et pour vaincre l'opposition de ceux qui, comme Robespierre, reculent devant l'aventure, ils ajouteront à leur cynique « il faut la guerre », cet énorme mensonge : « la guerre est sans risques ». — « La guerre est actuellement un bienfait national et la seule calamité à redouter, c'est de n'avoir pas la guerre. » — « Vous pouvez prendre en état de guerre des mesures que l'état de paix pourrait faire trouver trop sévères... » — « Il serait indigne de la majorité d'une grande nation comme la nôtre de souffrir plus longtemps ce feu d'opéra dont la fumée nous incommode... Une grande nation doit être jalouse de sa gloire, doit punir sévèrement les téméraires qui osent lui manquer de respect. » — « Le Français est devenu le peuple le plus marquant de l'univers ; il faut que sa conduite réponde à sa nouvelle destinée... Disons à l'Europe que dix millions de Français embrasés du feu de la liberté, armés du glaive, de la plume, de la raison, de l'éloquence, pourraient seuls, si on les irrite, changer la face du monde et faire trembler les tyrans sur leurs trônes d'argile. » — « Les rois... savent qu'il n'y a pas de Pyrénées pour l'esprit philosophique qui vous a rendu la liberté. Ils frémiraient d'envoyer leurs soldats sur une terre encore brûlante de ce feu sacré. Ils trembleraient qu'un jour de bataille ne fît de deux armées ennemies un peuple de frères. » — « Je n'ai qu'une crainte, c'est que nous ne soyons pas trahis. Nous avons besoin de grandes trahisons : notre salut est là ; car il existe encore de fortes doses de poison dans le sein de la France et il faut de fortes explosions pour l'expulser : le corps est bon, il n'y a rien à craindre. » — « La guerre ! la guerre ! tel est le cri de tous les patriotes, tel est le vœu de tous les amis de la liberté répandus sur la surface de l'Europe, qui n'attendent plus que cette heureuse diversion pour attaquer et renverser leurs tyrans. » — « Nous ne pourrons être tranquilles que lorsque l'Europe, et toute l'Europe, sera en feu. » — « La guerre est nécessaire, l'opinion publique la provoque, le salut public en impose la loi. » Et les Jacobins, dans une adresse, décrivent ce que sera ce paradis : « Bientôt la confiance renaît dans l'empire, le crédit se rétablit, le change reprend son équilibre, nos assignats inondent l'Europe et intéressent ainsi nos voisins au succès de la Révolution. »

Sous l'aiguillon de cette campagne, l'Assemblée perd tout son sang-froid. Ses séances sont un concours de déclamations belliqueuses ; sa politique un tissu de fanfaronnades, de provocations et de violences. Une attitude décidée, une fermeté sans colère auraient suffi pour résoudre les difficultés qui se présentaient. La plus grosse, l'affaire des émigrés, n'était au fond qu'une petite chose assez facile à tourner au grotesque. C'est précisément ce que la Gironde ne voulait pas et les délibérations qu'elle inspire n'ont point pour but d'intimider ou de désarmer les ennemis de la Révolution, mais bien de les exaspérer, de les pousser aux imprudences, aux partis désespérés qui ne laissent d'autre issue que la guerre. Le 31 octobre, l'Assemblée décide que si Monsieur n'est point revenu en France dans deux mois, il sera déchu de ses droits à la Régence. Le 9 novembre, elle déclare suspects de conjuration, passibles de la confiscation des biens et de la peine de mort tous les émigrés qui demeureront hors des frontières après le 1er janvier 1792. Enfin, le 29 novembre, elle stipule que les prêtres qui ne prêteront pas serment à la Constitution civile seront non seulement privés du traitement alloué aux fonctionnaires, mais encore déchus de leurs droits civiques, soumis à la surveillance de l'autorité et passibles de deux ans de prison.

Des trois décrets, les deux premiers étaient à peu près vains puisque, d'une part, Monsieur et les émigrés étaient hors d'atteinte et que, d'autre part, ils étaient bien décidés à ne rentrer en France que s'ils étaient les plus forts et, par conséquent, en état de faire pendre ceux qui prétendaient les proscrire. Quant aux mesures contre les prêtres, elles soulevaient contre la Révolution une bonne moitié du clergé qui se serait accommodé d'un culte officieux ou privé et qui, désormais, serait contraint de lier son sort à celui des nobles rebelles. Ce culte privé, au surplus, existait déjà, mais pour contraindre l'Assemblée à une persécution collective, les sectionnaires parisiens s'étaient efforcés de le rendre impossible, au moyen d'attentats plus ou moins ignobles. Le 9 octobre, un prêtre insermenté célébrait la messe dans la chapelle des Dames anglaises, faubourg Saint-Jacques. Pratique légale et courante. Des manifestants envahirent la chapelle, interrompirent l'office, s'emparèrent des femmes qui y assistaient et les fouettèrent publiquement. Deux jours plus tard, mêmes violences au séminaire des Irlandais, rue de l'Estrapade. On vendit dans les rues des récits de ces scènes, avec la liste des femmes flagellées : le sadisme est un produit naturel des révolutions. Mais la concordance des excès avec l'offensive antireligieuse aux Jacobins et à la Législative a la valeur d'une démonstration. Sur le conseil des Feuillants et après une démarche ouverte du Directoire de Paris, le Roi refusa sa sanction.

Ce n'était qu'une halte. La politique belliqueuse faisait chaque jour de nouveaux adeptes, même parmi les constitutionnels. Le nouveau ministre de la Guerre, le comte de Narbonne, et beaucoup d'officiers supérieurs, y étaient acquis. Jeune, ardent, aimant le risque et l'imprévu, Narbonne croyait que les combinaisons incendiaires de la Gironde pourraient être retournées contre elle si on savait les adopter au bon moment. Les rassemblements d'émigrés fourniraient le prétexte d'une petite guerre contre les électeurs rhénans. De cette expédition brillante et facile, l'armée reviendrait transformée, la discipline rétablie, les chefs obéis, l'uniforme respecté et craint. Les troupes victorieuses seraient pour le Roi « un refuge d'où il soutiendrait la majorité saine de l'Assemblée et intimiderait les clubs », et si, par malheur, la petite guerre en entraînait une grande contre l'Autriche et la Prusse, il serait temps de reprendre le plan de congrès et de médiation auquel Louis XVI et Marie-Antoinette pensaient toujours et qui, en cas d'hostilités véritables, aurait un sens et une raison.

Comme le remarque Albert Sorel, ces combinaisons n'étaient pas absurdes. Elles étaient seulement prématurées. « Une guerre régénérant l'armée, l'armée devenant l'arbitre de l'Etat, le général vainqueur et pacificateur apaisant l'anarchie et organisant les conquêtes civiles de la Révolution, c'est ce que l'on vit huit ans après, à la fin de 1799. Une invasion étrangère, un congrès des puissances, un roi médiateur entre une coalition et la France, rendant la paix au pays, restaurant le trône, et garantissant aux Français les principes essentiels déclarés par l'Assemblée Constituante, c'est ce qu'on vit en 1814. » Mais, en 1791, il est trop tôt, le pays n'est pas mûr. On va bien à la guerre, comme le souhaite Narbonne, mais aussi à la République, comme le veut Brissot.

Le 14 décembre, convaincu et stylé par Narbonne, Louis XVI vint annoncer à l'Assemblée l'envoi d'un ultimatum à l'électeur de Trèves. Si, avant le 15 janvier, les rassemblements d'émigrés n'étaient pas dispersés, l'Electeur serait réputé ennemi de la France et traité comme tel. Etait-ce le conflit ? Pas encore. Sur le conseil de Léopold, l'archevêque de Trèves déférait aussitôt à la demande de la France et les émigrés étaient expulsés par lui. L'archevêque de Mayence procédait sans tarder à la même opération et, le 21 décembre, l'Empereur avertissait officiellement le gouvernement français que toute satisfaction lui était donnée. Il ajoutait que, dans ces conditions, il ne subsistait plus pour la France aucun grief légitime contre les princes rhénans et que, par conséquent, si l'un d'eux était néanmoins attaqué, il se verrait dans l'obligation de le soutenir. L'Assemblée prit prétexte de ce commentaire pour faire rebondir la querelle. Forte des assurances de Narbonne qui, rentrant d'une tournée d'inspection en Lorraine, lui affirmait que tout était prêt, elle invita le Roi, le 25 janvier 1792, à demander à Léopold s'il renonçait à « tout traité et convention dirigés contre la souveraineté, l'indépendance et la sûreté de la Nation », en d'autres termes, s'il désavouait la déclaration de Pillnitz. Le Roi était en outre chargé de déclarer à l'Empereur « qu'à défaut par lui de donner à la Nation, avant le 1er mars prochain, pleine et entière satisfaction sur les points ci-dessus rapportés, son silence, ainsi que toute réponse évasive et dilatoire, seraient regardés comme une déclaration de guerre ».

Le mot, cette fois, y était, mais pas encore la chose. Léopold était trop clairvoyant pour donner tête baissée dans le piège des Girondins. Dans un mémoire confidentiel à Louis XVI, en date du 31 janvier 1792, il démêle très nettement les origines de la crise. Plus les chefs révolutionnaires sentent leur crédit menacé, dit-il, « plus ils se livrent à des mesures désespérées et violentes », plus « ils cherchent à entraîner la Nation à des extrémités irrémédiables », dont la raison principale est « de réchauffer le zèle révolutionnaire » qui s'affaiblit. En conséquence, se refusant à faire le jeu de l'Assemblée, Léopold bornera sa riposte aux mesures de précaution indispensables. Le traité de rapprochement signé par lui avec le roi de Prusse, le 7 février, ne contenait, en effet, que des clauses équivoques et ambiguës, qui d'ailleurs visaient moins la France que la Pologne et la Russie. C'était un rude coup pour les bellicistes. Un plus rude encore allait les atteindre : le 9 mars, dans un sursaut d'énergie, Louis XVI renvoyait Narbonne.

L'émotion fut énorme. De cette affaire, la gauche devait sortir écrasée ou triomphante. Elle poussa au combat ses plus grands orateurs : Vergniaud et Brissot. Vergniaud, surtout, dont le discours déchaîna l'Assemblée : « Je vois de cette tribune les fenêtres d'un palais où des conseillers pervers égarent et trompent le Roi que la Constitution nous a donné, forgent les fers dont ils veulent nous enchaîner et préparent les manœuvres qui doivent nous livrer à la Maison d'Autriche. Je vois les fenêtres d'un palais où l'on trame la contre-révolution, où l'on combine le moyen de nous replonger dans les horreurs de l'esclavage, après nous avoir fait passer par tous les désordres de l'anarchie et par toutes les fureurs de la guerre civile. Le jour est arrivé, Messieurs, où vous pouvez mettre un terme à tant d'audace, à tant d'insolence et confondre enfin les conspirateurs. L'épouvante et la terreur sont souvent sorties, dans les temps antiques et au nom du despotisme, de ce palais fameux. Qu'elles y rentrent aujourd'hui au nom de la loi. Qu'elles y pénètrent tous les cœurs. Que tous ceux qui l'habitent sachent que notre Constitution n'accorde l'inviolabilité qu'au Roi. Qu'ils sachent que la loi y atteindra, sans distinction, tous les coupables, et qu'il n'y aura pas une seule tête convaincue d'être criminelle qui puisse échapper à son glaive. »

Sous cette bourrasque, la droite s'effondra. Le centre et la gauche mêlèrent leurs bulletins ; l'ennemi de Narbonne, le ministre des Affaires étrangères, le pacifique de Lessart, fut décrété d'accusation et renvoyé en Haute Cour pour trahison. Derrière lui, c'était la Reine qui était frappée. De Lessart arrêté, le ministère feuillant se disloqua. Une semaine ne s'était pas écoulée que tous ses membres, sauf un, avaient démissionné. Constitutionnel jusqu'au bout, le Roi confia à la Gironde le soin de désigner leurs successeurs.

Etant députés, les chefs girondins ne pouvaient prendre eux-mêmes les portefeuilles. Comme Barnave et Duport, ils étaient contraints de gouverner par personnes interposées. Après trois jours de discussions, ils désignèrent les nouveaux ministres : Dumouriez, pour les Relations extérieures ; Clavière, pour les Finances ; de Grave, puis Servan, pour la Guerre, Lacoste, pour la Marine, et le mari de Mme Roland pour l'Intérieur. « Ma femme, disait-il lui-même, n'est pas étrangère aux affaires de mon cabinet. » Dès lors, les choses furent rondement menées, d'autant plus rondement que Léopold venait de mourir subitement et que son fils et successeur, François II, ne demandait qu'à faire parler la poudre. Le 27 mars, un ultimatum fort rogue partait de Paris pour Vienne. Le 7 avril, il y était répondu sur le même ton. La note arrivait à Paris le 18. Le 20, Louis XVI se rendait à l'Assemblée et, comme dans un rêve, d'un air détaché et indifférent, après la lecture par Dumouriez d'une longue note explicative, il proposait de déclarer la guerre au « roi de Hongrie et de Bohême ». Au milieu d'un délire d'enthousiasme et d'une effervescence populaire inouïe, le décret fut voté à peu près sans discussion, à l'unanimité moins sept voix. « Eteignez les torches de vos discordes, avait dit le député Dubayet, dans le feu des canons et des baïonnettes. »

On fera la paix vingt-trois ans plus tard, après Waterloo.

IX.
La chute du trône

Dumouriez et les politiques de la Gironde s'imaginaient qu'ils allaient conduire une guerre conçue selon la formule classique de la lutte contre la Maison d'Autriche. Aussi escomptaient-ils l'alliance de la Prusse et la neutralité bienveillante de l'Angleterre. Un instant même, ils pensèrent recourir à la vieille recette des diversions orientales : l'invasion de la Hongrie par les Turcs. C'était se tromper du tout au tout. Si les prétextes de la guerre étaient d'Ancien Régime, la guerre était bien révolutionnaire. « Il faut déclarer la guerre aux rois et la paix aux nations ! » avait crié Merlin de Thionville, au moment du vote. C'est tout le programme de la propagande armée : la guerre indéfinie pour la révolution universelle. Les cabinets ne s'y trompèrent pas. A Londres, l'envoyé français, Talleyrand, fut sèchement éconduit. A Berlin, le roi Frédéric-Guillaume fit jouer le traité du 7 février et se joignit à l'empereur.

Militairement, la déception fut plus cruelle encore. Rien n'était prêt. L'armée, ruinée par trois années d'indiscipline et de mutineries, était incapable de soutenir le feu. Les fusils même manquaient pour une augmentation d'effectifs : la manufacture de Charleville, où se fabriquait le fusil modèle 77, n'en produisait plus que 5 000 par an, contre 25 000 en 1788. En outre, les réserves de couvertures et de matériel, entreposées dans les casernes, avaient été largement pillées. Les généraux réclamaient en vain du numéraire pour payer la troupe qui refusait les assignats, et les soldats de ligne manifestaient contre la garde nationale, milice sacrée du régime, qui paradait à l'arrière sans péril. On avait projeté d'envahir les Pays-Bas avant que l'armée autrichienne fût sur pied et, pour cela, les deux corps de Biron et de Dillon, avant-garde de Rochambeau, avaient été vivement poussés au-delà de la frontière. Le 28 avril, ils rencontrèrent l'ennemi. Ce fut la débandade. La cavalerie tourna bride sans combattre. Dillon, qui s'était jeté au-devant des fuyards pour les retenir, fut massacré, puis son cadavre pendu à une lanterne, dépecé. Toute l'armée, prise de panique, s'enfuit , jetant ses armes, et hurlant : « Sauve qui peut ! » Par miracle les Autrichiens, qui n'avaient pas terminé leur concentration, ne poussèrent pas leurs avantages. Se croyant sûrs du lendemain, ils laissèrent perdre un temps précieux que La Fayette et Lückner, successeur de Rochambeau démissionnaire, mirent à profit pour remonter le moral des troupes.

A Paris, tout le monde avait perdu la tête. Marie-Antoinette était persuadée que son neveu serait aux Tuileries dans trois semaines et elle lui communiquait ce qu'elle savait des délibérations des ministres — le secret de Polichinelle, heureusement ! L'Assemblée, affolée, s'épuisait en débats stériles et violents, où pleuvaient les injures et les gifles.

« Nous avons besoin de grandes trahisons », avait dit Brissot. Tout de suite, les clubs répandirent et affirmèrent le bruit que l'ennemi avait à l'intérieur des complices : les aristocrates, les généraux, les ecclésiastiques, le « comité autrichien ». Rochambeau était un traître, Dillon était un traître, les Feuillants étaient des traîtres. L'extermination des traîtres était la condition de la victoire. Le 27 mai, les Girondins firent voter un nouveau décret contre les prêtres réfractaires, pour remplacer celui que Louis XVI avait frappé de son veto en décembre. Tout prêtre insermenté dénoncé par vingt citoyens actifs serait expulsé d'office du territoire français, à la seule condition que les directoires de son département et de son district ne s'y opposent pas. Deux jours plus tard, le 28, l'Assemblée, pour désarmer le Roi, décide le licenciement des 6 000 hommes de sa garde constitutionnelle et envoie leur chef, le duc de Cossé-Brissac, en Haute Cour. Enfin, le 8 juin, comme les gardes nationaux parisiens étaient dévoués à la Constitution, elle décrète la formation, au Champ-de-Mars, d'un camp de 20 000 fédérés, c'est-à-dire de 20 000 gardes nationaux des départements, choisis en raison de leurs sentiments révolutionnaires exaltés. Cette dernière mesure avait été prise sur l'initiative du ministre de la Guerre, Servan, qui n'avait pas averti le Roi de sa proposition.

La manœuvre intérieure ne se dissimulait même plus. Des protestations arrivèrent de tous côtés. La garde nationale parisienne, une partie des sections, La Fayette et les officiers de son armée supplièrent le Roi de ne pas consentir à l'appel des fédérés. Le directoire du département de Paris renouvela sa démarche contre la déportation des prêtres. Le ministère même se divisa : Dumouriez, Lacoste et Duranthon d'un côté ; Roland, Clavière et Servan de l'autre. La position du Roi était affreuse. Desservi et livré par une partie de ses ministres qui le font insulter sans arrêt dans leurs feuilles et par leurs amis, entouré d'espions, séparé de ses serviteurs les plus fidèles qui n'osent plus paraître aux Tuileries, il vit dans une atmosphère étouffante de menaces et de trahison. Devant le Palais retentissent des cris de mort. Tantôt c'est un militaire ou un abbé qu'on assomme. Tantôt c'est un grenadier qui injurie la Reine comme une poissarde. En plein Conseil, Roland prétend lire au Roi une sommation insolente qu'a rédigée sa femme : dissertation pédante et grossière qu'il qualifiait « d'austère langage de la vérité » et qu'il concluait par des menaces significatives : « La révolution est faite dans les esprits, elle s'achèvera au prix du sang, si la sagesse ne prévient pas des malheurs qu'il est encore possible d'éviter. »

Que pouvait faire Louis XVI ? Ratifier le décret sur les prêtres, c'était « condamner à la mendicité, à la prison, à la déportation, 70 000 prêtres et religieuses coupables d'orthodoxie », autoriser le camp sous Paris, c'était « mettre son trône, sa personne et sa famille à la discrétion de 20 000 furieux choisis par les clubs et assemblés exprès pour lui faire violence ». Mais avant d'opposer son veto aux deux projets, il veut encore donner un gage éclatant de sa modération et de sa bonne volonté : il consent à la dissolution de sa garde, il renonce à toute autre sûreté que celle que lui donnent la loi et la Constitution. Par contre, Roland, Clavière et Servan, qui avaient refusé de contresigner le double veto et prétendu forcer la conscience du Roi, sont remerciés le 13 juin et remplacés par des Feuillants. Dumouriez qui, en 1791, était commandant de la place de Cherbourg, prend lui-même le portefeuille de la Guerre en attendant de se faire donner un commandement aux armées. Ce fut un beau tapage. On affirmait que le Roi allait conclure un armistice et la paix. « Cette hardiesse m'étourdit », écrit Mme Jullien. La Gironde, un moment, se crut perdue. L'Assemblée avait eu beau proclamer que les ministres disgraciés « emportaient les regrets de la Nation », cela ne les remettait pas en place. « La gloire suivait mon mari », écrit en toute simplicité Mme Roland. Elle n'en devait pas moins troquer l'hôtel de l'Intérieur contre un petit logement rue de la Harpe. Pour abattre la résistance du Roi, il fallait une émeute, une « journée ».

Elle fut préparée dans le salon des Roland (Mme Roland ne décolérait pas de ne plus être ministresse) et conduite par les meneurs professionnels : Santerre, un brasseur du faubourg Saint-Antoine, colosse à la voix tonnante, toujours entre deux vins ; Legendre, un boucher aux gestes d'assommeur ; Rotondo, un Piémontais qui finira par être pendu pour meurtre dans son pays ;

Fournier l'Américain, un planteur de Saint-Domingue, à la face livide et à la mine de pirate, toute une tourbe de chenapans subalternes : déserteurs, marchands de vins, crocheteurs, sans compter un marquis tombé dans le ruisseau. Les autorités communales ne paraissent point, mais elles sont avec l'émeute. Le maire Pétion et le procureur-syndic, Manuel, ont armé les faubourgs et fait distribuer les piques. Le prétexte de la manifestation est bien choisi : il s'agit de célébrer l'anniversaire du Jeu de Paume. On plantera un arbre de la Liberté sur la terrasse des Feuillants ; on défilera à l'Assemblée et devant le Roi, après avoir présenté des pétitions « relatives aux circonstances ». Pour donner plus de grandeur au cortège, les pétitionnaires auront leurs armes.

Le 18, avant de partir pour le front, Dumouriez vint faire ses adieux au Roi : « Vous allez donc, lui dit Louis XVI, rejoindre l'armée de Lückner ? — Oui, Sire, et je n'ai qu'un regret, c'est de vous laisser en danger. — Oh ! oui, répliqua le prince, je suis en péril, en grand péril. Et le dialogue continua ainsi :

— Sire, je n'ai plus d'intérêt personnel à vous parler comme je vais le faire ; une fois éloigné de votre conseil, je ne vous approcherai plus, mais, par fidélité, par attachement pour vous, j'ose encore vous supplier de renoncer au veto.

— Ne m'en parlez plus, mon parti est pris.

— Ah ! sire, on abuse de votre conscience, on vous conduit à la guerre civile. Je crains pour vous vos amis, plus encore que vos ennemis.

— Dieu m'est témoin que je ne veux que le bonheur de la France.

— Sire, je n'en doute pas. Si tout le monde connaissait Votre Majesté comme je la connais, tous nos maux seraient bientôt finis. Mais, laissez-moi vous le redire, vous croyez sauver la religion, vous la détruisez ; les prêtres seront massacrés... Et vous-même...

Il y eut un silence, puis :

— Je m'attends à la mort, dit le Roi, et, d'avance, je pardonne à mes ennemis. Pour vous, je vous sais gré de votre sensibilité, et je vous donnerai des preuves de mon estime, s'il vient des temps plus heureux. »

L'entretien finit sur ces mots. Le Roi était très troublé. Dumouriez très ému. A la porte, le Roi le retint encore :

— Adieu, lui dit-il, soyez heureux.

Et le lendemain, il écrivait à un prêtre investi de sa confiance : « Venez, Monsieur, je n'eus jamais autant besoin de vos consolations ; j'ai fini avec les hommes ; c'est vers le ciel que se portent mes regards. On annonce de grands malheurs. J'aurai du courage. »

Le 20, au matin, dès 5 heure, les premiers rassemblements se formèrent aux faubourgs Saint-Antoine et Saint-Marcel. Ils se grossirent lentement jusqu'à 10 heures. Il y avait du flottement. Des sections hésitaient. On répétait que Robespierre était adversaire d'un mouvement prématuré. Boulevard de la Salpêtrière, les meneurs comprirent que si l'on tardait encore, l'affaire serait manquée et ils donnèrent le signal du départ. Rive droite, Santerre et ses hommes en faisaient autant. Les deux cortèges se rejoignirent et s'acheminèrent vers le centre.

Il y a là des gens de toutes sortes : des gardes nationaux en uniforme, des forts de la Halle, des charbonniers, des rôdeurs, des soldats chassés de leurs régiments, des chômeurs, des hommes à piques : en tout 8 à 10 000 personnes qui s'excitent les unes les autres par des cris, des menaces et des injures à *Monsieur Veto*. A mesure que l'on approche des Tuileries, la procession se fait plus menaçante. Des pancartes se lèvent. On promène, au bout d'une fourche, un cœur de veau avec cette inscription : *Cœur d'aristocrate*. Enfin, au roulement des tambours, on arrive au Manège. Une loi de la Constituante interdit les attroupements. Pour montrer l'importance qu'on y attache, l'Assemblée décide de recevoir les pétitionnaires et les laisse traverser la salle des séances avec leurs armes et leurs emblèmes.

Les Tuileries étaient garnies de troupes, mais les portes sont livrées sans combat par les factionnaires chargés de les défendre. En un clin d'œil, les cours et les vestibules sont envahis. On avertit le Roi qui était dans ses appartements. Par des passages intérieurs, il gagne en hâte l'Œil-de-Bœuf. On l'entraîne dans l'embrasure d'une fenêtre. Les ministres, le maréchal de Mouchy, quelques officiers, quelques soldats se groupent à ses côtés. On avance une table qui s'interposera comme un obstacle entre la foule et lui. Déjà la porte s'effondre sous les coups : on ouvre, la populace s'engouffre en trombe. Le défilé dure plus de deux heures, coupé de scènes grotesques ou odieuses. Au milieu des vociférations, quelques individus essaient de frapper le Roi à coups de sabre : de leurs baïonnettes, les grenadiers les écartent. Un autre lui présente un bonnet rouge au bout d'une perche et le municipal Mouchet l'en coiffe. Un autre encore lui tend un verre de vin et il boit à la santé de la Nation.

Les piques succèdent aux piques. Sans l'ombre d'une émotion, sans un geste de concession, ni de peur, le Roi laisse passer le torrent. Impassible, il se contente de répondre aux sommations répétées de Santerre et de ses lieutenants : « J'ai fait ce que m'ordonnent la Constitution et les décrets. » Ce calme finit par faire impression. On était venu chercher « le tyran » dans sa tanière. On trouve un brave homme, un peu lourdaud, à la mine ouverte et aux gestes simples... A six heures, Pétion apparaît : « Sire, dit-il, je viens d'apprendre la situation dans laquelle vous êtes. » Louis XVI détestait ce grand être fade et fourbe. « C'est étonnant, lui répliqua-t-il, il y a deux heures que cela dure. » Des députés, des soldats se fraient un passage. Les manifestants, debout depuis quatorze heures, étaient fourbus. Sous prétexte de leur faire visiter le château, on réussit à les pousser dehors. A 8 heures, le péril était conjuré. Le Roi reçut les députés, déployant, dit un témoin, un sang-froid inconcevable.

La journée avait échoué. Pour une fois, Louis XVI avait tenu bon.

L'attentat du 20 juin souleva l'indignation de presque toute la France. Soixante-quinze départements et un très grand nombre de corps constitués envoyèrent leurs protestations. A Paris, une pétition en faveur du Roi et de la Constitution recueillit très rapidement vingt mille signatures de citoyens actifs. Il se trouva même au Conseil général de la Commune une majorité pour blâmer Manuel, Pétion et les administrateurs de la police dont l'incurie voulue avait permis l'invasion du château. Quinze jours plus tard, après une enquête très sérieuse, ces mêmes Pétion et Manuel étaient suspendus de leurs fonctions par le directoire du département qui, du même coup, déférait Santerre et ses complices aux tribunaux. Le 28 juin, La Fayette venait en personne à l'assemblée et réclamait, au nom de l'armée, des mesures « efficaces » contre la « secte » jacobine. Sa démarche était approuvée par 339 voix contre 234. « Il est démontré à mes yeux, dit le chancelier Pasquier, dans ses *Souvenirs*, que, lorsque Louis XVI a définitivement succombé, il avait beaucoup plus de partisans qu'un an auparavant, lors de sa fuite à Varennes. »

Mais en politique, le nombre n'est rien, l'action est tout. Les hommes d'ordre étaient trop divisés et trop mous pour que leurs sympathies fussent efficaces. Ils discourent, ils gémissent, ils répètent : « La Constitution, toute la Constitution, rien que la Constitution », mais ils ne font rien. « Leur résistance s'évapore en paroles et en écritures. » Dans l'état où se trouvait la France, il n'y avait qu'un moyen d'arrêter la Révolution : prendre un fusil et descendre dans la rue. Cinquante ans de scepticisme et de philosophie larmoyante rendaient impossible cette mise en défense. Malouet et Montmorin avaient proposé au Roi de réunir à Paris quelques milliers de gentilshommes et d'anciens militaires dont le dévouement à la Couronne était acquis. On pouvait, en une semaine, en trouver six mille qui ne demandaient qu'un chef en un point de ralliement : Louis XVI laissa passer deux mois sans répondre et le rassemblement ne se fit pas. Un plan d'évasion proposé par Mme de Staël n'eut pas plus de succès. Un autre, présenté par Malouet, Lally-Tollendal, Clermont-Tonnerre, qui proposaient de faire sortir le Roi sous une escorte de Suisses et de gardes nationaux dévoués, fut repoussé pareillement par Louis XVI qui, dit-il, aimait mieux s'exposer à tous les dangers que de déchaîner la guerre civile. Il y eut plus fort.

Le lendemain de sa sommation à l'Assemblée, La Fayette devait accompagner le Roi à une revue de la garde nationale. On avait choisi une légion constitutionnelle et on avait pensé qu'électrisée par la présence de son ancien général, elle se laisserait entraîner contre les Jacobins dont le club serait fermé. La Fayette avait même vaguement fait entendre aux Autrichiens, par l'intermédiaire d'un ex-jésuite, qu'une attaque, de leur part, serait, à ce moment, inopportune. Mais la Reine, qui le haïssait, avertit la Commune et la revue fut décommandée. La Fayette, que l'affaire du Champ-de-Mars avait instruit, ne se tint pas pour vaincu et battit le rappel de ses partisans. Qu'il en vienne seulement trois cents et il tentera le coup. Au jour dit, il s'en présenta trente. Il ne restait plus au malheureux qu'à s'en retourner à la frontière : c'est ce qu'il fit.

Louis XVI n'avait point pour La Fayette et les Feuillants une aversion aussi prononcée que Marie-Antoinette, mais il se trompait aussi gravement sur les Jacobins qu'il méprisait trop pour s'accoutumer à voir en eux une force considérable. Persuadé que les Alliés ne tarderaient pas à entrer à Paris, il bornait toute sa politique à gagner cinq ou six semaines, en reculant, par de petits moyens, l'orage prêt à éclater. Son ancien ministre, Bertrand de Molleville, homme courageux et décidé, mais trop porté à l'intrigue, l'entretenait dans l'idée que les chefs populaires pouvaient être facilement achetés et, dans la suite, paralysés les uns par les autres. De grosses sommes d'argent furent répandues, à cet effet, par Bertrand et la liste civile. Danton, Fabre d'Eglantine, Santerre, d'autres encore eurent une part de la distribution, mais ils ne changèrent point leur conduite. Ils ne pouvaient se contredire sans ruiner du même coup leur crédit et c'était payer trop cher les menues trahisons qu'il leur était loisible de commettre sans perdre la face.

Nulle insurrection, en effet, ne fut préparée avec moins de mystère que celle du 10 août. Tout se fit au grand jour, tout fut connu à l'avance. Le 1er juillet, l'Assemblée décrète que les délibérations des corps administratifs seront publiques, c'est-à-dire surveillées par les clubs et soumises à la pression des tribunes ; le 6, elle dissout les états-majors des gardes nationales de province, et, vers le même moment, prépare la suppression des compagnies d'élite de Paris ; le 15, elle renvoie de Paris les troupes de ligne ; le 16, elle les remplace par une gendarmerie composée de soldats et de gardes-françaises qui ont fait cause commune avec l'émeute lors de la prise de la Bastille ; le 25, elle entend un discours de Robespierre qui demande à la fois l'abolition de la monarchie et, à mots couverts, la dissolution de l'Assemblée ; le 6 août, enfin, elle ordonne que la garde des Tuileries sera chaque jour formée d'hommes appartenant à soixante bataillons, c'est-à-dire ignorant leurs chefs, sans cohésion ni discipline. Toutes les forces de l'ordre sont atteintes. La défense est désorganisée pièce par pièce, tandis que, d'autre part, l'attaque se monte avec la même méthode.

Tout d'abord, puisque, au 20 juin, les *patriotes* de la capitale n'ont pas suffi à leur tâche, on lève du renfort en province. Les volontaires qui s'étaient engagés pour la durée de la guerre devaient être concentrés à l'arrière des armées, au camp de Soissons. Sous prétexte de les faire assister à la fête du 14 juillet, les Jacobins en détournent une partie sur Paris et, le 14 juillet passé, ils gardent les plus exaltés et continuent à en appeler d'autres, soigneusement triés sur le volet, par leurs affiliés locaux. Les plus forts contingents sont ceux des ports — Marseille et Brest — où la présence d'une nombreuse population flottante facilite le recrutement. En tout, ils seront au moins 5 000, payés à raison de cinq sous par lieue et de vingt sous par jour après leur arrivée. Ceux du Midi apportaient avec eux un chant de guerre, composé quelques semaines plus tôt par un officier en garnison à Strasbourg, Rouget de l'Isle, qui s'était servi de thèmes empruntés à un opéra de Dalayrac. On l'appela désormais *La Marseillaise.*

De son côté, le 11 juillet, l'Assemblée déclare la Patrie en danger et elle entoure cette proclamation d'un appareil théâtral propre à détraquer les esprits. Le même jour, elle décrète la permanence des 48 sections (créées en juin 1790, en remplacement des 60 districts électoraux). Ce sont autant de réunions publiques officielles, terrain de choix pour les agitateurs. Le 13, en guise d'encouragement, elle rétablit Pétion dans ses fonctions de maire, ce qui lui permet d'assister en triomphateur à la fête du 14.

Concentration des Fédérés ; agitation des sections : tels furent les deux éléments préparatoires de la journée du 10 août.

Tout fut conduit par un *Comité d'insurrection* que présidait le curé Vaugeois, vicaire général de l'évêque de Blois, Grégoire, et où se rencontraient Merlin (de Thionville), Basire, Chabot, Fournier, Chaumette, Santerre, Anthoine, Lazowski, Westermann, Carra, d'autres plus obscurs encore. On se réunissait au *Soleil d'Or,* place de la Bastille, au *Cadran Bleu,* sur les boulevards, ou chez Anthoine, rue Saint-Honoré, dans la maison du menuisier Duplay, hôte et ami de Robespierre. C'est Robespierre qui rédigea les pétitions présentées par les Fédérés pour la déchéance du Roi. Quant à Danton, il se reposait à ce moment à Arcis et il ne reparaîtra qu'au dernier moment. Le 27 juillet, les sections obtinrent le droit de créer un organe de liaison, un bureau de correspondance, à qui Pétion accorda aussitôt un local de l'Hôtel de Ville : c'était doubler la municipalité officielle et modérée d'une municipalité illégale et violente. Installée dans la place dès sa naissance, cette seconde Commune ne devait pas tarder à supplanter et à expulser la première.

Il est intéressant d'en donner la composition ces premiers jours : 78 petits patrons, artisans, 28 hommes de loi, procureurs, avocats, huissiers, 27 prêtres, médecins et artistes, 19 employés d'administration, 17 commerçants, 12 hommes de lettres et journalistes, 7 fabricants, 6 professeurs et instituteurs, 4 bourgeois sans profession définie, 3 militaires et 2 ouvriers, le bijoutier Rossignol et le cordonnier Joubert. Comme les assemblées de section étaient changeantes, M. Braesch a dénombré 526 individus qui, à un titre quelconque, ont fait partie de cette assemblée entre le 10 août et le 2 décembre 1792, date de sa disparition.

Cependant, les choses furent difficiles à mettre en train. En dépit de la double campagne des Fédérés et des Sections, Paris ne marchait pas. Les quartiers constitutionnels résistaient et, dans les autres, la majorité demeurait inerte. Vergniaud, le 3 juillet, avait prononcé un discours atroce contre le Roi. « Homme que la générosité des Français n'a pu émouvoir, homme que le seul amour du despotisme a pu rendre sensible... », mais au moment où l'événement va s'accomplir, lui et ses amis en redoutent les suites. L'insurrection qui devait éclater le 26 juillet, à l'arrivée des Brestois, dut être ajournée faute d'entente et de préparation. Une seconde tentative, le 30, à l'arrivée des Marseillais, ne réussit pas mieux : tout se borna à des bagarres au coin des rues. Le 31, la section Mauconseil décréta la déchéance du Roi et fixa au 5 une marche générale sur l'Assemblée. Quatorze sections seulement l'approuvèrent et cette troisième tentative avorta comme les autres.

Craignant d'être emportés par l'émeute qui se préparait en dehors d'eux, les Girondins faisaient des efforts désespérés pour reconquérir le pouvoir par des moyens parlementaires. Les ministres feuillants ayant démissionné, il s'offraient pour les remplacer et, pour inspirer confiance au Roi, s'efforçaient de freiner l'agitation sectionnaire. Mais, au milieu de ces intrigues, le 1er août, arrivait à Paris le manifeste lancé par le généralissime prussien, duc de Brunswick.

Ce manifeste, rédigé par un émigré, Limon, contre l'avis du représentant de Louis XVI, Mallet du Pan, était de la dernière imprudence et de la dernière sottise. Il y était dit que tout garde national, tout habitant *qui oserait se défendre* contre les envahisseurs serait puni comme rebelle. Au cas où le Roi serait de nouveau outragé aux Tuileries, Paris serait livré *à une exécution militaire* et *à une subversion totale*. Il est de bon sens de ne pas menacer des gens que l'on n'est pas sûr d'atteindre. Les rodomontades de Brunswick eurent l'effet que l'on en pouvait attendre : loin de terroriser Paris, elles favorisèrent les plans des républicains et facilitèrent leur coup. Le 9, au matin, arrivaient 900 nouveaux fédérés. Dans la nuit, le commandant de la garde nationale, Mandat, était appelé à l'Hôtel de Ville, destitué par la Commune insurrectionnelle et assassiné. Quant à Pétion, après avoir promené quelque temps, des Tuileries au Manège, son grand corps apeuré et sa mine défaite, il se faisait prudemment consigner à la chambre par la Commune insurrectionnelle et il attendait les événements. Le 10 au matin, les insurgés se rassemblaient et, dès 6 heures, ils commençaient le blocus des Tuileries.

Le Palais était défendu par des corps hétérogènes que Mandat n'était plus là pour maintenir en bon accord : 2 ou 300 chevaliers de Saint-Louis en civil, à peine armés et sans commandement ; 900 Suisses appelés de Rueil et de Courbevoie, résolus à se faire tuer sur place, mais n'ayant que 15 ou 20 cartouches par tête (le Roi avait obligé le comte d'Affry, commandant du régiment, à livrer ses réserves de munitions à la garde nationale) ; 900 gendarmes acquis d'avance à l'émeute ;

2 000 gardes nationaux, dont une part — les canonniers — étaient prêts à trahir au premier coup de feu.

Un chef intelligent eût désarmé et renvoyé les gardes qui n'étaient point sûrs, expulsé du château tout ce qui faiblissait et, avec les 1 500 ou 2 000 hommes qui restaient, organisé le champ de bataille. On avait du canon, et, avec les dépouilles des gardes, assez de fusils et de balles. Derrière l'épaisse maçonnerie du palais, il était possible de soutenir le siège et d'en sortir victorieux... Le Marseillais Barbaroux le reconnaît dans ses Mémoires. Mais il n'y avait point de chef.

Les ministres croient encore à la vertu de la Constitution. Le procureur-syndic du département, Rœderer, bon royaliste cependant, est empêtré dans la légalité et c'est lui qui persuade à Mandat d'aller se faire massacrer à l'Hôtel de Ville, sous prétexte qu'il est à la réquisition du maire. Les officiers municipaux et les magistrats, à qui incombe le soin de proclamer la loi martiale, ne montrent qu'affolement. Ils démoralisent les troupes par leurs propos. Ils poursuivent le Roi de leur découragement. Sans arrêt, Rœderer lui peint la situation sous le jour le plus noir et le presse de se réfugier à l'Assemblée pour épargner à ses enfants les horreurs de l'assaut et peut-être la mort !

— Votre Majesté n'a pas une minute à perdre... Vous n'avez pas un nombre d'hommes suffisant... Leur volonté n'est pas non plus bien disposée... Il arrive un monde immense des faubourgs... Tout Paris marche !

Louis XVI et Marie-Antoinette avaient d'abord montré des sentiments énergiques. « Monsieur, avait répliqué la Reine à Rœderer, nous avons des forces. » Ils finirent par être gagnés par la panique et, *avant même qu'un coup de fusil ait été tiré par les assaillants*, ils abandonnèrent le palais royal et se retirèrent à l'Assemblée avec le Dauphin, Madame Royale et Madame Elisabeth. Au dernier moment, le Roi eut encore une hésitation : « Mais il n'y a pourtant pas grand monde au Carrousel », dit-il. Rœderer réplique par un flot de paroles défaitistes : les assaillants sont près d'arriver, toutes les sections sont armées, elles ont des canons, il n'y a pas assez d'hommes au palais pour résister même au rassemblement du Carrousel... Et l'on se remit en marche. Chemin faisant, un inconnu vola à la reine sa montre et sa bourse. Louis XVI pratiquait la non-résistance au mal.

Son départ donna le signal de la débandade. Il ne resta plus au château qu'une poignée de gentilshommes (le père de Lamartine était parmi eux) et les Suisses commandés par le lieutenant-colonel de Maillardoz, d'Affry malade ayant dû abandonner. Les assiégeants donnèrent alors un premier assaut qui fut repoussé avec pertes. En un instant, les cours se vidèrent et les Suisses, sortant de leurs abris, allèrent rafler les canons des Marseillais. Dans leur galopade éperdue, les fuyards se heurtèrent à la colonne du faubourg Saint-Antoine, qui s'était très difficilement formée, mais qui — enfin ! — arrivait. Reprenant courage, les deux groupes revinrent à la charge. Faute de cartouches, les Suisses furent rejetés à l'intérieur des bâtiments où ils se retranchèrent.

La fusillade avait été entendue de l'Assemblée : 284 députés seulement étaient présents ; les autres, sans doute, attendaient le dénouement pour se rallier au vainqueur. On annonce au Roi — faussement, ou, tout au moins, prématurément — que le château va être forcé et, sous prétexte d'empêcher une tuerie, on lui arrache un ordre écrit enjoignant aux Suisses de cesser le feu et de se retirer dans leurs casernes. Le billet est porté aussitôt. Deux cents gardes, ayant compris qu'ils devaient rejoindre le Roi à l'Assemblée, se fraient un passage jusqu'au Manège où leur apparition provoque une panique : « Je me souviens, écrit l'un d'eux, Gibelin, que le côté de l'Assemblée appelé alors le côté gauche, se leva avec précipitation en s'écriant : les Suisses ! et chercha à se sauver par les fenêtres. » Louis leur répète l'ordre de rendre leurs armes : ils sont conduits aux Feuillants, d'où on ne les tirera que pour les assassiner.

Ceux qui restent dans le palais, se battent encore, à peu près sans munition, traqués de salle en salle, assommés, éventrés, saignés. Ceux qui ont connaissance du billet royal, sortent, essaient de se former en colonne, sont assaillis, mitraillés, assassinés, découpés en morceaux. Un témoin, l'Anglais Fennel, a vu des enfants se disputer des têtes, des bras et des jambes de Suisses. Bonaparte, qui est là en curieux, voit des femmes bien mises se porter « aux dernières indécences » sur leurs cadavres.

Le château, sans défenseurs, est envahi ; presque tout le personnel, marmitons compris, mis à mort. C'est une rage de crime et de destruction. Il faut lire les récits des témoins pour se faire une idée de ces horreurs. Des hommes sont jetés vivants par les fenêtres et empalés en bas sur des piques. D'autres sont déchiquetés, mutilés. Des corps nus sont empilés sur les pavés, mis au feu, grillés comme des côtelettes. Les caves et les appartements sont pillés. Les glaces, les meubles, les tapis, les objets d'art, tout est volé ou brisé. L'incendie dévore les bâtiments en bois qui séparent le palais du Carrousel et, quand les pompiers se montrent, ils sont reçus à coups de fusil. Le feu couva six jours et c'est miracle qu'il ne se soit pas étendu à tout le quartier. Dans Paris, même fureur, les statues des Rois sont renversées ; on gratte les couronnes et les fleurs de lis ; on démolit les enseignes des fournisseurs de la Cour ; on change les noms des rues. La Commune décrète même la suppression « de tous les monuments de la féodalité et du despotisme », c'est-à-dire la destruction des églises, du Louvre, et des arcs de triomphe, mais, par bonheur, l'arrêté n'est pas exécuté. Il reste à Courbevoie une cinquantaine de Suisses malades ou de garde à la caserne : ils sont égorgés dans la nuit.

En tout, il y eut du côté des royalistes 800 ou 900 morts et un grand nombre de blessés ; du côté des révolutionnaires, 324 tués et blessés, surtout des blessés. Dix-sept officiers, deux cents sous-officiers et soldats parvinrent à rentrer en Suisse, par l'Allemagne ou par l'Angleterre, après avoir trouvé asile chez des Parisiens, presque tous inconnus, qui leur donnèrent argent et vêtements civils. Gibelin, sauvé par un Castellane, écrivit à sa mère dès le 13 : « Je suis vivant, j'ai fait mon devoir et je ne suis pas blessé. » Aux victimes françaises, il faut ajouter les personnes tuées dans la rue comme « aristocrates », le colonel de gendarmerie Carl qui n'a pas voulu livrer à la foule les Suisses enfermés aux Feuillants, l'architecte Melan, des Suisses d'église, etc. Le nombre de ces morts est inconnu.

Pendant qu'on tuait, Louis XVI était enfermé à l'Assemblée, le jour dans la loge des logographes, la nuit couchant avec sa famille, sur des matelas, dans l'appartement de l'architecte.

— Sire, lui avait dit Vergniaud, qui présidait, l'Assemblée met au rang de ses devoirs les plus chers le maintien de toutes les autorités constituées.

Un tiers des députés seulement était présent ; les autres, terrorisés, n'osaient plus venir. Ce tiers décréta la suspension du Roi jusqu'à la réunion d'une Convention nationale et son internement au Luxembourg, puis au ministère de la Justice, place Vendôme. Mais la Commune protesta. Elle était victorieuse, elle devait disposer des prisonniers. Docilement, l'Assemblée les lui remit et, le 13 août, Louis XVI et sa famille étaient internés dans la tour du Temple.

Comme au retour de Varennes, le pouvoir était vacant. L'Assemblée, toujours amputée des deux tiers, décida d'élire un conseil exécutif provisoire de six membres. Elle rendit les portefeuilles de l'Intérieur, des Finances et de la Guerre aux « bons ministres » : Roland, Clavière et Servan, un ancien inspecteur des manufactures, un banquier et un officier, homme de lettres. Pour les Affaires étrangères, elle choisit un ancien commis de Dumouriez : Lebrun. Pour la Marine, Condorcet fit désigner un de ses collègues de l'Académie des Sciences: Monge, un brave géomètre qui, dit Mme Roland, n'entendait rien aux affaires d'administration et faisait des gentillesses à la manière des ours de Berne. Enfin, la Justice revint à Georges-Jacques Danton.

Coulé en bronze, encensé, canonisé par toute une école d'historiens, Danton a passé, pendant vingt-cinq ou trente ans, pour la plus belle incarnation du patriotisme révolutionnaire et du patriotisme tout court. Pour ses fanatiques, c'est l'homme d'Etat « ardent et cocardier, qui rêve d'achever l'œuvre séculaire de la monarchie défunte en donnant à la France les frontières naturelles de l'ancienne Gaule, le tribun véhément qui jette en défi aux tyrans de l'Europe une tête de Roi, l'homme de l'audace qui frappe du pied le sol national pour en faire surgir des légions de volontaires, le démagogue intransigeant qui incarne la lutte à outrance contre l'ennemi ». Cela, c'est la légende. La vérité est autre. Au prix d'une longue et difficile enquête, M. Albert Mathiez est parvenu à la rétablir morceau par morceau et ses recherches sont assez probantes pour que nous puissions le suivre en toute sécurité.

Avocat au Conseil du Roi depuis deux ans, Danton était, en 1789, dans une situation financière difficile. Marié à la fille d'un limonadier, avec qui il formait un ménage parfaitement uni, il habitait 1, cour du Commerce, un vaste appartement, avait chevaux et cabriolet, et menait un train de vie onéreux. Sa prospérité est suspecte. Très endetté, dévoré de besoins, esclave d'un tempérament tyrannique, il se jeta dans la Révolution comme un moissonneur dans un champ. Eloquence brutale, figure de dogue, mufle puissant : c'est le Mirabeau de la canaille. « La nature, a-t-il dit dans une de ses apologies, m'a donné en partage les formes athlétiques et la physionomie âpre de la liberté. » Mme Roland qui le haïssait l'appelle un demi-Hercule. Elle lui voit l'audace sur le front, la débauche sur les lèvres et la férocité sur le visage, en ajoutant qu'il emprunte inutilement à Bacchus la bonhomie et la jovialité des festins. Pendant trois ans, il travaille les auditoires les plus populaires.

Traînant après lui une clientèle d'aventuriers et d'individus tarés, il est répandu dans tous les complots, mêlé à toutes les agitations. Effronté, vénal, sans scrupules, jouant sur tous les tableaux, il touche de l'Angleterre, du duc d'Orléans, de la Cour. La Marck assure dans ses *Mémoires* que peu avant le 10 août, Marie-Antoinette lui a fait remettre 50 000 écus. Les uns l'achètent pour qu'il pousse aux désordres, les autres pour qu'il les contienne. Il fait de la démagogie par métier, sans y croire. La Révolution lui arrache des actes d'enthousiasme et d'énergie, mais il n'a pas confiance en sa durée et il tient à se garder une ligne de retraite. Aussi demeure-t-il en bons termes avec les agents royalistes de Bretagne et de Paris. A l'occasion, même, il leur rend de discrets services qui lui ménagent d'utiles reconnaissances. A la tribune, il est pour la guerre à outrance ; en secret, pour la paix bâclée. En public, il se vante d'avoir fait le 10 août et renversé la monarchie. Dans l'intimité, il annonce au futur Louis-Philippe le relèvement du trône au profit de la branche cadette. A Paris, il est l'homme des faubourgs, le défenseur des malheureux. A Arcis, il achète de la terre, une ferme, deux prieurés, des bois, cent hectares de champs. Dans un ministère de commis illuminés, il représente un type moderne de politicien roublard, sceptique et jouisseur, aimant le pouvoir et sachant s'en servir.

Les Girondins, qui le craignaient et le méprisaient à la fois, l'avaient élu à contrecœur pour s'en faire un bouclier contre l'émeute, mais il n'était point homme à servir de prête-nom à Brissot et à Vergniaud. Installé dans un département honorifique, il eut vite fait de tirer à lui les attributions de ses collègues. Monge, Servan et Lebrun lui obéissent au doigt et à l'œil. Il a des camarades pour toutes les places, des fournisseurs pour tous les marchés, des décrets pour toutes les affaires. Il rafle les fonds secrets, nomme les commissaires aux armées, pousse des milliers de volontaires dans les camps. Il est à l'aise dans le chaos. Il y trouve tout ce qu'il aime : des émotions, de l'argent, des attitudes. Au milieu de l'effroyable désordre qui emporte la France, lui seul a assez d'estomac pour avoir l'air d'être quelqu'un. Ce n'est pas un homme d'Etat. C'en est, à distance, une bruyante caricature.

La Commune insurrectionnelle avait abattu le trône. Il s'en fallut de peu qu'elle en fît autant de la Législative. Robespierre l'y poussait. Une vague crainte l'en empêcha. Elle se contenta d'imposer à l'Assemblée et au Conseil une série de mesures démagogiques : élection de la future Convention au suffrage universel, recherche des suspects par les soins des municipalités, perquisitions aux domiciles des royalistes, réélection des officiers de gendarmerie et des juges de paix de Paris, libération des prisonniers condamnés pour pillage des grains, confiscation et mise en vente des biens d'émigrés, internement de leurs parents, bannissement ou déportation des prêtres insermentés, réquisition et taxation des grains, constitution d'ateliers nationaux et enfin institution d'un tribunal extaordinaire pour juger les crimes de contre-révolution. C'est ce tribunal qui ordonnera les premières guillotinades. Au nombre de ses victimes, on relève le nom d'un charretier, Jean Julien, coupable d'avoir crié « Vive le Roi ! » et celui de La Porte, l'intendant de la liste civile.

L'armée, à peine remise de ses premières batailles, est à nouveau désorganisée. La Fayette, après avoir poussé le département des Ardennes à protester contre l'emprisonnement du Roi, émigre en Belgique, où il est fait prisonnier. L'état-major se décompose. Des officiers sont suspendus, d'autres s'en vont, beaucoup ne restent que par crainte. A la nouvelle du 10 août, l'armée prussienne s'est ébranlée : elle avance sans rencontrer de résistance sérieuse. Le 23, Longwy se rend sans presque s'être défendu. Le 2 septembre, Verdun capitule après un court bombardement. Le 13, les Prussiens forcent le passage de l'Argonne et s'engagent sur la route de Châlons. C'est la défaite. Les Girondins, qui ont poussé à la guerre d'un cœur si léger, crient maintenant que tout est perdu. Les uns proposent de transporter le gouvernement en province ; un autre imprime de basses flagorneries à la gloire du généralissime allemand ; le Conseil exécutif offre à l'Angleterre, pour prix de sa neutralité, un morceau de notre empire colonial. Un ami de Danton, Desportes, est envoyé en Allemagne pour solliciter de la Prusse une paix séparée. Des phrases ronflantes à la tribune, oui ! Mais derrière elles, le défaitisme et la peur.

A la Commune, c'est l'affolement. Chaque recul des armées apporte un surcroît de rage. Il y a là une poignée d'hommes sortis des bas-fonds, aujourd'hui Césars, demain, peut-être, vulgaires criminels de droit commun. Perdus dans une ville immense, ils sentent leur petit nombre et leur usurpation. Leur passé leur revient à la mémoire. Le président Huguenin est un concussionnaire, Rossignol un assassin, Manuel a volé, falsifié et vendu la correspondance de Mirabeau. Hébert, contrôleur de théâtre, a été renvoyé des Variétés pour filouterie, Panis, chassé du Trésor royal pour détournement. Tous, ils savent que les visites domiciliaires de leur comité de surveillance n'ont été, une fois sur deux, que de vulgaires cambriolages. Le 10 août, Huguenin a, de sa propre autorité, ordonné l'exécution de 96 Suisses faits prisonniers. Que Paris soit pris, et il faudra répondre de tout cela ! Point de milieu entre la dictature et les galères. Mais ces individus ont un conseiller digne d'eux : un demi-fou, un maniaque du crime, le journaliste Jean-Paul Marat, l'*Ami du Peuple*. Avant de disparaître, leur répète-t-il, supprimez vos ennemis, achevez vos victimes. Tombez sur ceux qui ont des voitures, des valets, des habits de soie. Visitez les prisons, massacrez les nobles, les prêtres, les riches. Ne laissez derrière vous que du sang et des cadavres. Et la tuerie s'organise méthodiquement. Le Comité de surveillance créé par la Commune comporte quatre membres, Panis, ami de Robespierre, le graveur Sergent, l'huissier Jourdeuil et un imprimeur, Duplain : ce sont eux qui mettent en train les battues. Dès le 11, ils commencent par les quartiers du Luxembourg et de Saint-Sulpice, où vivent de nombreux ecclésiastiques. On les enferme aux Carmes. Le commissaire de police de la section, l'Auvergnat Joachim Ceyrat, jadis tonsuré, professeur de mathématiques et franc-maçon, s'établit leur geôlier. C'est le tour ensuite des quartiers de la Montagne-Sainte-Geneviève et du Jardin des Plantes. Puis Issy, Vaugirard et tout Paris, section par section, Au nombre des suspects emprisonnés, il y a Beaumarchais. Le 29, à la proposition de Danton, l'Assemblée ordonne une perquisition générale, personne ne pouvant plus sortir de chez soi.

En dix jours, tout a été mis au point : les arrestations opérées, les listes de proscription imprimées, les égorgeurs choisis et embrigadés à raison de six francs par jour et le vin à discrétion (certains historiens pensent qu'on ne paya que les ramasseurs et transporteurs de cadavres). Le 30 août, l'Assemblée, accablée de dénonciations, effrayée de la tyrannie de l'Hôtel de Ville, décide de soumettre la Commune à la réélection, tout en prononçant que toutes les sections ont bien mérité de la patrie. Le 2 septembre, en réplique à la menace de renouvellement, le massacre commence et la Commune, inspirée par Robespierre, essaie d'y englober les Girondins, en lançant des mandats d'amener contre les principaux d'entre eux, dont Roland, Brissot et plusieurs députés du parti. On tue aux Carmes, à l'Abbaye, à la Force, à la Salpêtrière, au Châtelet, à Bicêtre. A l'Abbaye, l'huissier Maillard a improvisé un tribunal de sang, où siègent un aubergiste, un fruitier, un horloger, un chapelier... Autour de lui, pour s'exciter au travail, les assassins boivent, mangent et chantent. On a dressé des bancs pour « les dames » qui veulent assister au spectacle. Le jeune clerc de notaire Philippe Morice a rapporté que passant par là, il vit que le ruisseau de la rue Sainte-Marguerite (absorbée par le boulevard Saint-Germain) était rouge de sang. Aux Carmes, des prêtres essaient de s'enfuir par les jardins et de se cacher dans les arbres : une chasse à l'homme s'organise, qui fait plus de cent victimes. Le cordonnier Paris se vante d'avoir tué quinze prêtres ; le traiteur Duval n'en a que quatre ou cinq à son actif. Le 2 septembre, il y avait 2 600 détenus politiques, dans neuf prisons, auxquels il faut ajouter les 200 Suisses transférés au Palais Bourbon. Le nombre des victimes n'est pas exactement connu, les listes approximatives ayant disparu dans les incendies de la Commune de 1871. Les historiens les plus prudents fixent ce nombre à 1 200 au moins et très probablement à 1 400. Parmi les morts se trouvent l'ancien ministre Montmorin, l'archevêque d'Arles, les évêques de Saintes et de Beauvais, un grand nombre de professeurs de l'Université, les Suisses échappés à l'affaire du 10 août. La princesse de Lamballe est égorgée sur une borne de la rue Pavée et sa tête portée au bout d'une pique sous les fenêtres de la Reine, au Temple. A Bicêtre et à la Salpêtrière, où sont retenus les enfants et les filles publiques, se déroulent des scènes impossibles à raconter. Le 6 encore, les prisonniers en prévention de Haute Cour sont amenés d'Orléans à Versailles et massacrés le 9 par Fournier l'Américain.

Les objets de valeur saisis lors des perquisitions ou trouvés sur les victimes devaient être apportés à l'Hôtel de Ville et un inventaire dressé. « Beaucoup de choses manquent à ce compte, diront les *Annales patriotiques*, des bijoux, des louis, de l'argenterie. Au reste, on n'a touché ni aux caleçons, ni aux serre-tête. » A la vérité, ce fut un pillage en règle. L'essentiel fut volé tout de suite. De ce qui parvint à l'Hôtel de Ville, Panis s'attribua une montre en or, Sergent un chronomètre à répétition, une chaîne, deux cachets, une autre montre et une fort belle bague en or, ornée d'une agathe sanguine, promettant de payer cette acquisition sur ses appointements futurs. Les autres se servirent aussi bien. On restitua certaines repliques aux familles. Il ne resta presque rien à vendre. Quand tout cela se saura, Panis et Sergent seront membres de la Convention et la Terreur rendra muets les témoins.

Le Conseil exécutif, au courant de tous les préparatifs, n'avait pas bougé. Danton, à qui incombait la garde des prisonniers, ne fit rien pour les protéger. A un secrétaire de Roland qui le suppliait d'agir : « Je me fous bien des prisonniers, répondit-il, qu'ils deviennent ce qu'ils pourront. » Et c'est sous son contreseing que la Commune envoyait aux provinces la circulaire du 3 septembre : « La Commune de Paris se hâte d'informer ses frères des départements qu'une partie des conspirateurs féroces, détenus dans ses prisons, a été mise à mort par le peuple, actes de justice qui lui ont paru indispensables pour retenir par la terreur des légions de traîtres cachés dans ses murs, au moment où il allait marcher à l'ennemi. Et, sans doute, la nation entière, après la longue suite de trahisons qui l'ont conduite sur les bords de l'abîme, s'empressera d'adopter ce moyen nécessaire de salut public... »

Aussitôt : massacres à Reims, à Meaux, à Lyon, à Caen. Mme Roland se dit horrifiée· Sans doute a-t-elle oublié qu'après Varennes, elle avait annoncé à un ami qu'on arriverait à la liberté « à travers une mare de sang ». Roland remboursera ponctuellement à l'un des tueurs les plus acharnés, Fournier l'Américain, les 8 996 livres 5 sols qu'il dit avoir dépensés durant ses expéditions.

Ces horreurs étaient l'œuvre de quelques centaines de bandits. Né en Suisse, près de Neuchatel, Marat qui en a lancé l'idée avait été, en qualité de médecin, attaché à la maison du comte d'Artois. Il avait envoyé à l'Académie des Sciences nombre de communications sur de prétendues découvertes qu'après examen elle ne put prendre au sérieux. Aussi, dès avant la Révolution, se posait-il en « persécuté » et, dans un délire d'orgueil, se vante-t-il, en préface d'un traité sur la lumière, « d'avoir épuisé toutes les combinaisons de l'esprit humain ». Du graphomane aigri, vaniteux, mythomane, la Révolution avait fait un maniaque du crime. Sans parler de l'espèce de lèpre qui, peu à peu, envahit tout son corps, sa tête énorme, disproportionnée, sa bouche tordue, son teint couleur de plomb, sa façon de sauter plutôt que de marcher, tout, dans son comportement, aurait dû provoquer, sinon la répulsion, du moins la méfiance du Parisien propre et honnête. Mais la terreur était si grande que personne n'osa résister, ni protester. Au reste, le meilleur du pays était aux armées et s'y conduisait d'une autre manière.

Tandis que Brunswick s'engageait sur la route de Paris, Dumouriez et Kellermann avaient fait leur jonction, l'un venant de Sedan et l'autre de Metz. Au lieu d'essayer de barrer le passage à l'ennemi, ils s'installèrent en arrière, le long de l'Argonne, comme pour lui couper ses communications. Brunswick comptait déloger les Français par une belle manœuvre stratégique. Le roi de Prusse, impatienté, le contraignit à les aborder de front. La rencontre eut lieu à Valmy, le 20 septembre. L'armée révolutionnaire, composée pour une partie de vieux soldats et pour une autre de volontaires de 1791, qui avaient déjà un an de présence sous les drapeaux, fit bonne contenance. L'artillerie, entièrement renouvelée, sous Louis XVI, par Gribeauval, était très supérieure à l'artillerie prussienne. Tout se borna à une canonnade où nous eûmes si bien le dessus que Brunswick n'osa pas donner l'assaut. La pluie arrêta le combat. Militairement, c'était partie nulle, moralement, la France était victorieuse.

Le même jour, la Convention entrait en séance.

X.
La Gironde

La Convention avait été élue au milieu des massacres, entre le 2 et le 20 septembre. Elle était toute jacobine. Dans ses *Mémoires*, l'abbé Grégoire a donné un bon raccourci de l'action des minorités en période de troubles. Il s'agit de la réunion qu'avait tenue le club Breton, le 22 juin 1789, la veille de la fameuse séance royale du 23. « Nous étions douze à quinze députés réunis au club Breton... Instruits de ce que méditait la Cour pour le lendemain, chaque article fut discuté par tous et tous opinèrent sur le parti à prendre. La première résolution fut celle de rester dans la salle, malgré la défense du Roi. Il fut convenu qu'avant l'ouverture de la séance, nous circulerions dans les groupes de nos collègues pour leur annoncer ce qui allait se passer sous leurs yeux et ce qu'il fallait y opposer. « Mais, dit quelqu'un, le vote de douze à quinze personnes pourra-t-il déterminer la conduite de douze cents députés ? » Il lui fut répondu que la particule *on* a une force magique. Nous dirons : voilà ce que doit faire la Cour et, parmi les patriotes, *on* est convenu de telles mesures. *On* signifie quatre cents, comme il signifie dix. L'expédient réussit. »

Des historiens, de nos jours, ont remplacé le *on* par des vocables plus ambitieux : *le peuple, les masses, la sans-culotterie, le prolétariat, la classe ouvrière.* Le but est toujours le même : dans le feu de la lutte, capter, canaliser la force d'inertie, paralyser l'opposant en lui inspirant la fausse conviction qu'il est isolé et sans force ; à distance, créer une fantasmagorie historique en faisant passer la minorité agissante pour la nation presque entière. Si l'on veut réellement comprendre les événements révolutionnaires, il faut renoncer à ce vocabulaire décoratif, systématiquement trompeur, pour délimiter le plus exactement possible, en nombre et en qualité, les acteurs vrais, les membres de la *machine*, de l'*appareil*, chefs, agents d'exécution, militants de base... A dix reprises, dans des opuscules aussi répandus que son *Que Faire ?* qui date de 1902, ou que *La Maladie infantile du Communisme* (1920), Lénine, qui assura l'installation du communisme en Russie, en dispersant la Douma régulièrement élue après la chute du tsar mais où les bolchevistes étaient en minorité, Lénine, disons-nous, a vingt fois démontré que l'essor spontané de l'esprit de révolte dans des groupes d'étudiants et d'ouvriers n'aboutissait jamais au renversement du pouvoir établi, que la révolution était la tâche propre de professionnels dressés à ce travail, entraînés, encadrés, soumis à une discipline impitoyable : « Pour se préparer entièrement à sa tâche, l'ouvrier révolutionnaire doit devenir aussi un révolutionnaire professionnel... Tout agitateur ouvrier, tant soit peu doué, et donnant des espérances, ne doit pas travailler onze heures à l'usine. Nous devons prendre soin qu'il vive aux frais du parti, qu'il puisse, quand il le faudra, passer à l'action clandestine, changer de localité, sinon il n'acquerra pas grande expérience, il n'élargira pas son horizon, il ne saura pas tenir même quelques années dans la lutte contre les gendarmes... » Contre une fraction d'hérétiques qui prônaient la « dictature des masses » et condamnaient le « parti des chefs », Lénine affirme avec plus de force encore la nécessité de ces chefs, la nécessité d'un parti « de fer », la nécessité de la discipline partisane, car il est « d'une sottise et d'une imbécillité rissibles d'opposer la dictature des masses et la dictature des chefs », ceux-ci incarnant ce que les masses honnêtes ont de meilleur, la distinction entre le parti communiste et la classe prolétarienne constituant le crime capital, même si le premier ne représente qu'une fraction infime de la seconde.

Nous sommes très près de Jean-Jacques. Mais si Lénine a raison, nous pouvons dire que la révolution française, préparée par une fermentation intellectuelle, fut le fait d'une minorité agissante, organisée et disciplinée. Entraînée à la propagande et à l'agitation par les sociétés de pensée, elle n'était point encore républicaine en 1789. Elles le devint en trois ans, par le développement logique de sa doctrine, par le fonctionnement de son mécanisme et par le jeu des épurations successives. Commencée par une révolte judiciaire, continuée par une fronde aristocratique, notre révolution ne fut un mouvement de masse qu'en juillet et août 1789, quand la *machine* eut soulevé les foules paysannes contre les restes de la féodalité. Encore s'agissait-il de propriétaires, de laboureurs, de fermiers, autant que de journaliers.

Dans les villes, il n'existe pas de prolétariat, au sens moderne du mot, c'est-à-dire de rassemblement de travailleurs qui ont perdu la propriété des moyens de production et qui sont concentrés dans de vastes entreprises· On comptait sur les doigts celles qui, en 1789, employaient plus de cinq cents salariés. Il convient, il est vrai, d'y ajouter les manufactures d'armes qui se développeront pendant la guerre. Encore faut-il les voir telles qu'elles étaient. La plus importante, celle de Paris, organisée à la fin de 1793, ne comporta pas d'installation groupant les unes auprès des autres, dans une succession logique, les diverses opérations industrielles. Elle se composa d'ateliers dispersés dans la ville, qui exécutaient chacun une partie de la tâche, une pièce déterminée du fusil. Les platines étaient même fabriquées à domicile par des patrons-horlogers. En tout, elle employa, bureaucrates compris (et ils furent nombreux, car on « embusqua » derrière les écritoires nombre de citoyens bien pensants, mais peu désireux de risquer leur vie aux armées) environ cinq mille personnes, autant à peu près que les sept fabriques d'armes portatives qui fonctionnèrent en province. Sur vingt-cinq millions d'habitants, ce n'est pas une masse. L'industrie est encore artisanale. Aussi parmi les militants assidus aux séances des sections, signataires infatigables de motions et de pétitions, spécialistes du bonnet rouge, de la pique et du « patriotisme », à côté de l'ancien procureur, du prêtre défroqué, du sculpteur réputé dans le grattage des fleurs de lis, trouve-t-on le patron sans commande et le compagnon en chômage. C'est encore pourquoi les réactions spontanées de la foule — celles que signalent les observateurs de la police — ne sont pas des attroupements ou des émeutes de salariés qui s'élèvent contre leur condition, mais le plus souvent des colères de consommateurs qui protestent contre la vie chère, contre la rareté des denrées, contre le marché noir, contre l'inégal approvisionnement des boutiques, contre la fatigue des queues...

Le trompe-l'œil des mots évanoui, que voyons-nous ? Que depuis 1789, l'art de faire parler la *volonté générale* a fait des progrès considérables. Les « Constitutionnels » de la Législative, empêchés de retourner dans leurs circonscriptions, faute de passeports ; les journaux de droite supprimés et leur matériel distribué aux journaux de gauche ; les modérés pourchassés partout où ils osent paraître ; les Assemblées primaires décidant, à peine ouvertes, l'expulsion des membres soupçonnés de tiédeur ; le vote secret aboli dans dix départements au moins ; des élus emprisonnés aussitôt proclamés ; des bandes d'assassins rôdant autour des salles de vote : telles furent les conditions dans lesquelles le peuple souverain fut admis à exercer sa souveraineté. Le pays muselé ne put élever la voix : sur 7 millions d'électeurs, 6 300 000 s'abstinrent de gré ou de force. Le dernier dixième ne pouvait qu'obéir.

Il n'y eut de rivalité qu'à Paris où la Commune exclut les Girondins pour faire passer ses amis : Robespierre d'abord, puis Danton, Marat, Collot d'Herbois, Billaud-Varenne, Tallien, Panis et, enfin, en queue, le citoyen Egalité, autrement dit Philippe d'Orléans, qui n'en était plus à un reniement près. Partout ailleurs on avait fait liste unique et, comme les Girondins étaient les plus connus, ils avaient été nommés en très grand nombre en province. Tous les chefs de la Législative revenaient et, avec eux, Buzot et Lanjuinais, qui étaient d'anciens Constituants, Pétion, Roland et Barbaroux qui n'avaient pas encore été députés.

La Convention comptait 749 membres pourvus de 298 suppléants. Sur ces 749, il ne s'en présenta, le 20 septembre, que 371 dont 253 seulement — un tiers — répondirent à l'appel nominal pour l'élection du président. Bien que le chiffre légal ait été, par la suite, au fur et à mesure des annexions, porté à 903, ils seront rarement plus nombreux. En juillet 1793, on n'en comptera plus, un moment, que 186. Elue par une minorité, la Convention fut sa propre minorité. C'est ce qui fit sa force autant que sa faiblesse. La peur lui donna de l'audace. Elle régna par la Terreur qui est le gouvernement des faibles, et le terrorisme s'exerça également sur les révolutionnaires et sur leurs ennemis. « Il n'y avait personne qui ne fût suspect, parce que personne n'était sûr ni du lendemain ni de son voisin. »

Les premières séances, cependant, furent assez indistinctes et aucun parti ne sembla devoir se manifester. Le 20 septembre, presque à l'unanimité, la royauté fut abolie, les personnes et les propriétés placées sous la sauvegarde de la Nation. Le lendemain, sans discussion, il fut entendu que les actes publics seraient désormais datés de l'an I de la République et le 25, à l'unanimité, la République fut déclarée une et indivisible. Mais, déjà, cette unanimité n'était plus qu'un trompe-l'œil, et deux groupes, ou plutôt deux courants, apparaissaient nettement : d'un côté, la Gironde ; de l'autre, la Montagne.

La Gironde siège à droite ; c'est l'ancienne gauche de la Législative. Elle est républicaine, démocrate, parlementaire et anticléricale. Ses membres sont des bourgeois cultivés et chimériques. Ils croient que la vérité leur a été révélée et leur fanatisme est sans bornes. Mais ils sont conséquents et sincères.

Leur irrémédiable faiblesse est de croire qu'ils ont agi, quand ils ont parlé. Ils ont une confiance ridicule dans leur propre éloquence, s'imaginent qu'ils mettront leurs adversaires en déroute par un sarcasme ou par un discours d'apparat et ils aiment tant s'écouter eux-mêmes qu'emportés par la musique de leurs phrases, ils vont souvent au-delà de leurs propres sentiments. Ils ont horreur de la canaille. Ils veulent un gouvernement régulier et respecté qui fonctionne selon les principes révolutionnaires, mais qui, une fois élu, soit soustrait aux insurrections et aux coups de main du faubourg Saint-Antoine. Disciples des physiocartes, ils sont hostiles à toutes les interventions de l'Etat dans le domaine de la production et du commerce. Le respect de la propriété, la libre concurrence, l'individualisme agraire, la libre circulation des denrées sont à la base de leur politique économique. L'année 1792 ne se sera pas écoulée qu'ils auront fait rapporter toutes les mesures de réglementation — taxe et réquisition — qui avaient été prises par les départements ou les municipalités après le 10 août. La loi Le Chapelier, qui interdit toute association ouvrière ou patronale, a pour eux la valeur d'une loi organique. L'article 4 de cette loi ne déclare-t-il pas « inconstitutionnelles, attentatoires à la liberté et à la Déclaration des Droits de l'Homme » toutes délibérations et conventions ayant pour but une action concertée des travailleurs en vue d'imposer un salaire déterminé ? Ils ont donc une tendance instinctive à considérer toute protestation contre la vie chère, tout mouvement pour la hausse des salaires, comme un complot contre l'ordre social. Provinciaux, ils craignent que la Convention ne soit prisonnière de la Commune parisienne. Révolutionnaires nantis, ils prétendent s'affranchir de l'émeute qui les a portés au gouvernement et sans laquelle ils ne seraient rien. Contre la Constitution, contre le Roi, contre les Feuillants, ils ont, sans remords, fait appel à Santerre et à ses hommes : « Instruments très méprisables d'une révolution utile, glorieuse, et nécessaire », a écrit Condorcet. Mais ils se hérissent de rage à la pensée que leurs auxiliaires d'hier sont leurs maîtres d'aujourd'hui et que le Comité de surveillance de la Commune a failli englober un certain nombre des leurs, dont Brissot, dans les massacres de septembre. La loi leur est sacrée depuis qu'ils la font. Après Mounier, Mirabeau et Barnave, c'est à leur tour de dire : « La Révolution est finie. La Révolution s'arrête à nous. » La Révolution s'arrêtera un jour, en effet, mais seulement quand elle aura développé ses principes jusqu'à leurs dernières conséquences. Nous n'en sommes pas encore là. Le radicalisme parlementaire des Girondins n'est pas une fin, ce n'est qu'une étape vers le communisme dictatorial qui apparaît parmi les Montagnards.

A ce communisme, il ne faut pas donner des contours trop précis, ni des formules trop achevées, ni une charpente scientifique. C'est un communisme élémentaire, une insurrection presque instinctive des pauvres contre les riches, de ceux qui possèdent peu contre ceux qui possèdent davantage. Puisqu'on a établi l'égalité politique et l'égalité civile, pourquoi ne pas établir l'égalité sociale par une nouvelle distribution des fortunes ou par une vaste expropriation au profit de l'Etat ? Des journalistes répandent l'idée que cette seconde révolution est une nécessité et que, sans elle, la première restera vaine. Des curés constitutionnels se font l'écho de cette prédication. Des commissaires du Conseil exécutif y adhèrent. *L'égalité des jouissances* devient un mot d'ordre populaire.

Nous n'avons point sur ce mouvement, aux environs du 10 août, autant de renseignements que nous le désirerions. Cependant, les textes réunis par Albert Mathiez et ses continuateurs sont assez nombreux et assez démonstratifs pour que nous puissions au moins nous en faire une idée. Le curé Dolivier, présentant à l'Assemblée une pétition en faveur des émeutiers qui avaient pillé les marchés de la Brie, fait précéder sa demande de considérations de ce genre : « Quelle idée se fait-on de la propriété ? Je parle de la foncière. Il faut avouer qu'on en a bien peu raisonné jusqu'ici et que ce qu'on en a dit porte sur de bien fausses notions. Il semble qu'on ait craint d'entrer dans cette matière, on s'est bien vite hâté de la couvrir d'un voile mytérieux et sacré, comme pour en interdire tout examen ; mais la raison ne doit reconnaître aucun dogme politique qui lui commande un aveugle respect et une fanatique soumission. Sans remonter aux véritables principes d'après lesquels la propriété peut et doit avoir lieu, il est certain que ceux que l'on appelle propriétaires ne le sont qu'à titre du bénéfice de la loi. La nation seule est véritablement propriétaire de son terrain... »

Un autre curé, du Cher, celui-là, exhorte ses paroissiens à ne plus payer leurs fermages : « Les biens vont être communs, il n'y aura qu'une cave, qu'un grenier où chacun prendra tout ce qui lui est nécessaire... » Un commissaire du Conseil exécutif, Momoro, membre influent du club des Cordeliers, répand en Normandie une nouvelle déclaration des droits où on lit ces deux articles : « 1° La nation ne reconnaît que les propriétés industrielles, elle en assure la garantie et l'inviolabilité ; 2° La nation assure également aux citoyens la garantie et l'inviolabilité de ce qu'on appelle faussement propriétés territoriales, jusqu'au moment où elle aura établi des lois sur cet objet. » Ce qui revenait à dire que les propriétaires de biens-fonds ne détenaient leurs domaines qu'à titre révocable et tant que l'Assemblée n'en aurait pas décidé autrement.

Plus la vie est difficile, plus la campagne communiste

se fait active. Le curé Jacques Roux la dirige avec une ténacité cauteleuse que ne rebute aucune difficulté. Fils d'officier, il était né en Périgord, avait été professeur dans un séminaire, chanoine d'une collégiale, curé de Saint-Thomas de Cossac. Il avait disparu en 1790 à la suite d'émeutes paysannes et d'incendies de châteaux, qu'on l'accusait d'avoir provoqués. On le retrouve dix-huit mois plus tard à Paris, prêtre-jureur et vicaire à Saint-Nicolas-des-Champs, vivant avec une ouvrière en linge. Membre des Cordeliers et des Jacobins, membre du Conseil général de la Commune, il fait de sa section des Gravilliers et des sections voisines du Temple et de l'Observatoire des foyers de propagande d'où partent sans cesse des pétitions contre le commerce libre, contre les capitalistes, contre les bourgeois et contre les Conventionnels endormeurs. Ainsi se constitue à la gauche des Montagnards le groupe des Enragés dont les idées les contamineront peu à peu.

Sans doute, en cet hiver de 1792, ni Robespierre, ni Marat, ni la majorité des Jacobins ne s'avouent communistes. Au contraire, ils se disent partisans et défenseurs de la propriété. Ce refus est logique. Il s'explique par la vente des biens nationaux. Serait-il possible de trouver encore des acquéreurs, en proclamant que la propriété est un droit provisoire, révocable à la volonté de l'Etat ? Serait-il possible de créer cette immense classe de propriétaires attachés à la République, si la République déclarait son intention de les spolier ? Mais ce que les Jacobins refusent en gros, ils le concèdent en détail. Question de clientèle d'abord. Les Enragés ont avec eux les portions turbulentes de la capitale, celles qui ont fait la Révolution et sans lesquelles la Révolution ne peut se soutenir. Question de logique ensuite. Les difficultés économiques dont souffre le petit peuple proviennent, pour une grande part, des assignats. Aux maux révolutionnaires, il faut des remèdes révolutionnaires. La politique d'abstention de Roland et son « laisser-faire, laisser-passer » ramèneraient la Révolution un demi-siècle en arrière, à l'aurore de la critique libérale. La politique socialiste des Enragés, elle, est dans le génie du système. C'en est le développement rationnel. Un esprit déductif et formel, comme l'était Robespierre, ne pouvait rester insensible à cette nécessité. Tout en éprouvant, à l'égard des Enragés, beaucoup de méfiance et d'aversion, il sera conduit par les progrès de sa réflexion, autant que par la pression des sectionnaires, à faire sien, morceau par morceau, le programme des Enragés. Il l'imposera à la Convention et il succombera en essayant de l'imposer au pays.

Les révolutions ont leur logique et leurs lois. En remontant aux causes véritables de la disette et de la vie chère — inflation, guerre, troubles agraires, insécurité des transports — n'importe qui eût été fatalement amené à condamner un certain nombre d'actes politiques accomplis depuis trois ans, c'est-à-dire qu'il eût été conduit à prendre une position contre-révolutionnaire. De toute nécessité, il fallait donc que la disette et la vie chère fussent pourvues d'une explication mythique, présentées comme une machination des aristocrates et des réactionnaires. Alors que Saint-Just (novembre 1792) s'attardait encore à plaider contre « la disproportion du signe », pour la déflation et pour les économies, Marat, le premier, donnait le ton : « Il est incontestable que les capitalistes, les agioteurs, les monopoleurs, les marchands de luxe, les suppôts de la chicane, les robins, les ex-nobles, etc., sont tous, à quelques-uns près, des suppôts de l'Ancien Régime... Aujourd'hui, *ils redoublent de zèle pour désoler le peuple par la hausse exorbitante du prix des denrées* et la crainte de la famine... Dans tout pays où les droits du peuple ne sont pas de vains titres consignés fastueusement dans une simple déclaration, *le pillage de quelques magasins à la porte desquels on pendrait les accapareurs mettrait bientôt fin à ces malversations...* Laissons là les mesures répressives des lois... Un peu de patience, et le peuple sentira enfin cette grande vérité qu'il doit toujours se sauver lui-même. » Telle était, en effet, la vérité révolutionnaire.

Tout d'abord, les Girondins firent mine de vouloir se débarrasser de la Commune et de ses amis. Dès le 25 septembre, ils commencèrent l'attaque contre Robespierre, Marat et Danton, mais leur manœuvre fut mal conduite, sans plan préconçu ni suite dans les idées. Ils se répandirent en menaces vaines, en accusations vagues, ils inquiétèrent tout le monde, n'arrivèrent à rien et, dans ces incidents monotones, confus et sans conclusion, ils finirent par perdre une partie de leurs troupes qui, sous le nom de Plaine ou de Marais, constituèrent un tiers parti, un centre amorphe et veule, toujours prêt à se ranger aux côtés du plus fort ou du plus menaçant.

Plus tard, on prétendit que Roland avait constitué un bureau de corruption pour diriger l'esprit public. En fait, sur les 100 000 livres mises à sa disposition pour la propagande républicaine, les journaux girondins, *La Sentinelle*, de Louvet, *Le Bulletin des Amis de la Vérité*, n'en reçurent que dix, les agents qu'il avait chargés de travailler les sections, pas davantage : autant dire rien. Robespierre et Marat, accusés d'avoir inspiré les septembriseurs et de briguer la dictature, déconcertèrent leurs ennemis, le premier par son langage hautain, le second par son impudence et son cynisme. C'est tout juste si Roland obtint qu'une commission visitât les prisons pour faire relâcher les suspects arrêtés sans preuves, ni mandats réguliers.

Danton était plus vulnérable. Elu député, il était obligé de choisir entre son mandat législatif et son portefeuille ministériel. Il opta pour le mandat, tandis que Roland, qui se trouvait dans le même cas, optait pour le ministère. Ils devaient, l'un et l'autre, rendre compte de leur gestion financière depuis le 10 août. Roland s'exécuta avec une vertueuse solennité, mais Danton ne fournit que des pièces insuffisantes. Pressé de questions, il finit par avouer qu'il ne pouvait pas justifier de l'emploi des 200 000 livres qui avaient été mises à sa disposition pour dépenses secrètes. A l'en croire, cependant, tout avait été délibéré en commun au Conseil exécutif et les autres ministres avaient approuvé les dépenses au fur et à mesure. Roland riposta aussitôt qu'il n'en avait aucun souvenir. Monge, Clavière et Lebrun, mis en demeure de confirmer les dires de Danton, exposèrent, en un langage entortillé, que Danton leur avait, en effet, communiqué, en l'absence de Roland, un état de distribution des fonds secrets mais qu'ils n'avaient pas cru devoir en tenir registre. La défaite était piteuse et la vérité crevait les yeux : une bonne partie des 200 000 livres était tombée, sinon dans la poche de Danton, au moins dans celles de son entourage, à commencer par son secrétaire général, Fabre d'Eglantine, un ancien acteur de tournée, coureur de jupons, poète à ses heures (*Il pleut, il pleut, bergère...*), couvert de dettes, condamné en Belgique pour rapt et séduction de mineure, devenu un grand homme pour avoir fait jouer une suite patriotique au *Misanthrope* de Molière. Les Girondins avaient la partie belle, mais ils ne surent pas pousser leurs avantages. L'affaire fit long feu. La Convention refusa à Danton son quitus, mais elle ne le poursuivit pas en justice et tout finit par des injures dans les feuilles périodiques.

Même impuissance dans l'affaire de la garde conventionnelle. Pour se protéger contre les entreprises de la Commune, les Girondins voulaient que la Convention eût une garde formée par les départements, à raison de deux cavaliers et quatre fantassins par député, soit en tout 4 500 hommes environ. La délibération, commencée le 24 septembre, n'aboutit pas. Quelques départements prirent le parti d'envoyer, sans plus attendre, des fédérés pour défendre leurs représentants. Il en vint plusieurs milliers, mais ils ne tardèrent pas à être débauchés par des Jacobins et passèrent à la Montagne. Entre-temps, on discutaillait sur l'organisation de l'enseignement (sans avoir les maîtres, ni l'argent) ; le divorce était reconnu, la peine de mort instituée contre les émigrés rentrés ou pris les armes à la main, une nouvelle émission de 400 millions d'assignats décidée pour suppléer aux impôts taris.

Les Girondins s'étaient mis dans une situation grotesque : celle d'une majorité qui n'arrive pas à gouverner et que bafoue sans arrêt une minorité audacieuse. Le Montagnard Levasseur les appelle d'élégants sophistes entachés d'une radicale nullité, et Beugnot dit d'eux : « Ils picotaient le tigre quand il avait la gueule ouverte pour les dévorer. » Le départ de Danton nécessitait un remaniement ministériel. Servan, fatigué, demandait, lui aussi, à se retirer. Roland et sa femme leur découvrirent des successeurs dont ils se croyaient sûrs, un ancien Constituant, le journaliste Garat, pour la Justice, un vieil employé du duc de Castries, Pache, pour la Guerre.

Roland et sa femme ne se connaissaient pas beaucoup en hommes. Garat était un bavard, sans caractère, qui avait fait sa renommée en fabriquant des éloges académiques et qui louvoiera entre les partis sans se prononcer. Quant à Pache, à peine installé, il se proclama Montagnard et livra les bureaux de la Guerre aux Enragés.

A la fin de l'année, la Commune était enfin renouvelée. La mairie revenait à un ami de Brissot, mais les deux personnages importants : le Procureur général syndic et son substitut, étaient deux extrémistes, Chaumette et Hébert. Peu après, le concurrent montagnard, battu à la mairie, devenait Procureur du département. Enfin, pour couronner cette série d'échecs et de déceptions, les Girondins perdaient la présidence de la Convention, où se trouvait porté un homme du Marais, l'évêque Grégoire. Ainsi, en tout, les Jacobins manœuvraient la Gironde et la repoussaient de position en position. L'offensive des Roland contre les « Triumvirs » était manquée.

La riposte des Triumvirs fut la mise en accusation de Louis XVI.

Le procès du Roi est une des plus émouvantes tragédies de l'histoire. Le simple récit de la captivité et des derniers moments de Louis XVI fait un des livres les plus beaux et les plus humains qu'il soit possible d'écrire. Mais, pour qui s'intéresse à la suite des événements, il importe surtout de mettre en lumière les raisons politiques de l'accusation et du supplice. Le calcul des Montagnards est d'une terrible simplicité : il faut guillotiner le Roi pour faire du régicide la marque et l'épreuve des sincérités républicaines. Sur la mort du Roi, les députés se diviseront et se compteront. Ceux qui la rejetteront seront taxés de royalisme, de trahison, d'entente avec les émigrés et les Autrichiens. Ceux qui la voteront demeureront indissolublement unis dans la crainte d'une réaction. Qu'ils soient mis au ban des clubs, ou qu'ils soient coupés de leurs appuis modérés, les Girondins seront, de toute façon, affaiblis et peut-être mortellement atteints. Le procès de Louis XVI marquera la fin de la République bourgeoise, comme la déclaration de guerre a été la fin de la monarchie constitutionnelle. « Nous ne voulons pas juger le Roi, dit Danton, nous voulons le tuer. » « Egorgeons le cochon », avait dit plus simplement Legendre aux Cordeliers, en proposant d'en envoyer un morceau à chaque département. « Louis Capet, dit Jean Bon, a été jugé le 10 août, mettre son jugement en question, ce serait faire le procès de la Révolution et ce serait vous déclarer rebelles. » « Il faut, dit Robespierre, le condamner sur-le-champ à mort, en vertu du droit d'insurrection », et il résuma toutes ces raisons dans son plus célèbre discours : « Il n'y a point de procès à faire, Louis n'est point un accusé. Vous n'êtes point des juges. Vous n'êtes, vous ne pouvez être que des hommes d'Etat et les représentants de la Nation. Vous n'avez point une sentence à rendre pour ou contre un homme, mais une mesure de salut public à prendre, un acte de providence nationale à exercer. Un roi détrôné dans la République n'est bon qu'à deux usages : ou à troubler la tranquillité de l'Etat et à ébranler la liberté, ou à affermir l'une et l'autre à la fois. » En d'autres termes, si le Roi n'est pas coupable, ceux qui l'ont détrôné le sont. « La Constitution vous défendait de faire tout ce que vous avez fait. » Il faut que le Roi meure pour que les hommes du 10 août aient eu raison.

Tombés dans le piège, les Girondins n'en sortirent pas. Ils avaient blâmé les effusions de sang et ils auraient désiré sauver Louis XVI, mais ils n'osèrent pas se prononcer ouvertement. Leurs échappatoires et leurs arguties procédurières n'eurent d'autre résultat que de soulever les extrémistes contre eux et de donner à l'assassinat du Roi un caractère d'hypocrisie juridique qui le rend plus odieux.

Tandis qu'on délibérait sur un premier rapport du Comité de Législation, on apprit, le 20 novembre, la découverte, aux Tuileries, d'une armoire secrète, l'armoire en fer, qui contenait des papiers importants, en particulier la correspondance du Roi avec Mirabeau et avec Talon, distributeurs des fonds de la liste civile. En somme, les débris de l'agence de corruption qu'avait montée Bertrand de Molleville. Ce coup de théâtre acheva la déroute des partisans de l'indulgence. Tous ceux qui ne se prononceraient pas pour la mort passeraient pour avoir été achetés. Les suspects ne virent plus qu'un moyen de se refaire une vertu : guillotiner. Lorsque Marat demanda que le vote sur la sentence eût lieu à haute voix, à la tribune, par appel nominal, il ne s'éleva aucune protestation. Tout ce que les Girondins purent obtenir, c'est que Louis XVI fût assisté d'avocats : Tronchet, de Sèze et Malesherbes, l'ancien directeur de la librairie, qui avait si souvent couvert les philosophes contre ses propres services et qui pouvait contempler de près les disciples de ses protégés.

Le Roi comparut deux fois : le 11 et le 26 décembre. Il fut simple et digne. A l'interrogatoire du président

Barère, il répondit en invoquant la Constitution qui avait proclamé son inviolabilité et à laquelle il avait toujours conformé sa conduite. La plaidoirie de de Sèze, habile et pathétique, aurait emporté la conviction d'un tribunal ordinaire. Elle n'eut pas d'effet. Vergniaud demanda que la sentence fût prononcée par plébiscite. Guadet s'est expliqué sur cette procédure dans une lettre à sa femme : « Je ferai tout ce que je pourrai pour sauver la vie de Louis XVI : l'humanité ne le conseillerait-elle pas que l'intérêt du pays le commanderait encore. Il est la dernière barrière qui nous garantisse. *Sa tête en tombant entraînerait les nôtres.* Mais nous n'avons pour cela qu'un moyen, l'appel au peuple. Si nous l'acquittions, il serait égorgé sous nos yeux par la populace. *Si l'appel au peuple ne passe pas, nous sommes perdus avec lui.* » Guadet voyait juste, c'est pourquoi Robespierre, Saint-Just et Marat combattirent la proposition avec fureur. L'appel au peuple, c'était l'inconnu, l'acquittement, la monarchie peut-être ! « Soumettre à la ratification du peuple un jugement rendu sur des raisons d'Etat, dit Marat, est non seulement un trait d'imbécillité, mais de démence. Il n'a pu être imaginé que par les complices du tyran, réduits, pour couvrir leurs crimes et l'arracher au supplice, à livrer l'Etat aux horreurs de la guerre civile. »

Les scrutins s'ouvrirent le 15 janvier, sous la surveillance des clubs déchaînés et des assassins de septembre qui remplissaient les tribunes. Successivement, on vota sur la culpabilité, sur l'appel au peuple, sur la mort... Par 683 voix, « Louis Capet » fut déclaré coupable « de conspiration contre la sûreté générale de l'Etat ». Par 424 voix, l'appel au peuple fut repoussé. Le 16 janvier, à huit heures du soir, commença le dernier scrutin. On votait par département à partir de la lettre G. Comme douze des élus de la Gironde se disaient, la veille encore, résolus à l'indulgence, on pensait qu'ils demanderaient l'emprisonnement ou l'exil, que leur exemple entraînerait une majorité. Vergniaud présidait ; il vota la mort et huit de ses collègues bordelais après lui. Dès lors, les hésitants lâchèrent pied. Pendant vingt-six heures, les députés se succédèrent à la tribune, au milieu des vociférations du public, applaudis ou hués, selon qu'ils se prononçaient pour la guillotine ou pour la clémence. Kersaint a l'audace de dire que la culpabilité de Louis n'est point prouvée ; l'évêque Fauchet que la Convention n'a pas le droit de cumuler tous les pouvoirs. Autant que le sort de Louis XVI, c'était celui de ses juges qui se décidait. Il y eut 721 votants : 361 pour la mort immédiate ; 360 contre. Mais, comme 26 représentants avaient voté la mort avec réserves et préconisé le sursis, les scrutateurs retirèrent ces 26 voix des 360 et les ajoutèrent aux 361, en tout 387. Le lendemain, Brissot et Buzot essayèrent encore de soulever la question du sursis. Il fut rejeté par 380 voix contre 310. Le 20, dans l'après-midi, Garat se rendit au Temple pour signifier la sentence au Roi, qui obtint la permission de passer deux heures auprès des siens et de se confesser à un prêtre insermenté.

L'exécution eut lieu le 21, au milieu d'une ville morne, dans un déploiement de troupes formidable. Une double haie de sectionnaires et de fédérés allait du Temple aux Tuileries. Quinze cents hommes gardaient le carrosse royal. Vingt mille étaient massés sur la place de la Révolution où était dressé l'échafaud. A la sortie du Temple, vers huit heures et demie, quelques cris de « Grâce » s'élevèrent, mais Santerre fit battre les tambours de l'escorte et les roulements continuèrent sans interruption tout le long du trajet. A dix heures, le cortège arriva place de la Révolution. Le Roi descendit lentement de voiture, se laissa lier les mains, gravit les degrés et, du haut de la plate-forme, prononça très haut : « Peuple ! je meurs innocent ! » mais les tambours de Santerre couvrirent sa voix. A ce moment, il y eut une bousculade. Le Roi se tourna alors vers Sanson et ses aides : « Messieurs, je suis innocent de ce dont on m'accuse. Je souhaite que mon sang puisse cimenter le bonheur des Français. » Quand le couperet tomba, on entendit un grand cri. Le lendemain, Sanson, rapportant le détail de ces faits, ajoutait : « Pour rendre hommage à la vérité, il a soutenu tout cela avec un sang-froid et une fermeté qui nous ont étonnés. Je reste convaincu qu'il avait puisé cette fermeté dans les principes de la religion. »

« Louis, dit Albert Sorel, avait régné médiocrement... La guerre civile aurait rendu sa mémoire odieuse ; la proscription aurait effacé son souvenir ; l'échafaud lui fit une auréole. En lui ôtant le manteau royal et la couronne qui l'écrasaient, la Convention découvrit en lui l'homme qui était d'une mansuétude sans égale, et qui porta dans la séparation de tout ce qu'il avait aimé, dans l'oubli des injures qu'il avait reçues, dans la mort enfin, ce sacrifice de soi-même et cette confiance absolue dans la justice éternelle qui sont les sources des plus touchantes vertus du genre humain. La Convention l'exclut de la liste des souverains politiques où son rang était inférieur ; elle le plaça dans l'ordre des victimes de la destinée et lui conféra ainsi une dignité supérieure et rare dans la hiérarchie des rois. Pour la première fois depuis qu'il régnait, Louis parut dominer sa tâche. Et comme on le présenta, ce jour-là, en spectacle au monde avec une solennité extraordinaire, que cette journée est une de celles qui comptent dans l'histoire des nations, son nom s'associe, dans l'esprit des peuples, à l'idée de la plus grande des infortunes soutenue par le plus noble courage. » (Sur les 361 régicides, dont il faut défalquer 74 qui périrent sur l'échafaud ou d'une autre façon, 121 occupèrent des fonctions hautes et basses sous l'Empire).

Les Montagnards avaient gagné la partie : la Convention était engagée sur une voie dont elle ne put jamais s'écarter et où les Girondins se rompirent le cou. « Il n'y a plus moyen de reculer », écrivait Marat dans le *Journal de la République française*, continuateur de *L'Ami du Peuple*. « Nous venons enfin d'aborder dans l'île de la liberté et nous avons brûlé le vaisseau qui nous y a conduits », proclamait Cambon, et Lebas disait plus simplement, mais aussi nettement : « Nous voilà lancés, les chemins sont rompus derrière nous, il faut aller de l'avant bon gré mal gré, et c'est à présent surtout qu'on peut dire : vivre libre ou mourir. » L'assassinat du conventionnel Lepeletier de Saint-Fargeau, par un ancien garde du corps, était comme l'illustration de ces paroles.

Depuis plusieurs mois, une campagne furieuse était menée par la Montagne contre le couple Roland. Camille Desmoulins traitait le mari d' « entrepreneur de famine », le Jacobin Garnier de « bête féroce ». *Le Père Duchesne* accusait Madame d'être reine dans la République : « Nous avons détruit la royauté et foutre, nous laissons s'élever à sa place une tyrannie plus odieuse encore. La tendre moitié du vertueux Roland mène aujourd'hui la France à la lisière, comme les Pompadour et les du Barry. » Après l'assassinat de Le Peletier, le 23 janvier, Roland donna sa démission de ministre de l'Intérieur et le couple regagna la rue de la Harpe. Manon et Buzot s'aimaient. Elle en avait fait l'aveu à son vieux mari, pour lui faire admirer l'héroïsme avec lequel elle repoussait la tentation. Tout cela se savait plus ou moins. Roland, dans *Le Père Duchesne*, est désormais le *roi coco*, le *cornard*, le *vieux cocu*, tout en demeurant un contre-révolutionnaire et un affameur, responsable de la vie chère. Cependant, en dépit de leurs fautes, les Girondins gardaient un grand prestige : ils avaient voulu la guerre et l'on allait de victoire en victoire. C'est par la guerre qu'ils avaient escaladé le pouvoir, c'est par les succès militaires qu'ils s'y tinrent.

Au lendemain de Valmy, la situation des Prussiens était devenue singulièrement dangereuse. Des troupes fatiguées, ravagées par la dysenterie et démoralisées par la résistance imprévue des Français, deux tiers de soldats malades, des ravitaillements insuffisants et irréguliers, une population hostile, un temps détestable, un pays fangeux, des routes détrempées où les canons et les chariots s'enlisaient : c'était la retraite forcée. Elle faillit tourner au désastre. Si Dumouriez avait attaqué Brunswick dans les défilés de l'Argonne, c'en était fait de l'armée prussienne. Mais Dumouriez n'avait pas assez confiance dans ses volontaires pour risquer leur jeune gloire dans une bataille difficile et, d'autre part, il était trop persuadé que l'Autriche était la seule ennemie de la France pour ne pas chercher un accommodement avec la Prusse. Heureux de gagner du temps, Frédéric-Guillaume se prêtait aussitôt aux négociations et amusait les commissaires du Conseil exécutif, Westermann et Benoist, par de vagues promesses et des déclarations véhémentes contre l'Empereur et la Maison d'Autriche. Promesses et déclarations n'engageaient à rien, mais à Paris on prenait tout cela au sérieux, tant et si bien que le 23 octobre, suivi sans être inquiété, Brunswick repassait la frontière avec son hôpital ambulant. Mais déjà la rive gauche du Rhin était envahie par un autre côté, la guerre de conquête commencée.

Les discussions qui avaient précédé la rupture avec l'Autriche avaient montré que, pour les Girondins, la Révolution n'était pas une simple affaire de politique intérieure française, mais bien le premier épisode de la révolution universelle, la première étape d'une insurrection générale contre les rois, les prêtres, les nobles. Pour bien marquer ce caractère international, les réfugiés étrangers étaient admis en nombre indéterminé dans les clubs, les assemblées et les administrations. Au lendemain même de la déclaration de guerre, le plus remuant d'entre eux, le Prussien Anacharsis Cloots, qui se faisait appeler l'orateur du genre humain, se présentait à la barre de l'Assemblée : « C'est ici, disait-il, la crise de l'Univers. Le sort du genre humain est entre les mains de la France... La religion des Droits de l'Homme inspirerait-elle moins de vertu, de zèle et d'enthousiasme que la religion des faux prophètes ? » La religion des Droits de l'Homme ! Ce n'était plus une guerre qui commençait, mais une croisade : une croisade pour la dissolution des Etats.

Un premier décret accorda une pension aux déserteurs des armées ennemies. Traduit en allemand et en espagnol, il fut répandu à des milliers d'exemplaires. On le placardait sur les murs et sur les arbres, on le jetait dans les voitures, on le collait sur des bouteilles d'eau-de-vie : stratagèmes naïfs dont le succès fut médiocre. Plus habile était la formation de légions étrangères, amorces d'armées révolutionnaires, destinées à agir dans leur patrie d'origine. Il y eut des légions liégeoise, belge, batave, savoyarde, germanique, anglaise, toutes équipées et entretenues aux frais de la France. Chaque légion se doublait d'un club de patriotes dont les correspondances, les journaux, les tracts et les proclamations allaient répandre jusque dans les plus minuscules principautés les idées et les excitations révolutionnaires. De Strasbourg partaient des missionnaires qui, avec l'appui des loges maçonniques, soulevaient les Rhénans contre les électeurs et contre les émigrés. A Genève, les amis de Clavière s'agitaient. A Londres, les démocrates, groupés dans une société historique, multipliaient les manifestations de sympathie. Partout, les événements de France éveillaient l'espoir des misérables et des mécontents. Partout, il se rencontrait des hommes de lettres pour les défendre et les exalter. A la veille des élections à la Convention, Marie-Joseph Chénier demandait à la Législative d'accorder la nationalité française aux écrivains étrangers qui avaient « sapé les fondements de la tyrannie et préparé les voies à la liberté ». Il souhaitait que beaucoup d'entre eux fussent membres de la future Assemblée afin qu'elle devînt le « Congrès du monde entier ». Une vingtaine de philosophes reçurent ainsi le droit de cité. Deux d'entre eux : Thomas Paine et Anacharsis Cloots, furent élus députés, l'un du Pas-de-Calais et l'autre de l'Oise. Thomas Paine siégea à droite, Cloots à gauche. « En vous députant ici, disait Danton, la nation française a créé un grand comité d'insurrection générale des peuples contre tous les rois de l'univers ! »

Pendant que Dumouriez contenait l'invasion prussienne, les Autrichiens du duc de Saxe-Teschen étaient venus mettre le siège devant Lille. Mais le duc n'avait pas assez de troupes pour investir complètement la ville et dès qu'il apprit la débâcle de Brunswick, il se retira. Sur ces entrefaites, Dumouriez se rendit à Paris pour proposer à la Convention la conquête de la Belgique. Il fut reçu en triomphe ; on lui donna des fêtes ; on le couvrit de compliments ; les Jacobins lui offrirent un bonnet rouge ; Robespierre l'embrassa ; Santerre consentit à lui céder une partie de l'artillerie parisienne et le Conseil exécutif adopta le projet en prescrivant, le 24 octobre, que les armées ne prendraient point de quartier d'hiver jusqu'à ce que les ennemis de la République eussent été repoussés au-delà du Rhin.

L'adjudant-général Vergnes, qui dirigeait un des bureaux de la Guerre, avait proposé à Dumouriez de reprendre le plan traditionnel, celui de Louis XIV et de Turenne, en 1672, celui du maréchal de Saxe et de Lowendal, en 1745 : une armée d'observation, couvrant une armée de siège. Mais les troupes révolutionnaires étaient impropres à une guerre savante. Ardentes et pleines de courage, elles n'auraient point supporté une campagne lente et méthodique. Il fallait les pousser en avant, les entraîner en vue d'une offensive continuelle, laisser faire leur enthousiasme et leur fougue, sans trop se soucier des vies sacrifiées en surcroît. Au reste, pour servir cet héroïsme, on disposait de moyens matériels supérieurs en nombre et en qualité à ceux de l'ennemi, en particulier d'une artillerie de premier ordre. S'il est vrai que la bataille révolutionnaire sera grossière et sanglante, elle ne sera pas, cependant, un simple corps à corps.

Le 6 novembre 1792, Dumouriez rencontrait les Impériaux près de Mons. Après une préparation d'artillerie de trois heures, ses soldats enlevaient à la baïonnette les hauteurs fortifiées de Jemmapes et contraignaient le duc de Saxe-Teschen à la retraite. Coup sur coup, Bruxelles, Malines, Louvain, Liège, Gand, Namur ouvraient leurs portes. Anvers se rendait après quatre jours de tranchée. En un mois toute la Belgique était conquise. Partout les Français étaient accueillis par des acclamations et des réjouissances. A l'autre extrémité de la frontière, le long du Rhin, un second général, Custine, s'était porté en avant, tandis que Brunswick demeurait embourbé dans les routes lorraines et champenoises. Le pays était gagné depuis longtemps à l'influence française, les forteresses dégarnies, la population travaillée par une intense propagande ; partout on rencontrait des complaisances et des complicités : Spire, Worms, Mayence, Francfort sont emportées au pas de charge ; les princes et principicules détalent ou offrent humblement leurs services. Sur les Alpes, un troisième corps, commandé par Montesquiou, tombe sans déclaration de guerre sur le Piémont, prend Montmélian, entre à Chambéry et contraint les Sardes à évacuer toute la Savoie, tandis que Truguet et Anselme occupent sans plus de peine Nice et le Comté.

Pour un militaire, toute cette campagne est, en dépit de son éclat, pleine d'erreurs et de maladresses. En particulier, Dumouriez et Custine n'ont, à aucun moment, essayé de combiner leurs mouvements pour couper la retraite à Brunswick qui s'échappa assez facilement. Mais, loin de nuire aux Français, ce manque de science les rendait plus redoutables encore : ils semblaient triompher par leur seule présence. On eût dit que le seul nom de liberté mettait l'ennemi en déroute. Un publiciste allemand, qui avait l'imagination biblique, pouvait, sans faire rire, comparer Custine à Josué renversant les murailles au bruit des trompettes.

La victoire soulevait quantité de problèmes. Allait-on négocier ou poursuivre la guerre ? Ralentir la propagande à l'étranger ou l'intensifier ? Révolutionner les territoires conquis ou y respecter l'ancien ordre ? En faire des Etats protégés ou les annexer ? Dès le 28 septembre, la Convention entendait la lecture d'une lettre de Montesquiou qui sollicitait des instructions. Aussitôt s'engage un premier débat qui est intéressant par les contradictions qui s'y manifestent. Le pacifisme de 1789, le cosmopolitisme girondin, les plans de révolution universelle, le vieux rêve des frontières naturelles, la crainte de s'engager dans une guerre sans fin contre l'Europe : tout est agité à la fois. Mais si la Convention n'ose pas encore se prononcer et si elle se contente de renvoyer la lettre de Montesquiou à l'examen du Comité diplomatique, on sent au ton des discours que la balance penche du côté de la guerre. Dans les coulisses, d'ailleurs, les ministres y poussent de toutes leurs forces ; et leurs raisons, pour n'être pas de pure idéologie, n'en sont pas moins d'un gros poids. Le ministre des Finances, Clavière, prétend que l'entretien des armées ruine le trésor et demande qu'on les fasse vivre sur l'ennemi. Roland, de son côté, craint que le retour des soldats ne soit le signal d'une réaction militaire. « Il faut, dit-il, les faire marcher aussi loin que les porteront leurs jambes ou bien ils reviendront vous couper la gorge. »

La politique girondine, sous sa forme primitive, n'avait guère été qu'un prétexte à rhétorique incendiaire. L'épreuve des faits la contraignait à prendre corps. Depuis six ou huit mois, Brissot jonglait avec des grands mots menaçants. Il était temps de dire ce qu'ils recouvraient et puisqu'il ne s'agissait plus d'effets de tribune, mais d'intérêts et de résolutions positives, l'histoire, la géographie, les nécessités politiques et militaires reprenaient leur valeur et inclinaient les délibérations des Conventionnels vers les chemins battus de la tradition. Le décret du 19 novembre, qui promettait fraternité et secours à tous les peuples désireux de secouer leur liberté, ne fut encore qu'une manifestation verbale d'humanitarisme. Mais le 15 décembre, la Convention le complétait en décidant que l'aide de la France ne serait pas gratuite, mais qu'elle impliquerait de la part des nations assistées une soumission complète à la dictature et aux lois révolutionnaires : c'était le premier pas vers l'absorption. Le second fut vite franchi. Une série de décrets prescrivit l'annexion de Bâle, de trente-cinq communes du Palatinat, de Liège, de la Belgique et enfin de tout le pays y compris entre la Moselle et le Rhin. La Révolution réalisait un projet vieux de deux ou trois siècles : le démembrement de la monarchie autrichienne par la conquête des Pays-Bas. La propagande révolutionnaire semblait n'avoir été qu'un expédient nouveau pour achever ce qu'on pensait être la grande pensée de Richelieu.

En acceptant l'héritage de la monarchie, la Révolution s'exposait aux mêmes difficultés et aux mêmes dangers. La prise d'Anvers et l'ouverture des bouches de l'Escaut, dont les Hollandais avaient jusque-là le contrôle, ranimaient l'hostilité du gouvernement de Londres à l'égard de nos entreprises commerciales et maritimes. Pitt avait salué avec plaisir la révolution parce qu'il avait cru qu'en épuisant les Français elle lui permettrait de prendre pacifiquement la revanche de la guerre d'Amérique. Dès le moment où la Révolution apparut, non plus sous l'aspect de l'anarchie, mais sous celui de la conquête, ses sentiments changèrent du tout au tout. Jamais l'Angleterre n'avait toléré que la France s'établît en concurrente sur les côtes du Nord, face à la Tamise, dans une des meilleures positions maritimes du globe. Pour l'en empêcher, elle avait ameuté toute l'Europe contre Louis XIV. Elle l'ameutera avec plus de facilité encore contre la Révolution. Ce sera le dernier et le plus long épisode de ce que Seeley appelle la troisième guerre de Cent Ans, la guerre pour l'hégémonie économique et coloniale. Lente à comprendre, lente à se mettre en mouvement, l'Angleterre ne s'arrêtera pas avant d'avoir liquidé ce vieux compte. La coalition des puissances retrouvait sa tête et sa caisse. Comme sous Louis XV, la France allait s'enliser dans une guerre continentale quand son véritable ennemi était sur mer.

Jacques Bainville a insisté sur ce point avec beaucoup de clairvoyance et de raison. Parmi les fautes de la Révolution, dit-il, une des moins visibles et des plus importantes fut de s'être « mise en conflit avec la plus grande puissance maritime du monde sans avoir elle-même d'escadre et sans espoir d'en retrouver. Car une marine, instrument de précision, ne s'improvise pas. » Les mutineries et l'émigration avaient ruiné la nôtre. Faute de personnel, d'expérience et d'argent, il n'était pas possible d'en reconstituer une. Pitt le savait. Sa décision fut prise dès la fin de novembre. Pendant deux mois, il multiplia les incidents, les mauvais procédés et les provocations. L'exécution de Louis XVI, enfin, lui fournit un prétexte pour expulser l'envoyé français et amener la Convention à déclarer la guerre au roi George, au stathouder de Hollande, son allié, et au roi d'Espagne Charles IV qui était un Bourbon, cousin du roi de France (1er février-7 mars 1793). La Hollande surtout était visée : « C'est en Hollande, disait Danton, qu'est le foyer de ressources de nos ennemis... Prenons la Hollande et Carthage est détruite... La situation nationale est cruelle. Les signes représentatifs [les assignats] sont en France dans une trop grande disproportion... Il faut un grand correctif... Prenons la Hollande. » Et Cambon : « C'est la Hollande qui soutient le crédit public de l'Angleterre... Bientôt Amsterdam sera votre comptoir. » Et Chabot, aux Jacobins : « Où trouverons-nous de l'or pour faire la guerre ? A Amsterdam... Portez la liberté en Hollande ; elle vous tend les bras, elle vous offre son or et ses vaisseaux ! »

La Révolution avait soulevé contre elle la moitié de l'Europe, mais par une fatalité effroyable, au moment où s'engageait, selon le mot de Pitt, cette guerre d'extermination, les armées françaises se trouvaient dans un tel état de lassitude et de délabrement qu'elles étaient absolument impropres au combat. Une loi accordait aux volontaires de 1792 la faculté de se retirer au 1er décembre de chaque année, à la seule condition d'avoir prévenu leur capitaine deux mois à l'avance. Au jour dit, des bataillons entiers décampèrent. D'autre part, la désertion faisait des ravages considérables. Les régiments fondaient de semaine en semaine. Sur la Moselle, sur la Meuse, sur le Rhin, aux Pyrénées, partout, les routes étaient couvertes de soldats qui regagnaient leurs foyers sans permission, emportant leurs armes et leurs vêtements. Il y avait en Belgique, à la fin d'octobre, cent mille Français. A la fin de décembre il n'en restait plus, garnisons comprises, que quarante-cinq mille.

Dans les services du ravitaillement et des étapes, le désordre était pire encore. Le ministre Pache cachait, sous l'aspect placide et poussiéreux d'un vieux bureaucrate, une âme vindicative, hargneuse et avide de pouvoir. A peine installé au ministère, il en avait bouleversé les bureaux pour y faire entrer les créatures des Enragés : Audouin, un ancien vicaire de Saint-Thomas ; Hassenfratz, un chimiste à l'esprit confus devenu sans-culotte par amour de la saleté et du débraillé ; Vincent, un galopin prétentieux qui avait siégé à la Commune du 10 août, trois ou quatre cents nouveaux commis qui parlaient beaucoup, travaillaient peu et ne songeaient guère qu'à humilier les généraux et à leur faire des avanies.

L'habillement, l'approvisionnement et les charrois de l'armée étaient affermés à des compagnies particulières, entre autres la compagnie Masson-d'Espagnac pour les transports et la compagnie Doumerc pour le pain et les fourrages. Pache, qui n'osait pas s'en prendre directement à Dumouriez, fit arrêter ses fournisseurs pour vol. D'Espagnac était un fripon qui faisait des bénéfices scandaleux et trichait de son mieux sur ses contrats. Il fut démontré qu'il entretenait 6 300 chevaux, alors qu'il était payé pour 13 000. Mais les hommes que Pache installa au directoire des achats : Bidermann, Max Beer, Cerfbeer, Pick et Moselman ne valaient pas mieux, au contraire. Il est possible que l'ordonnateur Malus ait tripoté, mais il est certain que son successeur, Ronsin, fils d'un tonnelier de Soissons, auteur de mauvaises tragédies, d'une *Jeanne d'Arc* qui faillit être jouée à la Comédie-Française et de plusieurs drames républicains, ne devait sa place qu'à la faveur de Pache. C'était un parfait incapable, tout étonné de se livrer à des fonctions dont il ignorait les premiers éléments. « Nous sommes dans la pénurie la plus affreuse, notait l'adjudant-général Montjoye. Nos chevaux meurent de faim ; plusieurs refusent le service ; le pays est épuisé et les paysans sont obligés de tuer leurs bêtes, faute de pouvoir les nourrir. » Beurnonville, qui commandait l'armée de la Moselle, avait demandé à Paris des bas, des guêtres, des couvertures, des habits et des souliers. On lui expédia des bas d'enfants et des souliers de garçonnets. De l'Escaut aux Pyrénées, tout était à l'avenant : chaussures à semelles de carton, bottes en papier, voitures sans traits, vêtements en guenilles, toiles de tente pourries, drap trop mince, magasins ouverts à tous les vents et accueillants à tous les voleurs, hôpitaux sans linge, sans lits et sans médicaments. La grande armée de novembre n'était plus qu'une cohue de mendiants.

Pour surveiller l'esprit des armées et administrer les pays conquis, la Convention avait désigné un certain nombre de ses membres qui prirent le titre de commissaires. Leur action fut en tout déplorable. Le commissaire à l'armée de la Moselle, Joseph Cusset, était ivre du matin au soir. A peine éveillé, il s'installait à la cuisine avec le valet de chambre du général, un nègre qu'il appelait son ami et son frère, convoquait la garde et buvait jusqu'à rouler sous la table. A Namur et à Liège, sévissaient Danton et Delacroix. Toujours à table ou avec des filles, ils n'interrompaient leurs plaisirs que pour haranguer la populace et la pousser aux excès. « On ne fait pas, disaient-ils, des révolutions avec du thé ; les principes de justice et d'humanité sont bons en théorie et dans les livres des philosophes ; mais dans la pratique, il faut d'autres moyens, pour opérer il faut avoir des coupe-jarrets à gages. »

Comme la Convention, le Conseil exécutif avait ses

commissaires : trente pour la seule Belgique. On leur avait confié la « surveillance tutélaire » des administrations, les réquisitions, l'introduction des assignats et la saisie des biens de l'Eglise. Littérateurs obscurs, petits fonctionnaires, vagues hommes de loi, ils furent éblouis par l'importance de leurs fonctions et commirent des sottises qui les rendirent odieux et ridicules. L'un d'eux sommait la municipalité de Namur de lui offrir un « beau et splendide dîner » en tous points semblable à celui qu'elle avait donné au général Valence. Un autre dénonçait au peuple d'Ypres et de Courtrai les nobles et les prêtres comme des vampires semblables aux monstres du Nil qui « ne contrefont des voix humaines que pour attirer les malheureux et les dévorer ». Un troisième enfin répétait aux Bruxellois que le Brabant n'était qu'une vaste ménagerie et qu'on devait y couper à propos vingt ou trente têtes.

Personnellement honnêtes, les commissaires nationaux prirent comme adjoints et auxiliaires d'affreuses canailles dont les brutalités, les rapines et les brigandages révoltaient les populations. L'un d'eux, Saghman, est resté célèbre. C'était un ébéniste bruxellois, notoirement atteint de démence. Pour fêter sa nouvelle dignité, il s'était acheté cinq chevaux, trois cabriolets, un tonneau en bois d'acajou et trois mille pots d'étain. Il se croyait ministre et on eut toutes les peines du monde à l'empêcher de porter un habit d'écarlate bordé d'hermine.

Enfin et surtout, ni les Belges ni les Allemands ne voulaient des lois révolutionnaires. Les Français leur avaient annoncé qu'ils apportaient la Liberté. Ils avaient compris : le respect des franchises, des propriétés et des institutions. Pas du tout ! Cette Liberté, c'était la dictature de l'étranger, les assignats, l'arrêt du commerce, la proscription des prêtres, les réquisitions, les contributions forcées, la saisie des biens nobles et des biens d'Eglise, la délation, le pillage ! Dumouriez s'était opposé de toutes ses forces à l'arrêté du 15 décembre. Le Comité de défense générale constitué le 1er janvier pour coordonner les opérations militaires et les négociations diplomatiques consentit à le débarrasser de Pache et à lui donner pour successeur au ministère le ci-devant marquis de Beurnonville, mais Pache fut élu presque aussitôt maire de Paris, l'exécution de l'arrêté ne fut pas suspendue. Dès lors, le mécontentement et l'hostilité ne firent que grandir.

Un dernier incident acheva d'exaspérer les Belges. Les commissaires de la Convention avaient mis sous séquestre l'argenterie des communautés religieuses. Ils prescrivirent aux agents du pouvoir exécutif de la transporter à Lille où elle serait plus en sûreté. La mesure ne s'appliquait ni aux églises paroissiales ni aux objets du culte. La distinction ne fut pas observée. Pendant trois jours, Sainte-Gudule fut en proie aux sans-culottes. « Ils enfoncèrent les portes, raconte M. Arthur Chuquet, brisèrent les châsses, dispersèrent les ossements des saints, violèrent les tombes, mirent les troncs à sac, enlevèrent les registres baptismaux. Les officiers se jetaient les hosties ou les foulaient aux pieds. Les soldats, affublés de chapes et chantant d'obscènes chansons, formaient à travers la cathédrale une procession bouffonne. » Les commissaires suppliés d'intervenir répondirent qu'ils ne pouvaient rien. Le pays demeuré profondément religieux entra en effervescence. En de nombreux endroits, les détachements français furent assaillis, désarmés ou fusillés à bout portant.

Les armées austro-hongroises reprirent l'offensive au printemps. Déjà, en décembre, aidé par une insurrection des habitants, Frédéric-Guillaume était rentré à Francfort, mais il n'avait pas poussé plus loin. Le 1er mars 1793, l'armée autrichienne, commandée par Cobourg, tombait sur l'armée de Belgique, dispersée dans ses cantonnements de la Roer, et la taillait en pièces. Dumouriez, engagé dans une expédition contre la Hollande, se faisait battre à son tour à Neerwinden (18 mars) et à Louvain. Sur le Rhin, Custine était pareillement bousculé et de toutes ses conquêtes il ne nous restait que Mayence assiégée.

La débâcle des armées et le danger extérieur furent la cause ou le prétexte d'événements politiques dont l'histoire demeure obscure : la trahison de Dumouriez et les journées de Mars.

Dumouriez était ambitieux et il ne s'était rallié à la République que dans l'espoir d'y jouer un grand rôle. Peu à peu, il s'était rendu compte que la France n'était pas mûre pour la dictature d'un soldat heureux, et il avait formé le projet d'une principauté indépendante qui engloberait la Belgique et la Hollande et dont il serait le chef. Forcé par l'offensive autrichienne de renoncer à sa marche vers le Nord, il dut, une fois encore, modifier ses plans et il se décida pour le rétablissement de la monarchie dans la personne du petit Louis XVII, prisonnier au Temple.

La défaite le poussa aux dernières extrémités. Sachant qu'il serait mis en accusation pour avoir, après l'affaire de Sainte-Gudule, rapporté de sa propre autorité le décret du 15 décembre, il estima qu'il n'avait plus rien à ménager et se risqua à jouer le tout pour le tout. Il pouvait compter sur l'état-major et une partie des officiers que fatiguaient « les querelles honteuses » de la Convention. Mais pour entraîner ses troupes sur Paris, il devait être sûr de ne pas être attaqué par-derrière. Aussi le 23, moyennant l'évacuation totale des Pays-Bas, négociait-il avec Cobourg un armistice provisoire et une promesse de neutralité.

Jusque-là tout est clair. Ce qui l'est beaucoup moins, ce sont les allées et venues de Danton entre Paris et les armées et surtout l'arrivée au camp de Dumouriez, le 26, d'une députation de trois Jacobins exaltés : Proli, Dubuisson et Pereyra que nous retrouverons mêlés aux complots des Enragés et aux grandes affaires de trahison en 1794. Danton quitta Dumouriez le 21, après Neerwinden. Il aurait dû être pressé de se trouver à Paris pour y rendre compte des événements. Il n'y arriva pourtant que le 26. Avait-il été mis au courant par Dumouriez de ce qui se préparait ? Avait-il jugé prudent de disparaître jusqu'à ce que les choses se soient précisées, afin de se ranger, à coup sûr, du côté de la victoire ? Cela paraît vraisemblable. Quant à Proli et à ses collègues, quels services venaient-ils offrir ? Ecoutèrent-ils les déclarations que leur fit Dumouriez avec autant d'indignation qu'ils le prétendirent dans leur rapport ?

Ce qui complique encore les choses, c'est que Danton, Proli et les Enragés avaient, aux premières mauvaises nouvelles, semé la panique dans Paris et provoqué les 8, 9 et 10 mars 1793 un soulèvement des sections contre l'Assemblée qu'elles accusaient de mal conduire la guerre et de ne pas poursuivre les conspirateurs. Pour apaiser l'émeute menaçante, la Convention avait voté (10 mars) la création d'un tribunal révolutionnaire, résurrection du tribunal du 17 août supprimé par les Girondins. Faut-il voir dans ces journées un premier effort des Jacobins pour se débarrasser par la force de la majorité girondine ? Ou au contraire une tentative pour établir à Paris une organisation insurrectionnelle qui aurait secondé le coup d'Etat militaire ? Le bon accord qui règne à ce moment entre Marat, Robespierre et Danton irait à l'appui de la première hypothèse, mais il faut mettre en faveur de la seconde les efforts de Danton pour faire élire un nouveau ministère dont les membres eussent été choisis parmi les conventionnels et aussi son acharnement à défendre Dumouriez jusqu'au 28.

Quoi qu'il en soit, après les débuts favorables, l'affaire tournait mal pour Dumouriez. Il livrait à Cobourg le ministre de la Guerre, son ami Beurnonville, et les quatre conventionnels qu'on lui avait dépêchés, mais, à part un millier d'hommes, son armée se déclarait contre lui et il était forcé d'émigrer à son tour, avec le futur Louis-Philippe. Danton se rejeta à l'extrême-gauche avec d'autant plus de fureur qu'il se sentait compromis. Dans deux discours d'une violence inouïe, il accusa les Girondins d'être les complices de Dumouriez et il demanda à la Convention de « déclarer la guerre à ses ennemis intérieurs ». Déjà, il avait été institué dans chaque commune (à Paris, dans chaque section) un comité de surveillance de douze membres, qui, chargé de la délivrance des permis de séjour, puis des certificats de civisme, des mandats d'arrêt, des cartes d'alimentation, du contrôle des passeports, était un instrument de police pour la chasse aux suspects. Entraînés par Danton, le Centre et la Montagne votèrent une série de mesures qui marquent le début de la Terreur : institution d'une taxe spéciale sur les « riches », formation d'une armée révolutionnaire recrutée parmi « les pauvres », mise en activité du tribunal révolutionnaire avec une procédure expéditive, enfin, constitution d'un Comité de Salut public de neuf membres délibérant en secret, autorisé à prendre des arrêtés qui seraient mis en œuvre sans délai par le Conseil Exécutif (21 mars-6 avril 1793).

A la fin de février, l'Assemblée avait décidé la levée de 300 000 hommes. Le contingent était fixé pour chaque commune au prorata de la population. S'il ne se présentait pas assez de volontaires, le complément en serait pris parmi les célibataires et les veufs sans enfants, de dix-huit à quarante ans, et ce choix se ferait à l'élection ! Faire élire les recrues en pleine guerre, cela passait les bornes de l'absurdité et l'on imagine sans peine l'irritation terrible qui en résulta pour toute la France. Sous prétexte d'empêcher les abus, des départements décidèrent alors de confier aux municipalités le soin de choisir les hommes qui seraient mobilisés : excellente manière pour se débarrasser des « aristocrates » et des « bourgeois » ! A Paris, les sections désignèrent nominativement, un à un, douze mille jeunes gens qui passaient pour être antijacobins : clercs de notaire, commis de banque, employés de commerce et de bureau. Il y eut le 4 et le 5 mai, au Luxembourg et aux Champs-Elysées, deux émeutes de conscrits qui criaient : « A bas les anarchistes ! Au diable Marat, Danton et Robespierre ! »

Ils furent brutalement dispersés par Santerre. Les muscadins de 1795 se souviendront des levées de 1793. Pour l'équipement des recrues, la Commune établit sans tarder un impôt progressif sur les revenus qui, au-dessus de 30 000 livres, équivalait à la confiscation. Il était dit que pour asseoir cette taxe, les sections ne seraient pas liées par les rôles de l'impôt ordinaire.

C'est encore le recrutement qui provoqua le soulèvement vendéen. Le pays était très attaché à sa religion, à ses prêtres et à ses nobles. La Révolution y avait été mal accueillie et la révolte couvait depuis des mois. La loi des 300 000 hommes en fournit l'occasion. En quelques jours, le pays fut en feu. L'état-major de l'insurrection comprenait, fraternellement unis, des paysans : Stofflet et Cathelineau ; des nobles : Charette, Bonchamp, d'Elbée, La Rochejaquelein et même des curés comme l'abbé Bernier. Les Vendéens massacrèrent les *patriotes* de Machecoul, bousculèrent les gardes nationaux, les gendarmes et les vainqueurs de la Bastille qui leur étaient opposés, s'emparèrent de Cholet, Thouars, Fontenay et menacèrent Nantes où ils entrèrent même un moment.

De tous côtés, la politique girondine s'effondrait. Pour se maintenir au pouvoir, les Girondins avaient besoin de victoires continuelles. Les défaites intérieures et extérieures annonçaient leur fin. Mais comme ils gardaient la majorité à la Convention, ils ne pouvaient être vaincus que par un soulèvement populaire. Ne disposant ni des sections ni de la garde nationale parisienne, les Montagnards n'étaient pas en mesure de le provoquer à eux seuls. La garde nationale était à la réquisition de la Commune, les sections, sous l'influence des Enragés. Ceux-ci représentaient véritablement la force agissante. La répugnance des cultivateurs à échanger leur récolte contre du papier, la raréfaction des denrées, l'augmentation continuelle des prix avaient donné à leur propagande un essor formidable dont ils avaient fait la preuve en février, en organisant le pillage des épiceries.

Pour abattre les Constitutionnels, les Girondins avaient demandé le secours de Danton et de Santerre. Pour abattre les Girondins, les Montagnards demandèrent le secours de Jacques Roux et de Varlet. Marat connaissait personnellement Jacques Roux qui l'avait caché dans sa maison, lorsqu'il était sous le coup de poursuites judiciaires. Varlet s'était fait une manière de célébrité en discourant sur les places et dans les rues du haut d'une tribune roulante. L'entente dut se conclure entre eux vers le début d'avril. Les Enragés promirent leurs troupes. La Montagne prit à son compte le programme social des Enragés. Le 10, à la suite d'une pétition des sections contre l'accaparement, Robespierre prononçait un grand discours où il flétrissait « les aristocrates bourgeois qui ont horreur de l'égalité ». Le 11, la Convention décrétait le cours forcé de l'assignat. Le 24, Robespierre revenait à la charge. Il affirmait que la Déclaration des Droits paraissait faite « non pour les hommes, mais pour les riches, pour les accapareurs, pour les agioteurs et pour les tyrans ». En conséquence, il proposait de définir la propriété « le droit qu'a chaque citoyen de jouir et de disposer de la portion des biens qui lui est garantie par la loi ». Le 4 mai, la Convention votait le recensement et la taxation départementale des grains et fourrages ; le 20, le principe d'un emprunt forcé d'un milliard sur les riches. Dans l'intervalle, par les deux arrêtés du 9 et du 30 avril, avaient été créés les représentants en mission aux armées, chargés de surveiller la conduite des officiers et des soldats, avec le droit de faire arrêter les généraux.

Les Girondins essayèrent de se défendre en frappant le personnage le plus représentatif de la Montagne : Marat. Couvert de dartres, le teint plus jaune, en proie à des névralgies continuelles qui le rendent plus fou encore, Marat avait, dans sa maladie, conservé un sens prodigieux du journalisme, tandis que ses souffrances exaspéraient en lui le goût de la bataille et du crime. Personne n'exerçait sur la populace une influence comparable à la sienne. Les Girondins imaginèrent de le traduire devant le tribunal révolutionnaire pour avoir signé, comme président des Jacobins, une circulaire demandant la proscription des députés qui avaient voté l'appel au peuple, lors du procès de Louis XVI. Envoyer Marat devant le jury, c'était le faire juger par lui-même. Interrogé pour la forme, il fut acquitté le 24 avril et ramené en triomphe à la Convention.

Les Girondins ne se tiennent pas encore pour battus. Vergniaud avait dénoncé à la tribune les procédés par lesquels les triumvirs avaient provoqué les pétitions qui demandaient la déchéance de vingt-deux députés et dénoncé à ce propos les ressorts secrets du jacobinisme : « Les rédacteurs et leurs amis se répandirent au même instant dans les sections de Paris. Chaque émissaire, d'après les conventions faites, disait : *Voilà une pétition qu'il faut signer. — Lisez-la. — Inutile. Elle a déjà été adoptée par la majorité des sections.* Ce mensonge réussit auprès de quelques-unes. » Là, où il y eut de la résistance « les intrigants, les oisifs, les inconnus demeurèrent jusqu'à ce que les bons citoyens se fussent retirés et, maîtres de la délibération, ils délibérèrent qu'il fallait signer la pétition et la signèrent en effet. Le lendemain, quand les citoyens arrivaient à la section, on leur présentait la pétition à signer ; on se prévalait contre eux de la délibération prise la veille. S'ils voulaient faire quelques observations, on leur répondait par ces mots terribles : *Signez ou point de certificat de civisme* ». Dans plusieurs sections même, on décida de renouveler toutes les cartes civiques à la fois et on refusait les nouvelles à ceux qui ne signaient pas. « Les faits sont notoires, il n'est personne qui puisse les contredire. »

Vergniaud, en effet, n'a pas été contredit. Au contraire, on trouve dans un rapport du policier Dutard, « observateur » du ministère de l'Intérieur, à la date du 14 mai, la description, plus poussée encore, du même mécanisme : « Dans presque toutes les sections, ce sont les sans-culottes qui occupent les comités de surveillance ; ce sont eux aussi qui occupent le fauteuil, qui ordonnent l'intérieur de la salle, qui disposent les sentinelles, qui choisissent les censeurs et reviseurs. Cinq ou six espions, habitués de la section, soldés à quarante sous, y sont depuis le commencement jusqu'à la fin de la séance ; ce sont des hommes à tout entreprendre. Ces mêmes hommes sont destinés encore à porter les ordres d'un comité de surveillance à l'autre, de proche en proche, de manière que, s'il arrive quelque chose dans une section, la section voisine en est bientôt instruite ; et si les sans-culottes d'une section ne sont pas assez forts, ils appellent ceux de la section voisine. » Au surplus, les comités de surveillance, pour coordonner leur action, avaient nommé un *comité central,* où l'on parlait ouvertement de *septembriser* vingt ou trente députés. Parmi les membres qui soutinrent la proposition, on cite un employé des subsistances militaires et deux administrateurs de police. L'un d'eux précise qu'on a pour cela des hommes tout prêts, qu'on les paiera bien, qu'on dira ensuite qu'ils sont passés à l'étranger et qu'on présentera de fausses lettres pour le prouver.

La Montagne, au reste, ne fait pas mystère de ses procédés, compte tenu de la phraséologie en usage. Le 5 avril, aux Jacobins, Augustin Robespierre, fidèle écho de Maximilien, son aîné, prononce un grand discours pour préparer l'épuration de la Convention : « Il faut que tous les *bons* citoyens se réunissent dans leurs sections, qu'ils y dirigent l'opinion publique d'une manière plus utile qu'ils n'ont fait jusqu'à présent et qu'ils viennent à la barre de la Convention *nous forcer de mettre en état d'arrestation les députés infidèles...* Ne venez pas offrir vos bras et votre vie, mais *demandez que le sang des scélérats coule.* » Est-ce clair ?

Il se trouve pourtant des sections où les modérés regimbent, où, par leur obstination à être présents, ils ont la majorité. Voici la section Bon-Conseil, qui avait ouvert le feu contre les Girondins au début d'avril. Le 5 mai, elle envoie une députation lire une adresse toute différente. Les citoyens de la section voient avec peine la représentation nationale avilie, menacée, livrée à l'infamie, désignée aux poignards. Ils s'engagent à défendre la liberté des opinions et ils ne souffriront pas que les bons soient écrasés par le despotisme de prétendus patriotes, qui ne sont que des intrigants. Honneurs de la séance, mention honorable, réponse affectueuse du président Boyer-Fonfrède, tout est accordé à ces courageux pétitionnaires par la majorité émue. Mais c'est un précédent dangereux pour le parti adverse qui s'empressa d'y mettre bon ordre. Sous prétexte que les porteurs de l'adresse avaient soulevé un tumulte en revenant à leur quartier, les administrateurs de police les firent arrêter et coffrer. Excellent moyen pour décourager les imitateurs. Une autre fois, la section de Beaurepaire est envahie par deux ou trois cents purs, recrutés dans les sections voisines. Ils s'emparent de la salle, choisissent le président, nomment un nouveau bureau et font décider que les délégués des autres sections seront, en permanence, admis à voter dans celle-là. La section des Fédérés est pareillement « régénérée » par la section de l'Arsenal, la section du Contrat Social, par celles de la Halle au blé, des Lombards, des Gravilliers, la section de l'Arsenal par celles des Droits de l'Homme et des Quinze-Vingts. Comme les modérés de la section des Fédérés se rebiffent, les sans-culottes des Arcis arrivent en renfort et les épurent. Le 8 mai, aux Jacobins, Robespierre, contre « les culottes dorées », remet le sort de la Révolution au « peuple immense » des sans-culottes « bien purs, bien vigoureux ». Si purs et si vigoureux que pour l'élection d'Hanriot au commandement de la garde nationale parisienne, n'ayant pas confiance dans leur immensité, ils suppriment le vote à bulletins secrets et instituent de force le scrutin ouvert.

Parmi les papiers saisis chez Robespierre, après sa chute, se trouve un document d'une extraordinaire précision. Courtois, qui l'a publié, n'y a vu sottement qu'un épanchement secret d'ambitieux. Or, ces quelques lignes, écrites entre le 16 et le 19 mai, donnent exactement le secret des journées qui vont suivre : « Les dangers intérieurs viennent des bourgeois, il faut rallier le peuple... Il faut que le peuple s'allie à la Convention et que la Convention se serve du peuple. Il faut que l'insurrection s'étende de proche en proche sur le même plan. — Que les sans-culottes soient *payés* et restent dans les villes. — Il faut leur procurer des armes, les colérer, les éclairer. » Comme le dit un historien de la Commune, Paul Sainte-Claire Deville, rien de plus tragiquement caractéristique des horreurs de la guerre civile que ce néologisme *colérer*, employé par un homme à tête froide, qui sait le maniement des passions. Les individus à colérer ne sont que quelques poignées d'ailleurs. Le très grand nombre reste passif ou apeuré, il suffit de deux ou trois cents hommes par section pour y faire la loi. Selon les relevés de M. Albert Soboul, 9 % en moyenne des électeurs fréquentent celle de leur quartier. A l'Arsenal, certain jour, il y a 143 citoyens sur 3 142 ; au Contrat Social (rue Montmartre) 105 sur 3 224. A la Section Révolutionnaire (le tiers ouest de la cité), entre juin 1792 et juin 1794, sur 1 264 citoyens, on n'en dénombre jamais plus de 58, une fois 11. Dans ce Paris qui comptait plus d'un demi-million d'habitants, les « masses » révolutionnaires, les masses « sans-culottes », ne dépassent pas le chiffre déjà avancé de 10 000 hommes, encadrés, entraînés, tenus en main.

Cependant, inquiète du travail des ateliers de « colérage », la Gironde, le 18 mai, fait nommer une commission de douze membres chargée d'enquêter sur les abus de la Commune. Les Douze se mettent aussitôt à l'œuvre, réunissent des renseignements de première main sur les projets « septembriseurs » agités au comité central qu'avaient formé les commissaires des comités de surveillance, ordonnent aux sections de leur communiquer leurs registres, interdisent les réunions nocturnes, mettent en arrestation Hébert, substitut du Porcureur-

Syndic, Varlet, le second de Jacques Roux, et Dobsen, président de la section de la Cité, maçon de haut grade qui finira, sous l'Empire, procureur général à Trèves. Le 27, les pétitionnaires de 27 sections (sur 48) envahissent l'Assemblée, lui imposent la mise en liberté des détenus et la destitution des Douze. Le 28, la Gironde les rétablit. Le 29, aux Jacobins, Robespierre fait appel à la Commune et au peuple pour faire échec « au triomphe de la tyrannie ». Mais il se garde de préciser les moyens : « Ce n'est pas à moi d'indiquer ces mesures, à moi qui suis consumé par une fièvre lente et surtout par la fièvre du patriotisme. J'ai dit. Il ne me reste plus d'autre devoir à remplir dans ce moment. »

Tout le monde avait compris. En effet, le même jour, à l'Archevêché, où se tenaient toujours des réunions politiques d'électeurs et de sectionnaires, s'était constitué un Comité insurrectionnel de six, puis neuf, puis de onze membres, dont faisaient partie, avec Varlet et Dobsen, quelques-uns de ces militants obscurs, mais prêts à tout, intermédiaires indispensables entre les chefs et la troupe. Varlet était employé des postes, Dobsen avocat. Auprès d'eux, on cite un marchand de jouets, Bonhommet, un peintre-doreur, Simon, un cordonnier, Wandling, un charpentier bossu, Fournerot, un espion espagnol, qui se disait banquier, Guzman, deux ou trois individus sans profession précise, vaguement journalistes. L'ingénieur jacobin Dufourny a, tout au moins au début, joué un rôle important. C'est lui qui, pérorant en public, avait donné le thème de l'attaque : « Souvenez-vous du 10 août. Avant cette époque, les opinions étaient partagées sur la République ; mais, à peine avez-vous porté le coup décisif, tout a gardé le silence. Le moment de frapper de nouveaux coups est arrivé. Ne craignez rien des départements ; je les ai parcourus ; je les connais tous ; *avec un peu de terreur et des instructions, nous tournerons les esprits à notre gré.* »

Le 31, grossi des délégués des sections montagnardes

(34 sur 48, cette fois), le Comité se transporte à l'Hôtel de Ville, fait sonner le tocsin, battre la générale et fermer les barrières. Sur ses injonctions, la Commune nomme au commandement de la garde nationale, en remplacement de Santerre, parti pour la Vendée, un ancien orateur de foire devenu commis aux barrières, le général Hanriot. Vers 5 heures, la Convention (qui depuis le 10 siège aux Tuileries) est envahie par les émeutiers qui demandent la suppression définitive des Douze, l'arrestation des vingt-deux principaux Girondins, la taxe sur les riches, l'épuration des administrations. Les Girondins étaient venus, nombreux. Bravement, ils protestent contre le défilé des pétitionnaires, et s'opposent à leurs demandes. La Convention n'accorde que la suppression des Douze.

La journée était manquée. On la recommencera le 2 juin, mais cette fois dans toutes les règles. Dans la nuit, le Comité révolutionnaire lance un mandat d'arrêt contre Roland, Clavière et Lebrun. Roland réussit à s'enfuir, mais sa femme est arrêtée à sa place. Clavière et Lebrun sont appréhendés à la sortie du Conseil exécutif. Les journaux girondins sont saisis et leurs rédacteurs emprisonnés. Hanriot bloque la Convention avec des détachements sûrs de la garde nationale, l'avertit qu'aucun député ne sortira tant que l'Assemblée, harcelée par des délégations porteuses d'adresses comminatoires, n'aura pas livré les vingt-deux. Des représentants qui essayent de s'échapper sont rejetés dans la salle à coups de crosse. On tente une sortie en corps. Les barrages ne s'ouvrent pas. Hanriot fait charger ses canons et l'on est obligé de rentrer sous les menaces et les huées des soldats. « Nous voulons les traîtres ! A la guillotine les Brissotins ! Rentrez dans la tanière ! » Marat apparaît à la tête d'une troupe d'hommes armés qui l'acclame : « Au nom du peuple, hurle-t-il, je vous somme de retourner à vos postes que vous avez lâchement abandonnés. » C'est la fin. La séance reprise, la Convention vote l'arrestation de vingt-neuf députés, en spécifiant seulement qu'ils ne seront pas conduits en prison, mais gardés à domicile.

Parmi les vingt-neuf se trouvaient Vergniaud, Brissot, Gensonné, Buzot, Guadet, Isnard et Barbaroux. La Gironde était morte. La dictature jacobine allait commencer.

XI.
La Révolution victorieuse

Les Montagnards avaient inventé contre les Girondins l'accusation de Fédéralisme. Les Girondins s'en étaient toujours défendus et l'on ne voit pas, en effet, que leur méfiance à l'égard de Paris soit allée juqu'à préparer le démembrement de la République. Le 25 mai, comme la Commune était venue à la barre de la Convention exiger la libération d'Hébert, Isnard (du Var) qui présidait avait répondu : « Si par ces insurrections toujours renaissantes, il arrivait que l'on portât atteinte à la représentation nationale, je vous le déclare au nom de la France entière, Paris serait anéanti ; bientôt on chercherait sur les rives de la Seine si Paris a existé. » Ce n'était qu'une phrase dite par le plus emphatique et le plus sonore des provinciaux. Paris ne s'en porta pas plus mal. L'émeute du 2 juin 1793, au contraire, était un véritable coup d'Etat des autorités parisiennes contre la représentation des départements et la première conséquence en fut une insurrection des provinces contre la capitale.

Des vingt-neuf députés dont l'arrestation avait été décrétée, douze, dont Brissot, s'enfuirent tout de suite ; huit autres, dont Barbaroux, Lanjuinais et Pétion, réussirent à s'évader dans le courant du mois. Quelques-uns de leurs collègues non « décrétés » quittèrent Paris pour les rejoindre et organiser la résistance avec eux. D'un bout à l'autre de la France, ce fut un cri d'indignation contre la Commune. Soixante-neuf directoires de départements protestèrent et presque toutes les villes de l'Ouest, du Centre et du Midi s'associèrent à eux. L'Est et le Nord, menacés par l'invasion et occupés par les armées, étaient tenus à la prudence. Pourtant, sur le premier moment, deux districts de la Marne, la Meurthe, Nancy, une partie des Vosges et du Haut-Rhin, plusieurs sections de Strasbourg, envoyèrent des ordres du jour de blâme. A Paris même, il se trouva soixante-treize députés pour en signer un.

La révolte provinciale est, selon les endroits, différente de ton et de procédés. Mais tout se ramène à peu près aux mêmes principes : la Convention n'est plus libre, ses décrets n'ont plus force de lois ; il faut abattre la tyrannie parisienne et, en attendant, réunir une Convention provisoire. A Caen, à Bordeaux et à Toulon, les représentants en mission sont arrêtés ; à Nîmes, les clubs fermés et les maratistes emprisonnés ; Montpellier enjoint à tous les députés de se rendre dans leurs circonscriptions pour y répondre de leur conduite devant les Assemblées primaires. Nantes déclare que la Convention excède continuellement ses pouvoirs et proteste contre l'institution des représentants en mission. Le Jura réclame la réunion à Bourges des députés suppléants. La Nièvre nomme un comité local de sûreté. La Normandie et la Bretagne se fédèrent et se donnent une assemblée commune. Buzot, député de l'Eure, fait d'Evreux le centre du soulèvement et y organise une petite armée, dont Félix Wimpfen prend le commandement. De la Seine au Jura, toute la France était soulevée et la Commune semblait devoir être promptement accablée.

Ce n'était qu'une apparence. Dans les départements, comme à Paris, le parti girondin était sans racines. Taine l'a fort bien montré. Dans son ensemble, le pays demeure attaché à la monarchie constitutionnelle et il se désintéresse des querelles de la Convention. Tout ce qu'il reproche aux Montagnards : régicide, persécutions, injustices et cruautés, il le reproche au même degré aux Girondins. Peut-être a-t-il un peu plus d'estime pour leur caractère et leurs talents : ce n'est pas assez pour les défendre au péril de la vie. Le mouvement de révolte ne prend de l'ampleur qu'en devenant royaliste : à Lyon, où il est dirigé par un émigré, le comte de Précy et où le montagnard Chalier est guillotiné ; à Toulon, où les amiraux Trogoff et Chaussegros appellent les Anglais à leur aide. Partout ailleurs, ce n'est qu'une offensive verbale, le « cri désespéré d'un état-major sans armée ». Au premier abord, on a cru que c'était la voix de la France : c'est celle de ses comités électoraux et de leurs élus. Encore, chez ces maires, ces procureurs, ces administrateurs de tout rang, y a-t-il beaucoup d'hésitation et de tiédeur. Par scrupule ou par lâcheté, ils n'osent s'engager à fond. Au plus fort de leur indignation, ils veulent rester des hommes de gauche. Ils ont peur de la Commune, mais ils craignent encore plus de passer pour royalistes. La première chaleur refroidie, ils se tournent vers Paris et cherchent le moyen d'en finir honorablement, sans perdre leur écharpe et leur mandat.

L'insurrection provinciale fut cependant la cause indirecte de l'assassinat de Marat par une arrière-petite-nièce de Corneille, Charlotte Corday. Charlotte Corday habitait à Caen, chez sa tante, Mme de Bretteville. C'était une jeune fille sensée, sérieuse et douce. Royaliste dans l'âme, elle avait assisté aux débuts de la révolte, lu les proclamations enflammées des proscrits et compris rapidement que tout cela ne serait jamais que des mots. Le 7 juillet, Wimpfen, passant en revue la garde nationale de Caen, demanda des volontaires pour marcher contre Paris. Dix-sept hommes seulement sortirent des rangs. Raisonneuse et sublime comme une héroïne de tragédie, Charlotte Corday décida de montrer à ses compatriotes ce que peut une jeune fille résolue à braver la mort. Son Plutarque sous le bras, elle quitta Caen le 9 par la diligence, arriva à Paris le 11. Le 12, elle chercha en vain à approcher Marat à la Convention, mais le 13, sous prétexte de lui communiquer des renseignements sur la situation en Normandie, elle réussit à pénétrer au 20 de la rue des Cordeliers, où il habitait chez une demoiselle Evrard, de vingt ans plus jeune que lui. Obligé de prendre continuellement des bains de soufre, Marat, quand il reçut Charlotte Corday, était encore dans sa baignoire. Il lui demanda les noms des députés réfugiés à Caen et, pendant qu'il les notait sous sa dictée, elle le frappa d'un coup de couteau dans la région du cœur. Il succomba presque aussitôt. Charlotte fut guillotinée six jours plus tard.

Elle avait exécuté son crime avec un sang-froid inconcevable. Elle montra une égale fermeté au tribunal et à l'échafaud. « J'ai tué un homme, dit-elle aux juges, pour en sauver cent mille. » A un peintre qui avait obtenu le droit de pénétrer dans sa prison pour faire son portrait, elle répétait, avec le même calme, que loin de regretter son acte, elle s'en applaudissait pour le bonheur de la France qu'elle venait de délivrer d'un monstre. La Convention assista en corps aux obsèques de Marat, qui fut enterré dans une grotte artificielle aux Tuileries. Son cœur fut suspendu aux voûtes des Cordeliers et, dit le ministre Garat, « cinquante mille de ses images érigées au sein de la République ».

Le comité de Salut public s'était laissé surprendre par les Girondins, mais il ne tarda pas à se ressaisir et la Montagne manœuvra avec habileté pour diviser ses adversaires. Le chef-lieu du département de l'Eure fut transféré d'Evreux à Bernay, les départements de la Loire et du Vaucluse créés, de manière à opposer Saint-Etienne à Lyon et Avignon à Marseille. Aux paysans, on accorda la division des biens d'émigrés en petites parcelles payables en dix ans et le partage des biens communaux ; aux fonctionnaires, des augmentations de traitement ; aux petits bourgeois, l'exemption de l'emprunt forcé ; aux sectionnaires, le maintien des comités de surveillance. Enfin, en quinze jours, une Constitution nouvelle fut votée qui donnait aux citoyens toutes les garanties désirables contre les entreprises du gouvernement.

Les Girondins prétendent que la Montagne opprime le pays ? La Constitution lui assure le libre exercice du culte, la liberté du travail, la liberté illimitée de la presse, le droit de pétition et de réunion, le droit à l'assistance, le droit au travail, et, pour couronner le tout, le droit à l'insurrection : « La Loi doit protéger la liberté publique et individuelle contre l'oppression de ceux qui gouvernent... Quand le gouvernement viole les droits du peuple, l'insurrection est, pour le peuple et pour chaque portion du peuple, le plus sacré des droits et le plus indispensable des devoirs. » Les Girondins prétendent que la Montagne veut établir le communisme ? La Constitution reconnaît le droit de propriété sans aucune restriction, comme étant celui « qui appartient à tout citoyen de jouir et de disposer à son gré de ses biens et de ses revenus, du fruit de son travail et de son industrie ». Les Girondins prétendent que la Montagne est une coterie qui tient la représentation nationale dans l'esclavage ? La Constitution établit le renouvellement annuel du corps législatif et le référendum pour la législation financière, civile et criminelle. Pouvait-on rêver mieux ? Et puisque les voies normales et légales ont été rétablies pour le redressement des abus, n'aurait-il pas été criminel de ne pas déposer les armes aussitôt ? Tous ceux qui regrettaient de s'être laissé entraîner dans la révolte saisirent avec empressement l'occasion de se soumettre.

Dès le début de juillet, les défections commencent. Un département entraîne l'autre. Les administrations se rétractent et présentent leurs regrets. Les clubs se reconstituent. Le Puy-de-Dôme, qui a levé un bataillon pour combattre la Montagne, l'expédie contre la Vendée. A la première rencontre, l'armée de Wimpfen se disperse. Le maire de Bordeaux, Saige, envoie à Paris une députation suppliante pour obtenir que la Convention oublie « un instant d'erreur » et fasse grâce « à des frères égarés ». Quand Tallien rentra dans la ville avec 1 800 hommes de l'armée révolutionnaire, il fut reçu par les 12 000 hommes de la garde nationale qui se laissèrent casser, disperser et désarmer sans esquisser un geste de résistance. Pour le récompenser de sa docilité, Saige fut aussitôt mis à mort et 881 de ses concitoyens le suivirent sur l'échafaud sans beaucoup plus de formalités. La ville fut soumise à une commission militaire présidée par un repris de justice du nom de Lacombe, qui rançonna les riches et affama les pauvres.

La Constitution, bien entendu, n'était qu'un attrape-nigauds. Lorsqu'elle eut produit son effet, ce fut l'occasion d'une nouvelle comédie. Les assemblées primaires nommées pour ratifier l'acte constitutionnel avaient désigné cinq ou six mille commissaires chargés de porter à Paris leurs résolutions et leurs vœux. Dans leur immense majorité, ces délégués étaient favorables à la Constitution, mais ils devaient en outre demander que le nouveau régime fût appliqué sans tarder et que les élections eussent lieu le plus tôt possible. Le moment est décisif pour la Montagne : si les commissaires arrivent à remplir leur mission, tout le travail qu'elle a fait depuis dix mois pour s'emparer du pouvoir est vain. Mais les Jacobins connaissent le maniement des électeurs...

Voici les cinq mille en route. A quelques lieues de Paris, leurs voitures sont arrêtées pour la visite des bagages et l'inspection des papiers. Nos provinciaux, qui se croyaient des personnages, s'aperçoivent qu'ils ne pèsent pas lourd en face d'un policier de la Commune. Ni la fouille, ni les soupçons, ni les interrogatoires ne leur sont épargnés. Entre-temps, ils apprennent que le Comité de Salut public leur interdit les conciliabules et les réunions et qu'il fait arrêter les porteurs de procès-verbaux négatifs. Les commissaires commencent à comprendre... A Paris, aux barrières, ils sont attendus par des inspecteurs qui les conduisent à la mairie, leur délivrent des billets de logement, les accompagnent à leur domicile et ne les lâchent plus d'une semelle. Aussitôt commencent les réjouissances. On leur montre les spectacles les plus propres à réchauffer leur *patriotisme* : la guillotine, le tribunal révolutionnaire, les sections, les Jacobins, la Convention. Entre-temps, quelque bonne tragédie sans-culotte : *Brutus*, *Guillaume Tell*, ou quelque bonne harangue des autorités communales. Le 10 août, grande cérémonie et grande cavalcade avec chars de triomphe, encensoirs, autels, urnes mortuaires, faisceaux, trompettes, coups de canon et piques. Près des débris de la Bastille, Hérault de Séchelles, président de la Convention, et les 83 délégués les plus âgés (un par département) boivent à la fontaine de la Régénération, représentée par une femme robuste dont les seins laissent jaillir deux jets d'eau. Place de la Révolution (ex-Louis-XV), il met le feu à une pyramide de sceptres et de couronnes, d'où s'échappent trois mille oiseaux libérés. Aux Invalides, le cortège défile autour d'une montagne artificielle où l'on voit la statue de l'Hercule populaire écrasant l'hydre de la réaction. Au Champ-de-Mars, enfin, on se prosterne devant l'autel de la patrie, sur lequel est placée la Constitution, enfermée dans une arche, à la façon des tables de la loi, au temps des Hébreux. Le 11, l'arche est conduite en grande pompe à la Convention qui la reçoit avec amour et décide que les opérations électorales commenceront dans le plus bref délai. Mais, le 12, les commissaires, domestiqués et échauffés à souhait, supplient l'Assemblée de ne pas priver la France de son énergie et des lumières. La Convention se laisse faire cette douce violence, et l'arche constitutionnelle est remisée derrière le bureau du président, dans une niche d'où elle ne sortira pas. Le tour était joué, la résistance girondine étouffée, la Convention montagnarde consacrée par ceux-là mêmes qui devaient lui signifier son congé.

Dès lors, le dernier acte du drame ne devait plus beaucoup tarder. Avant de partir, l'orateur des commissaires, le curé Royer, de Chalon-sur-Saône, avait pris la parole à la Convention : « Nous vous demandons de décréter solennellement que tous les hommes suspects seront mis sur-le-champ en état d'arrestation, pour être précipités aux frontières, suivis de la masse terrible de tous les sans-culottes de la République. Là, au premier rang, ils combattront pour la liberté qu'ils outragent depuis quatre années, ou ils seront immolés sous les canons des tyrans. Les femmes, les enfants, les vieillards, les infirmes seront mis sous la sauvegarde de l'humanité et de la loyauté françaises ; ils seront gardés en otages par les femmes et les enfants des sans-culottes. » Le 17 septembre, sur le rapport de Merlin (de Douai) était votée la loi qui prescrivait l'arrestation des suspects, parents d'émigrés, individus à qui il a été refusé des certificats de civisme, ennemis de la liberté, hommes et femmes qui par leur conduite, leurs relations, leurs propos, leurs écrits se sont montrés « partisans de la tyrannie ou du fédéralisme ». Le 3 octobre, on arrêtait, sur les bancs mêmes de l'Assemblée, les députés qui avaient signé l'adresse de protestation contre le 2 juin. Conduits à la Force, ils y restèrent six mois, sous le couteau, entre la vie et la mort. Le 7, sur simple constatation de son identité, le Girondin Gorsas, mis hors la loi, est décapité. Le 24, commence le procès des 21, accusés pêle-mêle d'avoir voulu rétablir la monarchie, organisé le soulèvement de la Vendée, machiné la trahison de Dumouriez, inspiré les assassinats de Marat et de Lepeletier.

Comme on craignait leur éloquence, Robespierre et les Jacobins demandèrent à la Convention de débarrasser le Tribunal « des formes qui étouffent la conscience et empêchent la conviction ». Il fut décidé qu'après trois jours de débats il serait désormais loisible aux jurés de clore l'instruction du procès en déclarant leur conviction faite. Le décret est porté sur l'heure au Tribunal. Le soir même, les jurés interrompent les interrogatoires et prononcent une condamnation à mort générale. « Braves bougres, leur avait écrit Hébert, ne vous amusez donc pas à la moutarde. Faut-il donc tant de cérémonies pour raccourcir des scélérats que le peuple a déjà jugés ? »

L'un des condamnés, Valazé, se poignarda séance tenante, les vingt autres, dont Vergniaud, Brissot et Gensonné, furent guillotinés le lendemain. L'exécution dura trente-huit minutes (31 octobre). Huit jours plus tard, Mme Roland fut décapitée à son tour. Elle mourut stoïquement, à la manière de ces héros antiques qu'elle avait tant admirés.

Ceux des Girondins qui avaient réussi à s'échapper eurent une mort plus misérable encore. Traqués comme des bêtes, errant déguisés de cachette en cachette, ils finirent pas être pris, tués ou réduits au suicide. Lidon se fait sauter la cervelle, Condorcet s'empoisonne, Roland se poignarde, on trouve Rebecqui noyé dans le port de Marseille, Buzot et Pétion à demi mangés par des loups dans une lande à Saint-Emilion. Valady est décapité à Périgueux, Déchezeaux à Rochefort, Guadet, Barbaroux et trois autres à Bordeaux, les anciens ministres Lebrun et Clavière à Paris.

Restaient Lyon, Toulon et la Vendée.

Le siège de Lyon commença le 9 août, le bombardement le 22, mais l'investissement ne fut complet qu'au milieu de septembre. Précy réussit à s'enfuir dans une sortie le 8 octobre. Le lendemain, la ville se rendit. Toulon, occupé par les Anglais, résista à Dugommier jusqu'au 19 décembre.

Si les Montagnards avaient été autre chose qu'une faction, « ils se seraient montrés humains, sinon par humanité, du moins par intérêt ». La modération calculée de Robert Lindet avait ramené sans peine la Normandie à l'obéissance : « On ne traite pas, disait-il, neuf départements capables de former un Etat, comme on traite des assassins. » Caen, la ville de Charlotte Corday, Evreux, la ville de Buzot, s'étaient soumises sans coup férir. Mais à Lyon et dans le Midi, les clubistes ne vivaient plus que pour la vengeance. Le 12 octobre et le 24 décembre, la Convention décrète que « la ville de Lyon sera détruite, tout ce qui fut habité par les riches sera démoli ; il ne restera que la maison du pauvre, les habitations des patriotes égorgés ou proscrits, les édifices spécialement employés à l'industrie, les monuments consacrés à l'humanité et à l'instruction publique ». Pareillement, à Toulon, « les maisons de l'intérieur seront rasées ; il n'y sera conservé que les établissements nécessaires au service de la guerre et de la marine, des subsistances et des approvisionnements ». — « Le nom de Toulon sera supprimé ; cette commune portera désormais le nom de Port-la-Montagne ». — « Le nom de Lyon sera effacé du tableau des villes de la République ; la réunion des maisons conservées portera désormais le nom de Commune-Affranchie. Il sera élevé sur les ruines de Lyon une colonne avec cette inscription : *Lyon fit la guerre à la Liberté, Lyon n'est plus.* » Couthon et Dubois-Crancé, qui en avaient dirigé le siège et qui s'étaient contentés d'ordonner une trentaine d'exécutions, sont rappelés au bout de quinze jours et remplacés par deux amis d'Hébert : Fouché et Collot d'Herbois, un oratorien défroqué et un cabotin de bas étage.

A peine arrivés, les deux proconsuls organisèrent en l'honneur de Chalier, dieu et martyr de la religion révolutionnaire, une cérémonie à la fois odieuse et grotesque, dont M. Louis Madelin a fait l'écœurante description.

Tout d'abord, escortés d'un bataillon de Jacobins armés de haches et de pics, les représentants parcoururent la ville en grande pompe, abattirent les croix, pillèrent les sacristies, chassèrent des autels le clergé constitutionnel et proclamèrent l'abolition du fanatisme. Après quoi, sur les ruines de l'ancien culte, ils instituèrent le nouveau.

Le buste de Chalier parut, hissé sur un palanquin tricolore. Fouché et Collot se rangèrent derrière lui. Venait ensuite un âne couvert d'une chape et coiffé d'une mitre, portant à la queue un crucifix, la Bible et l'Evangile, puis une troupe de sans-culottes chargés de vases sacrés, calices et ciboires, enlevés aux églises, et enfin une foule de gens qui hurlaient : « A bas les aristos !

vive la République ! vive la guillotine ! » La mascarade s'arrêta place des Terreaux. Les représentants s'agenouillèrent devant le palanquin et hurlèrent : « Dieu sauveur (c'est de Chalier qu'il s'agit), vois à tes pieds la nation prosternée qui te demande pardon. Mânes de Chalier, soyez vengés ! nous en jurons par la République. — Chalier, tu n'es plus ! Martyr de la liberté, les scélérats t'ont immolé ! Le sang des scélérats est la seule eau lustrale qui puisse apaiser tes Mânes justement irrités ! Chalier, Chalier, nous jurons sur ton image sacrée de venger ton supplice ! oui, le sang des aristos te servira d'encens ! » On alluma un brasier, un Evangile et un crucifix y furent brûlés. On fit boire à l'âne le contenu d'un calice. Les royalistes affirmèrent par la suite qu'on devait aussi lui faire manger des hosties, mais une pluie torrentielle mit fin à la fête.

Dès le lendemain, s'abattaient sur la malheureuse « Commune affranchie » une rafale d'arrêtés qui portaient dans les plus humbles demeures la misère et l'esclavage : réquisitions des souliers et des vêtements, confiscation des biens, destruction des maisons, taxes, visites domiciliaires, arrestations. Qu'importe que les prisons soient pleines ! Le tribunal révolutionnaire saura les nettoyer, car son président, Parein, est un bon sans-culotte. Par ses soins, 1 667 accusés sont envoyés à l'échafaud. Des revendeuses de poissons sont condamnées à mort pour avoir manqué de respect à des membres de la société populaire, des pompiers pour avoir éteint un incendie pendant le siège. On guillotine, on fusille, on mitraille. Le 4 décembre, dans la plaine des Brotteaux, 64 jeunes gens, garrottés deux à deux, sont rangés entre des fosses parallèles destinées à leur sépulture. En face, les canons de l'armée révolutionnaire. Sur une estrade : les représentants... A leur signal, le feu est mis aux pièces, et la troupe des condamnés s'abat comme une moisson trop lourde. La plupart n'étaient que blessés. Des soldats les achevèrent à coups de sabre. Le lendemain, nouveau massacre. Mais, cette fois, les bourreaux ont vu plus grand, 209 Lyonnais sont conduits au champ de mort. Ce fut une immonde boucherie. On sabra, on mutila, on dépeça à coups de pioche et de hache ceux que la mitraille avait épargnés. « Nous éprouvons de secrètes satisfactions, de solides jouissances », mandaient à Paris Collot et Fouché, et un de leurs aides, Achard, écrivait à son ami Gravier : « Encore des têtes et chaque jour des têtes tombent ! Quelles délices tu aurais goûtées si tu eusses vu avant-hier cette justice nationale de 209 scélérats ! Quelle majesté ! Quel ton imposant ! Tout édifiait ! Combien de grands coquins ont, ce jour-là, mordu la poussière dans l'arène des Brotteaux ! Quel ciment pour la République ! » Les mitraillades ne cessèrent qu'en février 1794.

A Toulon, mêmes atrocités. On tue en tas, presque au hasard. Les représentants Fréron et Barras se sont fait la main à Marseille. Deux cents cinquante exécutions, vingt-quatre monuments abattus : c'était peu pour des hommes qui proclamaient que toute cité rebelle à la Révolution devait « disparaître de la surface du globe ». Toulon paiera double. Quoique l'état-major de l'insurrection et 4 000 soldats se soient enfuis à bord des vaisseaux anglais, la ville entière est déclarée coupable. Le 11 décembre, les républicains fusillent 200 habitants et marins qui sont venus à leur rencontre avec une musique et des drapeaux ; le 20, 18 officiers d'artillerie ; le 22, deux cents habitants ; le 24, trois cents. Au début de janvier, on compte huit cents fusillés. C'est alors, pour trois mois, le tour de la guillotine. Un jour, on exécute quatre femmes ; une autre fois, onze ; une autre fois encore, un vieillard de 94 ans qui est porté dans sa chaise à l'échafaud. En tout, un millier de personnes environ.

Douze mille terrassiers sont réquisitionnés dans le Var et les départements voisins pour démolir la ville. Plusieurs quartiers sont bouleversés. Des milliers de familles expulsées. De vingt-neuf mille habitants, la population tombe à sept. Sur ces ruines, on installe une colonie révolutionnaire recrutée en hâte dans les ports de la Manche et de l'Océan : troupe errante à qui la Convention a confié le soin de « régénérer la marine » et qui vit à l'aventure dans la saleté, le brigandage et la paresse. On eût dit « un campement de chercheurs d'or sur un *placer* ». Cette anarchie dura six mois. Le 1er décembre 1793, de Commune-Affranchie, Couthon écrivait à Collot d'Herbois qu'il était indispensable de licencier, de disperser sur toute la surface de la République soixante mille Lyonnais « qui ne seront jamais républicains » et qu'il sera facile alors de faire disparaître.

La victoire de la Convention s'expliquait facilement : Lyon s'était trouvé tout de suite isolé et réduit à ses maigres forces. Toulon, qui aurait pu être indéfiniment secouru, n'avait tiré des Anglais qu'un renfort dérisoire. En Vendée, au contraire, la lutte sera beaucoup plus longue et beaucoup plus difficile.

Touffu, mystérieux, sillonné de ravins, coupé de haies et de chemins creux, le pays se prêtait mal aux grandes opérations militaires, mais il convenait à merveille à une guerre de surprises et d'embuscades. A deux ou trois reprises, les chefs vendéens réussirent à lever des masses d'hommes considérables, mais elles se dispersèrent aussi vite qu'elles s'étaient réunies. Un jour, il y avait une armée, le lendemain, il n'y avait plus rien. Habitués à peiner et à souffrir, ces paysans ne craignent ni la fatigue ni la mort, mais ils ont l'esprit court comme leur horizon. Ils se battent pour leur église et pour leur village. Quand ils les ont délivrés, ils croient que leur tâche est finie. Ils ne veulent ni tenir garnison ni faire des patrouilles : ils s'en vont revoir leur clocher et leur victoire est sans lendemain.

L'armée républicaine se réunit hâtivement et en désordre. C'était une troupe composite qu'on avait formée par des prélèvements sur tous les corps et qu'était venue renforcer la tourbe des sections parisiennes : des individus qui s'étaient engagés pour cinq cents francs dans l'espoir des mauvais coups et du pillage. A la tête des bleus, deux ci-devant : le duc de Biron et le comte de Canclaux qui accomplissaient leur besogne avec dégoût. Pour augmenter le désordre, une séquelle de représentants, de commissaires et de sous-commissaires envoyés, soit par la Convention, soit par le Conseil.

Tandis que Biron cherchait à négocier, les représentants s'installèrent à Saumur. Ils réquisitionnèrent les hôtels, les voitures, les cuisiniers, les filles galantes et passèrent leur temps à boire, à manger, à dénoncer les officiers. « Je voyais avec peine, écrit un témoin, une armée de dix mille hommes à Saumur qui restait dans la plus grande torpeur. Les rues étaient couvertes d'aides de camp qui traînaient de grands sabres et qui portaient de longues moustaches, de commissaires du pouvoir exécutif qui prêchaient l'anarchie et la loi agraire, le meurtre et l'assassinat... Je voyais des histrions transformés en généraux, des joueurs de gobelet, des escamoteurs traînant après eux les catins les plus dégoûtantes, occuper des grades dans l'armée ou des emplois dans les vivres, les fourrages et les charrois, et ces insectes corrupteurs avaient encore l'insolence de se dire républicains... »

Les choses ne changèrent qu'à l'arrivée de la garnison de Mayence qui, à la reddition de la ville, avait été laissée libre de rentrer en France moyennant la promesse de ne plus servir sur le front : 15 000 hommes d'excellentes troupes, commandés par Kléber et Marceau. Défaits à Cholet (17 octobre 1793), les Vendéens eurent encore l'audace de passer la Loire et de se joindre aux insurgés bretons de Cadoudal et de Cottereau. Ils prirent Laval et Fougères, échouèrent devant Granville, battirent en retraite par Pontorson, Dol et Angers. Repoussés d'Angers, traqués de partout, épuisés de fatigue et de privations, ils s'engouffrèrent au Mans où ils furent surpris le 12 décembre, à la tombée de la nuit, puis, après une bataille sauvage de quatorze heures, accablés et massacrés. « On ne voit partout que des cadavres, rapporte un bleu, des fusils, des caissons renversés ou démontés ; parmi les cadavres, beaucoup de femmes nues que les soldats ont dépouillées et qu'ils ont tuées après les avoir violées. » Ceux qui réussirent à s'échapper, six mille environ, furent rejoints, cernés et fusillés à Savenay.

Douze cents d'entre eux s'étaient rendus, contre la promesse d'avoir la vie sauve : ils furent massacrés sur l'ordre du conventionnel Prieur (de la Marne). « Je ne reviendrai pas en Vendée, écrivait Marceau à sa sœur. Je veux combattre à l'étranger. Là seulement est l'honneur et la gloire. »

Encore Marceau avait-il vu la bataille ! La répression soulève le cœur. Comme les tribunaux de département étaient suspects de quelque attachement à la justice et aux formes, on les remplaça par des commissions sédentaires ou ambulantes qui procédèrent à de véritables hécatombes. A Angers, une commission fit fusiller 1 896 prisonniers, en huit « chaînes », avec une fournée supplémentaire de 292 condamnés que l'on conduisit à la mort, au son de la musique, entre deux haies de soldats. A Rennes, le jour, la veille et le lendemain de Noël, on guillotina 90 personnes : des meutes de chiens entouraient l'échafaud pour lécher le sang qui coulait à flots. Dans la même ville, on leva parmi les familles bourgeoises une compagnie d'enfants qui étaient employés à fusiller les prisonniers dans le cimetière Saint-Etienne. On procédait par quinze ou vingt à la fois et si les apprentis bourreaux visaient mal, on recommençait, comme à la foire. La commission Félix, qui oscillait entre Laval et Saumur, ne se donnait même plus la peine de jouer la comédie d'un procès. Elle se bornait à recenser les détenus et à les marquer comme un bétail. F signifiait « à fusiller », G « à guillotiner ». 700 victimes furent ainsi poussées au supplice. Certains auteurs disent plus de mille. Félix, professeur de chant, était membre de la Commune parisienne. Il avait accompagné le détachement fourni par la capitale. La commission demeura en activité jusqu'en mai 1794. Il la présidait depuis octobre 1793. Le cas de Félix montre comment un homme qui, dans des circonstances normales, serait demeuré un citoyen paisible, voué aux arts d'agrément, peut se transformer en bête féroce, lorsque, tout ce qui le maintenait ayant été détruit, il se trouve subitement investi d'un pouvoir de vie et de mort.

A Nantes, régnait le conventionnel Carrier. C'était un procureur auvergnat, âgé de trente-sept ans, de haute taille, maigre, le teint olivâtre, la barbe rare, les cheveux plats, les paupières rouges, les bras longs et sans cesse en mouvement, avec, dans le regard, quelque chose de malsain et d'égaré. On l'a vu à Cholet, mais il s'est enfui au cours de la bataille et depuis lors, travaillé par la peur, il n'a plus qu'une idée : tuer, afin de ne pas être tué — sombre obsession qui va, l'ivresse aidant, jusqu'à la folie. Un jour, à table, après avoir dit que la France ne pouvait pas nourrir sa population trop nombreuse et que le seul moyen d'en finir c'était d'exterminer les prêtres, les nobles et les bourgeois, il s'exalte, se lève et hurle : « Tue ! Tue ! », comme s'il commandait déjà l'opération. Les images de mort l'assiègent. C'est son tourment et sa volupté. « Nous ferons un cimetière de la France, dit-il encore, plutôt que de ne pas la régénérer à notre manière. »

Il y avait sur les pontons de Nantes une centaine de prêtres âgés ou infirmes que l'on n'avait pas pu déporter à la Guyanne et que l'on se contentait de promener de prison en prison. Dans la nuit du 16 au 17 novembre, sous prétexte de les ramener une fois de plus à terre, on les fit monter sur un vieux chaland qui servait autrefois à la navigation de la Basse-Loire et que la stagnation du commerce rendait inutile. Liés deux à deux, ils s'exécutèrent sans méfiance, bien qu'on les eût au préalable dépouillés de leur argent et de leurs montres. Tout à coup, l'un des captifs, Hervé, curé de Machecoul, remarqua que le chaland avait été découpé en de nombreux endroits, un peu au-dessous de la ligne de flottaison, et que, par ces ouvertures mal bouchées, l'eau filtrait doucement. C'était la révélation du supplice : les prêtres tombèrent à genoux et, à tout hasard, prononcèrent les uns sur les autres les paroles d'absolution. Un quart d'heure plus tard, le chaland s'engloutissait avec tous ses passagers, moins quatre. De ceux-ci, trois furent repris et mis à mort. Un seul, recueilli par des pêcheurs, réussit à se cacher, et le peu que l'on sait des derniers moments des victimes vient de lui.

Pendant ce temps, Carrier présidait une grande fête civique : l'installation dans la ci-devant église Sainte-Croix du club Vincent-la-Montagne. Le lendemain, il envoya à la Convention un compte rendu de la cérémonie avec un résumé de son discours et le récit des six abjurations qui avaient lieu au cours de la soirée : celles de l'évêque Minée et de cinq de ses curés. Puis il ajouta, en post-scriptum : « Un événement d'un autre genre semble avoir voulu diminuer le nombre des prêtres : 90 de ceux que nous désignons sous le nom de réfractaires étaient enfermés dans un bateau sur la Loire. J'apprends à l'instant, et la source en est très sûre, qu'ils ont tous péri dans la rivière. Quelle triste catastrophe ! »

Le 5 décembre : nouvelle arrivée d'insermentés, 58 curés impotents. « Il faut f... à l'eau tous ces bougres-là », ordonne Carrier. Dans la nuit du 9 au 10, ils sont noyés à la pointe d'Indret. Le proconsul annonce aussitôt à la Convention le nouveau « naufrage » et termine sa dépêche par cette cynique plaisanterie : « Quel torrent révolutionnaire que la Loire ! » D'autres noyades suivirent, les unes de nuit, les autres de jour : onze au moins qui firent 4 800 victimes. A quoi il faut ajouter les guillotinades après jugement : trois commissions travaillaient sur place, et le tribunal de Paris ne dédaignait pas la pâture qu'on lui expédiait de Bretagne. Un historien nous assure, il est vrai, que Carrier n'a pas fait plus de victimes que le typhus et les autres maladies qui sévissaient dans les prisons nantaises : c'est assurément une consolation.

Carrier fut rappelé en février 1794, parce qu'il s'était brouillé avec le club local. Son départ mit fin aux noyades, mais le général Turreau, successeur de Marceau en Vendée, reprit à sa manière l'œuvre terroriste. Il divisa ses troupes en une douzaine de colonnes mobiles qui ravagèrent méthodiquement le pays, dont Merlin (de Thionville) disait déjà, trois mois plus tôt, qu'il n'était plus qu'un « monceau de cendres arrosé de sang ». Presque tous les chefs vendéens avaient été tués. Les deux survivants Charette et Stofflet furent contraints de reprendre les armes : l'un dans le Marais, l'autre dans le Bocage. Aux exécutions, aux pillages et aux incendies, ils répondirent par les assassinats de sentinelles, les massacres de convois et de petits détachements. Ce fut une nouvelle guerre, inutile, horrible : une guerre au couteau, dans la nuit. Elle fut pleine d'épisodes douloureux et dramatiques, mais, dans l'ensemble, elle resta très localisée et ne représenta jamais un danger sérieux pour le régime.

On peut donc dire qu'en ce début de 1794, la Révolution était pleinement victorieuse de ses ennemis intérieurs. La Gironde n'existait plus. Les provinces pliaient sous le joug. La Montagne régnait par le fer et par le feu. La conquête jacobine était achevée.

L'ennemi extérieur, lui aussi, reculait. Pour lui, ce n'était pas encore la débâcle, c'était déjà la retraite. Des défaites de Dumouriez aux victoires de Hoche, les événements militaires suivent la même courbe que la guerre intérieure du 2 juin à la reprise de Toulon : la même inertie et le même aveuglement d'abord, puis, quand le danger se rapproche, la même énergie, le même sursaut de désespoir et, en dépit des mêmes fautes, le même triomphe.

Le Comité de Salut public, institué le 5 avril en remplacement du Comité de défense générale, était composé de Montagnards et d'hommes du centre qui subissaient l'impulsion de Danton et de Cambon. Cambon, qui appartenait à une famille de filateurs, gouverna les finances, Danton les affaires étrangères. Sa politique fut ce qu'elle avait toujours été. En façade : des menaces et des déclamations ; en coulisse : des négociations compliquées, des intrigues à tiroir, des combinaisons tortueuses, selon les plus vieilles méthodes de la diplomatie secrète. Et quels agents ! Un marquis jacobin, un général besogneux, un abbé défroqué, un bâtard du prince de Kaunitz, un ancien employé de Mirabeau, un Anglais suspect qui prétendait descendre de protestants français, bref une bande d'agités, d'aventuriers et de tripoteurs. Tandis que les ambassadeurs alliés se réunissaient à Anvers pour préparer le démembrement de la France, le Comité en était encore à croire qu'on pouvait, par une diplomatie occulte, dissoudre la coalition et reprendre avec la Prusse la guerre contre la Maison d'Autriche !

Sans doute Danton, qui, au gré des événements, passait de l'impérialisme le plus frénétique au défaitisme le plus noir, se trouvait avoir rencontré une idée juste : à savoir qu'il était impossible de prétendre révolutionner le monde entier sans se condamner du même coup à une guerre sans fin. Le 13 avril, il faisait insérer dans un décret de la Convention que la France « ne s'immiscerait en aucune manière dans le gouvernement des autres puissances ». Ce qui revenait à désavouer la propagande et à abroger les décrets du 19 novembre sur l'affranchissement des peuples opprimés, et du 15 décembre sur la révolution forcée. Le mot même de « puissance » employé au lieu de « peuple » était significatif. Il impliquait la reconnaissance des gouvernements établis. « C'était, dit très exactement Sorel, rentrer dans l'ancien droit public et remplacer la guerre de révolution par la guerre d'Etat. » Il faudra, un jour ou l'autre, en revenir là. Mais à ce moment, la volte-face était sans objet et, en raison des dispositions des Alliés, il ne pouvait être question que de combattre. A la Conférence d'Anvers, Lord Auckland, qui représentait Pitt, avait donné clairement à entendre à ses collègues que son gouvernement s'intéressait très peu au rétablissement des Bourbons, mais que, par contre, il était bien décidé à réduire la France « à un véritable néant politique ». Puis il avait ajouté à l'intention de Cobourg : « Prenez toutes les places frontières de votre côté et procurez-vous une bonne barrière pour les Pays-Bas. Quant à l'Angleterre, je le dis franchement, elle veut faire des conquêtes et elle les gardera. » Lorsque les envoyés de Danton allèrent, en cachette, frapper aux petites portes des chancelleries, ils ne récoltèrent qu'insolences, humiliations et refus.

Pouvait-il en être autrement ? Nous étions battus partout : l'ennemi entendait en profiter. Des négociations honorables se concevaient après une victoire ou après une bataille indécise, pas en pleine retraite. Si, par miracle, elles eussent été possibles, Danton les aurait encore desservies par l'atmosphère de corruption et de mystère dont il les enveloppait et par l'indignité des individus qu'il employait.

Aux frontières, la situation n'était pas meilleure. Le ministre de la guerre, Bouchotte, désigné le 4 avril, avait repris les procédés et le personnel de Pache. Il s'était mis dans la tête de « sans-culottiser » les états-majors. Les armées étaient déjà pourvues de soixante-sept représentants en mission. Il leur dépêcha par surcroît des « commissaires du pouvoir exécutif » dont le métier consistait à surveiller les opinions politiques des généraux et à répandre parmi les soldats la bonne parole et les bons journaux. Les régiments, comme le pays, devinrent la proie des clubs et des factions. Il y avait des compagnies maratistes qui accusaient les autres d'être girondines ou réactionnaires. La plupart des officiers appartenant aux anciens cadres durent remettre leur démission. Ceux qui avaient fourni des preuves éclatantes de leur civisme furent maintenus, mais, par crainte des dénonciations, ils n'osèrent plus donner d'ordres et fermèrent les yeux sur toutes les fautes. Dans une *Instruction* aux représentants en mission le Comité de Salut public avait beau dire que leur rôle était de « seconder » les généraux, que ceux-ci devaient avoir la conviction d'être « soutenus » et de « jouir d'une grande indépendance », sans laquelle ils ne pouvaient concevoir de grands desseins, l'exécution de Custine, condamné à mort pour excès de popularité, avait de quoi refroidir les plus ambitieux. La discipline disparut, moins par refus d'obéissance que par absence de commandement.

Ce fut une crise effroyable. Blaux, commissaire à Sarreguemines, gémissait : « Il ne suffit pas d'être patriote et bon soldat courageux pour commander une division... il faut en avoir appris et exercé l'art. » Les quelques généraux capables de diriger une armée étaient expédiés d'un front à l'autre selon les combinaisons du moment. En deux mois, l'armée du Rhin changea cinq fois de général en chef et, jusqu'à la fin de l'année, elle n'eut à sa tête, en premier ou en second, que des incapables, beaux parleurs de clubs ou vieilles culottes de peau. Un instant même, on dut, faute de candidats, la donner à un chef d'escadron qu'on avait découvert dans un dépôt de remonte. Après de longues méditations, ce généralissime improvisé décida de ranger les troupes qui servaient sous lui d'après leur numérotage : le premier régiment à l'extrême droite à Huningue, le centième à l'extrême gauche, à Lauterbourg. Quant aux jeunes officiers que les représentants suscitaient au hasard des rencontres et des recommandations, beaucoup durent être, au bout de quelques jours, déplacés ou révoqués. A Paris, le secrétaire général de Bouchotte, Vincent, transformait le ministère en un club hébertiste, où de jeunes incapables déclamaient beaucoup, en laissant les affaires dans un gâchis effroyable. Du haut en bas, ce n'était qu'incohérence et sottise. En juin et en juillet on put croire vraiment que la France était perdue. L'armée du Rhin, rejetée en Alsace, Mayence sur le point de capituler, l'armé du Nord en décomposition, les places de l'Escaut à la merci d'un coup de main : la coalition n'avait plus qu'un effort à faire pour s'ouvrir la route de Paris. Comme en 1792, la France fut sauvée par les retards et par les rivalités des Alliés.

Toute l'explication tient dans un simple rapprochement de dates : le 21 janvier, Louis XVI avait été décapité. Le 23, la Russie et la Prusse avaient signé, *sans l'Autriche*, le second traité de partage de la Pologne.

Alliées contre la France, la Prusse et l'Autriche étaient rivales en Orient. Tandis que Cobourg était engagé à fond contre Dumouriez, le gros des troupes prussiennes se concentrait à l'autre bout de l'Allemagne, marchait sur la Vistule, occupait Dantzig, Thorn, Posen, et un territoire peuplé de quinze cent mille habitants. Frédéric-Guillaume promettait bien, il est vrai, de ne pas faire une paix séparée avec la France et de soutenir au règlement général les demandes de compensation que l'Autriche formulerait, mais toutes ces belles paroles et toutes ces promesses en l'air n'atténuaient point chez François II le dépit d'être dupe et la crainte de voir l'équilibre oriental se rompre définitivement à son désavantage. La désinvolture même avec laquelle son allié le renvoyait conquérir sur la France son propre dédommagement avait quelque chose d'ironique et d'injurieux.

L'Autriche boudant, l'Angleterre presque sans armée, la Prusse occupée en Pologne, on devine ce que pouvait être la conduite de la guerre. « Les Alliés, écrit Jomini, auraient pu former deux grandes masses, s'avancer rapidement de Valenciennes sur Soissons d'un côté, et de Mayence par Luxembourg sur Reims, de l'autre. On pouvait conduire, en quinze marches, 180 000 hommes sur Paris. » C'est le plan classique des invasions. Frédéric II l'avait esquissé en 1770, pour se distraire d'un accès de goutte. Ses petits-neveux le réaliseront en 1814 et en 1815. En 1793, ils l'ajournèrent.

Sur le Rhin, le siège de Mayence aurait pu être amorcé dès les premiers jours de 1793. Faute d'hommes et de matériel, il ne commença qu'en avril et ne devint effectif qu'en juin. Les Autrichiens avaient promis à Brunswick un renfort de 5 000 hommes. Ravis de jouer un mauvais tour à leur allié, ils ne l'envoyèrent pas. En revanche, lorsque Wurmser envahit la Basse-Alsace, Brunswick mit tant de lenteur à l'appuyer qu'il l'empêcha de remporter un succès décisif. Dans le Nord, Cobourg, obsédé par la mésaventure des Prussiens en 1792, ne voulait s'avancer qu'après s'être assuré de tous les chemins et de toutes les places. C'était une longue campagne de sièges qui s'annonçait. Les alliés s'y rallièrent pour donner aux chancelleries le temps de régler les affaires de Pologne qui s'embrouillaient de plus en plus. Mais le plan adopté, les généraux ne l'exécutèrent que dans la mesure de leurs intérêts nationaux. Avec l'aide d'un petit corps anglo-hollando-hanovrien, commandé par le duc d'York, Cobourg prit Condé et Valenciennes. Puis le duc d'York l'abandonna pour investir Dunkerque, tandis que lui-même marchait sur Le Quesnoy et Maubeuge. A Londres, Pitt proclamait solennellement que la France serait désormais considérée comme en état de blocus, mais il n'utilisait son écrasante supériorité maritime, ni pour sauver Toulon, ni pour faire passer des armes aux Vendéens. Comme le disait Mercy-Argenteau, la coalition s'était perdue dans un labyrinthe.

Les fautes des Alliés ne s'expliquent pas seulement par leurs divisions, mais aussi par une vue erronée des affaires de France. Ils étaient persuadés que, comme en Pologne, les déchirements des factions révolutionnaires dureraient toujours et que le pays s'enfoncerait de plus en plus profondément dans l'anarchie. Le calcul était faux. Tandis que les armées austro-prussiennes restaient engluées six mois à la frontière, le parti montagnard réussissait à écraser les Girondins et arrivait bientôt à établir, à son profit, la dictature la plus absolue que la France ait jamais subie. Le Comité Danton-Cambon avait été élu le 10 avril 1793 pour un mois. Ses pouvoirs furent renouvelés le 10 mai et le 10 juin, mais le 10 juillet, il fut remplacé par un Comité purement montagnard où Robespierre ne tarda pas à entrer (27 juillet). Son premier soin fut de rompre les négociations suspectes de Danton et même, par une mesure plus radicale, de faire décréter que, pendant la durée de la guerre, la République n'aurait de relations suivies qu'avec les cantons suisses et les Etats-Unis d'Amérique (24 septembre). Enfin, comme pour défier l'Europe à nouveau, la reine Marie-Antoinette était traduite devant le tribunal révolutionnaire. Après un immonde procès où Fouquier-Tinville essaya vainement de la salir, elle était condamnée à mort le 16 octobre à 4 heures du matin, et exécutée à midi. La parole ne pouvait être qu'au canon.

Les révolutionnaires savaient que la France était le pays le plus peuplé de l'Europe centrale et occidentale. Leur grande idée fut d'utiliser cette supériorité numérique en mettant sur pied des effectifs formidables, sans proportion avec ceux que l'on avait connus jusqu'alors. Ce fut l'objet de la levée en masse, dont la Convention adopta le principe au début d'août. Tâche écrasante que ni Bouchotte, ni le Comité de Salut public, ni le Comité militaire n'étaient capables de remplir. Un journal sans-culotte avait beau assurer que les vainqueurs de Pyrrhus et d'Annibal « ignoraient jusqu'aux premiers éléments de leur métier », le Comité de Salut public, sur la proposition de Barère, jugea prudent de s'adjoindre deux savants officiers du génie, députés tous deux : Carnot et Prieur (de la Côte-d'Or) qui se trouvaient en mission en Flandre et dont l'un, Carnot, avait blâmé la proscription des Girondins. Que cet hérétique ait été introduit dans le saint des saints, cela donne la mesure du désarroi où se débattait alors le gouvernement (14 août).

Carnot sauva les affaires et sauva le Comité lui-même. Agé de quarante ans, fils d'un notaire, chevalier de l'ordre militaire de Saint-Louis, il sortait du corps des ingénieurs militaires, qui représentait l'élite intellectuelle de l'ancienne armée. C'était le type achevé du technicien et selon son dernier biographe M. Reinhard, il eut voulu que la République fût gouvernée par des techniciens, par des « talents ». Un de ses premiers ouvrages avait été un *Eloge de Vauban.* Il égala son modèle par l'intelligence, le courage, l'imagination. Il le dépassa peut-être par les services rendus, mais il lui demeura très inférieur par l'esprit politique. Comme beaucoup de savants et beaucoup de militaires, il était, hors de sa partie, facilement dupe des grands mots et des petits personnages. Plus facilement encore, il savait se mettre des œillères pour ne pas voir ce qui se passait. *L'Almanach des Muses* de 1791 publia de lui un « dialogue burlesque entre Mme Fagotin et M. Barbichon » et celui de 1792 une chanson *Le Fils de Vénus*, qui se chantait sur l'air de *L'Amour est un enfant trompeur.* On ne saurait s'évader davantage. « Je suis militaire, disait-il, je parle peu et je ne veux être d'aucun parti... La force armée ne délibère pas ; elle obéit aux lois ; elle les fait exécuter... » Chargé de la guerre, il se consacra à la guerre. « Dans le péril national, écrit Albert Sorel, il n'envisagea que les nécessités de la défense. Il se renferma dans son rôle, se fit une sorte de stoïcisme d'Etat et s'imposa comme un devoir de sa charge cette capitulation d'humanité : laissant les terroristes guillotiner, pourvu qu'ils le laissassent défendre la France. » Jamais, d'ailleurs, il ne leur refusa sa signature.

Carnot avait quarante ans ; Prieur dix de moins. Son grand-père avait acquis une charge de secrétaire du Roi, qui conférait la noblesse, et il était devenu conseiller à la cour des Aides de Bourgogne. Son père, receveur des finances, mangea la fortune de la famille. Claude-Antoine, sorti de l'école de Mézières en 1784, se trouva capitaine en 1791. A lire ses lettres, on a le sentiment qu'il aurait volontiers quitté l'armée s'il n'avait craint la pauvreté. La politique fut pour lui une carrière comme une autre, mais où l'on arrive vite. Il fut élu à la Législative par la Côte-d'Or en même temps que Guyton de Morveau. Jeune officier, il s'était mis en ménage, à Dijon, avec sa logeuse, une épicière qui avait le sens des affaires. Il lui demeura fidèle et ils firent ensemble de fructueuses opérations sur les biens nationaux. Toute leur vie, ils ne cessèrent de compter, échangeant un nombre prodigieux de mémoires, notes, relevés, états, quittances. Prieur mourut riche. Il disait ce qu'il fallait pour réussir : « Le venin du fanatisme que les prêtres ne cessèrent de distiller... les officiers marqués du sceau de l'aristocratie la plus méprisable... l'horrible complot préparé par le tyran... le modératisme fallacieux... les séductions de l'incivisme... ». Ces expressions se trouvent dans un rapport présenté par lui, au retour d'une mission en Côte-d'Or, dans le Jura et le Doubs à la fin de 1792. Il était gouvernemental par tempérament. Il jura fidélité à tous les régimes qui se succédèrent jusqu'à sa mort, sauf à la monarchie restaurée, qui ne lui demanda rien. Mais, lui, sollicitera de Louis XVIII la croix de Saint-Louis, comme il sollicitera la Légion d'honneur de Napoléon.

Ce technicien n'est à l'aise que dans ses bureaux.

Rapidement, Carnot reconstitua le grand état-major en y faisant entrer les officiers de l'Ancien Régime, sans regarder à leurs opinions ni leur origine ; Clarke pour le service des cartes, Montalembert pour l'artillerie, Le Michaud d'Arçon pour les fortifications. Deux membres du Comité : Robert Lindet, naguère avocat à Bernay, et Prieur (de la Côte-d'Or) prirent, le premier, les subsistances et l'habillement ; le second, les hôpitaux, les fonderies, les armes et les munitions. Carnot se réserva la conduite générale des armées. Sous Louis XVI, de nombreuses études préparatoires ayant trait à la défense des frontières avaient été effectuées, soit sur la carte, soit sur le terrain. Carnot se fit apporter ces mémoires, les étudia et les utilisa. Ses collaborateurs appelèrent auprès d'eux les premiers chimistes et les premiers ingénieurs du temps : Monge, Berthollet, Fourcroy, Chaptal, Périer, d'autres encore, à qui ils confièrent la fabrication des poudres et des armes. On n'avait plus rien. Il fallait tout créer. Ce fut une vertigineuse improvisation, dont les résultats commencèrent à se faire sentir dès la fin de 1793.

En attendant, on alla au plus pressé et le plus pressé était la mobilisation. Barère, dans un rapport, proclamait que, semblable à l'inondation, la liberté « couvrirait de ses flots bouillonnants les hordes ennemies et renverserait en un instant les digues du despotisme ». Cela sonnait bien, mais cela n'avait pas grand sens. Le 23 août, un nouveau décret, rendu sous l'inspiration de Carnot, portait que tous les Français seraient désormais en état de réquisition permanente pour le service des armées, mais que seuls les jeunes gens de dix-huit à vingt-cinq ans iraient au combat. Les autres serviraient à l'intérieur et dans les fabriques. Sage limitation, car à quoi bon lever des recrues que l'on ne pourrait ni armer, ni encadrer ? Le décret de « levée en masse » comportait néanmoins cet article assez bouffon : « Les vieillards se feront porter sur les places publiques pour exciter le courage des guerriers, prêcher la haine des rois et l'unité de la République. » A chaque instant, les souvenirs scolaires remontaient à l'esprit des Conventionnels.

L'anarchie militaire était telle à ce moment, que certains représentants n'obéirent point au décret de la Convention et appelèrent aux armes toute la population mâle des départements où ils étaient en mission. C'est ainsi que dans le Haut-Rhin, le Bas-Rhin, la Moselle et les Vosges, Lacoste et Guyardin poussèrent sous les drapeaux des milliers de vieux paysans qui n'avaient pour tout équipement qu'une faux ou une pique. Ils y restèrent tant qu'on put les nourrir et décampèrent aux premières restrictions.

Un Alsacien a décrit en traits saisissants cette burlesque entreprise. Il faisait partie d'un bataillon qui campait très loin, en seconde ligne, entre Bitche et la Petite-Pierre, dans un défilé que nul ne menaçait. Les hommes étaient en sabots et en blouse, quelques-uns avaient des fusils de chasse. Par précaution, ils avaient emmené avec eux des vaches, des moutons et plusieurs voitures chargées de farine. On se mit à l'aise et un hameau de branchages sortit de terre. Le service consistait à dormir, à boire, à traire les vaches et à manger le pain de la nation. Le dimanche, les femmes et les filles du village, juchées sur des charrettes, apportaient à leurs hommes des jambons, de la tarte et des fruits. Il y eut des paniques, de fausses alertes, tantôt parce qu'une sentinelle tirait sur un charbonnier qui passait, tantôt parce qu'un chien aboyait dans le lointain. Le temps s'écoula. La viande, la bière, le vin et l'eau-de-vie finirent par manquer. On ne touchait pas un sou. Un jour, on entendit le canon. Tout le bataillon s'esquiva, il ne resta que les officiers. Cet exemple sert à mesurer le mal que Carnot eut à se faire obéir et le temps qu'il lui fallut pour établir l'unité de commandement.

Dans le Nord, Houchard, un vieux soldat de fortune, réussit à battre le duc d'York à Hondschoote et le contraignit à lever le siège à Dunkerque (6-8 septembre 1793). Moins heureux contre les Autrichiens, il laissa Cobourg s'emparer du Quesnoy. Le 13 octobre encore, l'armée du Rhin, complètement désorganisée par les représentants Borie et Ruamps, abandonna à Wurmser les lignes fortifiées de Wissembourg et s'enfuit jusqu'à Saverne et Strasbourg.

C'est la fin de nos revers. Carnot a rejoint, en personne, l'armée du Nord. Il sait que pour être pleinement victorieux, il est inutile de l'être partout à la fois, mais qu'il faut l'être à fond, au bon endroit et au bon moment. Nulle hésitation : l'endroit sensible de la coalition est en Flandre, à la jonction des Anglais et des Autrichiens. Sur le Rhin, tant que les Prussiens sont empêtrés en Pologne, la défensive suffit. Carnot appelle dans le Nord toutes les troupes de l'Est disponibles : vieille opération mise au point depuis longtemps dans les bureaux de la guerre, et dont l'exécution a été préparée dès le règne de Louis XV par la construction de trois routes stratégiques conduisant de Metz à Dunkerque. Génie réaliste, Carnot utilise tout ce qui a été fait avant lui. Mais par une divination merveilleuse qui lui appartient en propre, il sent les hommes qui forceront la victoire et les porte des derniers rangs au premier : Jourdan à l'armée du Nord, le 24 septembre, Pichegru le 28 à l'armée du Rhin, Hoche le 22 octobre à l'armée de la Moselle.

Le 15 octobre 1793, Carnot et Jourdan attaquent Cobourg à Wattignies, près de Maubeuge. Les Impériaux s'étaient solidement retranchés. Pendant quinze heures, ils résistèrent aux furieux efforts des républicains. Un conseil de guerre se tint dans la nuit. Jourdan proposa de rétablir l'équilibre de la ligne de bataille, en renforçant l'aile gauche qui avait faibli. Carnot imposa le plan inverse : négliger la gauche, renforcer la droite qui avait progressé et exploiter à fond les avantages déjà acquis. Le jour commençait à poindre, un jour d'automne gris et pauvre. Dans le brouillard, trois colonnes d'assaut se formèrent. A leur tête : Jourdan, Carnot et le député Duquesnoy, tous les trois en grand uniforme, avec leurs insignes, leurs écharpes et leurs immenses chapeaux à plumes tricolores. On se battit jusqu'au soir. Pris, perdu, repris, Wattignies resta finalement entre nos mains. Cobourg était battu, Maubeuge débloqué. Ventre à terre, Carnot revint à Paris. A peine rentré, il écrivit à l'armée du Nord pour la féliciter de sa bravoure et de sa victoire. Pas un mot de sa lettre ne laissait supposer qu'il avait pris part au combat. On eût dit qu'il n'avait pas quitté ses cartes et ses papiers.

En Alsace, après quelques opérations où les succès balançaient les revers, Hoche prenait le commandement des deux armées réunies du Rhin et de la Moselle et enlevait, le 26 décembre, les lignes de Wissembourg tandis que Desaix, un ex-noble, entrait à Lauterbourg. Aussitôt Wurmser repassait le Rhin et Brunswick s'installait à Worms et à Mayence.

Pendant l'hiver, les opérations chômèrent. Carnot en

profita pour regrouper ses forces et pour réaliser un projet maintes fois retardé : l'amalgame. L'amalgame consistait à confondre dans les mêmes régiments ou demi-brigades les soldats des différentes origines qui étaient restés jusque-là dans des formations séparées : soldats de métier d'avant 1789, volontaires de 1792, réquisitionnaires de 1793. Sous prétexte d'égalité, on encadrait les jeunes recrues de vieux durs à cuire formés à l'ancienne discipline et comme il y avait, désormais, surabondance d'officiers, on envoyait « à la suite » ceux qui tenaient leurs grades de la seule élection.

La nouvelle offensive fut déclenchée en mai 1794, au moment même où Kosciuzsko appelait la Pologne à l'insurrection. La lutte se concentra d'abord sur la Sambre, que Jourdan réussit à franchir le 18 juin, puis en avant de Charleroi que Cobourg, accouru en hâte, essaya de débloquer le 26. Le front français s'étendait de part et d'autre de Fleurus sur trente kilomètres. Durant quatorze heures, Cobourg s'acharna à le rompre. Cinq assauts furent successivement repoussés avec d'énormes pertes. Le soir, Cobourg averti de la reddition de Charleroi se retira.

Le 6 juillet, les Alliés évacuèrent Bruxelles où Jourdan entra le 11. Le 23, Pichegru s'empara d'Anvers. Liège tomba le même jour. De nouveau la Belgique était à nous.

Prise de Lyon, le 9 octobre ; victoire de Wattignies le 16 ; défaite des Vendéens à Cholet le 17 ; prise de Toulon le 19 décembre ; défaite des Vendéens à Savenay le 23 ; victoire de Wissembourg le 26. La Révolution avait triomphé à la fois de ses ennemis intérieurs et de ses ennemis extérieurs. Les Jacobins affectèrent toujours de confondre les uns et les autres et, pour la commodité de la répression, ils s'efforcèrent de faire croire à une grande coalition qui englobait à la fois Pitt, Brissot, Cobourg, Brunswick et Cathelineau. La Terreur se trouvait ainsi, sinon justifiée, tout au moins incorporée à la défense nationale. C'est un mensonge. La révolte vendéenne et l'insurrection girondine furent des mouvements spontanés. Toulon se donna bien aux Anglais, mais les Anglais l'abandonnèrent. Contre les Montagnards, il n'y eut point de front unique. Il y eut quatre ou cinq guerres différentes, juxtaposées, mais non coordonnées et c'est cette incohérence et ce décousu dans l'attaque qui firent la défaite des assaillants.

D'autre part, si, dans la confusion des idées et dans l'aveuglement des passions, on put de bonne foi, pendant quelques semaines, confondre la défense nationale et la défense révolutionnaire, on ne tarda pas à être détrompé. En décembre 1793, Anglais, Prussiens, Autrichiens sont battus. La Vendée agonise. La Gironde n'est qu'un souvenir. Toulon et Lyon ne sont même plus des noms sur une carte. Pourtant, la Terreur redouble. Elle atteint son point culminant après Fleurus. Plus le gouvernement révolutionnaire est solide, plus il est sanguinaire, plus la guillotine est active. Les historiens qui veulent à tout prix nous représenter les hécatombes montagnardes comme les excès regrettables d'une riposte légitime se trouvent, à partir de 1794, fort embarrassés. Aussi, dans leur désir d'innocenter le système, sont-ils contraints de charger un homme, Robespierre, de tous les crimes qu'ils n'arrivent pas à expliquer autrement. L'ambition de Robespierre, l'hypocrisie de Robespierre, la cruauté de Robespierre..., ces mots reviennent à toutes les pages. Diversion puérile ! « Ce qui constitue la République, a dit Saint-Just, c'est la destruction totale de ce qui lui est opposé. » La Terreur est devenue l'essence même de la Révolution, parce que la Révolution n'a point été un simple changement de régime, mais une entreprise d'expropriation et d'extermination.

Tandis que, sous la pression de l'ennemi, les armées ont retrouvé les conditions normales de l'action : unité, hiérarchie et discipline, la France de l'intérieur est soumise à une expérience communiste qui la laissera exsangue et ruinée, prête à se donner au premier sauveur qui se présentera.

XII.
La terreur communiste

Ce qui frappe le plus dans les événements de l'époque révolutionnaire, à partir de la Législative, c'est le petit nombre des individus qui y prennent part. Aux élections, le chiffre des votants est infime. Hanriot est élu commandant de la garde nationale par 9 000 suffrages. Dans la rue, le nombre des manifestants se restreint de jour en jour : 6 ou 7 000 tout au plus à Paris, toujours les mêmes d'ailleurs et qui ont fait de l'émeute leur métier. Les assemblées des sections parisiennes ne réunissent qu'un nombre infime de citoyens. Dans la section de Bon-Conseil (au nord des halles) qui compte plus de 5 200 électeurs, il n'y a le plus souvent qu'une soixantaine de présents. Les jours d'affluence exceptionnelle, on arrive à 328, pour l'élection du commissaire de police, et à 229 pour l'élection du comité de surveillance. Les chiffres sont du même ordre pour toutes. A la chute de la monarchie, la France donne sa démission des affaires publiques. Sous l'orage, elle se fait humble, soumise, inexistante, guettant en silence des jours meilleurs et, sur le grand peuple qui se tait, règne le petit peuple qui parle, les Jacobins.

Les sociétés avaient été, dès 1788, le moteur de la Révolution. Permanentes et unies, elles avaient, dans l'anarchie grandissante, consolidé et accru leur pouvoir, mais, jusqu'au 10 août, elles n'avaient agi que de l'extérieur, en faisant pression sur le gouvernement royal. De capitulation en capitulation, celui-ci était tombé au dernier degré de la faiblesse, mais il gardait encore assez d'audace pour être indocile et il avait fallu le briser.

La France s'était alors trouvée dans une situation singulière : sans roi, mais soumise à une constitution monarchique. La Convention avait bien prétendu exercer elle-même le pouvoir exécutif, mais les précautions qui avaient été prises contre la Cour se retournaient maintenant contre elle. Indépendance des autorités locales, défaut de subordination, renouvellement continuel des corps administratifs, impuissance des magistrats élus, abandon de la force armée aux Communes : tout ce qui avait paralysé la monarchie paralysait la République. Sans doute, la dualité entre la Couronne et l'Assemblée n'existait plus, mais comme l'Assemblée était elle-même divisée en deux factions ennemies, l'impulsion du centre, au lieu d'être une, demeurait, comme autrefois, changeante et contradictoire. A l'égard de la Convention prise en corps, les Jacobins se retrouvaient, avec des forces accrues, dans la même situation que deux mois auparavant à l'égard du roi : maîtres officieux, menaçant et contraignant le maître officiel. Aussi leurs procédés d'intimidation ne changent-ils pas : mêmes campagnes de presse et de discours, même défilé de pétitionnaires, mêmes journées, mêmes violences. En forçant l'Assemblée à sacrifier, le 2 juin, les chefs de sa majorité, les clubs montrèrent qu'ils entendaient traiter la souveraineté populaire comme ils avaient traité la souveraineté personnelle. Cependant, contrairement à ce que l'on croit parfois, le 2 juin ne fut pas un dénouement, mais une étape. Il fut suivi d'une agitation qui, à la fin de 1793, aboutit à la création du gouvernement révolutionnaire, c'est-à-dire à la dictature jacobine.

Dans cette crise, comme il était de règle depuis cinq ans, la Montagne fut manœuvrée par sa gauche extrême qu'on appelait le parti des Enragés. Où commençait-il ?

Où s'arrêtait-il ? Il est difficile de le limiter exactement. Entre ses membres, les brouilles et les haines étaient fréquentes et on était prompt à s'excommunier. Mais, ces réserves faites, on peut dire que le mouvement est sorti de la prédication communiste de Jacques Roux et de ses émules, Varlet et Leclerc, ce dernier venu de Lyon et fils d'un ingénieur des Ponts-et-Chaussées. Ce sont eux qui ont lancé l'idée que la révolution politique devait être complétée par une révolution sociale et que l'égalité des droits civiques n'allait point sans l'égalité des fortunes. Repoussés par les chefs révolutionnaires, ils se firent entendre du petit peuple des villes que l'inflation avait plongé dans une affreuse misère. Dès le mois de mai, ils étaient assez forts pour que Marat et Robespierre fussent obligés d'acheter leur concours contre les Girondins et, jusqu'en septembre, leur influence ne cessa de grandir.

L'histoire de ces trois mois était, jusqu'à ces derniers temps, très mal connue. M. Mathiez, qui l'a, le premier, racontée en détail, la jugeait « très embrouillée et confuse ». « Les personnages, écrit-il, sont obscurs. Leurs actes sont mal connus et plus mal encore leurs intentions. C'est un flux et un reflux continuel de pétitions, de manifestations, de troubles et d'intrigues. Le gouvernement flotte parfois à la dérive. Il ruse avec l'émeute. Les déclarations et les mesures qu'il lui oppose ne sont pas sans arrière-pensées. Il cède et il revient sur ses concessions. »

M. Soboul a repris la question par le menu. Si l'on veut s'en tenir aux grandes lignes, il est assez facile d'y voir clair, et tout peut se résumer de la façon suivante. Profitant des difficultés de la « soudure » entre les deux récoltes de 1792 et de 1793, Jacques Roux tient les sections en effervescence et, à trois ou quatre reprises, essaie de les pousser à l'assaut de la Convention qu'il accuse de réduire le peuple à la famine en couvrant de sa protection les riches, les mercantis et les spéculateurs.

Il présente les membres du Comité de Salut public, comme des « endormeurs » « très usés et très ignares », réclame l'épuration du personnel sectionnaire, le renouvellement des états-majors, la taxation générale des denrées, la confiscation des biens « amassés par le vol, l'agiotage, le monopole et l'accaparement ». La pétition qu'il lit à la barre, le 25 juin, a l'allure d'un réquisitoire : « La liberté n'est qu'un vain fantôme, quand une classe d'hommes peut affamer l'autre impunément. L'égalité n'est qu'un vain fantôme quand le riche, par le monopole, exerce le droit de vie et de mort sur son semblable. La République n'est qu'un vain fantôme quand la contre-révolution s'opère de jour en jour par le prix des denrées auquel les trois quarts des citoyens ne peuvent atteindre sans verser des larmes. » Et le jeune Leclerc, dans son journal, après avoir annoncé l'extermination prochaine de « l'aristocratie bourgeoise et mercantile », invitait les législateurs à se lever à trois heures du matin pour aller prendre rang dans les queues qui, avant le lever du jour, s'alignent le long des devantures closes. « Trois heures de temps passées à la porte d'un boulanger formeraient plus un législateur que quatre années de résidence sur les bancs de la Convention. »

Dans un autre numéro, il somme la Convention de mettre en réquisition les sans-culottes parisiens, de fermer les barrières et les boutiques, de former des tribunaux populaires et de dresser deux guillotines en permanence, « alors avec un décret ou sans décret, d'après les ordres d'un comité révolutionnaire... la force armée se portera par pelotons chez tous les accapareurs, les agioteurs, les gens suspects, les égoïstes, les hommes qui se sont enrichis depuis la révolution, les pillards de la République, en général » et après les avoir régalés d'un petit discours moral et de quelques injures, les amènera à la guillotine. « Toutes ces mesures pourraient s'exécuter légalement s'il ne régnait dans le sein de la Convention un esprit de modératisme, désespérant pour la chose publique ; oui, j'ose le dire, je commence à présumer que si cela dure encore quelque temps, la Montagne en travail accouchera d'une souris et le peuple en sera réduit à se sauver lui-même. »

Le succès même de cette propagande inquiète la Commune. Craignant d'être dépassés, Hébert et Chaumette reprennent à leur compte les théories communistes et, avec l'aide temporaire de Robespierre, ressaisissent leurs troupes en train de passer à l'ennemi. M. Soboul a très bien expliqué la conduite de Robespierre. Alors que Varlet répète sur un ton de plus en plus menaçant que « le peuple » peut s'assembler où et quand il veut, que sa souveraineté est illimitée, que ses mandataires sont soumis à sa constante surveillance, Robespierre, homme de gouvernement, est exaspéré à l'idée que le pouvoir va s'émietter dans une multitude de sociétés fraternelles, assemblées populaires, comités locaux, groupes d'action, constitués en dehors de toute surveillance centrale. Moteurs de l'opinion, dépositaires de la foi révolutionnaire, armée d'opérations contre les aristocrates, les militants de base sortent de leur rôle en se dressant en puissance rivale de la Convention, alors que la République doit au contraire se resserrer et se concentrer. « Tout ce que le peuple pouvait exiger, dit-il, c'est que la Convention marchât dans le sens de la Révolution : elle y marche actuellement. »

Dans sa pétition du 25 juin, Roux avait eu l'imprudence d'insérer deux phrases qui ont donné à rêver aux historiens : « Sous le règne des Sartines et des Flesselles, le gouvernement n'aurait pas toléré qu'on fît payer les denrées de première nécessité trois fois au-dessus de leur valeur » et « Sous le cruel Louis XIV », en dépit de la guerre, « l'agiotage n'étendit pas sur cet empire l'étendard de la révolte, de la famine et de la dévastation. » Sans soupçonner Roux de complicité avec les aristocrates, on peut dire du moins qu'il facilitait la riposte. Dès le 28, Robespierre ouvre son procès aux Jacobins et ne le lâche plus. Chassé des Cordeliers, dont la salle avait été faite et les tribunes remplies à l'avance « de personnes vendues à la faction » (ces expressions sont de Roux lui-même qui s'étonne d'être victime d'un procédé si souvent utilisé par ses amis), privé de son journal, *Le Publiciste de la République française*, traité de « faux patriote », accusé par les Jacobins d'être un émissaire de Coblentz et un agent de Pitt, d'exciter le peuple au pillage, de provoquer la disette en créant la panique, dénoncé à la Convention par la « veuve » de Marat qui l'accuse d'outrager sa mémoire, l'ancien prêtre, arrêté, se suicide en prison, après cinq mois de détention, à la veille de sa comparution devant le tribunal révolutionnaire. « On a remarqué, note l'observateur Dugas, que Jacques Roux qui était dans la voiture de Capet quand on conduisait ce tyran au supplice, a été enterré un an après, jour pour jour. » Dans un de ses derniers numéros, il s'en était pris aux huissiers, aux avocats et aux notaires rangés dans la catégorie des « mangeurs d'hommes ». Leclerc trouve prudent de disparaître : il s'engage dans un bataillon de réquisition qui va tenir garnison en province. Varlet, l'orateur de plein air, passe quelques semaines en prison : il en sort muet. A la suite d'une rixe avec les marchandes des Halles, les sociétés de femmes révolutionnaires conduites par Claire Lacombe sont interdites et se dissolvent. Le groupe est liquidé, mais c'est, au fond, un simple changement de personnes. Que le communisme ait été finalement représenté par Hébert, et non par Roux, peu importe. Ce qui est capital, c'est que le communisme ait triomphé, c'est que le glissement à gauche ne se soit pas arrêté à la Révolution « bourgeoise ». En se débarrassant des militants extrémistes, le Comité de Salut public fit sien leur programme et confisqua leur clintèle : épisode banal dans l'histoire des révolutions.

La conversion d'Hébert, qui représente l'épisode principal de cette histoire, se place après l'assassinat de Marat (13 juillet). Avec son autorité, son génie de journaliste, son talent prodigieux de deviner et d'exprimer les passions populaires, Marat fermait la route aux ambitieux. Pour tout dire, il encombrait. A son enterrement, l'ami intime d'Hébert, Vincent, ne put cacher sa joie et on l'entendit murmurer : « Enfin !... » Une grande place était à prendre. Roux et Leclerc se poussaient pour s'y installer. Roux annonçait que son journal *Le Publiciste de la République française* était désormais rédigé « par l'ombre de Marat ». Leclerc prenait pour sa propre feuille le titre même de *L'Ami du Peuple*. Hébert les écarta : « S'il faut un successeur à Marat, s'écria-t-il aux Jacobins, le 20 juillet, s'il faut une seconde victime, elle est toute prête et bien résignée, c'est moi. »

Hébert n'avait nulle envie d'être assassiné, mais il voulait amener à son *Père Duchesne* la clientèle de *L'Ami du Peuple*, du *Publiciste* et du *Journal de la République*.

Afin de ne pas être battu en démagogie, il se hâtait d'imprimer pêle-mêle dans sa feuille tous les racontars, toutes les calomnies, toutes les histoires de complots et de trahison qui alimentaient les conversations des clubs. Comme il fallait bien aussi proposer des remèdes, il s'appropriait sans vergogne ceux que Roux avait lancés et qu'il avait lui-même combattus jusque-là : réquisition, taxation, guerre de classes, socialisation du commerce. « La patrie, écrit-il au début de septembre, la patrie, f... ! les négociants n'en ont point. Tant qu'ils ont cru que la révolution leur serait utile, ils l'ont soutenue, ils ont prêté la main aux sans-culottes pour détruire la noblesse et les parlements ; mais c'était pour se mettre à la place des aristocrates. Aussi, depuis qu'il n'existe plus de citoyens actifs (censitaires), depuis que le malheureux sans-culotte jouit des mêmes droits que le plus riche maltôtier, tous ces j... f... nous ont tourné casaque et ils emploient le vert et le sec pour détruire la République ; ils ont accaparé toutes les subsistances pour les revendre au poids de l'or ou pour nous amener la disette ; mais comme ils voient les sans-culottes disposés à mourir plutôt que de redevenir esclaves, ces mangeurs de chair humaine ont armé leurs valets et leurs courtauds de boutique contre la sans-culotterie ; ils ont fait pis, ils ont nourri, habillé, approvisionné les brigands de la Vendée, ils ouvrent en ce moment les portes de Toulon et de Brest aux Anglais et ils sont en marché avec Pitt pour livrer les colonies... »

Substitut du procureur de la Commune, seigneur du plus grand journal de France, Hébert pouvait frapper sur l'opinion jacobine des coups terribles. Tel de ses numéros fut, dit-on, tiré à 600 000 exemplaires, distribués gratuitement à Paris et aux armées. Mais son pouvoir s'étend bien au-delà de ce royaume de papier. Le ministère de la Guerre est sa maison, Bouchotte sa vache à lait. Il en tire tout ce qu'il veut : argent, passe-droits, sinécures, commandements. Trois cents millions à dépenser tous les mois, cinquante mille places ou grades à distribuer, des centaines de marchés lucratifs à adjuger : qu'on mesure cette énorme puissance. Autour du chef, un état-major d'hommes de main : Vincent, secrétaire général du ministère de la Guerre ; Ronsin, commandant de l'armée révolutionnaire ; Rossignol, commandant de l'armée de l'Ouest. Dans son sillage : Hanriot, commandant de la garde nationale parisienne ; Pache, maire de Paris ; Chaumette, procureur-syndic, un petit homme replet, rougeaud et soigné, fils d'un cordonnier de Nevers, élevé au collège de sa ville par la protection d'un grand seigneur, tour à tour moine, marinier et clerc de procureur, intelligent et hardi, avec de mauvaises mœurs ; Cloots, Royer, Proli, Pereyra, tous les réfugiés politiques. A la fin d'août, il a la majorité aux Jacobins. Le 4 septembre, il organise une journée pour entraîner la Commune et, le 5, une seconde pour entraîner la Convention.

Le quartier général de l'émeute est au ministère de la Guerre. Dès le matin, les meneurs réquisitionnent les ouvriers employés dans les manufactures militaires. Des groupes d'hommes de confiance battent les chantiers pour racoler les terrassiers et les maçons. D'autres sonnent l'appel des chômeurs. Vers midi, la place de Grève est occupée, l'Hôtel de Ville envahi, la salle du corps municipal occupée par une foule hurlante qui réclame du pain. Chaumette essaie un moment de disperser les manifestants, en les couvrant de belles paroles et de belles promesses. Peine perdue. Il sent que l'affaire est sérieuse et, sans plus tergiverser, il se range du côté des pétitionnaires et annonce qu'il se mettra à leur tête le lendemain pour les conduire à la Convention : « ... C'est ici la guerre ouverte des riches contre les pauvres ; il faut les écraser nous-mêmes ; nous avons la force en main ! Les malheureux qu'ils sont ! Ils ont dévoré le fruit de nos travaux, ils ont mangé nos chemises, ils ont bu notre sueur et ils voudraient encore s'abreuver de notre sang ! » Le soir, à l'exemple de la Commune, les Jacobins décident de soutenir le programme de terreur communiste d'Hébert et de se joindre au défilé du lendemain.

Tout se passa comme il avait été convenu. A midi et quart : rassemblement à l'Hôtel de Ville ; à midi quarante-cinq : départ pour les Tuileries. Pache et Chaumette marchent les premiers. Derrière eux, un cortège serré, d'où émergent de nombreuses pancartes : *Guerre aux tyrans ! Guerre aux aristocrates ! Guerre aux accapareurs !* La Convention, justement, écoutait un député de l'Oise, Coupé, qui proposait l'institution de la carte de pain. Elle est avertie de l'arrivée des pétitionnaires. On les introduit aussitôt. Robespierre préside. Pache et Chaumette expliquent que la disette a pour cause l'égoïsme des riches et la malveillance des cultivateurs. Ils dénoncent l'affreux système conçu pour affamer le peuple et le contraindre à « échanger sa souveraineté contre un morceau de pain ». Ils demandent la réquisition des denrées de première nécessité et l'extermination de l'aristocratie mercantile. La Convention, qui a déjà préparé tout un arsenal de lois économiques, leur accorde, séance tenante, la division du tribunal révolutionnaire en quatre sections, l'octroi d'une indemnité aux membres des comités révolutionnaires et la création d'une armée spéciale chargée d'appliquer les lois sur les subsistances. Elle charge le Conseil général de la Commune de s'épurer lui-même et d'épurer les comités de surveillance. Elle promet de faire encore mieux les jours suivants et, pour bien marquer sa soumission, elle élit, le lendemain, au Comité de Salut public, deux membres nouveaux, deux hébertistes : Collot d'Herbois et Billaud-Varenne. Toutefois, par prudence, sur la proposition de Danton, elle réduit à deux par semaine le nombre des assemblées de section. Le 10 octobre un arrêté de Chaumette dresse la liste des personnes à qui le certificat de civisme doit être refusé. On y trouve celles qui parlent des malheurs de la République avec une douleur « affectée », celles qui ont reçu la constitution « avec indifférence », celles qui « plaignent les fermiers et les marchands avides », etc., etc.

La crise d'août 1793 représente dans l'histoire de la Révolution un tournant aussi important que la crise d'août 1792. Jusqu'alors, par routine de pensée, par fidélité aux théories de leur jeunesse, la plupart des conventionnels étaient restés partisans du libéralisme économique. L'intervention de l'Etat dans le domaine de la production leur semblait être une réaction, un retour aux pratiques de l'Ancien Régime. Désormais, ils vont se précipiter d'un mouvement toujours plus rapide dans la voie que les communistes leur ont ouverte.

La fortune mobilière était, au début de la Révolution, représentée pour la plus grande partie par des rentes sur l'Etat ou sur des collectivités, dont l'Etat avait repris les dettes en même temps que les revenus. De ce côté, point de mesure spéciale à prendre : il suffisait de laisser agir la dépréciation du papier-monnaie. En décembre 1793, l'assignat ne valait déjà plus en moyenne que 50 % de sa valeur nominale ; en juin 1794, 33 % seulement. Les rentiers étaient frustrés des deux tiers de leur capital.

La Convention cependant ne s'en tint pas là. Sur le rapport de Cambon, le grand homme du Comité des finances, elle décida d'unifier les anciens types d'emprunts, ou plus exactement de les remplacer par une certaine quantité de rentes qui seraient inscrites au Grand-Livre de la Dette publique sans mention de capital correspondant. Cette opération comportait non seulement une réduction d'intérêts, mais aussi et surtout la suppression de tous les avantages accordés à certaines émissions : lots, primes de remboursements, tirages échelonnés, etc. (24 août 1793). Quant aux rentes viagères, elles furent également converties en rentes perpétuelles. Comme la conversion ne pouvait être effectuée qu'après un certain nombre de formalités difficiles, dont la première était la remise d'un certificat de non-émigration, une part des titres se trouva annulée automatiquement. Les autres furent échangés contre des reconnaissances nouvelles selon un barème qui lésait considérablement les porteurs (12 mai 94). La création du Grand-Livre, prônée partout comme un monument de probité, ne fut qu'une banqueroute partielle ajoutée à la débâcle monétaire. Enfin, en novembre 1793, avait été instauré un nouvel emprunt forcé sur tous les revenus, remboursable deux ans après la paix (?), mais ne portant pas intérêt, avec exonération pour la première tranche de mille livres et taux progressif atteignant 100 % à partir de 9 000.

A l'égard des sociétés par actions, les conventionnels opérèrent plus radicalement encore. Un décret qui datait des derniers jours de la Législative avait supprimé les titres au porteur et ordonné l'enregistrement au nom des propriétaires de tous effets et actions, ainsi que l'enregistrement de toutes cessions et transferts. Les infractions réelles ou supposées à cette loi servirent de prétexte à une campagne contre la spéculation qui aboutit, le 27 juin 1793, à la fermeture de la Bourse ; le 24 août, à la suppression des sociétés anonymes ; le 8 septembre, à la mise sous scellés des banques et maisons de change. Les particuliers qui possédaient des créances-or sur l'étranger furent tenus de les remettre à la Trésorerie nationale contre leur valeur en assignats comptés au pair. Les représentants en mission et les autorités locales organisèrent la réquisition des espèces monnayées, lingots et objets précieux dont un décret du 13 novembre ordonna finalement la confiscation. Les dénonciateurs recevaient un vingtième des prises et les sociétés révolutionnaires obtenaient pleine licence pour perquisitionner « chez les riches ». Comme l'écrit un historien marxiste, elles s'en donnèrent à cœur joie. La peur poussa un assez grand nombre de personnes, connues pour posséder de l'argenterie, à l'échanger contre des assignats qui, pour un moment, s'en trouvèrent ragaillardis. Amélioration éphémère ! En décembre, Cambon, qui avait organisé la chasse aux métaux précieux, les déclarait « odieux et vils ». « L'or, aux yeux du sans-culotte républicain, disait-il, ne doit être que du fumier. » Preuve qu'on ne lui en apportait plus beaucoup. Il laissait prévoir l'institution d'un commerce sans signe monétaire, « par échange pur et simple », et, en attendant, il décidait que l'or et l'argent ne seraient plus échangés contre des assignats, mais contre un papier nouveau, accepté de la même façon par l'Etat, mais inutilisable pour les transactions entre particuliers.

Quel qu'ait été le développement industriel au temps de Louis XV et de Louis XVI, la fortune immobilière de la France demeurait, en 1789, beaucoup plus considérable que sa fortune mobilière. La saisie et la vente des biens ecclésiastiques, la saisie et la vente des biens d'émigrés en avaient bouleversé la répartition sans en diminuer la valeur. Au contraire, tandis que la guerre, le blocus, l'émigration, la misère, tarissaient tant de sources de revenus, la terre représentait de plus en plus la valeur-refuge par excellence.

La première taxation des blés fut votée le 4 mai 1793, en échange de l'alliance des Enragés contre les Girondins. Mais elle fut très mal appliquée. Les administrations départementales à qui incombait cette charge firent traîner à dessein les opérations préparatoires et prirent prétexte des obscurités et des lacunes du décret pour le laisser tourner neuf fois sur dix.

En juillet, tout change. La poussée communiste se fait de plus en plus violente. Le « négotiantisme » devient crime aussi grave que le « modérantisme ». Sur le rapport de Collot d'Herbois, la Convention adopte presque sans débat une loi sur l'accaparement (26 juillet) qui, dit M. Marion, « ne tendait à rien moins qu'à traiter en ennemi public quiconque aurait encore le courage de faire commerce des choses dont précisément on se plaignait le plus de manquer ». L'accaparement était défini : le fait de tenir enfermées dans un lieu quelconque sans les mettre en vente journellement et publiquement les denrées et marchandises de première nécessité, à savoir : la farine, le pain, la viande, le vin, les légumes, les fruits, le beurre, le cidre, le vinaigre, l'eau-de-vie, le miel, les graisses, le suif, le poisson, le bois, le charbon, l'huile, la soude, le savon, le sel, le sucre, le chanvre, la laine, le papier, les cuirs, le fer, le cuivre, le plomb, l'acier, le drap, la toile, et généralement toutes les étoffes. Les détenteurs de ces denrées étaient tenus d'en faire déclaration sous huit jours aux municipalités qui nommeraient des commissaires aux accaparements pour vérifier leurs dires et au besoin procéder aux ventes. Les artisans livreront les produits de leur travail. Les auteurs de fausses déclarations seront punis de mort, les dénonciateurs récompensés par le tiers des confiscations.

La loi n'atteignait pas la production et respectait la liberté du prix de vente. Un grand pas, cependant, était fait vers une mainmise générale. Le secret du commerce n'existait plus. Les commissaires aux accaparements pouvaient s'introduire partout, compulser les registres et les factures, disperser les stocks, visiter les granges et les greniers. Quand on est sur cette route, on ne s'arrête plus. Très vite, on en vient à l'idée que la loi du 27 juillet n'est qu'une entrée en matière et que l'Etat a le pouvoir de peser sur les prix et les faire baisser. Ici et là, apparaissent quelques essais de taxation partielle. Enfin, le 29 septembre, la Convention décrète la taxation générale des denrées de première nécessité ou, comme on disait alors, *le maximum.*

A toutes les matières qu'énumérait le décret du 27 juillet et dont la circulation était déjà contrôlée, s'ajoutaient les graines, le tabac, les chaussures, les sabots, les chapeaux, les articles de quincaillerie et de boissellerie, enfin, toutes « les matières premières qui servent aux fabriques ». Les cultivateurs étaient tenus de faire la déclaration de leur récolte. Il leur était interdit de vendre leur blé ailleurs qu'au marché public et à un autre cours que le cours officiel. S'ils s'y refusaient, les autorités approvisionneraient les halles par la force, réquisitionneraient les blés sur pied et feraient faire la moisson et le battage par des ouvriers mobilisés à cet effet. Le transport du blé était subordonné à une autorisation, les meuniers réquisitionnés avec leur matériel et leur office considéré comme un service public. Enfin, alors que la monnaie avait déjà baissé de moitié et s'avilissait encore de jour en jour, *le maximum n'était fixé qu'à un tiers en sus du prix courant de* 1790. La loi n'était pas seulement une loi de tyrannie, mais une loi d'expropriation. Les contrevenants étaient menacés des peines les plus sévères : un an de gêne aux boulangers qui cesseraient le travail ; dix ans de fers aux meuniers qui feraient le commerce des grains et farines ; dix ans de fers aux cultivateurs coupables de fausses déclarations ; la mort à ceux qui tenteraient d'empêcher les réquisitions.

Sauf pour les grains, dont le prix était fixé pour tout le territoire, la taxe devait être établie de la façon suivante : il serait envoyé aux villes principales, maritimes et commerçantes de l'intérieur, aux chefs-lieux de district, aux fabriques et aux sociétés populaires, vingt séries de tableaux contenant les nomenclatures de toutes les espèces de denrées et objets de consommation. Dans une colonne restée en blanc, les destinataires indiqueront quels étaient, en 1790, les prix des objets et denrées qui se produisent ou se récoltent par leurs soins ou dans leurs circonscriptions. Puis ils retourneront les listes à Paris. La commission des subsistances et approvisionnements s'en servira pour dresser, par comparaison et après augmentation d'un tiers, le *Tableau général du maximum* — deux forts volumes — qui, envoyé à chaque district, permettra d'établir le maximum local. Pour cela, chaque marchandise mise en vente devra porter une indication d'origine. Le prix définitif, au lieu de consommation, se composera donc du prix d'achat taxé au lieu d'origine, grossi des frais de transport réglementaires et du pourcentage de bénéfice accordé par les autorités au grossiste (5 %) et au détaillant (10 %). L'enquête préliminaire dura quatre mois. Le *Maximum général* ne fut donc prêt qu'à la fin de février et distribué en mars 1794.

Il s'appliquait aux stocks anciens comme aux produits nouveaux. Seules furent exceptées certaines fournitures militaires (chaussures, harnais, voitures) pour lesquelles un marché avait été passé : le prix convenu devant être respecté jusqu'à la livraison intégrale. Dans tous les autres cas, la taxe de 1793-1794 fut imposée aux articles en magasin, qui avaient été payés beaucoup plus cher en 1791 ou 1792. C'est ainsi que Claude Périer, négociant à Grenoble et à Marseille, fut ruiné : il dut liquider à 4 livres l'aune, un millier de pièces de toile achetées à 8 et 9 livres. Volé, il se fit voleur : comme il était banquier en même temps que marchand et importateur, il remboursa ses déposants en monnaie de singe.

A Lille, en dépouillant les demandes d'emploi déposées à la société révolutionnaire, M. Cobb a dressé une liste imposante de commerçants et d'industriels que le maximum contraint de fermer boutiques et ateliers. Un marchand de vins, « n'ayant plus de marchandise », demande à entrer dans les charrois militaires. Un autre, pour la même raison, devient commissaire de police, ainsi qu'un épicier qui n'a plus rien à vendre. Un marchand de chandelles, article introuvable, s'engage dans la marine. D'autres marchands se font embaucher à l'atelier d'armes. Un drapier, qui a fourni à la République les produits de sa fabrique, a tant perdu par la faute du maximum qu'il est sans ressources. Un fabricant de cotonnades, ruiné pour la même raison, devient un des principaux organisateurs de l'armée révolutionnaire lilloise, dans laquelle s'engagent une quarantaine de cardeurs et de filiers sans ouvrage.

Maître de la production intérieure, il ne restait plus à l'Etat qu'à s'emparer du commerce extérieur. Ce fut l'objet de l'arrêté du 30 mai 1794 qui mit à sa *disposition toutes les denrées, matières et marchandises importées par terre et par mer.* Des agences établies dans les ports et aux frontières réquisitionnaient ce qui était à leur convenance et ne laissaient aux propriétaires que le surplus. Pratiquement, l'Etat devint l'unique importateur. Quant à l'exportation, elle était interdite pour un grand nombre d'articles et ne fonctionnait pour les autres que sous un étroit contrôle. Enfin, la flotte de commerce était tout entière réquisitionnée. En certaines circonstances, les civils devaient donner chaussures, couvertures et draps. En octobre 1793, Saint-Just réquisitionna à Strasbourg 5 000 paires de souliers, 1 500 chemises, 2 000 lits.

Avec les biens, les hommes. Le décret de levée en masse (23 août 1793) n'envoyait aux armées que les jeunes gens de dix-huit à vingt-cinq ans, mais il mettait toute la population française, femmes comprises, au service de l'Etat. Il était logique que l'Etat, virtuellement seul patron et seul boutiquier, fût en mesure de se proclamer aussi seul employeur. Au reste, le maximum des denrées impliquait nécessairement le maximum des salaires. La loi du 29 septembre se montra cependant un tout petit peu plus généreuse pour les ouvriers que pour les commerçants : au lieu du tiers, on leur accordait la moitié en sus du salaire de 1790.

La réquisition des travailleurs fut appliquée par catégories selon les besoins en 1793 et en 1794 : réquisition des ouvriers boulangers ; réquisition des ouvriers imprimeurs pour la fabrication des assignats ; réquisition des charrons, fondeurs, tourneurs, tailleurs, tanneurs, etc., pour les fabrications de guerre ; réquisition des charretiers et flotteurs de bois pour le transport des combustibles et des grains. La France entière fut transformée en une immense caserne, et comme la loi Le Chapelier avait enlevé aux prolétaires le droit d'association et le droit de grève, la classe ouvrière subit aussi durement que les autres le poids de la politique communiste. Le 4 avril 1794 encore, la Convention proclama l'universelle réquisition des bras et des talents et déféra au Tribunal révolutionnaire tous ceux qui prétendaient s'y soustraire.

Alors surgit la véritable difficulté : appliquer ces lois impossibles. Dès que le maximum fut promulgué, les magasins se vidèrent en un instant, chacun se hâtant d'acheter à un prix facticement abaissé ce qu'il payait la veille deux ou trois fois plus cher. Tant qu'il resta des réserves dans les caves et dans les arrière-boutiques, la sainte guillotine, comme disait Hébert, put bien encore les faire sortir. Les stocks épuisés, personne ne se présenta pour les renouveler. Du jour au lendemain, il n'y eut à Paris ni sucre, ni huile, ni chandelles. On trouvait encore du vin, mais falsifié, imbuvable. En province, les habitants de la campagne se ruèrent dans les villes pour échanger leurs billets contre des vêtements, des chaussures, des pièces d'étoffe, des articles d'épicerie que la loi contraignait de liquider à vil prix. Après quoi, ils se hâtèrent d'enfouir leur blé dans des cachettes impénétrables. Car chacun voulait le maximum pour le voisin et la liberté pour soi : « Frères et amis, disait le conventionnel Frecine à des ouvriers qui s'étaient insurgés contre le maximum des salaires, j'apprends avec douleur que parmi vous il est des individus qui s'opiniâtrent à vouloir obtenir une augmentation de journées qui tomberait à la charge de la République. Eh quoi, citoyens ? Le détestable esprit de cupidité que la justice nationale vient d'anéantir chez les accapareurs se serait-il donc glissé dans l'âme pure des sans-culottes !... Vous demandez que la loi s'exécute à la rigueur pour ce que vous achetez, et vous refusez de l'observer pour tout ce que vous vendez aux autres !... » Les appels au civisme ne durent pas avoir grand succès, puisque les observateurs Grivel et Siret consignent, dans leur premier rapport de janvier 1794, que les voituriers, les cochers de fiacre, les ouvriers et les manœuvres à la tâche demandent tous au-dessus du prix que la loi leur accorde. « Il n'y a pas jusqu'aux ouvriers qui scient ou montent le bois, jusqu'aux garçons de chantier, jusqu'aux ramoneurs de cheminées qui n'exigent le double de ce qu'ils doivent recevoir. » Si le commerce de l'or est prohibé, il existe une bourse noire où le louis est coté journellement. Elle se tient dans un café de la rue Saint-André-des-Arts, où se réunissent les agioteurs. En deux étapes (janvier 1790, septembre 1791), la Constituante avait affranchi les Juifs : déjà se fait jour un certain antisémitisme. En janvier 1794, l'observateur Pourvoyeur prétend qu'ils ont accaparé les transactions clandestines sur l'or en lingots ou autrement.

La résistance des paysans s'annonçait plus formidable encore. Il était évident qu'ils mettraient tout en œuvre pour faire échec à la législation qui les dépouillait.

De fait, partout où ils peuvent braver les perquisitions, ils dissimulent leur récolte et ne la vendent qu'en fraude au prix qui leur plaît. Là où ils ne sont point à l'abri, ils la laissent pourrir sous prétexte qu'ils manquent de bras pour la rentrer. Ailleurs, comme le maximum du blé a été appliqué avant le maximum de l'avoine, ils consentent à vendre l'avoine, mais nourrissent leurs chevaux avec le blé. Quand la viande est taxée au détail, ils n'approvisionnent plus les bouchers. Quand elle est taxée sur pied, ils laissent crever leurs bêtes.

Un article de la loi de septembre donne aux municipalités le droit de confisquer et de vendre les grains non déclarés : certaines d'entre elles se réclament de cet article, interprété abusivement, pour organiser un marché « noir » quasi officiel, de complicité avec les non-déclarants. D'autres « grossissent leur état de détresse » (ce sont les représentants Pinet et Cavaignac qui l'écrivent) pour ne pas exécuter les réquisitions destinées à nourrir les armées. Dans un district de la Dordogne, 23 paroisses sur 78 ne déclarent pas leurs récoltes dans les délais prescrits, rendant impossible l'établissement d'un plan départemental d'alimentation : c'est Périgueux qui en souffre et qui mange du son. Bref, selon l'expression de M. de Cardenal, qui a bien étudié ce coin de France, les municipalités rurales font preuve d' « une méconnaissance absolue des dispositions législatives » ; en d'autres termes, d'une totale mauvaise volonté. Les agents nationaux signalent mélancoliquement les progrès du « fanatisme ».

Aux frontières, la contrebande se développe dans d'énormes proportions. Le quintal de froment se vend 40 francs-or à Genève, 14 francs papier en France. Etant donné les moyens du temps, peut-on concevoir une surveillance assez stricte pour empêcher un commerce aussi avantageux ?

Dans la Haute-Saône, sur laquelle M. Mathiez nous donne des renseignements précieux, la promulgation du maximum a pour effet immédiat d'aggraver la crise des subsistances. Les cultivateurs suspendent les battages ; les boulangers ne cuisent plus ; les aubergistes ne servent plus les clients ; les ouvriers qui n'ont point de travail à la ville refusent d'aller aider aux besognes des champs. Un jeune volontaire, dont M. Marion possédait la correspondance, écrit de Phalsbourg à sa famille : « On a publié ici la taxe des denrées, mais, depuis, il est presque impossible de trouver à déjeuner. » De Toulouse, on mande au Comité : « La ville semble cernée par une armée ennemie : les subsistances cessent d'y parvenir, les habitants des campagnes ne s'y rendent que pour vider les boutiques. » D'Arras, Buissart écrit à son ami Robespierre : « Le maximum nous met dans une étreinte extrême. Notre obéissance rigoureuse à la loi nous rend la victime de la désobéissance des communes qui nous environnent. Nous mourons de faim au milieu de l'abondance. » Et, de Bergues, cette note qui résume les autres : « La loi du maximum a fait dans ces pays l'effet d'un complot liberticide enfanté par Pitt... »

Le communisme ne se concevait point sans un déploiement inouï de contraintes et de force. De fait, c'est lui qui donne son sens à la Terreur, en explique la marche et la durée. La dictature terroriste est liée aux lois sociales et non aux événements militaires. Placée à l'ordre du jour, le 5 septembre, après la grande manifestation hébertiste, elle s'organise au moment où le péril extérieur décroît. Elle se codifie quand les frontières sont libérées. Elle bat son plein quand la guerre est victorieuse et la Belgique conquise à nouveau.

En principe la Convention est « le centre unique de l'impulsion du gouvernement », mais elle délègue ses pouvoirs d'exécution et de surveillance à deux Comités de douze membres réélus mensuellement : le Comité de Salut public pour tout ce qui concerne la guerre, la diplomatie, les subsistances, les lois révolutionnaires ; le Comité de Sûreté générale pour la police et la justice. « Tous les corps constitués et les fonctionnaires publics sont mis sous l'inspection immédiate » des deux comités, chacun en ce qui le concerne. Le détail de l'administration est abandonné aux ministres, puis, après leur suppression, à de simples commissions exécutives rattachées au Comité de Salut public. (A la fin de 1793, celui-ci emploie cent cinq secrétaires ou commis, parmi lesquels, sans doute, des indiscrets ou des « aristocrates », car il y eut des fuites et des documents détruits.) Pour assurer d'une manière complète l'unité de la République, la Convention envoie dans les départements et aux armées une partie de ses membres qui, sous le nom de « représentants en mission », sont chargés de surveiller l'esprit public, de contrôler la conduite des généraux, d'épurer et d'actionner les pouvoirs locaux. Les représentants communiquent avec la Convention par l'intermédiaire du Comité de Salut public qui a le droit de les rappeler. Les procureurs élus des districts et des communes sont remplacés par des agents nommés par la Convention et responsables devant elle, les procureurs-syndics des départements supprimés, le renouvellement des municipalités suspendu (4 décembre 1793).

L'Etat communiste ne saurait se contenter des modestes administrations d'autrefois. Aux six ministères, s'ajoutent vingt services nouveaux, d'où sortent cent autres. Il y a des commissaires aux biens nationaux de la première origine (biens ecclésiastiques), des commissaires aux biens nationaux de la seconde origine (biens d'émigrés), des commissaires à la réquisition des chevaux de luxe, des commissaires aux habillements, des commissaires aux accaparements, des commissaires à la récolte et à la fabrication du salpêtre, des commissaires aux recensements, au cadastre et aux réquisitions, des commissaires à la statistique, aux subsistances, aux transports, une agence du commerce extérieur, des missions d'achat à l'étranger, des receveurs de taxes révolutionnaires sur les riches, une police immense, une armée d'observateurs, de gardiens de scellés, de gardiens de suspects, de gendarmes, de geôliers et enfin une armée révolutionnaire destinée à appuyer les réquisitions : 6 000 fantassins, 3 escadrons de cavalerie et 1 200 canonniers pour la seule région parisienne.

Cette armée, c'est Chaumette qui, le 5 septembre, en a obtenu la création, pour mater les paysans, « ces nouveaux seigneurs, non moins cruels, non moins insolents que les anciens », et les commerçants, « classe avide, aussi cruelle que la première ». Le recrutement commença dès le lendemain et, le 9, Carnot lui-même présenta à l'Assemblée le statut organique des forces révolutionnaires. Un registre sera ouvert sur le bureau de chaque section ; les volontaires s'y feront inscrire ; le comité révolutionnaire écartera les douteux ; un second triage aura lieu à la Commune. Les soldats seront nourris, logés et habillés. Ils toucheront une paye de quarante sous par jour. Ils éliront leurs sous-officiers et leurs officiers jusqu'au grade de capitaine. L'état-major sera nommé par le gouvernement. En fait, ce furent les Jacobins qui le désignèrent. Il comprit un général de division, qui fut un ami de Marat, l'auteur dramatique Ronsin, employé de Pache dans les bureaux de la Guerre et commissaire militaire en Vendée ; deux généraux de brigade, Boulanger et Parein, celui-là ouvrier bijoutier, originaire de Liège, celui-ci clerc de procureur ; un chef d'état-major, l'acteur Nourry, dit Gramont, et un commandant de cavalerie, le dessinateur en broderie Mazuel, pilier de café, coureur de femmes, habitué de tripots.

En septembre 1792, Gramont avait participé au massacre des prisonniers d'Orléans et avait commandé la garde lors de l'exécution de la reine. Sanson rapporte dans ses Mémoires que c'est lui qui avait donné l'ordre de montrer au peuple la tête coupée, « dont les paupières étaient encore agitées par un frémissement convulsif ». Il vola beaucoup, pour lui-même et pour les filles qui l'entouraient. Boulanger était nul et ne sortit pas du néant. Parein, un des vainqueurs de la Bastille, avait, de juillet à septembre 1793, présidé la commission militaire qui organisa les premières fusillades d'Angers et à laquelle succèda la commission Felix. Mazuel avait participé à l'assaut des Tuileries, le 10 août. Il était brutal et jouisseur, avec un certain sadisme. Les soldats valaient les chefs. Un observateur du ministère de l'Intérieur les appelle des brigands. Ces brigands ont leur chanson de marche, ce qui prouve au moins que la poésie sert à tout :

On verra par tous les chemins
L'armée révolutionnaire
Qui rangera tous les mutins
En les obligeant à bien faire.
La guillotine la suivra,
Les magasins on fouillera,
Celui qui se mutinera
On fera sa fête
En coupant sa tête.
Il vaut beaucoup mieux obéir
Que de se faire raccourcir.

En somme, l'armée révolutionnaire (il va s'en organiser des détachements dans trente départements au moins) est à la disposition des représentants et des comités pour l'exécution des lois républicaines : réquisitions, maximum, épuration, répression et chasse aux suspects. Ronsin se rend à Lyon avec ses hommes, pour les fusillades. Un représentant, qui opère en Seine-et-Oise, réclame la visite d'une compagnie à Montagne-du-Bon-Air (ci-devant Saint-Germain-en-Laye), pour en faire disparaître les restes de la superstition. Le Comité de Salut public offre un bataillon à Laplanche pour achever de « purifier » Caen, « où subsiste une sourde fermentation » ; Granier (dans l'Aube) a besoin de renforts pour achever les réquisitions « avec fruit ». Un membre de la Commune de Paris écrit de Pontoise que partout où l'armée révolutionnaire se montre, elle fait « des miracles », et le représentant Javogues mande de Mâcon que « les visites domiciliaires » opérées par le détachement envoyé de Paris « ont produit le plus grand bien ». Il faudra attendre la chute de Robespierre pour être pleinement informé des excès commis par les colonnes révolutionnaires : vols, tortures, arrestations, arbitraires, destructions d'œuvres d'art, pillages, viols, incendies de forêts, assassinats. Cependant, en pleine vague hébertiste, une bande de Ronsin ayant visité la ferme du député Lecointe, la Convention dut entendre le récit que voici.

A la fin d'octobre, à la tombée de la nuit, au village de Tigery, près de Corbeil, vingt-cinq soldats ont fait irruption en armes chez le citoyen Gilbon, vieillard de soixante et onze ans, laboureur « faisant valoir trois charrues » et père de six enfants. Ils ordonnent à tout le monde de se lever, alignent le long du mur, pieds et mains liés, la tête couverte d'un sac, le fermier, la fermière, les valets de charrue et les deux servantes. Après quoi, ils enfoncent les armoires, prennent ce qu'ils trouvent de précieux, vingt-six couverts en argent, une écuelle, des gobelets, deux montres, une tabatière, la croix d'or que la femme Gilbon porte au cou, sa montre et sa broche. Ils reviennent au vieillard :

— Où est ton argent monnayé ?

Comme il ne répond pas, ils le traînent à la cuisine, l'assoient devant la cheminée et lui mettent les pieds sur les braises. « Nous allons te faire chanter. » Il leur donne alors 72 livres en numéraire et 6 000 livres en assignats.

La perquisition finit par une beuverie à la cave. A minuit, les soldats décampent, non sans avoir défoncé un tonneau de vinaigre, mais sans délier leurs victimes. « La stupeur est telle dans les campagnes, conclut Lecointe, que les malheureux qui éprouvent des vexations de ce genre n'osent se plaindre, trop heureux d'avoir échappé à la mort. Tout ce qui porte le nom de force armée leur imprime la plus grande terreur. » C'est ce que disait, à sa façon, le communard Pain : « Les fermiers sont les hommes les plus dociles de la terre : il ne leur fallait que de l'exercice. En leur laissant quelques instructeurs de l'armée révolutionnaire, nous en ferons quelque chose. »

Le 26 février 1794 (8 ventôse), Saint-Just proclame à la Convention la nécessité d'achever la révolution sociale par une nouvelle distribution des richesses : « L'opulence est dans les mains d'un assez grand nombre d'ennemis de la Révolution ; les besoins mettent le peuple dans la dépendance de ses ennemis. Concevez-vous qu'un empire puisse exister si les rapports civils aboutissent à ceux qui sont contraires à la forme du gouvernement ? Ceux qui font la révolution à moitié n'ont fait que se creuser un tombeau... Les biens des conspirateurs sont là pour les malheureux. Les malheureux sont les puissances de la terre... » Séance tenante, la Convention décréta que les biens des personnes ennemies de la République seraient confisqués et distribués aux « patriotes indigents ». Le 3 mars, un nouveau décret ordonna l'établissement immédiat des deux listes complémentaires : celle des suspects qui seraient expropriés, celle des sans-culottes qui seraient installés à leur place. « Personnes ennemies de la République ». La qualification était vague. Il y avait bien la loi du 17 septembre qui réputait suspects, non seulement les ci-devant nobles et les parents d'émigrés, mais encore tous ceux qui, par leurs paroles, leur action ou leur abstention, s'étaient montrés « ennemis de la liberté ». Cela n'était point suffisant. Le 13 mars, sont déclarés traîtres à la patrie et passibles de mort tous ceux qui auront excité des inquiétudes sur le fait des subsistances, essayé de corrompre l'esprit public, préparé un changement dans la forme du gouvernement. Le 16 avril, un décret envoie à la Guyanne tout individu qui, vivant sans travailler, est convaincu de s'être plaint du régime. Enfin, le 10 juin, la fameuse loi de Prairial dresse la liste complète des crimes punis de la confiscation et de la peine capitale. Comme le dit un savant professeur, « l'émotion fut vive ». Il y avait de quoi : la liste était si longue que tous les Français pouvaient se considérer comme promis à la guillotine.

Sont, en effet, considérés comme ennemis du peuple et marqués pour l'échafaud ceux qui auront cherché à avilir et à dissoudre la Convention nationale et le gouvernement révolutionnaire (donc les royalistes et les modérés) ; ceux qui auront cherché à empêcher les approvisionnements (donc les cultivateurs et les commerçants rétifs aux réquisitions, les ouvriers rétifs au maximum des salaires) ; ceux qui auront persécuté et calomnié les patriotes (donc tous les ennemis passés, présents et futurs des Jacobins et de leurs créatures) ; ceux qui auront répandu des fausses nouvelles (toutes les commères) ; ceux qui auront cherché à égarer l'opinion ou à inspirer du découragement (tous les mécontents). Les accusés étaient traduits devant le tribunal révolutionnaire, soit par la Convention, soit par l'un des deux Comités de gouvernement, soit par les représentants en mission, soit par l'accusateur public. L'instruction préalable était supprimée. Si le tribunal s'estimait en possession de preuves morales suffisantes, il ne serait point entendu de témoins. « Il ne s'agit plus, avait dit Couthon qui rapportait le projet, de donner quelques exemples... Toute lenteur est un crime, toute formalité un danger public. Le délai pour punir les ennemis de la patrie ne doit-être que le temps de les reconnaître. » Et il disait encore : « Il s'agit moins de les punir que de les anéantir. »

La chose, cette fois, était claire. On n'essayait plus de barbouiller la Terreur aux couleurs nationales. Tous les prétextes mis en avant pour la justifier étaient rejetés. Il ne s'agissait plus ni d'effrayer les complices de Pitt et de Cobourg, ni même de contenir un parti hostile. Il s'agissait, par une extension progressive, d'anéantir 300 000 familles, pour prendre leurs biens.

Despotisme de la Liberté, dogmatisme de la Raison, c'est ainsi que les révolutionnaires appelaient le régime qu'ils avaient fondé. Camisole de force, tyrannie, enfer, oppression : c'est ainsi que les historiens les plus impartiaux le qualifient aujourd'hui. Disons plus simplement que c'est le règne du *Contrat social* : « l'aliénation totale de chaque individu avec tous ses droits, à la communauté », selon l'exacte formule de Rousseau. Quant à ceux qui objecteraient que les révolutionnaires ne sont point la communauté, Saint-Just leur répondra que la Volonté Générale n'est point la volonté du plus grand nombre, mais la volonté des purs, chargés d'éclairer la nation sur ses véritables désirs et son véritable bonheur.

Le travail de pensée et d'épuration entrepris dans les Sociétés depuis quarante ans est terminé. Selon la logique la plus rigoureuse, leur doctrine a évolué du libéralisme anarchique à la dictature communiste. A leur exemple, et sous leur pression, le gouvernement est passé de la monarchie très chrétienne à la coalition montagnarde-hébertiste. Ayant modelé l'Etat à leur image, elles n'ont plus de raison de se distinguer de lui : elles s'y incorporent, elles en deviennent l'épine dorsale. « C'est dans le sein des sociétés populaires, dit la circulaire du Comité de Salut public du 4 février 1794, que l'esprit de liberté a pris naissance, a grandi et est monté enfin à sa hauteur. Sentinelles vigilantes, tenant en quelque sorte l'avant-poste de l'opinion, elles ont sonné l'alarme dans tous les dangers et sur tous les traîtres. C'est dans leurs sanctuaires que les patriotes ont été chercher et aiguiser des armes victorieuses. La République attend des sociétés populaires de nouveaux services. Le gouvernement révolutionnaire, organisé dans ses différentes parties, va se développer avec force et, pressant sur toutes les résistances, il doit enlacer tous les ennemis du peuple. La Convention nationale vous appelle en communauté de soins, en partage d'efforts avec elle, pour asseoir cet édifice sur d'inébranlables bases. Vous serez nos plus puissants auxiliaires... » Et plus loin : « ... L'édifice de la Révolution arrivera bientôt à son achèvement. Sociétés populaires, vous en avez jeté les hardis et indestructibles fondements, c'est à vous d'en disposer le faîte. »

En janvier 1794, les Sociétés sont au nombre de 1 900, réparties sur toute la surface du territoire. Il n'est point de ville, point de gros bourg qui n'ait la sienne, affiliée à la société-mère de la rue Saint-Honoré. On n'y entre qu'après avoir répondu à un questionnaire, analogue à celui qui est en usage dans les partis totalitaires d'aujourd'hui : « Que faisais-tu avant la Révolution ? Que fais-tu depuis la Révolution ? Qu'as-tu fait pour la Révolution ? As-tu été noble, banquier ou agent de change ?... » A la fin de chaque trimestre, elles procèdent à une « revision civique ». Elles forment les 21 500 Comités de surveillance ou comités révolutionnaires dont les membres sont chargés, au tarif de trois francs par jour, de trier les bons des méchants, de distribuer les certificats de civisme et de dresser les listes de suspects. Elles désignent les candidats aux fonctions publiques et les soldats de l'armée révolutionnaire. Elles fournissent les jurés du tribunal. Elles dénoncent les agents dont l'incivisme leur est connu. Elles appliquent les mesures de sûreté. Elles organisent des expéditions dans les petits villages pour en purger les municipalités. Elles président aux saisies, aux enquêtes et aux arrestations. Elles entourent les représentants en mission et leur soufflent leurs arrêtés. Souverain collectif, Peuple Elu, elles sont les juges de l'orthodoxie républicaine. Elles disposent arbitrairement des fortunes, des libertés et des vies. A Paris, section de la Fraternité, en face des noms inscrits sur une liste de suspects, on lit simplement : *aristocrate, modéré, insouciant, mauvais propos, a de la fortune, on ne sait ce qu'il est...* Comme l'a dit Robespierre le 25 septembre 1793, point besoin de faits, il suffit que « la notoriété publique accuse un citoyen de crimes... dont la preuve est dans le cœur de tous les citoyens indignés ».

Jamais pouvoir plus effrayant ne tomba entre des mains plus méprisables. Le meilleur de la France se cache ou est aux armées. Ce qui gouverne, c'est le rebut, ou, comme dit Taine, les notables de l'improbité, de l'inconduite, du vice, de l'ignorance, de la bêtise et de la grossièreté : « déclassés et pervertis de toute espèce et de toute condition, subalternes envieux et haineux, petits boutiquiers, endettés, ouvriers viveurs et nomades, piliers de café et de cabaret, vagabonds de la rue et de la campagne, hommes du ruisseau et femmes du trottoir. bref, toute la vermine antisociale mâle et femelle ; dans ce ramassis, quelques énergumènes de bonne foi, dont le cerveau fêlé a donné spontanément accès à la théorie en vogue : les autres, en bien plus grand nombre, vraies bêtes de proie qui exploitent le régime établi et n'ont adopté la foi révolutionnaire que parce qu'elle offre une pâture à leurs convoitises ». L'effondrement des anciennes valeurs, le tocsin, le canon d'alarme, l'excitation collective, le sang versé créent, ou développent, chez certains un dérèglement pathologique. Buzot dit des pétitionnaires qui envahissent périodiquement la salle de la Convention que ce sont « des bêtes carnassières ». Le tendeur de drap Arbulot (section des Gardes-Françaises), arrêté plus tard, reconnaît avoir éprouvé une grande jouissance lors des massacres de Septembre. Un certain Burou s'offre à faire office de bourreau, si le tribunal révolutionnaire veut bien donner une guillotine à sa section (Champs-Elysées). Son camarade Jayet « voudrait, lui, voir couler des ruisseaux de sang et en avoir jusqu'à la cheville ». Dans un régime normal, les demi-fous auraient été contenus par les lois et par les mœurs, et les autres eussent été des gens fort ordinaires. Parmi les sans-culottes parisiens (dans la mesure où il a été possible de déterminer leur origine), on trouve une majorité d'artisans et de petits commerçants (dont beaucoup, peut-être, avaient fermé leur atelier ou leur boutique), un nombre non négligeable de faillis, de défroqués, d'anciens domestiques, de vagues intellectuels, enfin des ouvriers, véritables salariés, un peu plus nombreux à partir de l'automne 1793, sans jamais dépasser le quart des effectifs sectionnaires. Dans les comités de surveillance des deux sections de l'ancien faubourg Saint-Germain, près de la moitié des commissaires, selon M. Richard Cobb, sont d'anciens domestiques d'ambassadeurs et d'hommes de lettres étrangers, étrangers eux-mêmes. On décèle aussi quelques anciens riches. Le nommé Mauvage, militant de la section du

Faubourg-du-Nord, s'intitulait « éventailliste ». Il occupait avant la Révolution une soixantaine d'ouvriers, monteurs, peintres, modélistes. On peut penser qu'en 1793, la demande d'éventails était faible et sa maison ruinée.

La Terreur, en vérité, ne fut pas uniforme. Elle sévit dans l'Ouest et le Sud-Est plus qu'ailleurs. Tout dépendait de la virulence des sociétés et des représentants en mission. Il y eut des régions où l'on vécut assez tranquille. Par exemple, s'il y eut des exécutions à Tours, Mme Dupin, veuve du fermier général, put demeurer paisiblement dans son château de Chenonceaux, sans autre désagrément qu'une foule de formalités tatillonnes. Selon les calculs de l'historien américain Greer, dans six départements, personne ne fut condamné à mort ; dans trente et un autres, on compte moins de dix exécutions. Mais Greer ne fait pas mention des provinciaux expédiés au tribunal de Paris. Des érudits ont publié les registres communaux d'un certain nombre de villages ou bourgs. Dans ceux de Rennemoulin, qui est proche de Versailles, on lit à toutes les pages la préoccupation constante des habitants, moyennant un conformisme extérieur d'une absolue docilité, de traverser les événements sans violence et sans histoire. A Aix-les-Bains, la négligence domine. Gendarmes et commisaires rivalisent de paresse : c'est le concierge qui délivre les passeports. À Bolbec, au contraire, on arrête pour les motifs les plus futiles : un tel est incarcéré pour avoir fermé sa porte à un patriote qui allait voir un parent malade ; un autre pour avoir « méprisé » la révolution et fredonné une chanson « incivique ». Dans le district de Saint-Pol, on discerne trois ou quatre vagues d'arrestations, séparées par des périodes assez paisibles. En un an, il y eut 1 460 arrestations et 106 exécutions. Il est impossible actuellement de savoir combien de personnes, en tout, furent emprisonnées, de la chute du trône à la chute de Robespierre. M. Lefebvre estime que le nombre de 300 000 n'est pas invraisemblable. M. Jacob pense qu'en Thermidor, il y avait 70 000 détenus.

Dans son grand rapport du 10 octobre 1793, Saint-Just a proclamé que la guerre aux « riches » est la tâche essentielle du gouvernement révolutionnaire : « Vous avez à punir non seulement les traîtres, mais les indifférents mêmes ; vous avez à punir quiconque est passif dans la République... Il faut gouverner par le fer ceux qui ne peuvent l'être par la justice ; il faut opprimer les tyrans... Il est nécessaire que vous chargiez l'opulence des tributs... Quand vous aurez appauvri les ennemis du peuple, ils n'entreront plus en concurrence avec lui... » Aubaine admirable. Mais où trouver des riches ? Les domaines nobles confisqués ; les revenus de l'agriculture et du commerce anéantis par la socialisation ; les héritages morcelés par le partage égal et l'admission des bâtards aux successions ; les ventes, créances et hypothèques réduites de moitié ou des deux tiers par la faillite monétaire : il ne restait plus beaucoup « d'hommes à superflu » et ceux qui demeuraient avaient vu leur superflu sérieusement réduit. N'importe, la chasse s'organise. Les sociétés populaires y sont d'autant plus intéressées que la loi a imputé sur le produit des taxes révolutionnaires l'entretien des comités de surveillance, la paye des sectionnaires, les secours de chômage, les allocations aux sans-culottes nécessiteux, bref, toutes les indemnités que la Révolution jette en pâture à ses serviteurs. « La société populaire et la municipalité, écrit d'Orléans le représentant Laplanche, me doivent quelque reconnaissance. Pour subvenir à leurs besoins et couvrir leurs dettes, je leur ai donné, toujours aux dépens des riches, à l'une 40 000 francs et à l'autre 49 000... Deux jours m'ont suffi, à Bourges, pour une levée de 2 millions... » Et il annonce une distribution prochaine de 20 francs par tête, à 5 ou 6 000 sans-culottes. A Strasbourg, Saint-Just et Lebas taxent à 10 millions, payables dans les vingt-quatre heures, 193 notables. Sur cette taxe, 2 millions sont réservés aux

« patriotes indigents ». Le patriotisme n'était point un mauvais métier. Au besoin, quand les suspects manquent, on en fabrique en inscrivant sur la liste des émigrés des hommes qui n'ont pas quitté la France. C'est ce qui arriva à Dijon au président Richard de Ruffey : il était riche, il fut guillotiné.

De Cahors, Taillefer mande (29 septembre) qu'il a « gobé quelques feu comtes et vicomtes » qui n'avaient pas émigré, découvert « un clapier de prêtres » et fait « des réclusions avec abondance ». Comme il aime avilir ses victimes, il fait habiller des « riches » d'oripeaux qui les transforment « en rois, cardinaux, ducs, comtes, hommes d'honneurs et d'atours ». Il les fait danser « revêtus de leur grotesque affublement » autour d'un feu qui consume les titres de droits féodaux. Après quoi, il les envoie au cachot : « il était temps, car déjà ces costumes avaient échauffé les esprits » et l'on parlait de guillotiner ou de « déchirer » tout le monde.

Le 26 août 1793, le représentant Joseph Lebon, député du Pas-de-Calais, était envoyé en mission dans son département d'origine où il demeurait jusqu'au 10 juillet 1794. C'était un grand jeune homme pâle qui avait servi comme régent au collège des oratoriens de Beaune et qui avait été un moment curé constitutionnel de Neuville-Vitasse. De ses premières fonctions, il avait gardé, à l'ordinaire, des manières papelardes et un langage onctueux. Mais, par instants, sa véritable nature éclatait en sorties furieuses.

Dédaignant les prétextes ordinaires de conspiration ou de fédéralisme, il fait inscrire d'autorité sur ses listes noires tous les contribuables imposés à plus de 50 francs. « Considérant que parmi les prévenus de délits contre la République, il importe surtout de faire tomber les têtes des riches reconnus coupables, le tribunal criminel établi à Arras jugera d'abord révolutionnairement les prévenus distingués par leurs talents ou leurs richesses... » Leurs talents ou leurs richesses ! Suspects ceux qui possèdent. Suspects ceux qui sont susceptibles de posséder un jour ! Aussi la guillotine ne chôme-t-elle pas. En six semaines, 149 citoyens sont « raccourcis » à Cambrai, 392 à Arras.

A Arras, l'échafaud était dressé devant le théâtre. Lebon et sa femme assistaient aux exécutions du balcon de la comédie. Un jour, après une fournée particulièrement copieuse, le bourreau, pour corser le spectacle, s'amusa à grouper les cadavres nus de l'un et l'autre sexe, dans les positions les plus obscènes et les plus horribles. Une autre fois, comme on venait de lier sur la planche à bascule un ci-devant marquis, Lebon suspendit l'exécution pendant dix minutes pour lire au condamné le dernier numéro du journal qu'il avait en poche. Après quoi il lui cria : « Va apprendre à tes pareils la nouvelle de nos victoires », et la tête tomba. Une autre fois encore, après l'exécution de vingt-sept habitants de Saint-Pol, l'un des jurés, conduisant deux femmes à la comédie, passa sur le ruisseau où coulait le sang des victimes. Il y trempa sa main et, faisant dégoutter le liquide le long de ses doigts : « Comme c'est beau ! » dit-il.

A Paris, la justice révolutionnaire n'a point cette fantaisie. Le personnel en est médiocre, mais routinier. Les présidents Herman et Dumas n'ont d'autre mérite que d'être les instruments dociles de Robespierre. L'accusateur Fouquier-Tinville est un ancien agent d'affaires, laborieux et méthodique, qui expédie sa besogne de mort comme il plaiderait des procès de murs mitoyens. Front bas, teint blême, nez grêlé, yeux ronds, lèvres minces et rasées : le bureaucrate de la guillotine. En bon serviteur du pouvoir, il requiert contre tous ceux que le pouvoir lui envoie. On lui a prêté des hallucinations, des cauchemars. Pur romantisme ! Fouquier n'est pas homme à gémir au travail. Son métier est de demander des têtes : il les demande. Plus il y en a, mieux cela vaut. Le reste ne le regarde pas. Quand les affaires s'accumulent, et pour gagner du temps il opère par fournées. Un jour, on guillotine les anciens parlementaires ; un autre, les anciens fermiers généraux. Mais cette série est une déception : on les croyait riches, ils ne l'étaient plus. Parmi eux se trouvait Lavoisier. Cette circonstance nous a valu l'immortelle réplique du vice-président Coffinhal : « La République n'a pas besoin de chimiste, ni de savant. » Certains accusés manifestent leur mauvais esprit en se tuant avant jugement, pour soustraire leurs biens à la confiscation. Ordre est mis à cet abus. Fouquier n'a pas de fortune et n'aime pas l'argent. De temps à autre, cependant, il autorise moyennant finance le transfert d'un détenu dans une maison de santé où il l'oublie. Le 20 avril 1794, fut instituée à Orange une commission populaire de cinq membres, chargée de juger les ennemis de la révolution trouvés dans le Vaucluse et les Bouches-du-Rhône. Pour la présider, un ancien juré d'un tribunal révolutionnaire parisien, formé à bonne école, Fauvety. A peine installé, il fit passer à Robespierre des notes sur ses assesseurs. On y lit ceci : « Meilleret ne vaut rien... il lui faut des preuves. »

Les affaires politiques sont les plus retentissantes, mais infiniment plus nombreuses sont celles qui naissent du maximum et des lois communistes. A partir d'avril 1794, les paysans et les boutiquiers arrivent par troupes dans les prisons. A Paris, seulement, deux mois avant Thermidor, il y a 2 000 fermiers sous les verrous. Sur 12 000 condamnés à mort dont on a relevé la qualité et la profession, il y a 7 545 laboureurs, garçons de charrue, artisans et marchands de différents états. Dans le Doubs, sur 1 900 émigrés, 1 100 appartiennent au peuple. En Alsace, on estime que 50 000 habitants de la campagne se sont réfugiés au-delà du Rhin dans le seul hiver 1793-1794. A Paris, on guillotine 51 personnes en octobre 1793, 58 en novembre, 68 en décembre, 71 en janvier 1794, 73 en février, 127 en mars, 257 en avril, 358 en mai, 122 les dix premiers jours de juin, 1 376 du 10 juin (loi de Prairial) au 27 juillet (9 Thermidor). Le 27 juillet encore, on guillotine une vingtaine de boutiquiers et d'artisans. Selon L. Greer, les paysans représentent 28 % des victimes de la Terreur, les ouvriers, artisans et commerçants 41 %.

On tue beaucoup, on vole davantage. Les biens nationaux, placés sous séquestre, sont cambriolés par ceux-là mêmes qui en ont la garde. « Gardien de scellés » et « voleur » sont, dans le langage du temps, d'exacts synonymes. Les livres, les tableaux, les meubles, les tapis, les voitures, les parquets, les fenêtres, les marbres de cheminées : tout disparaît. Profits faciles, profits limités. Les membres des Comités de surveillance ont une besogne plus fatigante, mais plus lucrative. Ils trafiquent des certificats de civisme et des mandats d'arrêt. On paie pour ne pas être suspect, on paie pour être relâché, on paie pour aiguiller son dossier sur une mauvaise route. Il n'y a qu'un moyen de se préserver, dit Mallet du Pan : c'est de solder ses bourreaux « par aliquotes graduelles, de les payer comme des nourrices, par mois, sur une échelle proportionnée à l'activité de la guillotine ». Si, par bonheur, la commune contient quelques vestiges de l'aristocratie mercantile, la fortune du Comité est à moitié faite.

Dernière curée, la plus ample de toutes : « La République ayant volé immensément, a pu, quoique volée à son tour, garder beaucoup » : les gros lots de marchandises, les grandes dépouilles des palais et des villages, enfin et surtout les immeubles, terres et bâtiments. Tout cela doit être dispersé aux enchères. Mais alors que la propriété est un crime, qui oserait acheter, sinon les purs ?

A partir de 1793, eux seuls ou presque seuls bénéficient de la chute de l'assignat. Ils s'adjugent au meilleur compte fermes et manoirs et, selon le mécanisme bien connu, attendent pour s'acquitter que la monnaie se soit avilie. Une coupe de bois paie la forêt ; un cheval, la métairie ; les grilles du parc, le domaine entier. Parfois l'acheteur du château a été le dénonciateur du châtelain, parfois son geôlier et parfois son juge. Dans le Var, le Vaucluse et les Bouches-du-Rhône, existent des bandes noires bien organisées qui avec le concours des sociétés populaires font arrêter les propriétaires terriens pour s'emparer ensuite de leurs biens. Dans l'Hérault, les Cambon sont les plus gros acheteurs. Sous le couvert du républicanisme, s'effectuent de formidables razzias. Après Thermidor, on verra apparaître, tout d'un coup, de monstrueuses fortunes qui n'ont point d'autre origine. « Il est malheureux, dit le représentant Charbonnier, cité par M. Marion, il est malheureux de ne voir que des ambitieux, des hommes cupides, dans la plupart des plus chauds patriotes... On dévore la République, on la mange par morceaux. Oh ! que de soi-disant patriotes anthropophages ! »

Régime contre nature, le « sans-culottisme » ne pouvait engendrer que la ruine et la misère. Règlementation, bureaucratie, inquisition, contrainte, tribunaux, guillotine : tout cela a fait faillite, faillite complète, faillite absolue. Jamais on ne mit en œuvre autant de moyens, ni de si terribles, pour arriver à un résultat aussi piteux et aussi humiliant : la France acculée à la famine, ne subsistant que par la fraude ou par le secours de l'étranger.

La correspondance des représentants en mission et des agents du pouvoir exécutif ne laisse à ce sujet aucun doute. Partout, les populations souffrent de la faim. On a rationné le pain à une demi-livre par personne. Le plus souvent on n'obtient qu'un quart : un quart de pâte brune et indigeste, faite de seigle, d'orge, de glands et d'avoine. En bien des endroits, le pain lui-même manque huit ou dix jours de suite et à plusieurs reprises. On le remplace par des fèves, des châtaignes, de l'herbe et du chiendent.

Paris peut mieux se faire craindre que les départements. Aussi, pour le nourrir, affame-t-on des régions entières : six départements sont réquisitionnés pour le fournir de blé, vingt-six pour le fournir de viande. L'armée révolutionnaire appuie les réquisitions de ses baïonnettes et de ses canons. Et pourtant, tout manque. On fait queue à la porte du boulanger, de l'épicier, du crémier, du charbonnier. Encore faut-il arriver de bonne heure pour ne pas s'en aller les mains vides.

Dès 3 heures du matin, de longues files de misérables s'alignent le long des maisons, le dos sous la pluie, les pieds dans la neige. Il fait nuit noire, car faute d'huile on a éteint les réverbères. Des gardes sont de faction devant la boutique verrouillée. A 8 heures, on ouvre les portes, c'est la ruée. Chacun fonce en avant pour entrer le premier, car seuls les premiers seront servis. Les forts piétinent les faibles, des femmes sont blessées, les gardes refoulent la cohue à coups de crosse... Après quoi, on s'en va faire la queue autre part, pour une autre denrée. Pour empêcher les pillages, il faut faire garder les abattoirs et les halles, escorter les maraîchers et les laitiers. Un jour, on annonce un bateau de vin. A peine est-il à quai, que la foule s'y précipite, si dense qu'il coule aussitôt. L'observateur Latour-Lamontagne note le 22 février : « Le tableau de Paris commence à devenir effrayant. On ne rencontre dans les marchés, dans les rues, qu'une foule immense de citoyens courant, se précipitant les uns sur les autres, poussant des cris, répandant des larmes et offrant partout l'image du désespoir ; on dirait, à voir tous ces mouvements, que Paris est déjà en proie aux horreurs de la famine. »

Ce n'est pas là une journée exceptionnelle. Les rapports des agents secrets, publiés par M. Caron, sont remplis de propos sur les subsistances, qui se répètent avec une effroyable monotonie. « Le bruit augmente aux portes des bouchers... Les laitiers deviennent aussi un objet d'inquiétude... On ne sait de quel côté se retourner ; partout on n'entend que des plaintes et on ne parle que de misères » (Charmont, 1er mars.). « Les malheurs augmentent sans nombre ; tous les jours des femmes sont blessées... Cette nuit le rassemblement à la porte des bouchers a commencé à 2 heures du matin. Un membre du comité révolutionnaire de la section de la Cité a voulu disperser ce rassemblement ; il a failli être étouffé par ces femmes » (*id.*, 4 mars). « Toujours beaucoup de mécontents relativement aux subsistances... Les femmes disent, puisqu'on ne peut rien avoir pour vivre, qu'il faudra manger de l'herbe comme les lapins » (Prévost, 6 mars). « Les rassemblements aux portes sont très pernicieux à la chose publique. Les propos que tiennent les femmes assemblées ne tendent pas moins qu'à la révolte et à l'insurrection... Quelques-unes... disaient tout haut : « Vive l'Ancien Régime, nous avions de tout en abondance » (Hanriot, 10 mars). « Une femme s'étant prise de dispute (à la Halle) avec d'autres femmes au sujet du beurre, en fut tellement battue qu'on fut obligé de la ramener chez elle sur un brancard. Le lendemain, elle est morte des mauvais traitements de la veille » (Perrière, 11 mars). « La disette de chandelles se fait sentir plus que jamais. Quantité de citoyens en manquent et sont obligés d'abandonner leur ouvrage de bonne heure » (Hanriot, 12 mars). La distribution du beurre à la Halle « s'est faite avec tout l'appareil d'une bataille : cavalerie, infanterie, tout était sur pied » (Perrière, 18 mars).

Il court des histoires de marché noir, d'accaparement, de bombances clandestines au milieu de la misère générale. « Les marchandes de la Halle viennent à la Villette faire des repas scandaleux. Elles y attendent les marchands avec lesquels elles s'arrangent, se saoulent et trament leurs projets. Des denrées que ces femmes achètent, elles en font de petits paquets ; ont, avec elles, différents enfants qui les emportent sans prendre la même route ; et ces paquets vont trouver les gens riches et les restaurateurs. Le trafic qui se fait est terrible pour les amis de la Liberté... Pour avoir du beurre, des œufs, les aristocrates n'envoient pas souvent leurs cuisinières ; mais bien, ils emploient pour un tel objet des gens du petit peuple, comme savoyards, décrotteurs, desquels on ne se méfie pas. » Ils vont acheter au-dehors de Paris : une expédition rapporte parfois vingt-cinq livres (Bacon, 1er mars). La Commune ordonne des visites domiciliaires. Le Palais-Egalité est cerné et tous les établissements publics qui s'y trouvent visités de fond en comble. Mais à qui se fier ? Hébert, *le Père Duchesne*, se fait envoyer de province vingt-quatre livres de lard salé et à Lyon (Commune Affranchie) selon une dénonciation trouvée dans les papiers de Robespierre, on accuse « l'armée révolutionnaire d'accaparer les denrées et de les vendre ensuite à ceux qui paient au-dessus du maximum ». Robespierre devait, d'ailleurs, être informé, car lui-même à la table des Duplay... Toujours dans les documents saisis chez lui, figurent, en effet, les lettres d'un sans-culotte lyonnais, nommé Pilot. Elles sont adressées à Gravier, Lyonnais resté à Paris, juré au tribunal révolutionnaire, voisin et garde du corps de l'Incorruptible. Pilot se réjouit quand sont employées les fusillades qui permettent de liquider les aristocrates par deux cents à la fois. Puis, sans transition, il annonce l'envoi de victuailles, un jambon pour Gravier, davantage pour les Duplay : la citoyenne Pilot fait elle-même le voyage de Paris, pour apporter ce qu'ils ont demandé. Par malheur, lui, n'a pas encore les bas destinés à Robespierre « Du moment que j'aurai pu me les procurer, je te les ferai passer. » Dans son rapport, Courtois assure qu'Achard, qui à la société populaire de Commune-Affranchie traitait les commerçants de « vampires, sangsues, êtres vils et monstrueux » ravitaillait lui aussi la maison Duplay en bas, huile et savons.

La carte de pain réclamée par les sections du Gros-Caillou et de la Croix-Rouge, est instituée par la Commune parisienne le 29 octobre 1793, la carte de viande le 18 avril 1794 et le commerce du bétail « municipalisé ». Ce même printemps des sections créent des cartes de sucre, de savon, de sel, de beurre. La province imite Paris ; Senlis rationne les œufs. D'autres villes instituent des carêmes civiques, c'est-à-dire des jours sans viande.

Aux armées, le dénuement est extrême. Les achats

de vivres, devenus presque impossibles faute de marchandises, sont rendus plus onéreux encore parce que l'Etat-commerçant est paperassier, négligent, arriéré et mal servi. Les représentants et les sociétés populaires avaient réquisitionné et mis en régie quelques-unes des grosses usines d'armement — forges et fonderies —, notamment Indret et Albi. Carnot, Prieur et Lindet ont eux-mêmes étatisé les transports aux armées et la fourniture de la viande aux troupes, parce que les deux services ne peuvent fonctionner qu'en mettant sans cesse en avant l'autorité de la Convention, devant laquelle plient les municipalités et les particuliers. Mais ils se plaignent sans cesse que les établissements nationaux soient mal gérés, coûteux, toujours en retard pour les livraisons. Ils finirent par lever un certain nombre de réquisitions et par rappeler les anciens propriétaires. « Considérant combien les régies nationales sont onéreuses aux intérêts de la République par le défaut d'économie... ; considérant que les administrateurs des régies nationales s'occupent plus de leurs propres commodités et de l'embellissement des établissements que de l'activité des travaux et de la réalité des produits ; considérant que dans les régies, les procédés nouveaux ne s'introduisent jamais et que la perfection du travail ne fait aucun progrès... » Ils eurent du mal à démasquer les propres-à-rien qui s'étaient glissés dans les emplois les plus rémunérateurs. Rien cependant n'est uniforme dans ce domaine des fabrications de guerre. Le Creusot est réquisitionné. Mises sous une étroite surveillance, les manufactures de drap de Montauban sont gérées par les propriétaires qui reçoivent de l'Etat les matières premières ; Claude Perier se refait en constituant une association de « sans-culottes républicains » pour remettre en marche de petits établissements métallurgiques proches de Grenoble. Pressés par les besoins, Carnot et Prieur seraient, sans nul doute, s'ils étaient libres, plus sensibles à l'efficacité qu'à la doctrine, mais ils sont souvent tenus.

Les réquisitions donnent naissance à des brigandages. Les services s'entravent les uns les autres. Toute leur gestion est grevée de dépenses inutiles et formidables. On réquisitionne à Orléans les grains pour l'alimentation de Paris, mais on envoie de Paris les grains pour l'alimentation d'Orléans. On réquisitionne à Châlons des cultivateurs pour conduire à l'armée de la Moselle les fourrages dont elle se plaint de manquer, mais comme rien n'a été prévu pour la nourriture des chevaux de trait pendant la route, les cultivateurs leur font manger le foin qu'ils devaient transporter. Lorsque Carnot qui manœuvre un million d'hommes, prépare l'offensive au printemps de 1794, le principal argument qu'il donne aux généraux pour les inciter à frapper vite et fort, c'est que la France menacée de famine ne peut plus se sauver qu'en vivant sur l'ennemi : « ... Il ne faut pas vous dissimuler que nous sommes perdus si vous n'entrez bien vite en pays ennemi pour avoir des subsistances et des effets de tout genre, car la France ne peut soutenir longtemps l'état forcé où elle se trouve en ce moment... Il faut vivre au dépens de l'ennemi ou périr... »

La commission des subsistances avait bien songé à se fournir au dehors et passé des marchés importants. Mais étant donné le discrédit des assignats, l'opération soulevait des problèmes ardus. Lindet, pour payer les achats, avait pensé utiliser les avoirs des Français à l'étranger, avoirs mis en réquisition le 26 décembre 1793. Encore fallait-il en obtenir la déclaration et les saisir. Aussi n'est-il pas étonnant qu'à ces tractations soit mêlé un groupe de financiers et de trafiquants internationaux, prompts à se servir eux-mêmes et suspects d'intelligence avec l'Angleterre.

Par un heureux hasard, la France avait un fort crédit aux Etats-Unis. Les avances faites aux treize colonies par Louis XVI durant la guerre de l'Indépendance n'avaient pas encore été remboursées. Le Comité demanda qu'elles fussent payées en nature, en grains. Le gouvernement fédéral y consentit, mais en revanche, il imposa à la République le rappel de son ambassadeur, Genet, dont la propagande révolutionnaire l'avait inquiété au point qu'il l'avait fait, un moment, arrêter. L'amiral Villaret-Joyeuse se jeta au-devant de la flotte anglaise : seize bâtiments, dont le *Vengeur*, furent coulés ou incendiés, mais le convoi passa (8 juin).

Tout cela néanmoins n'était qu'expédients. Le convoi portait 240 000 quintaux de farine, moins d'une livre par habitant, autant dire rien. On ne remédie point par des moyens de cette sorte à la ruine d'un pays, ni aux ravages journaliers d'une exécrable politique. Au début de juillet, la situation était plus critique que jamais. M. Mathiez, qui n'est pas un adversaire du gouvernement révolutionnaire, le résume fortement en ces termes : « Paysans accablés par les réquisitions et les charrois, ouvriers exténués par une sous-alimentation chronique et acharnés à la conquête d'un salaire que la loi leur refusait, commerçants à demi ruinés par les taxes, rentiers spoliés par l'assignat, sous le calme apparent fermentait un mécontentement profond. Seuls profitaient du régime le troupeau élargi des agents de la nouvelle bureaucratie et les fabricants de guerre. »

Jusqu'alors, la Révolution avait vaincu tous les obstacles. Elle se heurte cette fois à l'infranchissable barrière des approvisionnements ou, selon une expression de Carnot, à la nature insurmontable des choses. Et un marchand des Halles disait plus lestement à ses clientes déçues et affamées : « Si vous voulez des œufs, faites pondre la Convention et vous en aurez. »

XIII.
Robespierre

Le Comité de Salut public élu le 10 juillet 1793 après la chute du Comité Danton-Cambon, se composait de neuf membres : Jean Bon Saint-André, Barère, Gasparin, Couthon, Hérault, Thuriot, Prieur (de la Marne), Saint-Just et Robert Lindet. Gasparin donna sa démission le 24 juillet pour protester contre l'arrestation de Custine, Thuriot donna la sienne le 20 septembre pour protester contre la destitution de Houchard. Robespierre remplaça Gasparin le 27 juillet. Le 14 août entrèrent Carnot et Prieur (de la Côte-d'Or), le 6 septembre, Billaud-Varenne et Collot d'Herbois. Soit, en dernier lieu, douze membres dont onze resteront en fonctions jusqu'au 9 Thermidor.

Agissant et gouvernant en corps, le Conseil est, dans son intérieur, divisé et discordant. Hérault de Séchelles y joue les Alcibiade. Il a été avocat général au Parlement de Paris, assidu au cercle de la reine et ami de Mme de Polignac. C'est un roué d'Ancien Régime : riche, voluptueux, corrompu. On l'a chargé de la diplomatie, mais la diplomatie chôme. Quand Hérault sera décapité, personne ne songera à lui donner un successeur.

Carnot et Prieur (de la Côte-d'Or) étaient capitaines du génie en 1789 : à eux la section militaire. A Jean Bon Saint-André, ancien capitaine au long cours et ancien pasteur protestant, la marine. A Robert Lindet, que ses quarante-sept ans font le vétéran du Comité, les subsistances.

Billaud-Varenne et Collot d'Herbois, un avocat et un acteur, représentent la faction hébertiste avec qui ils font la liaison. Pour les distinguer des techniciens, « des gens d'examen », on les appelle « les révolutionnaires ». Ils sont là pour souffler la mort et réclamer du sang. A l'occasion, Collot met la main à la pâte.

Si Prieur (de la Marne), toujours en mission, ne donne guère l'occasion de parler de lui, Barère se charge de faire du bruit pour quatre. C'est le maître-Jacques de la maison. Il remplace les absents, aide les présents, prépare et lit les rapports à la Convention. Intarissable, doué d'une mémoire excellente, toujours prêt à improviser n'importe quoi, sur n'importe quel ton, c'est un instrument méprisable, méprisé et commode.

Pour terminer, « les hommes de la haute main » : Saint-Just, Couthon et Robespierre à qui sont réservées la politique générale et la direction de l'esprit public. Avec ses vingt-six ans, Saint-Just est le benjamin des douze. S'il n'était pas d'une bravoure à toute épreuve, on dirait que c'est un rhétoricien excité. Fils d'un officier de gendarmerie, petit-fils d'un notaire, clerc de procureur à Paris, étudiant à Reims, interné quelques mois dans une maison de santé à la demande de sa mère, à qui il avait dérobé divers objets précieux, il s'était trouvé à la Révolution sans place, sans métier, vivant aux crochets de sa famille, avec pour tout bagage une épopée burlesque, *Organt*, en sept mille vers, d'une obscénité laborieuse et triste. La réunion des Etats lui ouvre une carrière. Rentré au domicile de ses parents, à Blérancourt, près de Noyon, il se constitue une manière d'équipe avec quelques camarades d'enfance, se mêle ardemment aux controverses locales, est élu lieutenant-colonel de la garde nationale, assiste à la Fédération, écrit un livre politique, *L'Esprit de la Révolution et de la Constitution*, pose sa candidature à la Législative, mais n'ayant pas l'âge requis est contraint de la retirer. Il demeure à l'écart, rongeant son frein, écrivant pour lui-même des pages d'imprécations : « Vous êtes tous des lâches qui ne m'avez point apprécié. Ma palme s'élèvera pourtant et vous obscurcira peut-être. Infâmes que vous êtes, je suis un fourbe, un scélérat parce que je n'ai pas d'argent à vous donner. Arrachez-moi le cœur et mangez-le, vous deviendrez ce que vous n'êtes point : grands... O Dieu ! faut-il que Brutus languisse oublié loin de Rome ! Mon parti est pris cependant ; si Brutus ne tue point les autres, il se tuera lui-même. » La chute de Louis XVI arrangea les affaires de ce Brutus énervé : il fut élu à la Convention et tout de suite se lia avec Robespierre. En toutes circonstances, dit très justement M. Gignoux, il apparaîtra un peu comme l'accoucheur de la pensée de Robespierre ; il la stimulera et la poussera à ses conséquences extrêmes. Persuadé que la Raison éternelle s'est incarnée en lui, il abonde en sentences tranchantes et en aphorismes définitifs. Desmoulins écrira qu'il porte sa propre tête comme un saint sacrement. Il est beau, insolent, cruel, d'une vanité sans mesure. Comme sa grande ambition est de devenir connétable de la République, il se fait envoyer en mission aux armées, y demeure presque tout l'hiver, s'y agite beaucoup et déteste Carnot.

Après l'écolier, l'infirme. Couthon, ancien avocat à Clermont-Ferrand, est paralysé des jambes, on le traîne dans une petite voiture. On le porte dans les escaliers. C'est un sanguinaire à froid qui a, par accès, des vues d'homme d'Etat.

Enfin, Robespierre.

Maximilien-Marie-Isidore de Robespierre naquit à Arras le 6 mai 1758, quatre mois après le mariage de ses parents. Il appartenait à une famille de petite, mais ancienne noblesse, dont on trouve la première mention à la fin du XVe siècle et qui a produit un grand nombre d'hommes de loi. La mère morte de bonne heure, le père parti on ne sait où, ni pourquoi, il fut élevé par son grand-père maternel, un brave homme de brasseur qui ne put mieux faire que d'envoyer son petit-fils suivre les cours du collège. C'est, à cet âge, un bon petit garçon, appliqué, travailleur, aimant les jeux calmes et fier de ses succès. L'évêque le remarque et lui fait obtenir une bourse à Louis-le-Grand. Excellent élève, il est présenté plusieurs fois au concours général et il est désigné en 1775 pour haranguer le Roi qui passe devant le vieil et célèbre établissement. Louis-le-Grand gardait ses boursiers pendant les études d'université : Maximilien ne le quitte qu'en 1781, licencié et avocat, avec une gratification de six cents livres, la plus forte qu'un boursier de Louis-le-Grand ait jamais reçue. Somme toute, une enfance austère, sans être particulièrement malheureuse. Peu d'événements. De solides études. Un brillant succès. Toutes choses assez courantes.

De retour dans sa ville natale, Robespierre est admis sans retard à plaider au Conseil d'Artois. Un président le prend comme secrétaire. L'évêque le nomme juge au tribunal épiscopal : débuts honorables, sans être éclatants. Un portrait de Boilly nous le représente à peu près à ce moment : petit bourgeois propret à la mise soignée, regard doux, nez retroussé, sourcils bien nets, menton fort, l'expression satisfaite d'un chat ronronnant.

Sa sœur Charlotte nous apprend qu'il se levait à 7 heures, déjeunait d'une tasse de lait, mettait beaucoup d'eau dans son vin, n'avait de préférence pour aucune sorte de mets, terminait ses repas par une tasse de café, passait ses soirées avec des camarades ou en famille et travaillait dans son bureau quand il n'était point au palais, en visites ou en promenades. M. de la Palisse vivait de cette manière. A ses moments de loisir, Robespierre envoyait aux dames des galanteries laborieuses, comme on en écrit au sortir de l'école, et composait des petits vers badins dans le goût du temps, ni bons ni mauvais.

Ses ennemis disent qu'il avait la voix criarde. Lorsqu'il

se surveillait, il la rendait agréable et claire. Sa carrière d'avocat fut banale. Affaires médiocres, en médiocre quantité : de quoi vivre. Aussi, Robespierre est-il en assez mauvais termes avec ses vieux collègues qu'il accuse, comme bien d'autres, de fermer la route aux jeunes. Cette jeunesse fait qu'il n'est pas choisi par ses aînés pour faire partie d'une commission qui, avec le Premier Président, doit examiner la coutume générale de la province. Exagérément mortifié, il écrit un libelle anonyme : *Lettre d'un avocat au Conseil d'Artois à son ami, avocat au Parlement de Douai* : il y prend à partie « les anciens qui engloutissent toutes les affaires ». Il s'attire la réponse d'un ancien qui l'accuse d'« avidité basse » et de « jalousie rampante ». Un jour enfin, arrive une cause retentissante. Un M. de Vissery, de Saint-Omer, avait fait mettre sur son toit un paratonnerre en forme de globe hérissé de dards. Les voisins prennent peur et le font abattre par les échevins. L'avocat Buissart, qui a le dossier, le passe à Robespierre. Durant trois audiences, Robespierre plaide pour la raison bafouée, la science blessée, le progrès des lumières méconnu. Thème facile, commun à tout le siècle. Succès triomphal : le tribunal fait droit à la demande de Vissery qui redresse aussitôt son globe et ses dards. Mais les voisins ayant provoqué une expertise, ont établi que le paratonnerre a été mal installé, qu'il est plus dangereux qu'utile et il est à nouveau renversé. Cause gagnée en première instance, perdue en appel : il n'y a rien là de surprenant.

Les apologistes de Robespierre ont présenté cette période de sa vie comme une ère de succès continuels. Ses détracteurs, comme une ère de déboires incessants. A regarder les choses de près, on ne voit pas qu'ils aient raison, ni les uns, ni les autres. En 1787, Robespierre plaide vingt-quatre fois ; en 1788, dix-sept. C'est un avocat de province, dont la clientèle n'est pas encore assise, mais qui a eu la chance de faire parler de lui hors de sa ville. Existence recluse, isolée dans le silence d'une ambition aigrie ? Pas le moins du monde. Robespierre a des amis particuliers et il fait partie d'une société de jeunes gens, les Rosati, qui se réunissent chaque été pour boire, chanter et dire des vers. Il chantait faux ? Possible, mais il ne devait pas être le seul. Avec la meilleure volonté du monde, il est impossible de voir en lui en ce moment ni le monstre naissant de la légende, ni le Messie marqué du sceau divin que nous décrit son biographe, M. Hamel. S'il fallait le définir, on ne pourrait mieux faire que de reprendre les signalements de passeport : front moyen, figure quelconque, talent estimable, vie ordinaire, petits besoins, petit tempérament. Que l'on compare cette jeunesse banale et propre à la jeunesse orageuse de Mirabeau : celui-ci bouillonnant de passion, hors de la mesure commune, allant d'aventures en scandales, d'adultères en prisons, celui-là incolore, semblable à tout le monde, fort en thème tombé dans la procédure.

Si l'on veut comprendre Robespierre, il ne faut pas le voir dans la société ordinaire, où rien ne le désigne, où il n'a rien pour briller et où, malgré son travail et ses connaissances, il a peu de chances de se pousser à un rang distingué. Jamais même il ne se montre dans la foule, dont il redoute les passions élémentaires. Michelet, qui presque toujours, le représente comme un clérical masqué, a, en deux phrases, donné la seule explication plausible de sa prodigieuse ascension : « Il faut, dit-il, l'étudier, le juger dans le milieu qui lui fut propre. Robespierre doit se prendre dans l'inquisition jacobine. »

Mot profond qui donne la clef de tout : Robespierre est l'homme de club par excellence. Tout ce qui le dessert dans la vie réelle lui devient au club un gage de succès. Il a l'esprit peu fécond, peu d'idées, peu d'invention ? Il est au niveau de son auditoire, il ne l'effraie pas, il n'excite pas sa jalousie. Sa personnalité est apparemment faible, indistincte ? Il se fond dans la personnalité collective, il se plie sans effort à la discipline démocratique. Sa situation sociale est presque nulle ? Le club est fondé sur l'égalité de tous ses membres et il supporte mal les supériorités extérieures de rang et d'argent. Ses affaires l'occupent peu ? Il n'en sera que plus assidu aux séances. Il a peu vécu, son expérience des hommes et des choses est bornée. Le club est une société artificielle construite au rebours de la société véritable. Il a l'intelligence formaliste, sans grande prise sur le réel ? Au club l'action ne compte pas, mais la parole.

En 1783, après le procès du paratonnerre, Robespierre est admis à l'Académie d'Arras et, six mois plus tard, couronné par celle de Metz pour un mémoire dont le sujet était l'injustice d'étendre à tous les membres d'une famille la honte attachée aux peines qu'a subies un coupable appartenant à cette famille. Il eut le second prix, le premier allant à un célèbre avocat parisien Lacretelle. La longueur de son mémoire — vingt-huit pages — lui a certainement nui. Mais il contient de bonnes formules, par exemple : « celui qu'on condamne au mépris est forcé à devenir méprisable ». Comme toutes les Académies provinciales du XVIIIe siècle, l'Académie d'Arras était gagnée aux doctrines de l'Encyclopédie. Fondée en 1738, elle était devenue un centre de propagande philosophique et un laboratoire de « libre pensée ». Robespierre fait là son apprentissage de militant. Il s'y exerce à ce que les francs-maçons appellent *l'art royal* : la manipulation de l'opinion, des élections et des scrutins. Il y apprend à jouer de la passivité des uns et de l'inattention des autres, et surtout, suprême talent des meneurs populaires, à entraîner un à un chaque individu, en lui faisant croire qu'il va se trouver isolé des autres. En 1789, les loges et les académies se transforment tout naturellement en comités électoraux : Robespierre mène la campagne, lance des manifestes, se pose en défenseur des pauvres et des opprimés, rédige de sa main le cahier de doléances des savetiers et finalement il est élu. Comment ? Un scrutateur écrit que ce fut au milieu des rixes et des injures. Quoi qu'il en soit, le voici député.

Là encore, ses admirateurs et ses ennemis me semblent également se tromper lorsque, à propos de chacune de ses interventions dans les débats de la Constituante, ils alignent, les uns, les épithètes élogieuses que lui décernent certains journaux ; les autres, les interruptions et les plaisanteries que les membres de la droite ne manquent pas de lui décocher. Cela n'a aucune importance. Ce qui compte : c'est ce que Robespierre fait aux Jacobins.

Pénétré de Rousseau, pétri de la doctrine du *Contrat social*, exercé par six ans de répétitions au maniement des cabales, il a compris, senti, deviné que la loi des mouvements révolutionnaires est : « Pas d'ennemi à gauche ». Il a compris, senti, deviné que plus le gouvernement sera faible, plus les Sociétés seront fortes. Il ne s'est pas trompé de terrain : il manœuvre sur celui qu'il sait solide. Cet homme médiocre a le sens, ou, si l'on veut, le génie de la Révolution et de son mécanisme.

En 1789, il est royaliste. Après la fuite de Varennes, il demande le remplacement du Roi par les moyens constitutionnels. Il est républicain sous la Législative, montagnard sous la Convention. Il va au « dirigisme » du même pas que le club. Pas trop vite, pas trop lentement. « Cloots, dira-t-il, a toujours été en deçà ou au-delà de la Révolution. » Et ailleurs : « Rien ne ressemble plus à l'apôtre du fédéralisme que le prédicateur intempestif de l'indivisibilité. » Lui, il est orthodoxe, de l'orthodoxie du jour. Ses interventions à l'Assemblée n'ont point d'autre signification. Alors que Mirabeau, Duport, Lameth et bien d'autres s'usent à la poursuite d'ambitions personnelles, il ne monte à la tribune que pour rappeler la Loi et les Prophètes. Quand il parle, écrivait alors Camille Desmoulins dans son journal, ce n'est pas un orateur qui se lève, « c'est le livre de la loi qui s'ouvre, non pas toujours de la loi écrite, mais de la loi incréée et gravée dans les cœurs ». Il proteste contre l'établissement d'un cens électoral. Il combat les conseils de guerre. Il défend les marins qui se sont mutinés à Toulon, les soldats qui se sont mutinés à Nancy. Qu'on applaudisse ou qu'on hue : peu importe. Il ne parle pas pour l'Assemblée mais pour la clientèle jacobine. Aussi le club fait-il sa gloire. Le 1er avril 1790, il en est nommé président. En juin 1791, il est chargé de préparer le programme pour les prochaines élections. En juillet 1791, après le massacre du Champ-de-Mars et la scission des Feuillants, il est un des rares députés qui restent à la société mère et il contribue à lui rallier les sociétés des départements : service qui ne s'oublie pas.

« C'est un être à double face » que l'association jacobine, écrit le dernier biographe de Robespierre, M. Gérard Walter. Il y avait d'abord la Société, ses séances, ses orateurs, un président majestueux qui siégeait entouré de secrétaires. C'était la façade, l'extérieur redoutable et impressionnant... Mais, tandis que quatre fois par semaine les voûtes du vieil immeuble de la rue Saint-Honoré retentissaient du bruit des discours et des applaudissements, « un petit groupe de quelque vingt membres travaillait dans l'ombre, ou, si l'on veut, dans la coulisse. C'était le Comité de correspondance ». Il maintient les relations avec les sociétés de province, il répond à leurs lettres, leur adresse des règles de conduite, leur « suggère l'attitude à prendre » quant aux hommes et quant aux actes. « C'est lui le véritable guide politique de la société puisque la province jacobine, dûment stylée par lui, travaillée opiniâtrement par ses messages réitérés, finissait par imposer sa manière de voir aux hommes qui la représentaient à Paris, et la Société-mère, à l'issue de ce singulier circuit, subissait en fin de compte l'emprise d'un courant qui naissait dans son propre sein. » Pour être maître du club, il fallait donc contrôler la composition et l'activité du Comité de correspondance. Il fallait le diriger. Et c'est là où Robespierre est maître.

Tous les grands révolutionnaires plongent de quelque manière dans la vie. Marat a une maîtresse. Billaud-Varenne est amoureux de sa femme. Fouché a une petite fille qu'il adore. Hanriot aime le vin. Danton est marié et a des enfants. Saint-Just lui-même a eu une adolescence assez mouvementée. Robespierre n'aime rien : ni l'argent, ni les femmes, ni l'aventure, ni la bonne chère. Après avoir habité deux ans au Marais, rue de Saintonge, chez un certain Humbert, il vit modestement chez le menuisier Duplay, rue Saint-Honoré, au milieu d'une cour de « patriotes » en quête de profits, de commères et de sots, que troublent seules les aigres criailleries de la très jalouse Charlotte. Un auteur qui écrivait après Thermidor et qui pourrait être Suard assure qu'il « était chaste par tempérament » et « libertin par imagination ». On lui a prêté une amourette avec Eléonore Duplay, une longue fille commune, aux traits gros et aux lèvres épaisses, mais cette histoire ne repose sur aucun fondement. L'univers de Robespierre tient dans l'enceinte renfermée et surchauffée des Jacobins. Il est livré corps et âme à toutes les passions qui l'agitent, sans qu'aucun sentiment extérieur en vienne contrarier la marche. On lui a offert des fonctions actives : la présidence du tribunal de Versailles, un siège d'accusateur public près du tribunal criminel de la Seine. Il a refusé la première et donne sa démission avant d'avoir exercé la seconde. Il habite un monde artificiel dont il ne veut pas sortir et qu'il finit par prendre pour le monde véritable.

Il est difficile de juger son éloquence, par la lecture de ses discours. Certains sont ennuyeux, guindés, remplis de lieux communs. Assez souvent, ils dépassent le niveau intellectuel moyen de l'auditoire, parce qu'ils développent des idées, dont on ne peut saisir l'enchaînement sans une certaine culture philosophique. Comment le public des Jacobins serait-il en mesure de discuter un axiome tel que : « La nature a donné à chaque homme un droit égal à la jouissance de tous les biens », qui enferme un concept (*droit*) et un mythe (*nature*) également gratuits ? Mais ce verbalisme grandiose est un excellent moyen de subjuguer le partisan fidèle. D'autres ont une grande force, force explosive, puissance de mépris. Tel ce portrait de Roland (5 novembre 1793) qui, hors un mot excessif, est une étonnante caricature : « Homme vertueux, homme exclusivement, éternellement vertueux ! En vous adressant à la Convention nationale avec un rapport bien astucieux, après tant de libelles de toute espèce, où voulez-vous donc aller par la route du crime ? Vous avez essayé l'opinion, vous vous êtes arrêté, épouvanté par votre propre audace... Vous avez bien fait. La nature ne vous a moulé ni pour de grandes actions, ni pour de grands attentats. Je m'arrête ici moi-même par pitié pour vous. » Et puis Robespierre, dans ses bons jours, a le don des formules : « Une grande cause, c'est un projet de loi populaire... Citoyens, vouliez-vous une révolution sans révolution ?... Qui peut marquer après coup le point précis où devaient s'arrêter les flots de l'insurrection ?... Quiconque tremble en ce moment est coupable... »

Sa sincérité est absolue : « Il ira loin, avait prophétisé Mirabeau, car il croit tout ce qu'il dit. » Et cela est effrayant, car cela suppose une déformation si complète de la personnalité que nous avons peine à la concevoir. « Si dans les seuls malheurs qui puissent ébranler une âme telle que la tienne, écrit-il à Danton le 15 février 1793, après la mort de sa première femme, la certitude d'avoir un ami tendre et dévoué peut t'offrir quelque consolation, je te la présente. Je t'aime plus que jamais et jusqu'à la mort. Dans ce moment je suis toi-même... » Quatorze mois après, l'ami tendre et dévoué poussait Danton sous le rasoir national : « Danton, le plus dangereux des ennemis de la patrie, s'il n'en avait été le plus lâche... » Hypocrisie ? Non pas. Danton a cessé de marcher du bon pas : rien ne compte plus.

Robespierre fait corps avec le Jacobinisme. Comme lui, il est ombrageux et sombre. Comme lui, il a le délire de la persécution. Comme lui, il voit partout des embûches, des complots, des précipices. Comme lui, il est inhumain et violent. Cependant, s'il faut le croire, il aurait voulu sauver Madame Elisabeth, dont la mort importait peu à la Révolution. « C'est ce scélérat de Collot d'Herbois qui me l'a arrachée » dit-il au libraire Maret après l'exécution. Mais, à mesure que les Jacobins s'épurent, leur niveau moral et intellectuel s'abaisse et Robespierre grandit d'autant. Il est honnête, correct et propre de sa personne. Il ne tripote pas dans les fournitures, il ne profite pas des événements pour s'enrichir. Il mène une vie simple et digne : cela suffit pour qu'il soit porté au pinacle. Ajoutons à cela, chez lui, le souci de soigner son personnage et une certaine habileté théâtrale ; chez les autres, un besoin pressant de s'abriter derrière un homme insoupçonnable, le voilà sacré *Incorruptible*.

Le mot est bien trouvé, Robespierre est incorruptible. Mais Robespierre n'est plus l'homme insignifiant qu'il était. C'est la doctrine révolutionnaire en action. Sa psychologie est puérile : il ne connaît pas de milieu entre les « méchants » et les « citoyens vertueux », entre les « traîtres » et les « purs ». Cela ne signifie pas qu'il marche en aveugle droit devant lui. Il manœuvre, il biaise, il pèse les forces, il cède quand il le faut. Après la proscription des chefs girondins, il s'oppose à l'arrestation des soixante-treize représentants qui ont protesté en juin contre la proscription des premiers. La Convention passe outre : il sauve les emprisonnés de la guillotine, en retardant leur mise en jugement. Tout de même, il s'oppose à l'exclusion des « appelants », c'est-à-dire des conventionnels qui, lors du procès du Roi, se sont prononcés pour l'appel au peuple. C'est qu'il ne veut pas être débordé sur sa gauche et qu'il entend rester maître de la manœuvre, à l'abri des surenchères.

Pendant longtemps, il défend Danton, dont il soupçonne ou connaît la vénalité : Danton est encore une force utile. Il a mis fin à ses intrigues pacifiques, parce qu'après des défaites, elles ne pouvaient aboutir. Mais il sait que la guerre est un jeu hasardeux et que personne n'a de pacte perpétuel avec la victoire. Les circonstances étant retournées, il ne repousse plus l'idée de paix et il parle alors comme Danton. Le 17 novembre 1793, dans un rapport à la Convention, il dénonce ceux qui veulent « aller planter l'étendard tricolore jusque sur les bornes du monde ». Le 5 décembre, il fait adopter par l'Assemblée un manifeste plus clair encore : « Les Français ne sont point atteints de la manie de rendre aucune nation heureuse et libre malgré elle » et le 12, aux Jacobins, il prend à partie Anacharsis Cloots : « Eût-il voulu que nous tentassions la conquête de l'univers ? » Il fait voter un décret par lequel la République s'engage à respecter la neutralité des non-belligérants et assure les neutres de son estime. C'est à la Suisse, comme à la terre classique des négociations secrètes, qu'il pense particulièrement. Il y maintient comme ministre un protégé de Choiseul, le marquis de Barthelemy, qui sera, en effet, en 1795, le négociateur de la paix avec la Prusse et avec l'Espagne. Mais Robespierre ne se hâte pas : le fruit n'est pas mûr. Le sans-culotte reste conquérant. Aussi, le 22 janvier, Barère, porte-parole ordinaire du Comité de Salut public, prononce-t-il à la Convention un grand discours sur le thème : « Ni paix, ni trève, ni armistice aux tyrans coalisés ». On revenait à la guerre perpétuelle (l'expression se trouve dans les rapports des observateurs de la police). Robespierre prononçait lui-même une violente diatribe contre le peuple anglais. Danton cessait d'être dans la ligne.

De tout cela découle le rôle particulier de Robespierre au sein du Comité. Il ne s'intéresse pas au détail des affaires. Il a abandonné à d'autres la guerre, la marine, les finances, le ravitaillement. Il ne va jamais en mission. Sa tâche est de défendre les Jacobins et d'en protéger l'unité. Lisant avec soin les dénonciations, les rapports des représentants en mission, des administrateurs et des observateurs de la police, des autorités locales, attentif aux remous de l'opinion, il sait ce que le parti jacobin acceptera ou refusera. Lorsque ce « flair » l'abandonnera, c'en sera fait de lui.

Danton a failli rentrer au Comité en septembre. Il a refusé, ne s'y sentant pas en force. Mais à la Convention où il demeure simple député, son nom, son passé, son éloquence font de lui, bon gré mal gré, le successeur désigné de l'équipe en place. Les mécontents se groupent derrière lui et le poussent en avant. Tient-il personnellement à reprendre le pouvoir ? J'en douterais volontiers. Il se dit « saoul des hommes », malade, écœuré. M. Madelin le croit neurasthénique. En tout cas, il est arrivé au moment où l'on songe au repos. Remarié avec une jeune fille royaliste qui a fait bénir leur union par un prêtre réfractaire auquel il s'est confessé, il se cantonne dans son bonheur domestique et, muni d'un congé en règle, se retire à Arcis où il demeure cinq semaines, du 13 octobre au 18 novembre 1793.

A Paris, on organise le gouvernement révolutionnaire, on guillotine la Reine, Philippe d'Orléans, Bailly, Manuel, Houchard, les Girondins. A Arcis, Danton chasse, pêche, visite ses prés et ses bois. Un jour, comme il était en partie chez de vieux camarades, son neveu, Mergez, parut, accourant de Paris : « Vos amis vous invitent à revenir le plus promptement possible. Robespierre et les siens réunissent leurs efforts contre vous. » Danton haussa les épaules : « En veulent-ils à ma vie ? Ils n'oseraient pas ! » Et comme Mergez insistait : « Va dire à Robespierre, cria-t-il, que j'y serai assez tôt pour l'écraser lui et les siens ! » Enfin, il fallut partir.

Devenus l'espoir de la masse immense des Français silencieux, las de la guerre, las des privations, las de la dictature policière et jacobine, les Dantonistes avaient peu de chances de triompher dans les clubs. Ils ne pouvaient guère agir qu'à la Convention qui, avilie et terrorisée, gardait le droit de renouveler les Comités et le leur faisait sentir de temps en temps. Mais pour ébranler la masse silencieuse du Marais, il fallait au préalable opérer de grands changements dans les esprits. En définitive, tout se trouvait donc subordonné au succès d'une campagne de presse, à laquelle il fut décidé de donner comme thème : « Plus de guerre ! Plus de guillotine ! »

Les Indulgents, c'est le nom qu'on va leur appliquer, n'avaient qu'un seul journal : *Le Rougyff*, assez plate réplique du *Père Duchesne*. Camille Desmoulins lança, le 15 décembre, *Le Vieux Cordelier*.

Le premier numéro était rempli de professions de foi révolutionnaires et d'éloges au Comité, sans qu'on y vît clairement où l'auteur voulait en venir. Personne néanmoins ne s'y trompa. Dès le second numéro, sa pensée s'éclairait : Marat est allé au point extrême du *patriotisme*. Au-delà, il n'y a plus que des déserts et des sauvages, des glaces ou des volcans. Le numéro trois ne laissait plus place à l'équivoque. Sous prétexte de traduire Tacite et d'énumérer après lui tous les suspects au temps des empereurs, Camille faisait le tableau transparent des suspects de la République. « Un citoyen avait-il de la popularité ? c'était un rival du prince... Suspect. — Se tenait-on au coin de son feu ? Cette vie retirée vous avait fait remarquer... Suspect. — Etiez-vous riche ? Il y avait un péril imminent que le peuple fût corrompu par vos largesses. Suspect. — Etiez-vous pauvre ?... Il n'y a personne d'aussi entreprenant que celui qui n'a rien. Suspect... » Dans le numéro quatre, enfin, à travers ses indécences et ses gamineries ordinaires, il laisse éclater le grand mot : « Je pense bien différemment de ceux qui vous disent qu'il faut laisser la Terreur à l'ordre du jour. Je suis certain, au contraire, que la liberté serait consolidée et l'Europe vaincue, si vous aviez un *Comité de clémence.* » Le mot est lâché. Il essaiera ensuite de l'expliquer, de l'affaiblir, de le diminuer. Mais le cri des cœurs lui a répondu et la France en est remuée...

Tout cela, néanmoins, était plus bruyant que dangereux. Desmoulins avait du talent et de la facilité, mais ce n'était qu'un galopin vicieux et, l'année précédente, poussé à sa table par Robespierre, il avait écrit contre les Girondins un libelle empoisonné, où se trouvait cette phrase : « En matière de conspiration, il est absurde de demander des faits démonstratifs, il suffit d'indices violents... » Le « procureur de la lanterne » n'était plus pris au sérieux. Danton, redoutable dans ses bons jours, retombait après chaque sortie dans une torpeur qui le rendait incapable d'effort pour de longs moments. Leurs amis n'étaient point organisés et si leurs plans éveillaient, en secret, de nombreuses sympathies, on trouvait beaucoup plus de gens disposés à les applaudir qu'à les aider. De janvier à mars 1794, Fabre d'Eglantine déjà arrêté, Danton vit plusieurs fois Robespierre. S'il faut en croire Billaud-Varenne, ils firent même ensemble une promenade en voiture. Le 22 mars, l'entrevue eut lieu chez un nommé Humbert, employé de ministère. Avant de se séparer les deux hommes s'embrassèrent.

Autrement redoutables étaient les hébertistes. Après avoir imposé de haute lutte leur programme social au Comité, ils s'étaient trouvés, du fait même de leur victoire, quelque peu désemparés, n'ayant plus rien à proposer à leur clientèle que le gouvernement ne lui offrît déjà, mais il ne tardèrent pas à se ressaisir.

La Convention avait commencé à discuter en octobre l'établissement d'un nouveau calendrier qui assignait pour point de départ à *l'ère des Français*, le 22 septembre 1792. L'an I allait du 22 septembre 1792 au 21 septembre 1793 à minuit, l'an II du 22 septembre 1793 au 21 septembre 1794, l'an III (qui était bissextile) du 22 septembre 94 au 21 septembre 95 et ainsi de suite. Chaque année devait être divisée en douze mois, chaque mois en trois décades, chaque décade en dix jours. Les cinq ou six jours qui ne s'encadraient pas dans la supputation nouvelle étaient groupés à la fin de l'année sous le nom de jours complémentaires, ou *Sans-culottides*. Les mois d'automne se nommaient *Vendémiaire, Brumaire, Frimaire*, ceux d'hiver, *Nivôse, Pluviôse, Ven-*

tôse, ceux du printemps, *Germinal, Floreal, Prairial*, ceux d'été, *Messidor, Thermidor, Fructidor*. Les décades portaient des noms d'instruments agricoles ou ménagers, *Tonneau, Charrue, Plantoir, Fourche, Panier*... les quintidis des noms d'animaux, *Cheval, Bœuf, Cochon, Chien, Poule, Rossignol, Chamois*..., les jours ordinaires des noms de plantes, de fruits, de matières industrielles, *Raisin, Safran, Carotte, Ardoise, Plomb, Chiendent, Morille*... On fit des baptêmes civiques. Il y eut à Perpignan Endive Pagès, Haricot Vidal, Absinthe Jalabert. « A quoi sert votre calendrier ? » avait demandé Grégoire au rapporteur Romme. « A supprimer le dimanche », avait répondu celui-ci. Supprimer le dimanche, les saints, les églises, la religion, le clergé et Dieu : tel fut le nouveau programme hébertiste.

L'église réfractaire était abattue, mais l'église constitutionnelle subsistait. Tant que le clergé orthodoxe avait paru menaçant, le clergé constitutionnel avait été comblé des faveurs du gouvernement, mais dès que le premier eut été dispersé, ce fut le tour du second de représenter le fanatisme et la réaction. Entre les anciens curés et les nouveaux, disait-on, la différence est-elle si grande ? Sans doute les seconds sont élus et ont prêté le serment de fidélité, mais n'enseignent-ils pas les mêmes dogmes que leurs prédécesseurs ? Ne célèbrent-ils pas les mêmes cérémonies, dans les mêmes lieux, au milieu de la même pompe, dans les mêmes somptueux vêtements, entourés des mêmes ornements d'or et d'argent ? Presque partout la procession de la Fête-Dieu n'a-t-elle pas eu lieu comme d'habitude en juin 1793 ? Le tribunal révolutionnaire n'a-t-il pas été contraint de condamner à mort trois prêtres assermentés : l'un pour avoir mal parlé de la Convention, l'autre pour avoir célébré le 15 août la procession du vœu de Louis XIII, le troisième pour avoir dit que Louis Capet était mort en martyr et persisté à chanter le *Domine, salvum fac regem* au lieu du *Domine, salvam fac respublicam* ?

Oui, il est grand temps d'abattre cette « caste orgueilleuse », ces « cultes superstitieux et hypocrites », ces « druides rebelles » voués à « une vie outrageante pour la nature ».

Déjà, dans la Nièvre, le représentant Fouché a ordonné aux prêtres de se marier, interdit le port du costume religieux hors des églises, présidé à la destruction des croix, statues et autres « enseignes » qui se dressaient sur les routes, places et lieux publics, et enfin fait graver sur les portes des cimetières l'inscription célèbre : *La mort est un sommeil éternel*, ce qui revenait à fermer par décision de police le paradis, le purgatoire et l'enfer. Dans le Loiret, et dans le Cher, le représentant Laplanche, ex-moine, pressait l'œuvre de régénération en déléguant ses pouvoirs à des citoyens sûrs. Celui de Vierzon lui écrivait : « ...à ma voix, toutes les chapelles, toutes les croix sont tombées ». Laplanche lui-même interdit « les bacchanales, orgies et saturnales appelées offices divins. » Dans la Somme, le représentant Dumont a proclamé que les prêtres étaient des « arlequins et des pierrots vêtus de noir », soumis à une police spéciale « tout prêtre, suisse, bedeau et autre de cette espèce », fourré les ecclésiastiques âgés dans une maison d'arrêt et réservé la cathédrale d'Amiens aux fêtes civiques.

Le matérialisme athée était dans la ligne de la révolution communiste. Dans ses *Préjugés détruits*, le conventionnel Lequinio en a donné la formule : « La religion, a-t-il écrit, est une chaîne politique, et rien de plus, inventée pour gouverner les hommes et qui n'a servi qu'à les dominer, les conduire et faire exister la multitude pour les jouissances de quelques individus. » La campagne hébertiste éveilla de profonds échos. Contenue jadis par l'organisation sociale, la haine de la religion qui couvait dans certaines portions du peuple éclata sous une forme peu commune. Un représentant parle de décharge électrique, un autre d'explosion, un autre « d'irruption volcanique », et Robespierre de « torrent ».

Le Procureur-syndic de la Commune parisienne, Chaumette, était si hostile à tout ce qui gardait trace de religion, qu'il avait changé ses prénoms de Pierre-Gaspard, contre celui d'Anaxagoras. Lorsqu'il vit que le mouvement de déchristianisation réussissait en province au-delà de toute espérance, il se hâta de mettre Paris au niveau des départements les plus éclairés. Le 16 octobre, la Commune interdit tout exercice extérieur du culte ; le 23, elle ordonna l'enlèvement des croix ; le 6 novembre, elle somma l'archevêque Gobel de se rendre à l'Hôtel de Ville pour y abjurer la religion catholique. Perdu de dettes, Gobel aimait le luxe et les femmes. Mais il avait la foi. Il déclara qu'il ne connaissait pas d'erreur dans sa religion et qu'il s'y tiendrait « collé ». « Fais comme tu veux, lui répliqua Hébert, mais si demain tu n'as pas abjuré, toi et tes calotins, vous serez tous massacrés. » Finalement on transigea. La Commune admit que Gobel ne reniât point explicitement ses croyances. Gobel consentit à abdiquer ses fonctions épiscopales.

Au jour dit, il se présenta à l'Hôtel de Ville suivi de ses vicaires et d'un petit troupeau de prêtres apeurés. Chaumette accueillit le cortège par un discours philosophique et l'on se mit en marche vers le Louvre, suivi de quelques jeunes gens déguisés, porteurs de ciboires, de mitres et de chasubles. A la hauteur du Pont-Neuf, la procession fut accueillie par les cris d' « A bas la calotte » ! Chaumette s'interposa : « Non, mes amis, dit-il aux passants, ce sont de vertueux ecclésiastiques qui vont se déprêtriser à la Convention ! » Ce fut alors un concert de cris, d'applaudissements et de grasses plaisanteries qui ne cessa plus jusqu'à l'entrée des Tuileries. Là, Gobel dut encore entendre deux ou trois discours à la gloire du culte de l'avenir : le culte de la Raison, puis il fut invité à lire sa soumission et à déposer sur le bureau sa croix pectorale et son anneau. Quand il se fut exécuté, les ecclésiastiques qui l'avaient accompagné l'imitèrent et aussi ceux qui siégeaient comme députés sur les bancs de l'Assemblée : entre autres, Thomas Lindet, évêque de Haute-Savoie, sans compter un ministre protestant, Julien (de Toulouse), qui renia l'Evangile, comme les autres le catholicisme. Un seul refusa : Grégoire, évêque de Loir-et-Cher.

L'affaire paraissant bien engagée, Chaumette se hâta d'organiser une nouvelle manifestation. En trois jours, tout fut prêt et, le 10 novembre, la Raison fit son entrée à Notre-Dame. Tous les défilés révolutionnaires se ressemblent et celui-là n'est guère différent des autres. En tête, les autorités du département et de la Commune ; ensuite, des musiciens et des chanteurs et, pour clore la marche, des jeunes filles vêtues de blanc avec des ceintures tricolores. A l'intérieur de la cathédrale, on a édifié une montagne en carton que couronne un temple grec et que des draperies relient aux bas-côtés. Tout autour, des flambeaux et des bustes : Voltaire, Rousseau, Franklin. Il y eut des discours, des chants, de la musique. Les jeunes filles montèrent sur la montagne et du temple sortit une artiste de l'Opéra qui figurait la Raison. Le danseur Gardel fonctionnait comme maître de ballet.

La Convention avait feint d'ignorer la cérémonie. Chaumette s'en fut la quérir à domicile. Musiciens, chanteurs et vestales pénétrèrent à sa suite dans l'enceinte législative. Il annonça que le fanatisme n'avait pu supporter l'éclat de la lumière. Le président Laloy terrassa en paroles l'hydre de la superstition. Thuriot demanda que le culte nouveau fût célébré une seconde fois et l'on repartit en fanfare pour Notre-Dame. Derechef le flambeau de la vérité illumina les ténèbres. Les trompettes firent résonner les voûtes. Les blanches jeunes filles escaladèrent la montagne de carton. La Raison ressortit du temple. Chaumette célébra la nature, la justice, la vérité et l'on se sépara un peu las, un peu gelé.

Les jours suivants furent remplis de mascarades analogues : défilés de gardes nationaux en surplis, transport à la Convention des trésors des sacristies, exposition des ci-devant reliquaires aux Archives, incinération des reliques, banquet civique à Saint-Eustache, bal à Saint-Gervais, etc. (En mars 1794, sous la rubrique « arrivage des instruments de superstition », l'observateur Perrière notera encore dans un rapport qu'il a vu, non loin du pont des Tournelles, de « grands bateaux chargés de châsses, de bénitiers, d'encensoirs, de chandeliers, etc. ».)

Enfin, le 23 novembre, la Commune arrêta que les églises et les temples des différents cultes existant à Paris seraient fermés sur-le-champ. Quiconque en solliciterait l'ouverture serait arrêté comme suspect, et les prêtres rendus responsables des troubles qui pourraient survenir à cette occasion. Dans certaines, on installa, en guise de saints, les effigies de Marat, de Chalier et de Lepeletier, promus martyrs de la liberté. Le poète Dorat-Cubières fut chargé de traduire en italien les arrêtés et discours antireligieux, lesquels seraient alors envoyés au pape « pour le guérir de ses erreurs ».

A mesure qu'elle se développait, la campagne hébertiste prenait un caractère d'anarchie qui inquiétait et irritait Robespierre. Il détestait les prêtres et les traitait de charlatans. Toutefois, il se rendait bien compte que, pour être solide et durable, l'entreprise de socialisation des biens et des personnes devrait, à bref délai, s'étendre aux idées morales et religieuses. Il rêvait d'une religion civile incorporée à l'Etat, servie par lui et garantissant sa morale. L'athéisme crapuleux de Chaumette ruinait son projet et découronnait par avance l'œuvre de la Révolution, en la réduisant au plus bas matérialisme. Crime contre l'esprit qu'accompagnait un crime plus grave encore. Quatre hébertistes : Proli, secrétaire d'Hérault de Séchelles, Desfieux, Pereyra et Dubuisson, tous trois membres du *Comité de correspondance* des Jacobins, avaient imaginé de créer à l'intérieur des anciens clubs un nouveau réseau de sociétés populaires ou sectionnaires qui se réunissaient les jours où les sections ne tenaient pas séance et qui, tout en demandant l'affiliation aux Jacobins, obéissaient à un comité central, siégeant à l'Hôtel de Ville. Les sans-culottes les plus décidés et les plus énergiques se trouvaient ainsi soustraits à l'influence des Comités et soumis à l'impulsion secrète de quelques meneurs. C'est ce que nous appelons de nos jours le noyautage. L'Etat jacobin, rongé et manœuvré par le dedans, était menacé de tomber à la merci de la minorité hébertiste, exactement comme l'Etat constitutionnel, rongé et manœuvré par le dedans, était tombé à la merci de la minorité jacobine.

Robespierre avait très vite discerné le danger. Dès le mois de novembre 1793, à propos d'une demande d'affiliation de la société sectionnaire des Invalides, il avait, à la société mère, exprimé sa méfiance et ses soupçons : « Quelle crainte ne doit pas nous donner l'établissement de quarante-huit clubs de sections ! » En décembre, il était revenu à la charge : « Les sociétés prétendues populaires multipliées depuis le 31 mai sont des sociétés bâtardes » et il insinuait qu'elles avaient été constituées par des agents de l'étranger pour affaiblir le gouvernement révolutionnaire, en détruisant l'unité des opérations. En janvier, Couthon attaquait à son tour. En février, le Comité de Salut public. En mars, le Comité des finances, par la voix de Cambon, qui demandait une enquête sur le sort des objets et des effets enlevés aux églises : « Peut-être ces recherches nous conduiraient-elles à reconnaître que les scandaleux apôtres de l'athéisme n'ont mis autant de zèle à briser les idoles que pour s'en approprier les riches débris. Peut-être sous d'épaisses moustaches, sous le pantalon, sous le bonnet rouge, reconnaîtrons-nous plus d'un de ces fourbes adroits qui n'ont déclamé si haut contre les riches que par amour pour les richesses qu'ils convoitaient, qui, souples en présence du peuple souverain comme les courtisans l'étaient autrefois en présence du tyran, n'ont usé de la confiance qu'ils avaient usurpée que pour satisfaire impunément des passions criminelles. »

En outre, la déchristianisation n'allait pas sans trouble et la guerre n'était pas finie. En de nombreux endroits, des manifestations avaient eu lieu devant les églises fermées. On signalait une recrudescence d'émigration dans le Midi. Le *décadi* n'arrivait pas à remplacer le dimanche ; parfois, il s'y ajoutait et c'était pire. Le 8 novembre, le Comité de Salut public avait dû sévir contre les ouvriers des usines d'armement qui chômaient les deux jours et toutes les fêtes de l'ancien calendrier, par-dessus le marché. Dans les manufactures de papier, des grèves avaient éclaté parce que le repos du décadi était moins avantageux que celui du dimanche, plus fréquent. Les ouvriers avaient refusé une indemnité compensatrice de quinze sous par jour et mis un moment en danger la fabrication des assignats. Robespierre avait bien fait affirmer par la Convention la liberté des cultes (6 décembre) et mis en mouvement la machine jacobine contre la déchristianisation, sans se relâcher pour cela des sévérités contre les prêtres soupçonnés de sentiments contre-révolutionnaires, l'unité du régime proclamée par la loi organique du 4 n'en était pas moins menacée.

Le Comité de Salut public fut sauvé des deux périls dantoniste et hébertiste par une série de scandales qui, éclatant opportunément, lui permirent d'abattre à la fois ses adversaires de droite et ses adversaires de gauche.

Jusqu'à la fermeture de la Bourse, la plus importante des compagnies par actions, la Compagnie des Indes, avait été l'objet d'attaques nombreuses de la part des députés qui l'accusaient de fraudes fiscales et d'intrigues souterraines contre l'assignat. Les plus véhéments des accusateurs siégaient sur les bancs de la Montagne, parmi les amis de Danton : Fabre d'Eglantine, Delaunay (d'Angers), Thuriot, Julien (de Toulouse), Delacroix (d'Eure-et-Loir), Basire, et l'ex-capucin Chabot. Ces vertueux représentants étaient mus par des considérations qui n'étaient point précisément désintéressées. Leur jeu, très simple, consistait à faire tomber les actions de la compagnie à 5 ou 600 livres par des motions spoliatrices, afin d'en acheter le plus grand nombre possible à ce prix et à les relever ensuite à 4 ou 5 000 livres par des motions rassurantes. Lorsque la suppression des sociétés anonymes fut décrétée le 24 août, la manœuvre ne s'arrêta pas pour cela. Les marchandises et les magasins de la compagnie furent placés sous scellés, mais le soin de fixer les modalités de la liquidation remis à une commission de six membres où trônaient Delaunay et Chabot. Pendant deux mois, la commission souffla le froid et le chaud. Enfin, le 27 octobre, parut le décret définitif, qui, chose étrange, n'était point conforme au projet adopté par la Convention trois semaines plus tôt. La compagnie était autorisée à réaliser elle-même son actif sous la lointaine surveillance de quelques commissaires nationaux. Cet arrangement avantageux avait coûté 500 000 livres au Conseil d'administration. Chabot en reçut 100 000 pour sa seule part.

Les profiteurs de l'affaire espéraient que leur complaisance intéressée passerait inaperçue. Mais l'un d'eux, Fabre d'Eglantine, était, avec Danton, harcelé journellement par les hébertistes qui les représentaient l'un et l'autre comme des endormeurs et des brissotins, complices masqués des fédéralistes et des aristocrates. Chabot et Julien, d'autre part, avaient fort mauvaise réputation. Chabot, joueur, coureur de femmes, passait beaucoup de temps dans les tripots du Palais-Egalité. En échange de sa protection, les dames de Sainte-Amarante lui versaient 5 % de leurs bénéfices. Julien, ancien pasteur, avait laissé à Toulouse une femme et un fils. Il vivait rue Neuve-Saint-Georges, dans une maison luxueuse, avec la comtesse de Beaufort, née Montgeroult de Coutances, et la trompait avec une Mme de Bonneval : liaisons aristocratiques qui l'amenèrent à trafiquer de son influence en faveur des ci-devant inquiétés. Un mois auparavant, le Comité de Salut public les avait fait exclure tous deux du Comité de Sûreté générale parce qu'ils avaient protégé le munitionnaire d'Espagnac, accusé lui-même de fraudes sur les marchés militaires. Pour se mettre à couvert et écarter de lui tout soupçon, Fabre se fit dénonciateur.

Vers le 10 octobre, il demanda à être entendu par Robespierre et Saint-Just assistés des principaux membres du Comité de Sûreté générale : Lebas, Panis, Vadier,

Amar, David, et deux autres. Fabre expliqua que la République était menacée par une grande conspiration dont les chefs étaient Proli, Desfieux, Pereyra, Dubuisson, Chabot et Julien. Selon lui, ces hommes étaient les agents de l'étranger et ils étaient payés pour désorganiser la Révolution. Leurs sentiments patriotiques outranciers n'étaient qu'un masque dont ils couvraient leur besogne de provocation et d'espionnage.

Robespierre et Saint-Just prêtèrent la plus grande attention aux révélations de Fabre. En juillet, on avait, par hasard, découvert à Lille les papiers d'un émissaire anglais, d'où il résultait que Pitt avait distribué des fonds considérables pour préparer dans plusieurs places fortes la destruction des arsenaux et des établissements militaires. Tout ce que disait Fabre allait dans le même sens et présentait les caractères de la plus grande vraisemblance. Sur le moment, néanmoins, le Comité dut se contenter d'ouvrir une enquête : Proli et Desfieux, arrêtés le 12, avaient aussitôt invoqué la protection de Collot et d'Hérault et il avait fallu les remettre en liberté sur-le-champ.

L'affaire n'en resta pas là. Collot et Hérault s'en allèrent en mission, l'un à Lyon, l'autre en Alsace et les accusateurs eurent le champ libre. Violemment pris à partie aux Jacobins par le président du département Dufourny, Chabot crut faire un coup de maître en rééditant la parade de Fabre. Au milieu de novembre, il livra à Robespierre d'abord, au Comité de Sûreté générale ensuite, les noms de ses principaux complices et les détails de la machination. La liquidation de la Compagnie des Indes n'avait été qu'un épisode d'une entreprise plus vaste de chantage et de spéculation, qui avait englobé la Caisse d'Escompte, la Compagnie des Assurances *Incendie et Vie* et la Compagnie des Eaux. De plus, à en croire Chabot, les hébertistes auraient été les instruments d'un aventurier royaliste, le baron de Batz, qui s'était servi d'eux pour pousser la Convention à des mesures maladroites afin de soulever contre elle l'opinion publique. Chabot jurait qu'il n'était entré dans le double complot que pour mieux le dénoncer. A l'appui de ses dires, il remettait au Comité les 100 000 livres qu'il avait reçues. Le député Basire confirma sa déposition.

Fabre d'Eglantine avait livré Proli, Desfieux, Pereyra, Dubuisson, Julien et Chabot. Chabot livrait Delaunay et Basire. Mais Proli était le cousin germain de Cloots ; Cloots, l'ami des banquiers hollandais Van den Yver et le principal théoricien de l'athéisme. Par Proli, on remontait à Hérault. Par Desfieux, à Hébert. Par Cloots à Chaumette et par Julien à d'Espagnac. D'autre part, Fabre prétendait que Vincent, secrétaire général de la guerre, faisait le trafic des sursis d'appel. Mais le général de l'armée révolutionnaire, Ronsin, était la créature de Vincent et tous deux les amis d'Hébert. Batz recevait dans sa maison de Charonne Basire, Dufourny, et le procureur-syndic Lullier. Chabot était le beau-frère de deux Juifs autrichiens, Junius et Emmanuel Frey (de leur vrai nom Dobruska ou Tobruska) dont la maison de banque était demeurée ouverte, quand les autres étaient sous séquestre. Les Frey dénoncèrent un agent espagnol, Guzman, qui avait été membre du Comité insurrectionnel du 31 mai. Delaunay fournit la preuve que l'intègre Fabre était partie prenante dans l'affaire de la Compagnie des Indes. Mais Fabre, c'était Danton. Et Danton, c'étaient tous ceux qui avaient tripoté avec lui et, pour commencer, Desmoulins, son chef de cabinet lors des dilapidations du ministère de la Justice après le 10 août et Delacroix, son collègue lors du pillage de la Belgique. Par la dénonciation de Fabre, Robespierre tenait l'extrémité de la chaîne. En tirant, il allait amener à Fouquier-Tinville les plus gros personnages de la Convention fraternellement unis aux plus belles canailles.

« Deux factions, disait-il le 8 janvier aux Jacobins, sont dirigées par le parti étranger... Ceux qui sont d'un génie ardent et d'un caractère exagéré proposent des mesures ultra-révolutionnaires ; ceux qui sont d'un esprit plus doux et plus modéré proposent des moyens intra-révolutionnaires. Ils se combattent entre eux, mais que l'un ou l'autre soit victorieux, peu leur importe ; comme l'un ou l'autre système doit également perdre la République, ils obtiennent un résultat certain : la dissolution de la Convention nationale. »

On arrêta d'abord le menu fretin : ce fut l'affaire des mois de novembre et de décembre. Dans la nuit du 12 au 13 janvier, Fabre était appréhendé à son tour. Danton, qui se préparait à parler pour lui à la Convention, était cloué à sa place par une phrase de Billaud-Varenne et n'osait plus ouvrir la bouche : « Malheur à celui qui a siégé aux côtés de Fabre d'Eglantine et qui est encore sa dupe ! » Desmoulins rétractait ses précédents articles du *Vieux Cordelier* et comme quelques jours après il réclamait de son côté contre l'incarcération de son beau-père Duplessis, Danton lui donnait publiquement tort : « Pas de privilège ! Une révolution ne peut se faire que géométriquement !... » La déroute.

Les hébertistes étaient plus coriaces. Ronsin et Vincent, arrêtés eux aussi, avaient dû être libérés sous la pression de leurs amis, en particulier de Collot d'Herbois, revenu précipitamment de Lyon, en apportant la tête de Chalier, et ils ne cachaient pas leur intention de tirer une vengeance éclatante du Comité. Le 31 janvier, les Cordeliers déclarent qu'il y a oppression et voilent la déclaration des droits. Le 2 mars, Ronsin ose parler ouvertement d'une « insurrection nécessaire », d'un « nouveau 31 mai ». Le surlendemain, aux Cordeliers, Carrier, qui arrivait de Nantes, se plaint de ne plus reconnaître la Montagne. « Les monstres, ils voudraient briser les échafauds !... L'insurrection, une sainte insurrection, voilà ce que vous devez opposer aux scélérats ! » Hébert, éperonné par ses amis, prononce à son tour les mots fatidiques, « l'insurrection, oui, l'insurrection... », que Momoro court porter à sa section, celle de Marat, qui les acclame. Instruit par ces manifestations, Robespierre, avant d'aller plus loin, juge prudent de mettre de son côté les bandes sans-culottes. La loi de ventôse qui distribuait les biens des suspects aux « patriotes indigents » lui en fournit le moyen. A la vérité, la loi était d'un maniement difficile. D'abord elle n'intéressait guère que les ruraux, car il était évidemment impossible de transformer en cultivateurs les indigents des villes et on ne les aurait pas nourris en leur donnant un morceau d'église ou d'hôtel. Mais dans certains départements, par exemple le Nord et le Pas-de-Calais, étudiés par M. Lefebvre, les « riches » les plus authentiques n'étaient pas les propriétaires, mais des fermiers exploitant de grandes fermes. En outre, s'il était bien prévu que six commissions populaires feraient le tri des suspects et en établiraient la liste, qui fallait-il entendre par « indigents » et « malheureux » ? Les épithètes s'appliquaient-elles aux vieillards, aux infirmes, aux malades, aux jeunes orphelins, tous également impropres aux travaux des champs ? Enfin, les suspects emprisonnés n'étaient pas tous propriétaires, loin de là. Il était certain que dans de nombreuses communes il n'y aurait rien à distribuer. A Thiers, par exemple, on ne détenait comme suspectes que seize religieuses insermentées qui n'avaient aucun bien. Deux des six commissions prévues furent créées tout de suite, les quatre autres en juillet. Elles ne firent à peu près rien. Les registres préparés pour recevoir les listes de suspects et les listes d'indigents nous ont été conservés : ils ne comprennent guère que des feuilles blanches. Dans les papiers saisis chez Robespierre se trouvent, il est vrai, plusieurs listes de suspects bons pour la déportation, listes établies pour les commissions populaires. Elles ne concernent qu'une soixantaine de personnes, dont deux jeunes filles de quinze et dix-neuf ans, un typographe, un marchand de vin, une femme galante, un valet de chambre, un bibliothécaire, dont les biens ne devaient pas représenter grand-chose. Politiquement néanmoins, la mesure ne manqua pas son effet. Lorsque les hébertistes voulurent, quelques jours plus tard, provoquer une journée, leurs appels tombèrent dans le vide.

Le 13 mars 1794, Saint-Just, au nom du Comité de Salut public, présenta à la Convention son rapport sur les menées étrangères : c'était le prélude aux grands procès qui allaient s'ouvrir : « Il y a dans la République une conjuration ourdie par l'étranger, dont le but est d'empêcher, par la corruption, que la liberté ne s'établisse... Des Italiens, des banquiers, des Napolitains, des Anglais sont à Paris, qui se disent persécutés dans leur patrie. Ils s'introduisent dans les assemblées du peuple..., ils s'insinuent dans les antichambres des ministres ; ils épient tout ; ils se glissent dans les sociétés populaires ; bientôt on les voit liés avec les magistrats qui les protègent. Vous aviez rendu une loi contre les étrangers ; le lendemain, on vous propose une exception en faveur des artistes ; le lendemain, tous vos ennemis sont artistes, et si l'on poursuit les fabricateurs de complots, on est étonné de les voir en crédit. » ...Les prétendues sociétés populaires sont remplies « d'êtres artificieux qui viennent briguer à grands cris leur élévation à la législature, au ministère, au généralat ». Saint-Just propose son remède : « faire la guerre à toute espèce de perversité ». La Convention déclare traîtres à la patrie tous ceux qui ont « de quelque manière que ce soit, favorisé dans la République le plan de corruption des citoyens..., tenté d'ouvrir les prisons..., d'ébranler ou d'altérer la forme du gouvernement républicain ».

Le 14 et le 15 mars, Hébert, Cloots, Vincent, Proli, Dubuisson, Pereyra, Desfieux, Ronsin, étaient arrêtés. Jugés du 21 au 23. Guillotinés le 24.

Le 30, c'était le tour de Danton (que Robespierre traita d'idole pourrie), de Delacroix et de Desmoulins (dont Robespierre a été le témoin, lors de son mariage à Saint-Sulpice, avec Lucile). Fouquier-Tinville leur adjoignit Hérault, Guzman, d'Espagnac, Chabot, Basire, Delaunay, les frères Frey. Procès du 2 au 5 avril. Guillotine le 5.

Une conspiration des prisons fabriquée par la police servit de prétexte à une nouvelle fournée : Chaumette, Gobel, la veuve d'Hébert, Lucile Desmoulins, deux généraux, en tout dix-sept personnes (13 avril).

Les sociétés populaires organisées par Proli furent supprimées, plusieurs comités de surveillance renouvelés, l'armée révolutionnaire de Ronsin dissoute (on l'avait, au préalable, éloignée de Paris et dispersée dans des garnisons éloignées, Laval, Fougères, Saumur, etc.), les autorités parisiennes épurées, de nouveaux membres de la Commune désignés par le Comité de Salut public, les bureaux de la Guerre nettoyés, les ministres supprimés, vingt et un représentants en mission rappelés, les tribunaux criminels des départements dissous (celui d'Arras fut maintenu jusqu'au 10 juillet et aussi la commission extraordinaire d'Orange) : il ne restait rien des factions.

L'Eglise constitutionnelle toutefois était à peu près ruinée. Sur 85 évêques qui ont prêté serment, 24 ont abdiqué, 23 ont apostasié, 9 se sont mariés. Sur les huit qui ont été décapités, cinq au moins, dont Gobel, ont déclaré qu'ils répudiaient leurs erreurs et mouraient fidèles à l'Eglise romaine. Les pasteurs du second ordre n'ont pas mieux résisté. Dans le Loir-et-Cher, diocèse de l'intègre Grégoire, sur 300 prêtres, 32 seulement restent fidèles à leur état. En Haute-Loire, il est vrai, dans l'arrondissement de Brioude, ils sont 120 sur 130, mais cette proportion est exceptionnelle et nulle part les vides ne sont comblés. Cette destruction facilitera la renaissance de l'Eglise romaine, qui survit clandestinement grâce à ses héros et à ses martyrs. Mais ce très rare clergé n'a ni lieux de culte public, ni sécurité, ni direction. Il existe alors, si l'on peut dire, un vide métaphysique et religieux. Aussi, tandis que Saint-Just mettait au point un projet d'instruction publique qui permettait à l'Etat de s'emparer des enfants dès leur plus jeune âge, Robespierre jugea-t-il que le moment était venu d'élever la religion républicaine sur les ruines des anciennes superstitions.

Le 7 juin, il prononçait à la Convention un discours très étudié sur les rapports des idées morales et des principes républicains. Le fondement de la société, disait-il en substance, c'est la morale. La morale est vaine si elle n'est accompagnée de sanctions. Nulle sanction n'est plus efficace que la sanction d'une divinité, d'un juge secret et omniscient, qui supplée aux erreurs et aux insuffisances de l'autorité humaine. Si l'on enlève cette crainte ou cette espérance d'une autre vie, un petit nombre d'hommes d'une trempe extraordinaire pourront bien encore posséder cette rare vertu qui consiste à s'immoler au bonheur des autres, sans aucun espoir de bien personnel, mais la plupart, uniquement occupés d'eux-mêmes, n'agiront que par amour du plaisir ou par crainte de la douleur. Ce sera le règne de l'égoïsme et des intérêts les plus vils. Mais s'il n'y a point de divinité ? Peu importe. Plus un homme est doué de sensibilité et de génie, plus il s'attache aux idées qui agrandissent son être et qui élèvent son cœur. L'athéisme est immoral et par conséquent aristocratique. Il est lié « à un système de conspiration contre la République ». Tout ce qui est utile au monde et bon dans la pratique est la vérité. « L'idée de l'Etre suprême et de l'immortalité de l'âme est un rappel continuel à la justice : elle est donc sociale et républicaine. » En conséquence de quoi la Convention adopta sans plus tarder un catéchisme en quinze articles.

L'article premier reconnaît l'existence de l'Etre suprême et l'immortalité de l'âme. Les articles 2 et 3 énumèrent les devoirs envers l'Etre suprême, à savoir : la haine des tyrans, la punition des traîtres, le respect des faibles, la défense des opprimés, la pratique de la justice. Les articles 4 à 10 instituent des fêtes qui rappelleront l'homme « à la pensée de la divinité et à la dignité de son être ». Ces fêtes sont : le 14 juillet, le 10 août, le 21 janvier et le 31 mai, plus trente-six fêtes décadaires à la gloire de l'Etre suprême, de la République, de la

Justice, de la Pudeur, de la Frugalité, du Stoïcisme, de l'Age viril, de la Foi conjugale, de l'Agriculture, de l'Industrie, etc. Les autres articles maintiennent la liberté des cultes, mais punissent selon la rigueur des lois « les rassemblements aristocratiques » et les « prédications fanatiques ». La première fête est fixée au 20 prairial, qui se trouve être le dimanche de la Pentecôte (8 juin).

Ce fut assez ridicule. Devant le pavillon central des Tuileries que couronnait un colossal bonnet rouge, s'élevait, jusqu'à la hauteur du premier étage, un amphithéâtre de verdure chargé de fleurs, de vases, de drapeaux et de statues. En bas, une statue de l'Athéisme en étoupe, à l'intérieur de laquelle nichait une Sagesse incombustible. Au Champ-de-Mars, l'inévitable et symbolique Montagne pourvue de tous ses accessoires : une colonne de cinquante pieds, une grotte, des sentiers abrupts, quatre tombeaux étrusques, une pyramide, des candélabres, un temple grec et un autel.

Tout avait été réglé par David et le programme des réjouissances répandu à des milliers d'exemplaires. A 5 heures du matin, rassemblement des quarante-huit sections qui répètent une dernière fois l'hymne de Méhul que les professeurs du Conservatoire leur ont seriné pendant trois jours. A 8 heures, départ pour les Tuileries ; au pas cadencé et en rangs, les citoyennes en blanc, les citoyens porteurs de branches de chêne et les enfants avec des corbeilles de fleurs. A 10 heures, salve d'artillerie, musique, arrivée de la Convention. Robespierre, élu président pour la circonstance, s'installe sur un fauteuil isolé et lit un court sermon (parmi les livres saisis chez lui, on trouvera une Bible annotée de sa main). Les chœurs de l'Opéra entonnent l'hymne : *Père de l'Univers, suprême intelligence...* Robespierre descend de son trône, met le feu à l'Athéisme en étoupe et la Sagesse incombustible apparaît barbouillée de suie.

Départ pour le Champ-de-Mars en procession : les sections par ordre alphabétique, trois musiques militaires, cent tambours, un char de la Liberté traîné par huit bœufs, les députés, une gerbe de fleurs à la main. Robespierre en frac bleu, bien en évidence, vingt pas en avant des autres. On fait le tour de la Montagne, les députés et les chœurs grimpent par les sentiers escarpés. On rechante : *Père de l'Univers, suprême intelligence.* Au dernier couplet une formidable canonnade éclate, les enfants répandent des fleurs, les républicains des deux sexes s'embrassent. C'est fini. La Convention rentre en corps aux Tuileries et les citoyens qui ont des assignats se dispersent dans les guinguettes.

La fête de l'Etre suprême avait été l'apothéose de Robespierre. Porte-drapeau de la Révolution, il en avait paru le maître. Chaque jour lui apportait des lettres d'adoration... « Admirable Robespierre, flambeau, colonne, pierre angulaire de la République..., soutien de la patrie..., père protecteur du bon peuple... » — « Je veux rassasier mes yeux et mon cœur de tes traits... » — « Protecteur des patriotes, génie incorruptible, Montagnard éclairé qui voit tout, prévoit tout, déjoue tout... » — « Tu es ma divinié suprême, je te regarde comme mon ange tutélaire..., comme le Messie que l'Etre éternel nous a promis pour réformer toute chose... » A l'étranger on ne disait plus : La République, on disait : Robespierre : « Les armées de Robespierre » — « La flotte de Robespierre... »

A force de respirer cet encens qui lui arrivait par larges bouffées, Robespierre était lui-même devenu d'une vanité maladive, ne pardonnant pas un froissement d'amour-propre et s'irritant des plus légers soupçons. Mais comme il avait le caractère faible, il s'imaginait désarmer les critiques en faisant sans cesse son apologie. Ses collègues du Comité ne pouvaient plus le supporter. Entre Carnot d'une part, Saint-Just et lui de l'autre, les disputes étaient si fréquentes et si bruyantes qu'elles provoquaient des attroupements sous les fenêtres du pavillon de Flore. Une fois, Robespierre, ivre de colère, aurait crié à Carnot : « Je vous attends à la première défaite. »

L'irritation n'était pas moindre parmi les Conventionnels. Les uns avaient jugé grotesque le défilé du 20 prairial et ne pardonnaient pas à Robespierre de les avoir mêlés à cette bouffonnerie. Les autres l'accusaient à mots couverts d'aspirer à la dictature. Les membres du Comité de Sûreté générale dénonçaient ses empiétements : n'avait-il pas organisé, sous la direction de son compatriote Herman, un bureau de police secrète directement rattaché au Comité de Salut public ? Enfin et surtout, les pro-consuls rentrés récemment de province, Fouché, Fréron, Barras et Tallien sentaient planer sur eux une menace constante et se demandaient si leurs prévarications n'allaient point, à leur tour, les conduire à la guillotine. Votée deux jours après la fête de l'Etre Suprême, la loi de prairial présentée sans que le Comité de Sûreté générale ait été consulté, portait que les députés pourraient être désormais traduits au tribunal sans l'approbation de l'Assemblée. Elle réunit toutes les haines éparses. Une semaine se passa en conciliabules angoissés. Tandis que, selon le mot de Fouquier-Tinville, « les têtes tombaient comme des ardoises », cinquante députés ne couchaient plus dans leur lit et ne se montraient à l'Assemblée qu'en passant, terrifiés quand, par hasard, Robespierre les regardait : « Il va se figurer que je pense quelque chose », balbutiait l'un d'eux qui avait cru être remarqué.

Un membre du Comité de Sûreté générale, le vieux Vadier, Ariégeois au long nez, sec, osseux, gouailleur, voltairien dans l'âme qui, au fond de lui-même, considérait Robespierre comme un vulgaire calotin, imagina alors de mêler le nom de l'Incorruptible à une extravagante bouffonnerie qui venait d'être découverte par deux de ses agents, les policiers Heron et Senar. Une vieille folle du nom de Catherine Théot réunissait dans son logement de la rue Contrescarpe une petite bande d'illuminés, à qui elle annonçait l'arrivée prochaine du Messie. Catherine avait pour directeur de conscience un ancien chartreux, Dom Gerle, à peu près aussi détraqué qu'elle. Ce Dom Gerle avait été membre de la Constituante et Robespierre lui avait donné jadis un certificat de civisme. Dans son rapport à la Convention, Vadier assaisonna avec art toute cette histoire et, à travers ses réticences et ses calembredaines, on entrevoyait que « l'ange du conseil », « le guide de la milice céleste » annoncé par Catherine était Robespierre en personne. Vadier était un pitre. La Convention, à l'écouter, rit de tout son cœur. Robespierre sentit qu'au-dessus de « la Mère de Dieu », c'était lui qui était visé et il eut la sottise d'accuser le coup, en contraignant le soir même Fouquier-Tinville à lui remettre le dossier Théot.

Le lendemain, le Tribunal révolutionnaire jugea une fournée de 54 accusés parmi lesquels figuraient une Mme de Saint-Amarante qui tenait un tripot au Palais-Royal, un certain Admiral qui avait tiré un coup de pistolet (enrayé) sur Collot d'Herbois, une petite ouvrière, Nicole, qui avait donné à manger à un ci-devant et une jeune fille de vingt ans, Cécile Renault, que l'on avait arrêtée à la porte de Robespierre et qui était poursuivie pour tentative d'assassinat parce qu'elle avait dans sa poche deux petits canifs. Les 54 furent guillotinés. Cécile Renault, couverte du voile rouge des parricides, avait l'air d'un enfant. Quand la Nicole fut liée sur la planche à bascule, on l'entendit qui demandait très doucement : « Suis-je bien ainsi, monsieur le bourreau... ? » Il y eut dans la foule une stupeur immense. Personne ne protesta à haute voix, mais le bruit couru, lancé par on ne sait qui, que cette horrible exécution n'était qu'une vengeance d'amoureux. Au reste, le frère de Robespierre, le jeune Augustin, dit Bonbon, fréquentait chez Mme de Saint-Amarante et, de ce côté aussi, il y avait quelque chose de louche...

La Révolution était à bout de course. « La Révolution est glacée, notait à ce moment Saint-Just. On ne voit plus que des bonnets rouges portés par l'intrigue. » Et encore : « L'exercice de la Terreur a blasé le crime, comme les liqueurs fortes blasent le palais. » On ne savait toujours pas comment appliquer les décrets de Ventôse, ni le vaste plan d'assistance dans lequel on les avait compris. Le maximum des salaires ne fonctionnait pas. Tant que la Commune parisienne avait été hébertiste, elle avait tenu la main au maximum des denrées, mais ignoré l'autre. Bon gré, mal gré, les employeurs avaient dû accorder à leurs ouvriers des salaires très supérieurs à l'échelle officielle. Cette discordance menaçait tout le système. La Commune, reconstituée avec Fleuriot-Lescot, substitut de Fouquier-Tinville à la place de Pache, et Claude Payan, juré au tribunal révolutionnaire à la place de Chaumette, se montra décidée à appliquer la loi et, pour commencer, remania la Commission paritaire qui établissait les rémunérations à la tâche et aux pièces. Toutefois, elle reconnaissait que le maximum officiel devait être revisé et le blocage assoupli : le nouveau tarif des salaires fut publié le 21 juillet (5 thermidor). Plus avantageux que le précédent, il était loin d'atteindre les chiffres pratiqués jusqu'alors avec la complaisance des autorités. Selon M. Soboul, le salaire d'un charpentier de première classe était ramené de 8 livres à 3 livres 5 sols ; dans les ateliers d'armes, celui des ajusteurs de 16 livres 10 sols à 5 livres 5 sols.

Or, c'est juste à ce moment que le ravitaillement empire à nouveau. La guillotine avait bien pu terroriser des détenteurs de stocks, tirer au jour des réserves cachées et provoquer un certain nombre de ventes. Elle n'avait pas incité le producteur à travailler, ni le commerçant à remplir derechef ses caves et ses greniers.

Alors, que faire ? Pousser la révolution jusqu'au collectivisme intégral ? Les survivants de l'hébertisme y songeaient confusément. Mais c'était pure chimère. Les sans-culottes urbains n'étaient qu'une poignée, incapables de surmonter la résistance de la paysannerie propriétaire, la vraie masse. Alors ? Battre en retraite ? Recommencer à acheter de l'or pour s'approvisionner au-dehors ? Cambon a déjà oublié ses tirades contre les métaux précieux et on échange de nouveau des louis contre les assignats. Mais le papier baisse de plus en plus : 100 livres-papier ne valent plus que 48 livres-or en janvier, 38 en mars, 34 en juillet. Et puis, comment faire venir des vivres dans les villes ? Tolérer un certain marché noir pour maintenir les arrivages ? Cesser de traiter les commerçants en ennemis publics, leur garantir la sécurité, un gain honnête ? « Saigner le gros commerce au lieu de le tuer », comme le conseillait Barère ? C'est à quoi des représentants en mission se résignent. Les tribunaux eux-mêmes répugnent à condamner les prétendus accapareurs. A la fin de l'hiver, la Commune parisienne a autorisé les paquets familiaux, les envois directs de la campagne aux particuliers et consenti à relever le prix de l'huile, de la viande et du tabac. Mais Goujon, animateur du Comité des subsistances de la Convention et partisan de la manière forte, s'est retiré. Mais de nouvelles grèves éclatent. Dans les manufactures d'armes, dans les mines, dans les ports et même à la campagne, notamment dans le Soisonnais. Le Comité de Salut public est obligé de prendre des mesures draconiennes pour empêcher les travailleurs requis de déserter à la veille de la moisson.

Que voulait Robespierre désormais ? Personne ne le sait. Etablir sa dictature personnelle ? Peut-être. Tous ses ennemis l'ont dit, mais comme ils se sont servis de cette accusation pour l'abattre, on ne peut les croire absolument. En fait, par la socialisation des idées morales et religieuses, il était arrivé au bout de son programme. Sans doute sentait-il la nécessité d'une pause qui permettrait à la République de s'asseoir, de se donner des institutions durables, d'organiser l'instruction publique, sans doute même de négocier la paix. Mais il se dit malade, fatigué, et, en effet, il a le teint livide, bilieux, il ne semble pas égal à lui-même.

Tandis que Fouché et Tallien travaillent jour et nuit à sa perte, tandis que les fils de la conjuration se nouent sous ses yeux, il joue à l'enfant gâté, il boude, il se plaint, il va passer une journée à la campagne à Choisy, chez

Vaugeois, frère de Mme Duplay. Pendant plus d'un mois, il ne met plus les pieds au Comité. Il fait bien exclure des Jacobins Dubois-Crancé et Fouché, mais le 23 juillet, il se prête à une réconciliation plâtrée avec Vadier, à qui il cède son bureau de police. Le même jour, s'il faut croire les Mémoires de Barère, Saint-Just, en sa présence, propose aux deux comités de gouvernement de faire constituer par la Convention « une puissance dictatoriale » confiée « à un homme qui ait assez de génie, de force, de patriotisme, de générosité pour accepter cet emploi de la puissance publique..., un homme doué d'une telle habitude de la révolution, de ses principes, de ses phases, de son action et de ses divers agents, qu'il puisse répondre de la sûreté publique, du maintien de la liberté..., un homme qui ait en sa faveur l'opinion générale, la confiance du peuple ». Et Saint-Just aurait conclu : « Cet homme, je déclare que c'est Robespierre. » Toujours selon Barère, les membres des deux comités se seraient esclaffés et auraient éconduit « les dictateurs honteux et dépités ». Carnot, qui mène la manœuvre au sein du Comité, éloigne de Paris quelques compagnies de canonniers à la disposition de la Commune. Tout à coup, le 26, Robespierre arrive à la Convention et sans avoir prévenu Saint-Just, ni Couthon, il prononce un discours abondant en vérités, parfois obscur, toujours maladroit : « J'ai besoin d'épancher mon cœur, vous avez besoin d'entendre la vérité... Les affaires politiques reprennent une marche perfide et alarmante ; le système combiné des Hébert et des Fabre d'Eglantine est poursuivi maintenant avec une audace inouïe. Les contre-révolutionnaires sont protégés... » Passant ensuite des généralités aux individus, il attaque, sans les nommer, tous ceux qu'il imagine lui être hostiles et qu'il précipite du même coup dans les bras de Fouché. Barère d'abord : « On vous parle beaucoup de nos victoires. Racontées avec moins de pompe, elles paraîtraient plus grandes. » Carnot : « On a semé la division parmi les généraux ; l'aristocratie militaire est protégée ; les généraux fidèles sont persécutés ; l'administration militaire s'enveloppe d'une autorité suspecte. » Cambon : « Un système raisonnable de finances est à créer, celui qui règne aujourd'hui est mesquin, prodigue, tracassier, dévorant... » Billaud, Collot et les communistes : « Les conspirateurs nous ont précipités, malgré nous, dans des mesures violentes... et réduit la République à la plus affreuse disette... » Vadier, Amar et les membres de la police : « Il existe une conspiration contre la liberté publique... elle a des complices dans le Comité de Sûreté générale et dans les bureaux de ce Comité... » Enfin, conclusion : « Punir les traîtres, renouveler les bureaux du Comité de Sûreté générale, épurer ce Comité lui-même... épurer le Comité de Salut public..., écraser les factions... »

L'effet fut énorme. La Convention eut le sentiment qu'un gouffre s'ouvrait à ses pieds. Vadier, Cambon, Billaud, Fréron, vingt autres somment Robespierre de préciser ses accusations. Des noms ! La liste ! Qui au Comité de Salut public ? Qui au Comité de Sûreté générale ? « Quand on se vante d'avoir le courage de la vertu, crie Charlier, il faut avoir celui de la vérité. Nommez ceux que vous accusez ! » Robespierre ne comprend pas qu'en en nommant dix, il en rassurerait trois cents. Il ne veut pas « blanchir tel ou tel » et comme on le presse : « Je persiste dans ce que j'ai dit. » La Convention refuse de voter l'impression de son discours et le soir, tandis qu'il va se faire acclamer aux Jacobins, Fouché et Tallien négocient en hâte avec le Marais et le gagnent.

La journée du lendemain se décompose en deux actes : une séance à la Convention et un soulèvement de la Commune. La séance de la Convention dura près de cinq heures : cinq heures de menaces, d'invectives et de hurlements au bout de quoi Robespierre, qui n'a pu placer un mot, est décrété d'accusation avec Saint-Just, Couthon, Robespierre jeune et Lebas, du Comité de Sûreté générale. Dumas, président du tribunal révolutionnaire, est cueilli sur son siège à l'audience et Hanriot, complètement ivre, vient se faire prendre bêtement dans les locaux du Comité. Vers 6 heures, l'Incorruptible et son état-major sont expédiés au Luxembourg et à la Force.

Au même moment, la Commune, avertie, se déclare en insurrection. Le maire, Fleuriot-Lescot, et le vice-président, Coffinhal, délivrent les prisonniers et les emmènent un à un à l'Hôtel de Ville, tandis qu'Hanriot, avec deux cents canonniers, fait mine de bloquer les Tuileries. Un geste de Robespierre et la Convention est perdue. Robespierre ne fait pas ce geste. D'abord réfugié dans les locaux des administrateurs de la police, c'est-à-dire dans l'ancien hôtel du Premier Président, au palais de justice, il ne se laisse emmener à l'Hôtel de Ville que tardivement, vers dix heures du soir, et se joint au *comité d'exécution* désigné par le conseil général de la Commune. Des arrêtés violents sont pris. Ordre à la troupe qui garde la Convention de se retirer. Ordre aux sections de faire sonner le tocsin. Ordre auxdites sections de réunir leurs forces devant la maison commune. Ordre de préparer l'offensive contre les Tuileries. Mais partout les deux comités de gouvernement ont prévenu cette mobilisation et lancé des ordres contraires.

Les groupes, rassemblés place de Grève, s'agitent, incertains et inquiets... Quelques sections seulement ont répondu à l'appel. Les autres, submergées, pour une fois, par l'afflux des modérés, ont voté des adresses de dévouement à l'Assemblée. (M. Soboul, chagriné que les militants n'aient pas expulsé les modérés par la force, décèle dans ce fâcheux phénomène une baisse de la conscience révolutionnaire.) Des Comités de surveillance se sont rappelé opportunément que le décret organique du 4 décembre leur défend d'accepter les ordres de la Commune pour les rattacher directement au Comité de Sûreté générale et quatre des 6 chefs de légion de la garde nationale que le Comité de Salut public vient d'en supprimer le commandement général. Les sections, au fur et à mesure qu'elles reçoivent *l'adresse au peuple français* rédigée par Barère au nom des deux comités, envoient place de Grève des émissaires pour inciter les détachements de la garde à se retirer. Dès dix heures du soir, on voit s'éloigner les gens des *Amis de la Patrie* (entre les rues Saint-Martin et Saint-Denis), du *Panthéon*, de la *Réunion* (à cheval sur la rue Rambuteau actuelle). Dans l'autre camp, Barras, nommé commandant de la force armée, forme une colonne qui marche sur l'Hôtel de Ville. A minuit et demi, les émissaires de la Convention proclament aux carrefours la mise hors la loi du tyran et de ses complices, de la Commune et de ceux qui répondront à son appel. La mise hors la loi ! La mort sans jugement ! Une pluie diluvienne s'étant mise à tomber, les derniers fidèles en profitent pour se disperser. Un homme de Barras, le policier Dulac, suivi de gendarmes et de gardes nationaux, envahit en trombe l'Hôtel de Ville. Lebas se fait sauter la cervelle. Robespierre se tire un coup de pistolet et se brise la mâchoire. Son frère se jette par une fenêtre, se blesse à la tête et se casse la hanche en tombant. Saint-Just se laisse prendre sans résistance. Quelques heures après, on découvre l'infirme Couthon roulé au bas d'un escalier et Hanriot blessé dans une cour.

Robespierre et 21 complices furent conduits à la guillotine le lendemain, 28 juillet (10 Thermidor), à 5 heures du soir. Robespierre monta le vingtième, Fleuriot le dernier. Le 29, soixante-dix membres de la Commune furent décapités et douze encore le 30.

Depuis la Fédération, on n'avait vu pareille allégresse. La joie populaire déferlait en un formidable tumulte de rires, de cris, de lazzi et de chansons. Quand les municipaux passèrent liés dans leurs charrettes, un rugissement s'éleva de la foule : « A bas le maximum ! »

XIV.
La Convention thermidorienne

Lorsque les Conventionnels sortirent des Tuileries le 10 Thermidor au matin, les acclamations populaires leur apprirent qu'ils venaient de mettre fin à la Terreur. Ils en furent fort étonnés, car ils n'avaient point tué Robespierre pour changer le régime, mais pour n'être point tués eux-mêmes. Leur coalition hétéroclite n'avait d'autre ciment que la peur et la vengeance. Rassurés sur leur propre sort, les bourreaux d'hier ne demandaient qu'à être les bourreaux de demain. La journée du 9 n'était pour eux qu'un incident de parcours, ou comme disait Barère le 11, « une commotion partielle qui laisse le gouvernement dans son intégrité quant aux opérations politiques, administratives et révolutionnaires, soit au dedans, soit au dehors ». Ils furent emportés par une poussée irrésistible de la nation qui, comme l'a très bien écrit M. Madelin, les obligea « à saluer dans leur révolution de sérail la victoire de l'humanité ».

Tout d'un coup, la France se transforme. On voit sortir des caves, des greniers, des mansardes, des placards, des centaines et des centaines de gens qui vivaient cachés depuis des mois, cherchent à se retrouver, à se reconnaître, à se compter, ravis de marcher, de respirer à l'air libre. Michelet a rapporté les propos d'un de ces ressuscités. Comme on lui demandait ce qu'il voulait après une pareille secousse :

— Mais, vivre.

— Et quoi encore ?

— Vivre.

— Mais qu'entendez-vous par là ?

— Se promener au soleil, sur les boulevards, sur les quais, regarder les Tuileries, se tâter, sentir sa tête sur ses épaules et se dire : « je vis encore ».

Tant que les Comités étaient demeurés unis, ils avaient paru invincibles et inébranlables. Le pays, accablé et désarmé, mourait de faim sans même oser se plaindre. Tout à coup l'homme effrayant en qui la Révolution s'était incarnée est abattu en une nuit par une poignée de conspirateurs malhonnêtes, sans que sa chute ait provoqué autre chose qu'une échauffourée de quartier. Paris ose alors regarder en face les gens qui l'oppriment et il s'aperçoit que la plupart sont de très petits personnages sans génie, sans vertu, dont toute la puissance a été faite de la lâcheté et de la division des autres. Son dégoût s'accroît encore lorsque la Terreur lui apparaît dans son horrible réalité. Depuis des mois, on ne savait et on ne lisait que ce qui était approuvé par la censure jacobine. Coup sur coup, par les journaux, par les rapports des commissions chargées d'examiner la conduite des anciens dictateurs, par les débats du tribunal révolutionnaire, la vérité éclate. Des milliers de crimes insoupçonnés sont mis sous les yeux du public avec leur sale cortège de pilleries et d'atrocités. Les Conventionnels eux-mêmes en demeurent épouvantés, et lorsque les plus compromis devront rendre des comptes, ils ne trouveront qu'une excuse : « Je ne savais pas... »

Du pavé, sort comme par miracle l'armée réactionnaire des muscadins. Les sans-culottes avaient eu leur uniforme, le pantalon, la courte veste ou carmagnole, le bonnet rouge et la pique. Ils ont le leur : habit carré, culotte collante, perruque blonde ; leur pouvoir exécutif : un gros gourdin plombé ; leur forteresse : le Palais-Royal ; leur chant de guerre : *Le Réveil du Peuple* ; leurs chefs : Tallien, Legendre, Fréron ; leur reine : la maîtresse de Tallien, Theresa Cabarrus. Les jeunes gens lâchés, la mode s'en mêle. Au théâtre, où l'on ne joue plus que des pièces antijacobines, des manifestations sans fin saluent les moindres allusions à Robespierre et à ses complices.

L'une d'elles va connaître un succès prodigieux : *Les Aristides modernes ou l'Intérieur des Comités révolutionnaires.* Elle est née d'un déjeuner que donnait à ses amis un jeune homme de vingt-neuf ans, nommé Ducantel. Chacun évoquait ses souvenirs, rapportait un mot entendu, une anecdote dont il avait été témoin. « Je vais faire une comédie avec tout cela » dit Ducantel. Elle fut bâclée en vingt-neuf jours. Les décors rappelaient aux spectateurs les bureaux des comités de surveillance, où ils avaient dû mendier un certificat de civisme, un papier, un passeport, où ils avaient comparu pour être interrogés, sans savoir jamais s'ils en sortiraient librement. Le secrétaire du comité est un rempailleur de chaises qui s'est baptisé Torquatus ; ses assesseurs, un coiffeur qui se fait appeler Scevola et un cocher qu'on appelle Caton, parce qu'il a fait guillotiner ses patrons. La pièce les montre dans leurs exercices. L'auteur a accumulé les traits odieux ou ridicules. Caton cambriole les appartements mis sous séquestre. Torquatus ne sait pas lire et refuse un passeport parce qu'il croit que Bourges est une ville de Belgique. Les suspects défilent. Une fournée va être envoyée à Fouquier-Tinville, lorsque la nouvelle du 9 Thermidor tombe comme la foudre. La pièce ne vaut que par l'accumulation des détails qui prenaient le public à la gorge. A une représentation, une jeune fille, à la scène de l'arrestation, eut une crise de nerfs et s'effondra en criant : « Ils ont tué mon père et ma mère. » Une autre fois, on vit se lever du public un jeune homme qui cria en désignant un autre spectateur : « Voilà l'assassin de mon frère. »

Les bustes de Marat sont abattus, les bonnets rouges jetés au ruisseau. Journaux et pamphlets tombent comme grêle sur les derniers terroristes : « les buveurs de sang », « la queue de Robespierre ». De nouveaux journaux naissent qui coordonnent leurs campagnes : *Les Débats*, des frères Bertin ; *Le Républicain français*, de Lacretelle jeune ; *La Correspodance politique*, *La Quotidienne*, *Le Messager du Soir*, *L'Accusateur public*, *L'Orateur du Peuple*, *L'Ami du Citoyen*. Les Jacobins se cachent. Les feuilles révolutionnaires disparaissent ou changent d'opinion. Les deux ou trois qui survivent n'ont qu'une existence intermittente et les colporteurs n'osent même plus les crier dans la rue. « Entendez les plaintes des patriotes opprimés par l'aristocratie... », gémit Charles Duval dans le *Journal des Hommes libres*.

L'aristocratie n'avait rien à voir dans l'affaire. Les muscadins ne sont point des « ci-devant ». Ce sont des clercs de la basoche, des employés de bureau, de commerce et de banque. La réaction thermidorienne n'est si générale et si profonde que parce qu'elle est toute populaire. C'est la réaction des estomacs et des intérêts contre le dirigisme, la disette et la misère. « Plus de communisme ! » Voilà le point capital, la caractéristique de toute cette période. Là-dessus pas l'ombre d'un dissentiment. Ouvriers, paysans et bourgeois sont d'accord. La bureaucratie jacobine doit disparaître et, avec elle, toutes les mesures de réquisition et d'expropriation. Au sein de l'Assemblée impatiente de reconquérir son indépendance, l'action des dantonistes, des modérés, des anciens Girondins ne fait que traduire l'opinion du pays.

On ferait un gros volume des discours prononcés à la Convention après Thermidor à la gloire du commerce et de la propriété. Glanons au hasard dans les extraits réunis par M. Marion. Voici Cambon, au nom du Comité des finances : « ...Dans les sociétés populaires, les qualités de négociant, d'artisan, de commerçant étaient des titres de proscription : il est temps de rendre à cette partie importante de l'industrie nationale la dignité et la vigueur qu'elle a le droit d'attendre d'un gouvernement juste. Je vous propose de proclamer hautement que conformément aux grands principes de justice qui constituent essentiellement la République, vous protégerez le commerce et les propriétés. » Blutel, au nom du Comité du Commerce : « Une grande nation qui fait le commerce par son gouvernement est une monstruosité... » Dubois-Crancé : « On a fait incarcérer presque tous les gros laboureurs... et leurs domaines ont perdu le fruit incalculable de leur industrie. » Robert Lindet, au nom du Comité du Salut public : « Nous avons craint longtemps que les terres ne fussent pas cultivées, que les herbages ne fussent pas couverts de bestiaux, alors que l'on retenait dans les maisons d'arrêt les propriétaires ou les fermiers des terres ou des herbages. Prononcez solennellement que tout citoyen qui emploie ses jours utilement aux travaux de l'agriculture, aux sciences, aux arts, au commerce, qui élève ou soutient des fabriques, des manufactures, ne peut être inquiété, ni traité en suspect... » Thibaudeau : « N'est-il pas ridicule de charger cinq individus d'approvisionner exclusivement vingt-cinq millions d'hommes ?... Que les Comités du gouvernement s'occupent des moyens de diminuer l'infâme bureaucratie qui nous dévore... » Thibault : « Vous n'auriez point de disette factice si vous n'aviez pas créé une commission exclusive de commerce et d'approvisionnements... » Boissy d'Anglas : « L'objet de la Commission était de concentrer dans une même main tout le commerce de la nation, de remettre à quelques individus choisis par la tyrannie elle-même le soin de nourrir, à un taux déterminé d'avance, tous les citoyens de la République... Le gouvernement aurait tout dirigé, tout déterminé ; il aurait été le seul commerçant, le seul agriculteur, le seul manufacturier... Concentrant toutes les richesses, dirigeant tous les travaux, il aurait tenu tout dans sa main et exercé une tyrannie absolument inconnue sur la terre », et enfin, Giraud, au nom des Comités réunis : « ...Nous avons apprécié toutes les déclamations contre les commerçants, nous savons actuellement que ceux qui les propageaient ne désiraient que le déplacement des fortunes ! »

Il fallut dix mois pour traduire en actes cette sagesse tardive, dix mois pendant lesquels les mesures de réparation et de réaction s'enchevêtrent si étroitement qu'on voudrait les exposer toutes à la fois. Dans l'ensemble, la besogne de la Convention a été très simple : elle a consisté à démolir la révolution sociale, afin de sauver la révolution politique. Mais le détail est confus. C'est un tissu d'intrigues, de capitulations et de reniements. Le 10 août 1794, l'Assemblée décide que l'on imprimera la liste des suspects remis en liberté (parmi eux, Kellermann, le vainqueur de Valmy), avec les noms des personnes qui ont attesté leur patriotisme. Trois jours plus tard, Tallien ayant demandé qu'on publie en même temps la liste des personnes qui les ont fait incarcérer, la Convention annule son décret. Le 21 septembre, devant un public rare et morne, l'Assemblée conduit le corps de Marat au Panthéon. Quatre mois plus tard, elle l'en expulse ignominieusement et fait démolir le monument élevé à l'Ami du Peuple place du Carrousel. Le 21 janvier, elle célèbre par un concert l'exécution de Louis XVI, mais, au milieu de la cérémonie, elle écoute sans broncher un violent réquisitoire contre le terrorisme et, le lendemain, elle tolère une manifestation des muscadins qui brûlent en grande pompe un Jacobin de paille et vont jeter ses cendres dans l'égout de Montmartre. D'un jour à l'autre, la majorité se déjuge. Une motion adoptée le matin est rapportée le soir, reprise le lendemain, ajournée deux heures après et remplacée le surlendemain par une motion exactement contraire.

Le 24 août, la Convention avait décidé que les Comités de gouvernement, désormais au nombre de trois : Salut public, Sûreté générale, Législation (celui-ci chargé de la nomination, de la surveillance et de la révocation des fonctionnaires de tout ordre), seraient renouvelés par quart tous les mois, avec cette précaution supplémentaire que le quart sortant serait inéligible, pendant les trente jours qui suivraient l'expiration de ses pouvoirs. Par le jeu des sorties, des élections et des rentrées, la composition des Comités est constamment changeante. Leurs résolutions sont incertaines, leur autorité médiocre.

Tant que le gouvernement révolutionnaire avait été permanent et concentré, il avait agi avec une vigueur, une célérité, une profusion de moyens proportionnés à l'énormité de sa puissance. Divisé et instable, il n'a plus ni plénitude, ni énergie. Les luttes de personnes, les injures, les querelles rétrospectives occupent les trois quarts de son temps. « La France, écrivait Mallet du Pan, est conduite par les événements et non par les hommes ; ceux-ci sont entraînés par la force des circonstances et ne les préméditent presque jamais. Les moyens qu'ils emploient les obligent à recourir souvent à ceux qu'ils ne voudraient pas employer et presque toujours ils dépassent le but réel... L'anarchie interne de la Convention et sa condescendance forcée pour les sentiments qui se manifestent en public l'ont rendue hermaphrodite : depuis deux mois elle ne conserve pas deux jours de suite le même sexe... »

Les plus notables des thermidoriens : Billaud-Varenne, Fouché, Collot d'Herbois, avaient été les promoteurs ou les agents de la politique de socialisation, mais, pour abattre Robespierre, ils avaient réveillé la Plaine, et la Plaine enhardie par la victoire réclame le payement de ses services et sa part du pouvoir. Au lendemain de Thermidor, on s'était contenté de compléter le Comité de Salut public en y faisant entrer quelques dantonistes. A la fin du mois, Collot, Barère et Billaud le quittent. Un peu plus tard, le centre gauche s'y insinue et le Comité de Sûreté générale passe à la droite. En décembre, l'Assemblée vote la réintégration des soixante-treize Girondins emprisonnés. Au printemps, elle rappelle les Girondins en fuite ou mis hors la loi parmi lesquels Lanjuinais, Louvet, Isnard, et, pour boucher les vides, elle invite à siéger les députés suppléants, tous réacteurs. Ainsi se forme la coalition des modérés, des dantonistes, des Montagnards repentis et des « fédéralistes » retrouvés, un parti que, faute de plan et de cohésion, il serait excessif d'appeler un parti de gouvernement, mais qu'il faut nommer plutôt un parti de négation. Merlin (de Douai), Cambacérès, Boissy d'Anglas, Reubell et Sieyès en sont les hommes les plus représentatifs.

On alla d'abord au plus urgent. La loi de ventôse qui prescrivait la distribution des biens des suspects aux sans-culottes fut abandonnée et la loi de prairial rapportée (1er août). D'où il résultait logiquement que les prisonniers détenus en vertu de cette dernière devaient être relâchés. Ce fut l'objet d'un décret du 5 août qui renouvela également le personnel du tribunal révolutionnaire — juges et jurés. Fouquier-Tinville mis en accusation fut condamné à mort et guillotiné. La Commune de Paris avait été décapitée le 15 thermidor : on la remplaça par douze municipalités d'arrondissement.

Après la Commune, les Jacobins. La Société paraissait encore redoutable. On se contenta, pour commencer, de lui rogner les ongles par la dissolution des Comités révolutionnaires et la suppression des 40 sous alloués aux sectionnaires à chaque réunion. En septembre, coup plus direct : on interdit aux sociétés populaires de se fédérer et de correspondre entre elles. En novembre enfin, Fréron et les muscadins montent à l'assaut de la « Jacobinière ». Ce fut pitoyable. Les hommes qui avaient fait trembler la France tremblèrent à leur tour devant les gourdins et s'enfuirent honteusement sous les crachats. Les tricoteuses fessées en plein vent, comme elles avaient fessé les aristocrates, décampèrent sans plus insister. Le Club n'existait plus. La Convention, sanctionnant le fait accompli, en ordonna la fermeture (12 novembre).

La partie était bien gagnée pour les modérés. En décembre, ils votent coup sur coup l'abolition du maximum, la suppression de la Commission d'approvisionnement, la liberté totale du commerce, l'établissement d'une police spéciale pour la surveillance des tribunes de l'Assemblée, la suppression du contrôle postal, la mise en accusation de Carrier et l'amnistie à la Vendée. En janvier, les émigrés exerçant une profession manuelle sont autorisés à rentrer. Le 21 février 1795, la séparation des Eglises et de l'Etat est proclamée, et le libre exercice de tous les cultes garanti. Le 9 mars, la fête du 31 mai est supprimée. Le 25 avril, la Bourse est rouverte. Le 30 mai, les églises rendues aux différents clergés.

La réaction à l'intérieur entraînait la réaction à l'extérieur. A l'origine, la guerre n'avait été qu'une manœuvre contre la monarchie. Depuis le 10 août, elle était le prétexte dont on couvrait tous les excès. C'est par elle, et par le prestige qu'elle leur conférait, que les Jacobins s'étaient soutenus au pouvoir. Si leur chute ne signifiait par la fin de la politique belliqueuse, au moins y introduisait-elle d'importantes nuances. Au reste, par l'occupation de la Rhénanie et par l'entrée de Pichegru en Hollande, la République se trouvait dans les conditions les plus favorables pour négocier. Enfin, parmi les coalisés, les plus enclins à la paix étaient précisément ceux pour lesquels on éprouvait, à Paris, le moins de haine : l'Espagne, qui ne s'était lancée dans l'aventure que par chevalerie et qui était lasse de faire en pure perte le jeu de l'Angleterre ; la Hollande, qui avait été entraînée par Pitt ; la Prusse, qui n'avait jusqu'alors récolté que défaites et déboires et qui ne demandait qu'à se payer sur les Polonais des désillusions que lui avaient infligées Custine et Jourdan.

Merlin (de Douai) tenait à réaliser le rêve des frontières naturelles en donnant à la France la limite du Rhin. La Prusse y consentit moyennant une promesse de compensation. La paix négociée par le ministre de France en Suisse, Barthélemy, fut signée à Bâle, le 14 avril. Le 16 mai, Sieyès et Reubell concluaient pareillement avec la Hollande le traité de La Haye : les Provinces-Unies cédaient à la République leurs territoires de la rive gauche du Rhin et s'engageaient à nous prêter l'appui de leur flotte contre l'Angleterre. Le 4 juillet, toujours à Bâle, Barthélemy signait le traité espagnol :

le gouvernement de Madrid nous cédait ce qu'il possédait de Saint-Domingue et s'alliait avec nous contre les Anglais. La Belgique, incorporée à la République, formait avec la Flandre hollandaise, Maestricht et Venloo, neuf départements nouveaux.

Paix au-dehors, paix au-dedans. C'eût été une magnifique réussite, si elle avait été accompagnée d'un égal succès dans le domaine financier. De ce côté, hélas ! la situation était plus grave que jamais.

Le communisme n'avait laissé derrière lui que des ruines. Peuple malade, commerce anéanti, agriculture à bout : où la Convention aurait-elle pris de l'argent ? Sans doute, il restait dans le pays beaucoup de numéraire, mais il se cachait. Depuis dix ans, les capitalistes avaient été trop éprouvés pour se rassurer du jour au lendemain. Une fois disparue, la confiance ne se laisse point ramener par des discours, ni par des promesses. Elle exige des garanties. Un changement de majorité ne suffit pas. Il faut un gouvernement éprouvé et des institutions stables. Aussi est-il abusif de prétendre que la réaction thermidorienne fut l'échec du libéralisme économique. Cette liberté n'est bienfaisante que dans un Etat réglé, soumis à des lois, capable de faire respecter l'ordre et de rendre la justice. Or, on était bien loin de tout cela. En outre, il est d'expérience constante que, par l'effet de son propre poids, l'inflation s'accroît, non d'un mouvement uniforme, mais d'un mouvement accéléré. Aussi, après comme avant Thermidor, la Révolution ne vit-elle que de papier-monnaie. Aux dix milliards d'assignats émis à la date du 27 juillet, s'ajoutent maintenant les créations ordonnées par simples arrêtés du Comité de finances : neuf cents millions en septembre et un milliard en octobre, pour commencer. On sera à vingt milliards à la fin de 1795 ; à 25 en mars 1796. Mais plus il y a de vignettes en circulation, moins elles ont de valeur. Le louis d'or qui s'échangeait contre 75 livres papier au milieu de 1794, monte à 200 en avril 1795, à 325 au début de mai, à 500 à la fin, à 600 au début de juin, à 2 000 en octobre. Naturellement, toutes les denrées haussent à proportions, et voilà plongés dans la plus affreuse misère les fonctionnaires, les employés, les rentiers, tous ceux qu'un traitement ou un revenu fixe mettait jusqu'alors à l'abri du besoin et qui n'ont plus pour vivre qu'un ridicule petit paquet d'assignats.

Pour comble de malheur, toutes les denrées manquent à la fois. Sous la Terreur, les paysans avaient semé le moins possible, très peu à l'automne de 1793, moins encore au printemps de 1794. Aussi la récolte est-elle déficitaire et chaque district entend garder tout ce qu'il peut. De mois en mois, le cri de la faim redouble. En hiver, nouvelle épreuve. Le thermomètre tombe à Paris à 18 degrés au-dessous de zéro, la Seine gèle, les bois flottés n'arrivent plus. On doit, pour avoir des fagots, dévaster Boulogne, Vincennes, Saint-Cloud. Au printemps, les haricots valent 120 francs le boisseau au lieu de 4 en 1790 ; un chou 8 francs, au lieu de 8 sous ; le morceau de savon 41 francs, au lieu de 18 sous, et tout à l'avenant. Pour maintenir le pain à un prix abordable, le gouvernement dépense 3 ou 400 millions par mois. Une armée entière protège les convois et les moulins. Pourtant, en mai, la ration individuelle tombe à un quart de livre et bientôt à moins. Encore baptise-t-on *pain* un mélange gluant de son, de maïs, de fèves et de châtaignes qu'on ne pouvait lancer au mur sans qu'il y restât collé. On mange du chien et du chat. Il faut lire les rapports de police qu'ont publiés Schmidt et Aulard pour se faire une idée de la misère populaire. Pendant des pages et des pages, ce sont les mêmes plaintes, le même désespoir, le même morne accablement, avec, parfois, un furieux sursaut de rage impuissante.

Prenons la première quinzaine de ce janvier 1795. *2 janvier* : « ... Les rapports sur la disette du bois et du charbon... nécessitent les mesures les plus promptes... » — *3 janvier* : « ... Saint-Rémy rapporte que, dans le faubourg Antoine, il a rencontré plusieurs femmes qui pleuraient en s'entretenant de leur misère. Partout il remarque un sentiment profond de tristesse ; si le présent est terrible, on craint encore plus l'avenir... » — *4 janvier :* « ... La cherté excessive des comestibles et la rareté des combustibles sont le sujet de presque toutes les conversations... » — *5 janvier :* « ... Plusieurs citoyens ont pris des bûches pour frapper un marchand qui vendait son bois trop cher et servait des charretiers avant le public qui était las d'attendre... » — *6 janvier :* « ... Chevalier, officier de paix, dit que le pain chez plusieurs boulangers ne se trouve pas cuit le matin, faute de bois... » — *7 janvier :* « ... Continuation des plaintes sur la cherté des subsistances... » — *8 janvier :* « ... le mécontentement est toujours le même... » — *9 janvier :* « ... les citoyens des sections des Gravilliers, de la Réunion et autres n'ont obtenu qu'une demi-livre de chandelle pour quarante jours... » — *10 janvier :* « ... les rapports de la disette des départements font craindre les plus grands troubles... » — *11 janvier :* « ... Losset rend compte que, dans la rue Jacques, trois boulangers n'avaient plus de pain à onze heures... » — *12 janvier :* « ... dans le faubourg Marcel, les queues étaient fort longues à la porte des bouchers ; la plupart des citoyens n'ont pas eu de viande... » — *13 janvier :* « ... l'affluence des gens de la campagne qui manquent de pain augmente tous les jours. — *14 janvier :* « ... les traiteurs sont prêts à fermer leurs boutiques... la viande augmente tous les jours... il y avait des rassemblements aux portes des boulangers... » — *15 janvier :* « ... les queues sont fréquentes aux portes des boulangers, l'on se plaint beaucoup de la cherté des denrées et l'on s'attend qu'elles vont encore augmenter... »

Trois mois et demi plus tard. *1er mai :* « ... les plaintes des femmes continuent à la porte des boulangers... » — *2 mai :* « ... la mendicité commence à reparaître dans Paris sous sa forme la plus hideuse... » — *3 mai :* « la distribution se fait toujours mal...Une femme, à la vue de son mari exalté et de ses quatre enfants sans pain depuis deux jours, s'est traînée dans le ruisseau en se cognant la tête et s'arrachant les cheveux ; puis elle s'est relevée furieuse comme pour aller se jeter à l'eau... » — *4 mai* : « ... les inquiétudes du public sont plus fortes que jamais... » — *5 mai* : « ... toutes les voix se réunissaient pour témoigner leur mécontentement sur le discrédit énorme des assignats... » — *6 mai* : « ... dans la section de l'Observatoire, il n'y a eu hier ni pain ni farine... » — *7 mai* : « ... Chez beaucoup de boulangers où l'on donnait, ces jours derniers, une demi-livre de pain, on n'en a donné que deux ou trois onces... » — *8 mai* : « ...tous s'écrient qu'on ne peut pas vivre avec trois onces de pain, et encore d'une très mauvaise qualité. Malgré cette réduction, beaucoup de citoyens en sont privés ; les mères de famille, les femmes enceintes sont pénétrées d'affliction et tombent de faiblesse... » — *9 mai* : « ...les femmes pleuraient amèrement et disaient qu'elles ne pouvaient plus vivre, ni faire subsister leurs enfants... Dans les rues, on rencontre beaucoup de personnes qui tombent de défaillance et d'inanition... » — *10 mai* : « ...Hier, rue des Noyers..., un jeune citoyen, serrurier de son état, est venu prendre son pain. Il s'est trouvé qu'il n'y en avait plus ; très mécontent, il est remonté chez lui et a dit : *je n'en aurai plus besoin*. A l'instant, il s'est précipité du quatrième étage dans la cour ; il est mort quelque temps après... » — *11 mai* : « ...on a été obligé de porter des secours à plusieurs malheureux que le besoin a affaiblis au point de ne pouvoir se soutenir... Une citoyenne qui n'avait pas de pain à donner à son enfant l'a attaché à son côté et s'est jetée à l'eau. Un particulier, nommé Mattez, désespéré par le besoin, s'est coupé le cou... » Et cela dure ainsi des semaines et des semaines. A Rouen, où la situation est particulièrement mauvaise, parce que les campagnes voisines sont comprises dans la zone d'alimentation de Paris, la mortalité de l'an III (22 sept. 1794-21 sept. 1795) est presque le double de la mortalité ordinaire. En l'an IV, elle sera presque le triple (cinq fois plus forte pour les premiers mois). L'hôpital manque de pain plusieurs fois par mois.

Au-dessus de ce peuple affamé, une poignée de profiteurs, de mauvais riches engraissés de la misère publique et empressés à jouir de leurs rapines. En portant de 18 à 36 livres leur indemnité journalière, les représentants ont donné le mauvais exemple. Au reste, qui peut savoir ce que l'assignat vaudra demain ? Dépensons vite, savourons le moment qui passe. Plaisirs frénétiques, plaisirs grossiers. Tandis que les théâtres deviennent, au dire de la police, « de véritables cloaques de débauche et de vice », on voit s'ouvrir six cent quarante-quatre bals publics que doublent autant de maisons de rendez-vous. On danse aux Carmes, à l'ancien noviciat des jésuites, dans les églises, à l'ancien cimetière Saint-Sulpice, sur la porte duquel on peut lire : « Requiescat in pace » et « Bal des zéphirs ». Comme la mode est de couper les bals publics par des ballets exécutés par des danseurs professionnels, Auguste Vestris est l'idole. Il est bête, insolent et prétentieux, mais il a les plus belles jambes du monde et l'on écrit sur elles comme si elles étaient un moment de la destinée humaine. Les échappés de la Terreur donnent chez eux des bals, réservés aux familles dont un des membres a été guillotiné. On se salue *à la victime*, en abaissant brusquement la tête, comme si elle tombait. Partout où on ne danse pas, on joue et on mange. Il vaudrait mieux écrire : on s'empiffre. Mercier écrira en effet : « La goinfrerie est la base de la société actuelle. » On dirait que les souffrances des pauvres ont aiguisé l'appétit des riches. Jamais les restaurateurs n'ont fait de si bonnes affaires. Grands seigneurs et prélats, en quittant la France et quelquefois la vie, ont laissé sur le pavé leurs chefs de cuisine. Ceux-ci ont mis leurs talents au service des nouveaux riches. Jamais il n'y eut tant de monde chez Corcellet, chez Very, chez Meot, au *Cadran Bleu*, au *Café vert*, au *Berceau lyrique*, à la *Grotte flamande*, aux *Frères provencaux*, à *La Régence*, à *L'Univers*, au *Café de Foy*... Tandis que l'on ne voit dans la périphérie que des figures hâves, des teints livides et des habits déguenillés, les pâtisseries des Champs-Elysées, les glaciers du Palais-Royal sont pleins d'éclats de rire, de diamants, de trognes enluminées et de femmes dévêtues. D'un côté les ventres pourris, de l'autre les ventres creux. Et ceux-ci vont se ruer sur ceux-là.

La première émeute eut lieu le 12 germinal (1er avril 1795). Ce ne fut une surprise pour personne. Depuis plusieurs jours, les comités avaient pris leurs précautions. Chaque parti pensait que la journée servirait ses intérêts : la droite parce qu'elle compromettrait la gauche, la gauche parce qu'elle intimiderait la droite. Aussi, au lieu de prévenir le mouvement, le laissa-t-on d'abord se développer à l'aise. L'Assemblée écoutait un discours de Boissy d'Anglas qui exposait une fois de plus ce que le gouvernement avait fait pour assurer l'alimentation du peuple. Au moment où Boissy disait : « Nous avons rétabli la liberté... » la foule envahit la salle en criant : « Du pain ! » Mais depuis la chute de la Commune et des Jacobins, les faubourgs n'avaient ni chefs, ni organisation. Tandis que les manifestants défilaient à la barre, Legendre eut le temps d'assembler les muscadins et les gendarmes qui déblayèrent la place à coups de matraque et à coups de fouet. Le général Pichegru, qu'un heureux hasard avait amené à Paris, fut investi du commandement de la capitale : l'Assemblée était sauvée.

Ayant eu peur, elle se vengea. Les survivants de la Montagne, les Crétois, furent décimés, Barère, Billaud-Varenne et Collot d'Herbois déportés, seize autres conventionnels dont Cambon et Thuriot arrêtés, en même temps que Pache et Rossignol. Vadier, condamné lui aussi à la déportation, réussit à s'enfuir. Le 13, le 14 et le 15, il y avait eu aussi des émeutes en province, notamment à Rouen, à Dieppe, à Amiens, où les municipalités avaient été traitées comme la Convention et même plus mal. Le 21 (10 avril), un décret ordonna le désarmement des terroristes sur toute l'étendue du territoire ; c'était ouvrir la voie aux vengeances privées. Il y eut des rixes et des assassinats, surtout dans les départements « fédéralistes » du Midi, où les représentants de 1793 avaient sévi et où les haines étaient fortes. Dès mars 1795, Lyon n'est plus tenable pour les anciens membres de la commission révolutionnaire, ses partisans et ses pourvoyeurs. Le 4 mai, sur le bruit que le terroriste Bonnard particulièrement exécré, va échapper à la peine capitale, les prisons sont envahies et 97 détenus massacrés. Les Bouches-du-Rhône, si inondées de sang, ne peuvent que suivre cet exemple. Au tribunal, une femme accusée ayant dit qu'elle avait fait guillotiner beaucoup de monde et qu'elle en ferait guillotiner beaucoup encore, une émeute éclate, la prison est forcée et 25 détenus égorgés. Même scène à Tarascon et de nouveau à Marseille. Trop de gens avaient souffert, déploré l'assassinat d'un mari, d'un fils, d'un frère, d'un parent. Surtout, comme l'écrivait Simeon, procureur général syndic des Bouches-du-Rhône, la Terreur a détruit les instincts d'humanité, développé le goût du sang, ramené les plus civilisés « dans l'état d'une nature sauvage et cruelle ».

Billaud-Varenne faillit mourir à Cayenne. Il fut sauvé des fièvres par les religieuses de l'hôpital. On le retrouva sous l'Empire marié à une négresse, planteur de canne à sucre et propriétaire d'esclaves. Collot d'Herbois, lui, ne résista pas à la transplantation. Vadier mourut un an après Waterloo. Officier, il avait été à Rossbach.

Le 1er prairial (20 mai), seconde émeute parisienne plus grave cette fois. Tocsin, foule nombreuse, service d'ordre débordé et impuissant : on eut comme un écho des grandes journées de 1792. Le député Féraud, qui s'efforçait de barrer l'entrée de la Convention, est renversé, piétiné, assommé à coups de sabot, traîné hors de l'enceinte et achevé par un marchand de vin qui lui coupe la tête et la jette à la foule. A neuf heures du soir, la Crète institue un nouveau comité de quatre membres et ordonne pêle-mêle la libération des Montagnards incarcérés, le rétablissement du « pain de l'égalité », la suppression des gâteaux et l'arrestation des journalistes modérés.

Pendant ce temps, les comités délibéraient sous la protection de quelques sectionnaires fidèles. Les insurgés pouvaient s'emparer d'eux en un tournemain. Ils n'y songèrent même pas et perdirent deux heures en hurlements. Pour assurer le transport des subsistances, l'Assemblée avait garni de troupes les communes voisines de Paris. Defermon et Doulcet de Pontécoulant coururent alerter les escadrons les plus proches.

Une fois encore, la Convention est délivrée par les muscadins et par les soldats. A minuit, ils prennent possession des Tuileries, enfoncent la foule à coups de baïonnette, balayent pêle-mêle les Montagnards et leurs défenseurs. A trois heures, nouvelle séance de la Convention. Les députés de droite, seuls présents, annulent les décrets précédemment adoptés et votent l'arrestation de Duquesnoy, Prieur (de la Marne), Romme, Soubrany, etc. Le 21, l'émeute renaît, mais, le 23, l'Assemblée passe à l'offensive. Les faubourgs sont cernés et canonnés. Ils se rendent le 24. Le 25 dix mille arrestations sont opérées, les armes saisies, la garde nationale épurée.

L'Assemblée était débarrassée de l'extrême-gauche, mais elle était prisonnière de ses défenseurs, et elle ne voulait pas plus de ceux-ci que de celle-là : c'est tout le drame jusqu'à l'avènement de Bonaparte. Menacés des deux côtés, les révolutionnaires n'ont plus qu'un souci : rester au pouvoir, afin de rester en vie. Ils ont condamné les terroristes, mais ils ont été jadis les complices, les valets et les claqueurs des terroristes. Legendre a participé au 31 mai. Merlin (de Douai) est le légiste de la loi des suspects. Dumont, Fréron, Tallien, Barras ont volé et tué en province. Sauf dix ou douze qui se sont abstenus, tous les membres du centre et de la droite ont voté la mise en accusation du Roi et plus de la moitié l'ont déclaré coupable. Entre tous ces hommes se crée, par la peur des représailles, une association d'intérêts, une communauté de haines, dont le programme pourrait se résumer en trois mots : « garder les places... ». Ce qui ne veut pas dire rester dans le provisoire, car ces conventionnels de la décadence sont assez intelligents pour comprendre que le pays fatigué n'aspire qu'à la sécurité des biens et des personnes. Et, d'autre part, ils ne sont pas assez convaincus pour vouloir réaliser à toute force leurs chimères. Alors ils hésitent, ils cherchent...

Le Roi ne leur ferait pas peur, si le Roi consentait à être leur instrument. Autour du petit Louis XVII, prisonnier au Temple, d'étranges intrigues s'étaient nouées. Mais, à la mort de celui-ci (8 juin 1795), les prétentions au trône passèrent à son oncle le comte de Provence qui prit le titre de Louis XVIII. Rien en lui n'annonçait l'habile politique et le souverain bienfaisant à qui reviendra l'honneur de « restaurer » la France. Tenu à l'écart par les chancelleries, entouré de visionnaires, bercé de fausses espérances et de fausses informations, il se trompait complètement sur la disposition des esprits. Le manifeste qu'il lança de Vérone pour marquer son avènement est vague, menaçant et maladroit. Les Français attendaient des promesses d'ordre et de liberté, les acquéreurs de biens nationaux des garanties, les rentiers des espérances de dédommagement. Louis XVIII offrait la suppression de quelques abus, le rétablissement des Parlements, la reconnaissance du catholicisme comme religion d'Etat et le dépôt « dans le tabernacle de la couronne » des fameuses lois fondamentales qui n'étaient qu'une fiction de juriste.

L'oligarchie thermidorienne se réjouissait bruyamment de cette faute, lorsqu'on apprit à Paris que des émigrés avaient débarqué dans la baie de Carnac, sous la protection d'une flotte anglaise (26 juin), opération si odieuse qu'on l'eût dite combinée par le gouvernement de Londres pour achever de perdre les Bourbons.

Les deux chefs de l'expédition, Puisaye et d'Hervilly, ne s'entendaient pas. La cavalerie manquait. Les renforts, conduits par Sombreuil, arrivèrent trop tard. Les Chouans, fort refroidis, appuyèrent mal la tentative. Finalement, Hoche bloqua la petite armée royaliste dans la presqu'île de Quiberon et la captura en entier : douze mille hommes, émigrés et auxiliaires qui se rendirent sur la foi de la promesse faite par plusieurs officiers, qu'ils auraient la vie sauve s'ils mettaient bas les armes. On ne prit pas la peine de chercher ce qui en était.

La Convention saisit avec empressement cette occasion de rompre avec la compromettante droite. Tallien, envoyé dans l'Ouest, fit comparaître les prisonniers devant une commission militaire qui prononça près de huit cents condamnations à mort. Les exécutions de Quiberon firent pendant à la répression du faubourg Antoine. Extrémistes de droite, extrémistes de gauche : la formule servira longtemps.

Libres de leurs mouvements, les conventionnels se hâtèrent de voter une constitution pour remplacer celle de 1793 qui était inutilisable. Le travail avait été préparé par un comité de onze membres, élu en décembre 1794. Rapidement menée, la discussion s'acheva le 22 août 1795.

Comme toute la politique thermidorienne, la Constitution de l'an III est l'œuvre de la peur. Par peur de la démocratie socialiste, on institue un suffrage à deux degrés : le premier scrutin est universel, mais ne peuvent être désignés pour voter au second que les propriétaires et les locataires de logements ou de terres dont les revenus ou les loyers représentent 150 et 200 journées de travail ; par peur de la dictature conventionnelle, on divise le pouvoir législatif en deux chambres renouvelables par cinquième annuellement, les Cinq Cents et les Anciens ; par peur de la monarchie, on confie le pouvoir exécutif à un collège de cinq membres, le Directoire, élu par les Conseils et renouvelé par cinquième annuellement ; par peur de l'opinion, on restreint la liberté de la presse et la liberté de réunion ; enfin, par peur de la réaction, il est décidé que les deux tiers des futurs représentants seront choisis parmi les Conventionnels ; au cas où les élections ne seraient pas conformes à ce principe, la Convention élirait elle-même ses successeurs.

Le nouveau régime se présentait comme un régime de possédants. La déclaration des droits (art. 5) définit la propriété : « le droit de jouir et de disposer de ses biens, de ses revenus, du fruit de son travail et de son industrie » ; la déclaration des devoirs insiste : « C'est sur le maintien des propriétés que reposent la culture des terres, toutes les productions, tout moyen de travail et tout l'ordre social. » L'article 374 de la constitution elle-même porte que les propriétaires ne peuvent être dépossédés, quelle que soit l'origine des biens acquis par eux. Les historiens marxistes maudissent ce « régime de notables ». Le mot *notable* n'est pas bien choisi. Il s'agit d'autres gens : la Révolution était essentiellement fondée sur la vente des biens nationaux, il était nécessaire, pour en assurer la survie, de donner des garanties aux acquéreurs, notables ou non, profiteurs de la guillotine ou honnêtes commerçants.

La Constitution de l'an III fut soumise au plébiscite. Les Conventionnels savaient leur métier de démocrates : la constitution fut acceptée par un million de voix contre cinquante mille, les décrets des deux tiers par 205 000 voix contre 108 000. Il y eut quelques millions d'abstentions. C'est ce qu'on appelait la souveraineté populaire.

Mais ce n'était pas en vain que la gauche avait organisé tant de journées. La droite voulut à son tour soulever la rue. Tout Paris était contre la Convention, haïe et méprisée au-delà de ce qu'on peut imaginer. Pour se défendre, elle ne pouvait compter ni sur la garde nationale, en grande partie royaliste, ni sur la troupe, qui n'obéissait plus qu'avec répugnance. Au témoignage de l'un d'eux, Antoine Tortat, sur les 225 employés du comité de législation, 219 prirent par à l'insurrection. Peu dégoûtés sur le choix des moyens, les comités battirent le rappel des massacreurs de Septembre, des « lécheurs de guillotine », des émeutiers de Prairial. On en racola jusque dans les prisons et sur la route du bagne. « Nous les appelâmes, dit Barras, le bataillon sacré... » A cette horde, on adjoignit quatre mille hommes de ligne rassemblés au camp des Sablons.

Mais qui allait commander cette armée ? Barras, investi de la direction suprême des opérations, cherchait un second. Le chef du camp des Sablons, Menou, passait pour royaliste... C'était un ci-devant marquis, Vendéen et de bonne famille ; il avait refusé de se mettre en personne à la tête des bagnards de Bicêtre et, lors d'un premier engagement contre la section Le Peletier, il avait abandonné le terrain, sans oser commander le feu. La Convention voulait un général de gauche, un général qui eût donné des gages sérieux au régime. Barras découvrit, parmi les officiers en disponibilité, un ancien protégé d'Augustin Robespierre, qu'il avait lui-même remarqué au siège de Toulon et qui était sur le point de partir pour la Turquie à la tête d'une mission d'artilleurs. C'est ainsi que Bonaparte devint le porte-sabre des régicides et fonda sa réputation sur une opération de police (5 octobre 1795-13 vendémiaire an III).

Comme presque toutes les manifestations des « partis modérés », l'assaut des *honnêtes gens* fut fort mal conduit. Ils se laissèrent enlever à leur barbe l'artillerie du camp des Sablons et, comme il s'était mis à pleuvoir pendant leur concentration, ils attendirent fort sagement que le beau temps fût revenu pour se mettre en marche. Bref, leurs deux colonnes se heurtèrent quai Voltaire et rue Saint-Honoré à des barrages puissants qui les arrêtèrent. La bataille fut particulièrement chaude à la hauteur de l'église Saint-Roch, qui ne fut reprise par les conventionnels que le 6 octobre, à 4 heures du matin. La journée du 13 vendémiaire fit cinq ou six cents victimes, blessés compris. Trois conseils de guerre furent institués, le 15, pour juger les émeutiers. Ils prononcèrent plusieurs condamnations à mort par contumace et firent fusiller un ancien garde du corps, le chevalier de Lafond, qui commandait la colonne de la rive gauche.

C'était un très bel homme et un piètre général. Son vainqueur, Bonaparte, promu divisionnaire, remplaça Barras au commandement des troupes de l'intérieur. En faisant intervenir l'armée dans les luttes civiles, la Convention avait ouvert une école de coups d'Etat dont les leçons ne seront pas perdues.

Le 25 octobre, la Convention vota une loi d'exception destinée à garantir l'avenir : jusqu'à la paix générale, étaient exclus de toutes les fonctions législatives, administratives, municipales et judiciaires tous les Français qui, dans les assemblées électorales, avaient préconisé des mesures contraires aux lois ; tous ceux qui avaient été portés sur une liste d'émigrés, avec leurs pères, fils, petits-fils, frères, beaux-frères et alliés, en tout près d'un million de personnes. Les places devenues vacantes par cette exclusion seraient remplies non à l'élection, mais par nomination du Directoire. Les lois de 1792 et de 1793 contre les prêtres réfractaires étaient remises en vigueur (trente mille environ avaient émigré, dont dix mille avaient trouvé refuge en Angleterre), enfin, étaient pour toujours exclus de l'armée les officiers et assimilés qui, à un moment quelconque, depuis le 10 août 1792, avaient donné leur démission. Ceux qui avaient été réintégrés devaient à nouveau se démettre.

Le lendemain, la Convention cessa ses travaux. Ce jour-là, les membres du Comité de Salut public allèrent déjeuner chez Méot. Déjeuner simple : le pâté, 800 francs ; le brochet, 1 000 francs ; la poire, 10 francs ; la brioche, 300 francs ; le sel, 120 francs. Le louis d'or était à 2 500 francs ; la livre de chandelle à 55 francs ; la paire de bottes à 1 200 francs.

Le rapport de police sur les événements du jour disait : « ...Le pauvre murmure et il craint l'hiver qui se fait sentir... »

XV.
Le Directoire

Le 2 novembre 1795, les Directeurs se rendirent des Tuileries au Luxembourg, que la Constitution leur assignait pour résidence. Piètre cortège : deux fiacres, cent fantassins mal vêtus, cent cinquante dragons sans bottes et les bas troués. Dans les voitures, quatre hommes, dont deux, La Revellière, un bossu à jambes grêles que les journaux comparaient à un bouchon monté sur épingles, et Letourneur, chef de bataillon du génie, étaient à peu près ignorés, les deux autres connus, mais en mauvaise part, Reubell comme terroriste impénitent : « Je n'ai qu'un reproche à faire à Robespierre, disait-il, c'est d'avoir été trop mou », Barras comme roué et comme « pourri ». Le cinquième, Sieyès, avait refusé le poste. Son remplaçant, Carnot, ne sera élu que deux jours plus tard. Les quatre « sires » errèrent dans le palais. Ils finirent par découvrir une table moisie et boiteuse. Le concierge prêta des chaises et alluma un feu de bois. Un des Directeurs avait pris la précaution d'apporter du pavillon de Flore un cahier de papier à lettres. Le Directoire incomplet et grelottant signa dans cet appareil le procès-verbal de son installation.

La semaine suivante, les Directeurs nommèrent les ministres de la Justice (Merlin de Douai), de l'Intérieur (Benezech), de la Guerre (Aubert-Dubayet), de la Marine (Truguet), des Finances, des Relations extérieures

(Delacroix), et, un peu plus tard, de la Police générale. Les titulaires, hormis Merlin (de Douai), furent des chefs de service dévoués et travailleurs, sans importance politique. Charles Delacroix, cependant, avait été conventionnel et régicide. Merlin (de Douai), juriste de talent, dont la renommée était déjà grande avant la Révolution, était régicide, lui aussi, et il avait mis en forme les lois contre les émigrés, contre les suspects, contre les ecclésiastiques et contre les terroristes. Sous l'Empire, il finira comte et procureur général de la Cour de Cassation. Il quitta bientôt la Justice pour la Police et fut remplacé à la Justice par un ancien Conventionnel Genissieu, bavard, honnête et ridicule. Le plus difficile avait été de découvrir le héros qui consentirait à gouverner les finances de la République. On avait offert le poste à un fonctionnaire de l'Ancien Régime, Gaudin, qui s'était récusé. On se rabattit sur un secrétaire de Roland, auteur d'un *Essai* sur les assignats. Il ne fit que passer. A deux ou trois reprises, on essaya encore de rattraper Gaudin qui, chaque fois, déclina les propositions gouvernementales : « Là où il n'y a ni finances, ni moyen d'en faire, dit-il, un ministre est inutile. »

Gaudin avait raison. Le Directoire n'a rien qui, de près ou de loin, ressemble à une comptabilité et à un budget. Pas de recettes stables, pas de prévisions de dépenses, pas de monnaie. Nulle autre ressource que les émissions d'assignats. Mais comme le discrédit s'en accroît rapidement, on se demande chaque jour si l'on arrivera à en imprimer assez pour satisfaire aux besoins du lendemain. Aussi, le grand souci de ce misérable régime est-il d'accélérer le fonctionnement de la planche à billets. Un jour on a, par erreur, expédié à la papeterie d'Essonnes les produits chimiques destinés à la fabrique de Buges. Pendant quarante-huit heures, celle-ci chôme, faute de chiffons blanchis, et l'on est à deux doigts de la faillite. Une autre fois, un mouvement de grève éclate parmi les ouvriers papetiers. C'est presque la panique. Le gouvernement inculpe les meneurs de conspiration contre la sûreté de l'Etat et d'intrigues « pour amener la dissolution de la République ».

Le louis d'or, qui valait 2 500 francs-papier au début de novembre, en vaut 4 000 au milieu de décembre. Le Directoire en rend la Bourse responsable et la fait fermer par des dragons. « A-t-on jamais soutenu le crédit par la cavalerie ? » demande un étranger. Deux jours après, le louis est à 6 500 et hors de Paris les assignats n'ont plus cours. En échange de leur blé, les paysans n'acceptent que du numéraire ou des objets de première nécessité. « A la foire d'Angers, mande l'administration du Maine-et-Loire, toutes les marchandises, les denrées, les bestiaux, se sont vendus ouvertement en argent, d'après le refus formel du papier. Le lendemain de cette foire on pouvait mettre en question si la République existait encore, tant était prononcée la résolution de ne plus admettre de monnaie nationale. Propriétaires, marchands, ouvriers, tous semblent, par une convention tacite, s'être ligués pour éloigner de la circulation tout autre signe monétaire que l'argent... »

La grande faiblesse du régime est de ne pas avoir un véritable personnel de gouvernement. Dans ses Mémoires, Mathieu Damas raconte que lors de l'élection des Directeurs, il avait cherché, lui et ses amis du nouveau tiers, un rapprochement avec les anciens Conventionnels. Il rencontra partout une opposition courtoise, mais ferme :

— Vous êtes, répondait le jacobin, de fort honnêtes gens. Je crois que vous voulez soutenir la République. Mais nous, nous ne pouvons pas vous laisser faire. Que vous le vouliez ou non, vous nous menez tout doucement à notre perte. Il n'y a rien de commun entre vous et nous.

— Quelle garantie vous faut-il donc ?

— Une seule. Après quoi nous ferons tout ce que vous voudrez...

— Laquelle ?

— Montez à la tribune et déclarez que si vous aviez été

membres de la Convention, vous auriez, comme nous, voté la mort de Louis XVI.

— Vous exigez l'impossible. Vous exigez ce qu'à notre place, vous ne feriez pas. Vous sacrifiez la France à de vaines terreurs.

— Non. La partie n'est pas égale. Nos têtes à nous sont en jeu.

La solidarité de ceux qu'on appelait les votants, privait le Directoire de ce tiers parti, pacificateur et réconciliateur, capable de prêcher l'oubli et la tolérance qui, presque toujours, a mis fin aux grandes crises de notre histoire. Or rien ne le remplaçait, ni la lassitude, ni l'indifférence, ni l'affaissement des caractères, ni la stagnation des idées, ni, à plus forte raison, la crise de moralité.

Dans les bureaux, la pénurie est affreuse. Les administrations municipales n'ont ni plumes, ni encre, ni papier. Dès que tombe la nuit, les employés s'en vont, faute d'éclairage. Personne ne veut plus être fonctionnaire. Les hôpitaux sont sans revenus, les prisons ne sont plus gardées, la police n'est plus faite. Toutes les grandes directions financières et techniques ont sombré. Les routes ne sont plus entretenues. Les postes manquent parce qu'on ne peut pas acheter de fourrage pour les chevaux. Les rôles d'impôts ne sont pas envoyés parce qu'on n'a pas de quoi les faire imprimer. Les armées ne subsistent que par la maraude et le pillage. Sur 1 200 000 hommes mobilisés en 1794, on peut estimer que 800 000 ont déserté et ceux qui demeurent sont en proie à la misère.

Les rapports de police et les dépêches des départements sont remplis des mêmes faits. En Haute-Vienne, dans le Jura, la gendarmerie est dans un tel dénûment que les gendarmes se placent dans les fermes ou montent de petits commerces. Un juge au tribunal de la Seine meurt de faim dans son appartement. Plusieurs de ses collègues, pour gagner quelques sous, se font embaucher par des maçons, comme goujats. Les rentiers et les propriétaires qui ne perçoivent leurs revenus qu'en assignats mendient au coin des rues. A Troyes, sur cent enfants recueillis dans les hôpitaux, quatre-vingt-dix meurent durant l'hiver 1795-1796. Le citoyen Hilaire, commissaire du Directoire près l'administration départementale de l'Isère, écrit : « L'exécution des lois n'a presque plus lieu sur rien : les administrateurs n'ont ni le courage, ni le moyen de les faire exécuter ; ils sont bafoués, insultés et méconnus dans tout ce qu'ils prescrivent au nom des lois et du salut public ; l'impuissance où ils sont d'user de contrainte ne fait qu'ajouter aux progrès de la dissolution sociale. » Les observateurs qui surveillent les queues à la porte des boutiques notent des propos de ce genre : Place Maubert : *Au diable la République ! Le règne de Robespierre valait mieux.* Rue Honoré : *Si l'on continue à faire la guerre aux riches, nous serons toujours malheureux parce que ces riches faisaient travailler tout le monde.* Section des Gravilliers : *Plutôt un roi que mourir de faim.*

Le 6 décembre 1795, un message du Directoire était porté aux Conseils : « Citoyens législateurs, disait-il, nous avons cru devoir vous dérober, adoucir du moins à vos yeux une partie des maux qui affligent la République... Mais l'heure des palliatifs est passée et tout ménagement ne fait qu'accroître le danger... Tous les ressorts se brisent entre nos mains ; la plus effroyable catastrophe menace d'engloutir la République entière..., les dernières ressources du Trésor se sont épuisées... Nous touchons à notre dernier terme si quelque ressource inattendue ne sort... avec la rapidité de l'éclair, du Génie de la Liberté... » Quinze jours après, les directeurs revenaient à la charge : « Il faut déchirer le voile. Les secours les plus prompts et les plus puissants nous sont indispensables. Les armées... sont sans solde, sans vivres, sans fourrage, sans souliers, sans vêtements, sans tentes, sans effets de campement, sans moyens de transport... Les arrivages de subsistances sont incertains... Jusqu'à nos négociations les plus importantes que nous sommes obligés de suspendre, parce que... nous n'avons pas de quoi payer les frais de route de nos envoyés... » Mais le Génie de la Liberté manquait d'imagination, ou tout au moins ses porte-parole. Le seul remède que le Conseil découvrait à l'horrible situation du pays était le vieux, l'éternel expédient de l'emprunt forcé, utilisé cent fois et chaque fois sans succès.

Les plus forts contribuables de chaque département devaient être assujettis à un emprunt de 600 millions de francs, valeur métallique, payables en numéraire, en blé ou en assignats repris à 1 % de leur valeur nominale. Un citoyen sur quatre serait taxé. Les souscripteurs seraient divisés en seize classes, d'après leur fortune présumée, et inscrits d'office pour une certaine somme, selon une échelle progressive. Le premier tiers de l'emprunt devrait être versé dans la dernière décade de nivôse (10-20 janvier 1796) ; les deux autres en ventôse (20 février-20 mars).

Six cents millions de francs-or, cela représentait 60 milliards en assignats. Or, il n'y en avait encore que 40 en circulation. Non seulement l'emprunt forcé résorberait tout le papier, mais il donnerait encore 200 millions d'argent frais — de quoi vivre deux mois, au moins.

La loi fut accueillie avec faveur par l'opinion. Il y eut quelques jours de grande espérance. On voyait déjà la monnaie saine restaurée et les profiteurs de guerre contraints de souscrire à proportion de leurs friponneries. Le petit peuple surtout se réjouissait à la pensée que ses anciens co-sans-culottes allaient être enfin sérieusement touchés. Chacun guettait une grimace significative sur la figure de son crémier ou de son boucher. Quant à être pris soi-même, personne n'y songeait.

Le 19 février 1796, escomptant les heureux résultats de l'opération en cours, le Directoire brûlait en grande solennité, place Vendôme, les planches, poinçons et matrices qui servaient à la fabrication du papier-monnaie. Ce fut un beau feu. Le ministre Ramel prononça l'éloge funèbre du mort. Il reconnut qu'il avait de sérieux défauts : le désordre, la prodigalité, mais qu'il ne fallait pas pour cela oublier ses immenses vertus : « Les assignats ont fait la Révolution ; ils ont amené la destruction des ordres et des privilèges : ils ont renversé le trône et fondé la République... »

On s'était réjoui trop tôt. L'emprunt forcé avait paru une invention géniale tant qu'il devait frapper le voisin. Lorsque le moment de payer fut venu, tout le monde se déroba. La répartition faite trop vite comportait quantité d'abus : des commerçants taxés sans la moindre enquête, des cotes majorées sur une dénonciation anonyme, des particuliers surchargés par vengeance, des avertissements distribués à de fausses adresses, mais exécutés rigoureusement. Tout cela, sans doute, s'expliquait par la précipitation avec laquelle il avait fallu établir les rôles, mais cela n'était point fait pour rendre populaire le sacrifice demandé au pays. « On n'entend que des plaintes, note un policier... On paraît, en général, décidé à laisser faire saisie et vente de ses meubles plutôt que de se soumettre au payement... Des gens, dans leur colère, s'écrient qu'il n'est pas possible de laisser subsister plus longtemps un gouvernement aussi tyrannique et qu'il faut espérer que le peuple ouvrira enfin les yeux... » Il est très difficile de tondre un contribuable rétif, surtout quand ce contribuable est quelque peu enragé. Après avoir essayé de la manière forte, le Directoire en vint aux revisions, aux concessions, aux prolongations et aux divers autres expédients qui donnent un aspect honorable aux faillites. Au lieu des 60 milliards annoncés, les caisses publiques reçurent 13 milliards en papier et 8 millions en valeurs réelles. Encore, pour apprécier ces chiffres, faut-il se rappeler que, pendant la durée des recouvrements, l'assignat de cent livres était ombé de 1 franc à 30 centimes et que, d'autre part, les quittances et les coupons de l'emprunt étaient admis en payement des contributions à un cours beaucoup plus élevé que le cours du jour et, par conséquent, nuisaient considérablement aux rentrées.

Il ne restait plus qu'une solution : inventer un second papier-monnaie. Ce fut le mandat territorial, créé par la loi du 18 mars 1796. Les mandats devaient avoir cours de monnaie et être reçus comme espèces par l'Etat et par les particuliers. Ils comportaient hypothèque et délégation spéciale sur tous les biens nationaux. Ils pouvaient être, à tout instant, échangés sans enchères et sans concurrence contre une portion du domaine public. Il en était émis pour une somme totale de 2 milliards 400 millions.

Le Directoire attendait beaucoup de ses nouveaux billets. Il adressa aux Français une pathétique proclamation pour les inviter à leur faire confiance. Mais les Français avaient eu sous les yeux l'exemple de l'assignat et ils n'avaient point encore oublié les discours ronflants dont son apparition avait été saluée. Cela les rendait sceptiques. En second lieu, la loi du 18 mars portait que les assignats pourraient être échangés contre des mandats territoriaux, à raison de 30 francs-assignats pour 1 franc-mandat. Or, 30 francs en assignats valaient en métal à peine 10 centimes. Selon la plus impitoyable logique, le mandat territorial ne pouvait donc pas être au pair de l'or, mais seulement au dixième. En établissant entre le mandat et l'assignat le rapport fictif d'un à trente, au lieu du rapport véritable d'un à trois cents, les Conseils s'étaient sans doute flattés de relever le cours de l'ancien papier : ce fut le nouveau qui baissa.

Pour comble de maladresse, le Directoire imagina de soutenir le mandat par les moyens de violence qui avaient si bien échoué avec l'assignat : amendes et travaux forcés à ceux qui médiront du mandat, amendes et prison à ceux qui refuseront de le recevoir, interdiction de vendre et d'acheter en numéraire, obligation d'opérer toutes les transactions en mandats... La France, qui était en train de revenir, par la force des choses, à une monnaie stable, se trouva, une fois de plus, replongée dans le désordre. Dans sa magnifique *Histoire financière*, M. Marion a très sobrement décrit ce retour offensif de l'anarchie et il conclut : « Tout le commerce était paralysé par le régime exclusif d'une monnaie toujours incertaine et mobile... Refuser aux citoyens le droit de faire des transactions à leur gré, c'était les empêcher d'en faire aucune. » Lié à l'assignat, le mandat alla le rejoindre dans le gouffre. Fin mars, en dépit des sabres de la légion de police, il perdait 65 % de sa valeur et 90 à la fin d'avril. En dix mois, il repassa par tous les chemins qu'avait en six ans parcourus l'assignat. Enfin, le 4 février 1797, fut votée la loi qui le démonétisait. Désormais il n'aurait plus cours forcé et il serait remplacé à raison de 1 % par des bons admissibles en payement des domaines nationaux, mais n'ayant point valeur de monnaie.

En somme, 45 milliards et demi d'assignats s'étaient fondus en 2 400 millions de bons qui se réduisaient à leur tour à 240 000 francs de numéraire. Etant donné les conditions d'échange, un bon patriote qui aurait eu foi en Mirabeau et en Cambon et qui aurait enfermé, en 1790, 3 000 francs d'assignats dans une cassette, se serait retrouvé en 1797 avec vingt sous, un franc, pour toute fortune.

A partir de ce moment, la politique financière du Directoire se transforme entièrement, sans cesser d'être maladroite et insupportable. Jusqu'alors, il avait plié sous le poids d'un papier surabondant et qui ne valait rien. Désormais, il va s'épuiser à la recherche d'un numéraire qui vaut très cher, mais qui ne se laisse pas prendre. Jamais la lutte entre le fisc et les contribuables ne prit un caractère aussi âpre, jamais l'autorité ne fut plus avide, plus tracassière. Jamais la rentrée des impôts ne fut poursuivie avec autant de dureté et, si la France n'y succomba pas, c'est que, par bonheur, l'administration était encore faible et incohérente.

Dans cette guerre d'usure, l'avantage devait presque

toujours demeurer au public dont la mauvaise volonté obstinée défiait les mesures de rigueur. Aussi, à tout instant, le Directoire a-t-il recours à des opérations de crédit. Mais n'inspirant qu'une piètre confiance, il ne trouva que des prêteurs de bas étage, fournisseurs véreux, usuriers, agioteurs et autres bandits de la finance. Comme les contrats de fournitures militaires, ces emprunts sont un prétexte infini à commissions, courtages, pots-de-vin et gaspillages de toute nature. Le ministre de la Marine, Truguet, qui a besoin de fonds pour ses services, se fait avancer 420 000 francs par des marchands de grains, et en échange accepte que leurs traites soient majorées d'une somme double. Ainsi les 420 000 francs de Truguet en coûtent 840 000 à la République. Un certain Leawenworth, en échange de 2 396 000 francs de traites sur Hambourg, reçoit 1 million et demi en rentes, 8 millions en assignats, 30 millions de bons utilisables en paiement de biens nationaux.

Quand les ministres donnent l'exemple, les autres suivent. Tout le monde puise dans les caisses de l'Etat, sans le moindre souci de la règle, ni de la comptabilité : les généraux pour leurs armées, les magistrats locaux pour leur département. Un des fournisseurs de l'armée d'Italie écrit à *L'Ami des Lois* : « Je suis obligé de voler la République pour parvenir à être payé de ce qui m'est dû. » Partout, ce n'est, selon le mot du représentant Gibert-Desmolières, « qu'imprévoyance, désordre et dilapidations les plus honteuses ». Les souffrances du pays sont pires que jamais. Il faudrait, pour les peindre, reprendre le tableau de la misère publique tel qu'il a été dressé au lendemain de Thermidor, et en forcer les traits jusqu'à l'extrême cruauté.

Seuls les voleurs prospèrent et les voleurs se recrutent parmi les députés et parmi les membres des administrations départementales. Max Beer, fournisseur des armées, a pour associés Fréron, Goupilleau, Delaunay, tous anciens conventionnels. Un autre conventionnel, Clauzel, ancien colporteur et ancien Montagnard, a acheté, pour une poignée d'assignats, d'immenses pâturages dans l'Ariège. Lorsqu'il était représentant en mission, le maratiste Dumont s'est fait adjuger pour cinquante mille livres le château de Plony qui, avec le mobilier, en vaut six cents ou sept cents. Barras a Grosbois, Fouché Ferrières. Camus, janséniste austère, un des trois représentants livrés par Dumouriez aux Autrichiens, et récemment échangés contre la fille de Louis XVI, Mme Royale, est propriétaire du magnifique domaine de La Chevrette, jadis à Mme d'Epinay et confisqué à sa fille, émigrée. Un érudit a publié la correspondance de l'obscur Le Paige, député aux Anciens, avec son homme d'affaires, Dieudonné, qui, par un heureux hasard, est aussi administrateur du département des Vosges. Comme représentant de la nation, il fixe le prix des terres qu'il achète comme représentant de Le Paige. « J'avoue, lui écrit celui-ci, que les agioteurs peuvent se procurer des biens à bon prix. » Un autre chercheur a exhumé les lettres du député Rovère à son frère, évêque constitutionnel du Vaucluse. Il ne s'agit que de bons coups à faire. L'évêque a eu jadis des scrupules. Son frère les a calmés : « Je vous ai fait observer que, si nous survivions à la Révolution, il serait fort agréable d'avoir placé utilement ses économies et que ce ne serait pas une ou deux acquisitions de plus ou de moins qui nous feraient perdre la vie. »

Un voyageur qui n'a pas vu Paris depuis six ou sept ans promène sur la ville un regard stupéfait. Toute la France a l'air d'être à l'encan. On vend les biens des condamnés, des faillis, des émigrés, des familles ruinées par l'inflation. La vente de Versailles a duré un an : les plus beaux meubles ont pris le chemin de l'Angleterre. Les galeries du Palais-Royal et les rues proches sont une sorte de bazar où l'on débite sans arrêt les vases, les tapisseries, les objets d'art, le linge, les voitures, les livres, les vêtements, les tableaux... Les petites églises de la Cité sont vendues, démolies ou à vendre. L'une est un théâtre, l'autre une fonderie, une autre un

Guignol. On a installé une raffinerie de sucre dans les sous-sols de Saint-Germain-des-Prés. Peu après thermidor, la raffinerie a mis le feu à la bibliothèque du couvent, la plus riche de France après la Nationale. Partout on lit l'inscription : « Propriété nationale à vendre ». C'est le prétexte d'une spéculation effrénée. On achète l'hôtel d'un ci-devant. On le dépouille de tout ce qui peut être vendu en pièces détachées, les plombs des toits, les glaces, les boiseries, les fers forgés, les marbres, les trumeaux, les planchers, les boutons de porte... puis on en revend la carcasse, en profitant de la hausse de tout. L'hôtel Biron est une guinguette, l'hôtel d'Orsay un gymnase, l'hôtel Brissac un bazar, l'hôtel de Salm la propriété d'un ancien garçon perruquier. Au rez-de-chaussée de l'Elysée, on trouve un restaurant, dans les jardins un bal. Les étages et les dépendances sont loués en petits appartements. Alfred de Vigny y habitera avec ses parents.

Dans les rues, à la porte des cabarets et des théâtres — il y en a trente-deux —, on voit des files de mendiants qui gémissent : « Donnez à un pauvre rentier ! » Ce sont les victimes du papier-monnaie. Un journaliste commence son article : « Rentiers, classe infortunée et digne des larmes... » Il ne se passe pas de jour, où, en hiver, les bulletins de police ne signalent la mort de quelque vieillard, victime du froid, de la faim et de l'assignat. Les suicides sont nombreux. Charles de Constant raconte qu'il a vu presque coup sur coup une femme se couper la gorge et un père de cinq enfants se jeter par la fenêtre dans une rue voisine. Naturellement le marché noir sévit et les pièces sur le marché noir foisonnent. En 1797, le Théâtre de la République joue *Les Nouveaux Enrichis* d'Armand Charlemagne, ancien séminariste, devenu clerc de notaire, puis littérateur par besoin. La pièce est en vers. Le spéculateur s'appelle Crussophile et il explique lui-même son procédé :

Assez peu de scrupule avec beaucoup d'audace,
Composaient mon avoir. J'étouffai le premier,
J'usai de la seconde et poussai mon coursier.
Je fis argent de tout. Voilà tout mon secret
Et c'est l'unique aussi dans le siècle où nous [sommes.

A Crussophile, un nommé Bourliac vend du savon qui est expédié de province par un notaire à un marchand de bois et revendu à un médecin, fournisseur de Bourliac. Comme Crussophile s'étonne :

Fi donc ! c'est un métier que tout le monde exerce.
On trouve du café chez plus d'un chapelier.
Voulez-vous des chapeaux ? Allez chez l'épicier.
J'achète mes souliers chez mon apothicaire,
Et mon voisin qui fut autrefois avocat,
Tient du poivre et du suif, du sucre et du tabac.

Et voici la morale de la pièce :

On fêtait autrefois les gens de qualité,
On accueille aujourd'hui les gens de quantité.

Dans la tourmente, la famille a sombré. Si l'on mange tant au restaurant, c'est que personne n'a plus de chez-soi. Le divorce institué en 1790 et accordé avec une lamentable facilité a achevé de bouleverser les foyers dévastés par les malheurs du temps. Cinq mois après le décret, cinq mille neuf cent quatre-vingt-quatorze divorces ont été prononcés à Paris et le mouvement s'est accéléré. Sous le Directoire, certaines femmes changent cinq fois de maris en cinq ans. Un citoyen qui a épousé successivement les deux sœurs demande la permission d'épouser la mère. Un autre qui a épousé la nièce d'une tante à héritage, épouse ensuite la tante elle-même, âgée de quatre-vingt-deux ans, puis devenu veuf et après avoir hérité, il revient à la nièce. Le mariage, que Cambacérès appelle « la nature en action » est devenu une formalité si méprisée qu'à Nancy, à Metz, à leur entrée dans les cantonnements, les soldats se marient pour la durée de l'hiver et divorcent à l'ouverture de la campagne. Les murs sont couverts d'affiches annonçant, chaque semaine, la découverte de quelque nouveau remède contre les maladies vénériennes.

On réimprime Sade. La suite de *Justine* paraît en 1796, *La philosophie dans le Boudoir* en 1797. La mode, pour les femmes, est aux toilettes transparentes. Les rapports de police, remplis de détails qu'il est impossible de citer, insistent sur la montée de la dépravation, de l'impudicité, de la débauche, de l'obscénité. Le commissaire Piquemal écrit : « Il est impossible de se faire une idée de la dissolution et de la dépravation publiques. » Un visiteur génevois : « La peinture que la sainte Bible nous fait des débordements de Sodome n'approchait pas de cette ville prostituée à tous les vices. » Le Directoire y remédie en instituant une fête des époux et une fête de la piété familiale.

Dans cette dissolution, il est naturel que le gouvernement ait considéré la guerre comme la seule garantie de durée. D'abord, c'était le meilleur moyen d'occuper les généraux et les soldats dont on ne savait que faire à l'intérieur ; ensuite, c'était, en cas de victoire, l'énorme ressource du pillage et des contributions forcées.

Carnot, qui avait repris son rôle d'organisateur de la victoire, avait conçu contre l'Autriche un plan très vaste. Trois armées marcheraient sur Vienne : les deux premières par la vallée du Danube, la troisième par l'Italie du Nord. Moreau et Jourdan, avec l'armée du Rhin et l'armée de Sambre-et-Meuse, formeraient la première branche de la tenaille, l'armée des Alpes la seconde. Mais qui commanderait celle-ci ? Il ne pouvait être question ni de Hoche, occupé en Vendée, ni de Pichegru, soupçonné de réaction, ni de Schérer, évidemment incapable.

Carnot et Letourneur voulaient un chef décidé et manœuvrier, La Revellière un anticlérical, Barras un complaisant, Reubell un homme à poigne, capable d'organiser une rafle de millions. Ils s'accordèrent pour désigner Bonaparte. Le choix fit scandale. Bonaparte n'avait à son actif que la victoire du 13 vendémiaire et l'on chuchota que ce général de rue devait sa nomination à sa fiancée, Joséphine de Beauharnais, qui était fort avant dans les bonnes grâces de Barras. On a décrit cent fois les débuts de Bonaparte : le mariage bâclé, le départ en trombe, les soldats conquis, la discipline rétablie, les généraux domptés, les proclamations éclatant en fanfares et, tout d'un coup, le tonnerre de la victoire, Montenotte, Dego, Millesimo, les Piémontais enveloppés, les Autrichiens battus, Turin pris, l'Adda franchie à Lodi, la Lombardie conquise en trois jours, Milan se donnant dans une ivresse de triomphe (avril-mai 1796).

Ensuite, c'est le siège de Mantoue. Quatre armées autrichiennes descendent des Alpes pour secourir la fameuse forteresse. La première est dispersée en trois jours (Castiglione, 5 août) ; la seconde attaquée par-derrière, pourchassée et mise en pièces (4-15 septembre) ; la troisième, prise à revers et refoulée (Arcole, 15-17 novembre) ; la dernière, écrasée ou capturée, colonne par colonne (Rivoli, 14 janvier 1797). Mantoue se rend le 2 février.

Troisième épisode : la marche sur Vienne. Bonaparte force le passage du Piave et celui du Tagliamento, s'empare des cols de Tarvis et de Neumark et pousse ses avant-gardes jusqu'au Semmering, à 100 kilomètres de la capitale autrichienne. De là, il offre à l'archiduc Charles un armistice, bientôt transformé à Leoben en préliminaires de paix (18 avril).

Au tome second de l'*Histoire contemporaine* d'Ernest Lavisse, M. Pariset a intitulé son récit de la campagne d'Italie : *l'émancipation politique de Bonaparte.* Ce titre est justifié. En un an, le petit officier corse, grandi à l'ombre de Barras et bon à toutes les besognes, est devenu non seulement le plus grand général de l'Europe, mais encore la principale puissance de la République. Les Directeurs qui l'ont nommé en sont réduits à le subir. A deux ou trois reprises, effrayés de sa popularité grandissante, ils ont essayé de lui imposer un adjoint qui aurait été en même temps un surveillant. Chaque fois, il a répondu en offrant sa démission et les Directeurs ont reculé. Idole de l'armée et du pays, grandi encore par les échecs de Jourdan et de Moreau en Allemagne, il se sait indispensable et il en profite. Il a sa diplomatie, ses finances, sa cour. Il organise à son gré les territoires conquis. Il traite d'égal à égal avec les princes et les rois. On dirait qu'il est à lui seul le gouvernement tout entier.

Dès le mois de septembre 1796, le général Petiet, ministre de la Guerre, note dans un rapport officiel sur l'armée d'Italie : « Comme cette armée s'est trouvée de bonne heure en état de se suffire à elle-même, toutes relations ont cessé entre elle et moi... et, malgré les lettres pressantes que j'ai écrites, je n'ai pu obtenir ni du général en chef, ni du chef de l'état-major, ni du commissaire ordonnateur, aucun renseignement sur l'état du service... » En 1797, Bonaparte se gêne moins encore. Il jette au panier les instructions qu'on lui envoie de Paris, expédie à l'arrière le général qui doit l'assister dans les pourparlers de paix, négocie de son propre chef avec l'archiduc, arrête par un armistice précipité l'offensive de Hoche sur le haut Danube et conclut les préliminaires de Leoben, sans en référer à personne, en condottiere.

L'empereur reconnaît à la France la frontière du Rhin et abandonne toutes ses possessions italiennes. Par contre, la République de Venise est supprimée. Venise et les Etats de terre ferme sont réunis à l'Autriche, les îles Ioniennes à la France. Le Milanais, la Lombardie, le duché de Modène et la Romagne forment un seul Etat : la République cisalpine, à qui Bonaparte donne une première Constitution, calquée sur la Constitution française. Un peu plus tard, il transforme de la même manière la République de Gênes, rebaptisée République ligurienne. S'il n'est pas encore dictateur en France, il est déjà dictateur en Italie.

Quel qu'ait été son prestige, on est cependant surpris que les Directeurs aient supporté sans mot dire ses usurpations continuelles. Mais cette résignation s'explique parce que, sur le point principal, il a réalisé — et au-delà — les espoirs qu'on avait placés en lui : la plaine du Pô est mise à sac et les millions affluent à Paris. Pour avoir la paix, la Sardaigne en donne trois, Parme deux, Plaisance dix, le pape trente. Un jour, à Livourne, Murat rafle douze millions de marchandises. Une autre fois, ce sont des tableaux, des statues, des objets précieux, l'orfévrerie des églises. Sous cette pluie d'or, le Directoire fait taire ses rancunes, encaisse et remercie : « Vous êtes le héros de la France entière... Vous avez la confiance du Directoire ; les services que vous rendez tous les jours vous y donnent des droits ; *les sommes considérables* que la République doit à vos victoires prouvent que vous vous occupez tout à la fois de la gloire et des intérêts de la Patrie... » Bonaparte ne s'oublie pas au passage. Selon Hamelin, le mari de la belle Merveilleuse, la confiscation des mines d'Idria lui rapporta un million, un million au fournisseur Collot, collègue d'Hamelin, cent mille francs à Berthier, cinquante mille à Bernadotte, autant à Murat... Mais il en reste encore beaucoup pour Paris. Entre le général factieux et le gouvernement aux abois se crée ainsi une étrange association : le général nourrit le gouvernement, le gouvernement endosse la politique du général. Désormais, toucher au Directoire, c'est menacer l'indépendance de Bonaparte. Désapprouver les remaniements territoriaux imaginés par Bonaparte, c'est vouloir couper les vivres au Directoire. Bon gré mal gré, Bonaparte devient au moins provisoirement le plus ferme appui du régime qu'il bafoue sans arrêt. Dans la crise politique qui va s'ouvrir, l'armée sera avec les révolutionnaires contre les hommes d'ordre.

Quand nous disons : la crise va s'ouvrir, nous employons une expression impropre. La crise, en réalité, s'est ouverte au lendemain de Thermidor. Entre les révolutionnaires qui se cramponnent au pouvoir et la France qui réclame des hommes nouveaux, l'opposition a été dès ce moment absolue. Une première fois aux élections de 1795, en dépit du décret des deux tiers, le pays a manifesté en quel mépris il tenait les anciens Conventionnels. Au lieu de choisir parmi eux les 500 législateurs prévus, il n'en a désigné que 255. Les autres ont dû être nommés par la Convention elle-même. Encore ces 255 sont-ils les plus notables des antijacobins : Lanjuinais élu par 73 collèges, Boissy d'Anglas par 72, Pelet (de la Lozère) par 71, Thibaudeau par 32. Quant aux 250 du « nouveau tiers », ce sont tous des modérés de 1791 ou des libéraux de 1789 : Mathieu Dumas, Vaublanc, Dupont de Nemours, Barbé-Marbois. Paris a nommé un familier de Louis XVI, Pastoret, et un ancien avocat général au Parlement, Dambray ; Versailles, deux avocats du Roi au procès de janvier, Tronchet et de Sèze.

On reproche au Directoire d'avoir désorganisé la République en se servant alternativement de chacun des partis extrêmes pour accabler l'autre. Dans leurs Mémoires et leurs conversations, les Directeurs se sont toujours défendus d'avoir prémédité ce système de bascule et, en effet, si on lit attentivement leurs premières proclamations et leurs premières instructions aux *commissaires* des départements, on n'y trouve que l'intention bien affirmée de poursuivre la politique de Vendémiaire, c'est-à-dire l'union des républicains contre les royalistes.

En fait, la plupart des terroristes amnistiés sont remis en place, chargés du ravitaillement de Paris, du recrutement militaire, de la rédaction des proclamations et des actes officiels ; la police subventionne les journaux de gauche et tolère l'établissement, dans l'ancien couvent des Génovéfains, d'un club nouveau, « la Réunion des Amis de la République », que l'on appellera couramment le *Club du Panthéon*. Ses fondateurs sont un imprimeur maratiste, Lebois, emprisonné après Thermidor, et un certain Baudrais, membre de la Commune en 1792, qui est à ce moment juge de paix et indicateur. Par contre, les moindres tentatives royalistes sont réprimées avec férocité. La Vendée expire. Stofflet et Charette sont fusillés au printemps de 1796. Avec une petite bande venue du Berry, Phélippeaux s'empare de Sancerre, mais ne peut s'y maintenir et sa troupe se disperse. Un soulèvement des Cévennes n'est pas plus heureux. La résistance armée est finie. Dans les Assemblées, le nouveau tiers n'est qu'une minorité impuissante. L'opposition se réfugie dans les salons et dans les cafés où elle s'évapore en babillages sans conséquence. A la fin de 1795 et au début de 1796, la France est comme en léthargie. Soit accablement, soit indifférence, elle ne réagit plus à rien, et ce néant donne au Directoire l'apparence de la solidité. Mallet du Pan, observateur malveillant, mais lucide, note dans son bulletin du 22 novembre : « Tous les ressorts sont relâchés ; scélérats et gens de bien jouissent d'une espèce de trêve ; les terroristes sont en liberté, et le terrorisme sommeille ; chaque parti s'observe et se craint, et le peuple toujours imbécile voyant des noms attachés aux nouvelles places, un Corps législatif, un Directoire et des ministres, croit qu'il a un gouvernement, et un gouvernement constitutionnel. »

L'union des républicains ne dura pas : il y avait entre ces gens trop de haines. La rupture fut provoquée par un petit groupe de Jacobins aigris qui méditaient des projets de vengeance : Robert Lindet, qui avait été emprisonné après l'insurrection de Prairial ; Amar, qui avait été condamné à la déportation ; Félix Le Pelletier, Chasles, Darthé, Germain, tous nouvellement amnistiés. Leurs rancunes ne faisaient pas un programme. Aussi, au bout de quelques mois, furent-ils amenés à s'aboucher avec un journaliste, Babeuf, qui défendait dans sa feuille, *Le Tribun du Peuple*, les idées communistes des Enragés.

Avant la Révolution, Babeuf était feudiste : par métier, il avait travaillé pour la réaction féodale. En 1789, dans son pays de Montdidier, Roye et Péronne, il prit part aux émeutes contre le Fisc et il se distingua par la violence de ses opinions. Devenu membre du district de Péronne, il fut accusé d'avoir falsifié un acte de vente et condamné par contumace à dix ans de fers. Réfugié à Paris, il se glissa, par la protection de Maréchal, dans un petit emploi à la Commune. Découvert, arrêté, mis en liberté sous caution et enfin acquitté, il tombe dans une grande misère, ayant peine à nourrir sa femme et ses trois enfants. Mais cette misère ne l'empêche pas de garder un journal avec l'aide d'un imprimeur dantoniste. Fréron est son ami et il se vante dans sa feuille d'être l'*Attila des robespierristes*. Peu à peu, il s'éloigne de ses protecteurs, et, à l'instigation de Fouché, dénonce dans *Le Tribun* la « rétrogradation alarmante qui s'opère ». Arrêté après l'émeute de Prairial et conduit à Arras, il met au point avec un autre détenu, ancien officier de hussards, Charles Germain, sa doctrine économique et sociale, qu'il ne cessera de défendre à force de citations empruntées à Robespierre et à Saint-Just.

Son idée est que la révolution a échoué parce qu'elle n'a pas été poussée jusqu'au bout. Toutes les mesures qu'elle a prises étaient bonnes : maximum, réquisition, contributions révolutionnaires, étatisation du commerce, nationalisation des usines de guerre, répartition autoritaire des denrées. Mais ce n'était qu'un premier pas vers « la réforme radicale des propriétés », c'est-à-dire « la communauté des biens et des travaux ». Bien entendu, le collectivisme intégral sera dictatorial.

Le communisme a-t-il conquis tous les abonnés de Babeuf ? C'est improbable. On trouve parmi eux, avec les débris de l'état-major robespierriste et les survivants de la Montagne, Duplay, Bouchotte, Turreau, Javogues, Jullien (de la Drôme), Barère, Pons (de Verdun), Lecointre, Drouet, l'homme de Varennes, livré à l'Autriche par Dumouriez et libéré avec Camus, des limonadiers et des aubergistes qui achètent le journal pour leurs clients, des fonctionnaires, des artisans, des hommes de loi, des négociants, le frère et la veuve de Lebon, le gendre de Pache, la sœur de Marat, une fille de Duplay, la veuve de Lazowski, réunis par la seule communauté des rancunes. La doctrine ne fut qu'une machine de guerre pour ébranler le régime. Egalité des salaires, suppression de la propriété, socialisation des subsistances, guerre aux riches, guerre aux repus : il y avait là tout ce qu'il fallait pour agir sur les faubourgs. Le parti babouviste naquit ainsi du rapprochement de terroristes déchus, de théoriciens communistes, d'ouvriers malheureux, d'officiers sans emploi, de gens exaspérés par le spectacle des fortunes subites nées du pillage de l'Etat, et de petits bourgeois ruinés.

Très vite, les adhérents affluèrent. Félix Le Pelletier était riche ; on trouva d'autres commanditaires, Amar, dont la fortune est assez mystérieuse, l'ex-marquis d'Antonnelle, qui avait été juré au tribunal révolutionnaire, le prince allemand Charles de Hesse. On se réunissait chez Amar, qui avait un bel appartement, rue de Cléry. Un nouveau journal destiné à la classe populaire fut fondé, le club du Panthéon conquis, la légion de police gagnée. On nomma un *comité insurrecteur* secret qui organisa un service de renseignements, une administration civile et un état-major militaire. Chacun avait son rôle et sa besogne. On devait faire paraître chaque jour une affiche et une brochure. Le poète Sylvain Maréchal composait des complaintes révolutionnaires qui étaient ensuite chantées dans les cafés et sur les places :

Ah ! pauvre peuple ; adieu le siècle d'or !
N'attends plus que jeûne et misère !
Il est passé le dix thermidor,
Jour qu'on immola Robespierre !

Ces révolutionnaires étaient sérieux comme des Pères de l'Eglise, naïfs comme des enfants et formalistes comme des procureurs. Jamais conspirateurs ne barbouillèrent tant de papier. Le *comité insurrecteur* tenait registre de ses délibérations, recevait des rapports et expédiait des circulaires. On avait des fanions, des cachets, des mots de passe. Promptement avertis par un mouchard, les Directeurs laissèrent les choses se développer en les surveillant. Quand ils jugèrent le fruit assez mûr, ils le cueillirent. La légion de police fut dissoute, le club du Panthéon fermé, Babeuf et ses complices arrêtés (3 mars-10 mai 1796). Pour contraindre les comparses à se dévoiler, des agents provocateurs organisèrent une échauffourée au camp de Grenelle et ce fut le prétexte d'un second coup de filet (9 septembre). Finalement, la Haute Cour de Vendôme condamna à mort Babeuf et Darthé ; une commission militaire siégeant au Temple fit fusiller, d'autre part, trente et un accusés, dont l'ancien conventionnel Javogues.

Hors le dénouement, la *conjuration des Egaux* ressemble fort à un complot d'opérette. Malgré les pathétiques exhortations du Directoire, elle laissa le public indifférent. On ne la prit pas au sérieux et pas davantage le zèle imprévu du gouvernement se posant en défenseur intrépide de l'ordre et de la propriété. Entre le régime et le pays, il y a un fossé qui s'élargit de jour en jour. Si la Constitution de l'an III avait apporté la paix et l'aisance, nul doute qu'elle n'ait été acceptée avec plus ou moins de résignation. Mais, en un an, les illusions se sont dissipées. Rien n'a été résolu. La vie est plus difficile que jamais. Le mouvement de réaction amorcé en Thermidor et endigué en Vendémiaire reprend de plus belle. La faillite de l'assignat et la chute du nouveau papier le précipitent. Les émigrés rentrent, le catholicisme renaît, les prêtres déportés reviennent, les constitutionnels reforment leur Eglise. Les rues débaptisées reprennent leurs vieux noms de saints. On interdit les sonneries de cloches, mais les temples sont pleins et les offices ont lieu. Sans que la question d'une restauration monarchique soit ouvertement posée, la masse retourne insensiblement aux hommes et aux idées d'autrefois.

Elle aspire au repos, à la sécurité, à tous ces biens humbles et précieux qui rendent la vie possible et que la royauté avait assurés. Louis XVIII lance une nouvelle proclamation, promettant l'oubli des erreurs, des torts et des crimes, et faisant appel à tous les Français de bonne volonté et amis de l'ordre.

Cette habile volte-face était l'œuvre d'un nouvel état-major monarchiste, dont l'inspirateur était un ancien conseiller au Parlement d'Aix, nommé d'André.

Habile et disert, aimant l'argent comme quelqu'un qui s'entend à la spéculation, monarchiste sincère, mais sans illusion, d'André avait joué aux Etats généraux et à la Constituante le rôle d'un manœuvrier de couloirs. Emigré en 1792, il avait vécu à Londres, puis en Allemagne et en Suisse, ne se montrant guère, gérant soigneusement la fortune qu'il avait mise à l'abri, très soucieux de fuir les manifestations bruyantes et les discussions vaines.

La Suisse était, en 1794, le foyer permanent de tous les complots dirigés contre la République. Les Etats en guerre y entretenaient des services de renseignements, des agences de propagande et même des fabriques de faux assignats. A travers le Jura, en dépit de toutes les surveillances, c'était un trafic continuel de papiers imprimés et de papiers manuscrits. En tel endroit on pouvait se procurer de faux passeports, de faux certificats de civisme, de fausses cartes d'alimentation. Ailleurs telle cabane servait de point de ralliement aux passeurs, telle autre d'arsenal aux réfractaires. Une chaîne de relais, un réseau de complicités, les unes bénévoles, les autres payées, permettaient d'acheminer à travers la France, les personnes, l'argent et les imprimés.

Le caissier principal de l'émigration était le résident britannique à Berne, Wickham, ancien chef du service des étrangers à Londres. M. Bessand-Massenet a dépouillé sa correspondance diplomatique et apporté sur lui et sur d'André de précieuses lumières. Wickham disposait d'un très important budget, mais il était las d'avoir affaire à des illuminés qui prophétisaient à chaque changement de lune le rétablissement prochain de la monarchie ou à des aventuriers, bons pour le risque, mais incapables de juger sainement une situation politique.

Après Thermidor, Wickham rencontra d'André dans une société lausannoise. Il fut frappé par la modération, l'équilibre et le sang-froid de son interlocuteur. Tout de suite, il lui proposa de devenir l'animateur des réseaux, ou, comme on disait, des correspondances que son gouvernement finançait. D'André accepta, entra en rapport avec Paris et en août 1795 remit à Wickham un plan d'action que le prétendant, dont la réflexion politique avait suivi un chemin parallèle, approuva. La Révolution, dit d'André, a pénétré partout. Pour les ruraux, elle a consisté en un gigantesque transfert de propriétés, dont les bénéficiaires ne voudront jamais se dessaisir. Dans les villes, la Terreur a laissé un souvenir odieux, mais on a pris goût aux franchises nouvelles et à l'égalité civile. Bref, si l'on prétend remettre les choses dans l'état où elles se trouvaient en 1789, on aura tout le monde contre soi, en particulier les possédants, les paysans, les bourgeois, c'est-à-dire les éléments nécessaires d'une réaction conservatrice. Les émigrés ont été des fous de sceller, par leurs menaces, l'union de toute la nation contre leurs entreprises. Leurs manifestations impuissantes n'ont eu d'autre résultat que de faire craindre le retour du Roi, que de faire passer ses partisans pour des énergumènes, des songe-creux, des cerveaux timbrés. Depuis Hugues Capet la monarchie a souvent changé de forme, sans cesser d'être la monarchie : il faut qu'une fois encore elle fasse preuve de sa faculté d'adaptation, qu'elle se rajeunisse, qu'elle oublie le passé, qu'elle se rende indispensable, comme élément d'ordre, d'union et de pacification.

Dans un second mémoire, d'André étudie les moyens d'arriver à ce but. C'est un mauvais système d'attaquer tout de suite de front un régime qu'on veut abattre. « Voyez les Girondins. Ils ont d'abord eux-mêmes juré fidélité à la Constitution monarchique : ils n'en ont attaqué que les agents. Ils ont cherché à se rendre maîtres des élections, à se former une majorité dans l'Assemblée, dans les autorités constituées, dans les états-majors de l'armée et de la garde nationale ; ils ont ensuite profité des fautes du gouvernement et enfin ont tout bouleversé : des hommes ont fait ce que des armées n'auraient pu faire... Robespierre ensuite n'a pas procédé autrement. » L'anarchie intérieure est telle qu'il est possible de réunir les mécontents et de les conduire aux urnes en 1797. Une fois le parti assuré de la majorité dans les Conseils, on verra s'il faut frapper un grand coup ou continuer par les voies légales. Le comte de Précy, héros de la révolte lyonnaise, l'abbé Bernier qui, pendant la Terreur, a dirigé à Paris même l'agence clandestine du parti royaliste appuient d'André. En février 1797, il rentra en France avec un faux passeport sous le nom d'un certain Berger, négociant suisse. Il apportait avec lui trente mille livres sterling et il était entendu que Wickham lui ferait passer chaque mois six mille louis.

Une machine s'organise. Sous le nom d'Instituts philanthropiques, un chef de réseau, des Pommelles, ancien collaborateur de Ségur au ministère de la Guerre, homme prudent aux identités multiples, crée un peu partout des sociétés calquées sur le modèle jacobin, qui groupent et chapitrent les électeurs, en exploitant tous les mécontentements, sans découvrir encore une doctrine politique caractérisée. On chassera les pourris ; on protégera la propriété ; on empêchera le retour du terrorisme ; on assurera la liberté religieuse ; on fera la paix ; on rétablira la sécurité intérieure. Deux mois après le retour de d'André, soixante-dix Instituts fonctionnent déjà.

Ne croyons pas que les propagandistes animés par des Pommelles soient de grands seigneurs ou de gros financiers. Ce sont des nobles de campagne, des abbés, mais surtout des hommes appartenant aux classes moyennes, principales victimes de l'inflation, d'anciens juges, des avocats, un architecte, des négociants. A Bordeaux, un ancien planteur de Saint-Domingue, en Périgord un organiste. A Agen, le journal *Les Petites Affiches* est dirigé par un professeur à l'Ecole centrale du département ; à Angers également. Un des journaux de Paris, *L'Europe politique et littéraire*, a pour collaborateur principal un directeur au ministère de la Police. D'autres feuilles parisiennes font la même propagande, *Le Mémorial, La Tribune.* Un chef de bureau au ministère de l'Intérieur est chargé de l'acheminement et de la distribution des fonds. Le parti dispose d'une poste privée et d'un service permanent de voitures. Jamais le mouvement n'avait été conduit avec autant de méthode, d'unité et de vigueur.

On vota le 27 mars 1797. Comme les élections se faisaient à deux degrés, que le collège des grands électeurs se réunissait au chef-lieu de département, qu'il fallait aussi désigner un grand nombre d'autorités locales, les opérations durèrent une quinzaine de jours. On se pressa aux urnes. En dépit des fraudes, de la pression officielle, ce fut un désastre pour le gouvernement. Sur les 216 conventionnels qui représentaient le tiers sortant, 13 seulement parvinrent à se faire renommer, dont 2 par des assemblées illégales. Tous les nouveaux élus furent des adversaires du régime, des lois et du personnel révolutionnaire. Quelques-uns surprennent, tant ils semblent venus de loin : tels Fleurieu, ministre de la Marine sous Louis XVI, le chevalier de Murinais, maréchal de camp dans les armées royales, Tronson du Coudray, avocat de Marie-Antoinette. Si le pays ne savait pas exactement ce qu'il voulait, au moins disait-il clairement ce qu'il ne voulait plus.

Le changement de majorité apparut dès la rentrée parlementaire. Le sort ayant désigné Letourneur comme Directeur sortant, les deux Conseils choisirent pour lui succéder le négociateur du traité de Bâle, Barthélemy, dont les opinions royalistes étaient connues. Barthélemy eut 309 voix sur 458 aux Cinq-Cents, 138 sur 218 aux Anciens. Aussitôt après, les Conseils formulèrent leur programme. A l'intérieur : apaisement religieux, restauration financière, contrôle étroit du Trésor public, renouvellement des administrations ; à l'extérieur : paix générale, fin des aventures, condamnation de l'impérialisme et de la propagande.

Les deux parties du programme sont évidemment liées : on ne peut rétablir les finances sans renoncer en même temps à la guerre. Pour reconstituer sa richesse, le pays a besoin de tous ses enfants. D'autre part, avec un gouvernement incertain et décrié, on est à la merci du moindre revers et il est absurde de faire des conquêtes que l'on n'aura pas la force de garder. Qu'importe que l'Italie du Nord soit couverte de Républiques alliées si l'on n'a point de pain à Paris et si, à la première surprise, ces annexes doivent s'effondrer comme un château de cartes ?

Tout ce plan est parfaitement sensé et, comme don de joyeux avènement, les Conseils se hâtent d'abroger toute une série de lois terroristes encore en vigueur contre les prêtres réfractaires et les parents d'émigrés. Mais, en dépit de leur victoire électorale, ils sont hors d'état d'aller plus loin.

Des cinq Directeurs, en effet, ils ne peuvent compter absolument que sur Barthélemy, et Barthélemy est un homme effacé, timide, habitué aux courtoises discussions des chancelleries, impropre aux intrigues parlementaires, comme aux décisions audacieuses. Sans doute est-il le plus souvent appuyé par son collègue Carnot, mais Carnot reste républicain et il garde rancune aux modérés de n'avoir pas élu, au lieu de Barthélemy, le ministre de la police, Cochon, jacobin très repenti et fonctionnaire à poigne.

En second lieu, la majorité elle-même est divisée. A l'extrême-droite, une vingtaine de députés royalistes se groupent autour d'Imbert-Colomès et de Pichegru. Ce sont des gens décidés que le choix des moyens n'arrête pas. Ils ont un embryon d'organisation militaire, et à l'occasion, ils ne reculeraient pas devant un coup de force. Le gros du parti les tient pour des furieux et subit avec impatience leurs propositions incendiaires. Camille Jordan, Royer-Collard et les respectables personnages qui forment avec eux ce que nous appellerions aujourd'hui le centre droit, se défendent hautement d'avoir des préoccupations hostiles à la République, proclament en toutes circonstances qu'ils demeureront dans la légalité et, avec une candeur désarmante, s'imaginent effrayer les anciens guillotineurs en agitant des messages de blâme et des ordres du jour de défiance. Enfin, à la gauche des conservateurs, flottent encore une centaine de conventionnels, revenus de loin sans doute, mais néanmoins hostiles à une réaction plus poussée par la crainte d'en être eux-mêmes les victimes. D'André, trop voyant, n'a pu se faire élire à Paris. « J'en ai un regret mortel, a-t-il écrit. J'aurais eu sur mes collègues une influence qu'il m'a été impossible d'acquérir du dehors. » Se rendant compte qu'on était arrivé du premier coup au paroxysme, il conseilla d'attaquer de front et violemment, en laissant de côté les scrupules de légalité :

— Dans trois mois, disait-il, nous aurons la royauté ou bien un gouvernement militaire et révolutionnaire.

On ne le comprend pas. Gibert-Desmolières reçoit bien dans sa maison, rue de Clichy, les membres les plus notables des trois groupes, mais des relations de salon ne font pas un parti et s'il y a eu entre les *Clichyens* une entente vague et intermittente, il n'y a pas eu de véritable cohésion.

Barras et Reubell se sentaient particulièrement en danger à cause de leurs dilapidations et de leur passé. En jouant du péril clérical, il gagnèrent La Revellière-Lépeaux. C'était un bourgeois campagnard, qui avait enseigné la botanique médicinale à Angers. Il aime les fleurs, est un fidèle habitué du Jardin des plantes, bon père, bon époux, homme rangé qui se couche tôt et joue de la flûte dans de petits concerts familiaux. Mais cet homme doux a deux passions : la propagande armée qui doit faire le bonheur de l'Europe, la haine de la religion catholique. Il a des raisons personnelles d'en vouloir aux Chouans qui ont saccagé ses propriétés dans la Vendée angevine. Mais il est mû aussi par des raisons métaphysiques. Ayant siégé sur les bancs de la Gironde, il rêve d'extirper définitivement le catholicisme, et d'installer à sa place un déisme sans clergé, qu'il appelle la théophilanthropie. Il déteste Carnot qui, de temps en temps, lui conseille de se faire martyriser lui-même pour donner plus de consistance à son culte. Enfin et surtout, Barras et Reubell alarment les généraux en leur représentant que la fin de la guerre serait aussi la fin de leur gloire, de leur emploi et de leurs ambitions.

En juillet, talonnés par les Conseils, les Directeurs se résignèrent à renvoyer leurs ministres, mais loin de prendre leurs successeurs parmi les Clichyens, ils allèrent les chercher dans la très républicaine société qui se réunissait à l'ancien hôtel de Montmorency. Par un véritable défi, le ministère de la Guerre était confié à Hoche, vainqueur de la Vendée et mitrailleur de Quiberon. Sans tarder, Hoche détacha de l'armée de Sambre-et-Meuse une division qui marcha aussitôt sur Paris. Un article de la Constitution interdisait de faire passer des troupes à moins de soixante kilomètres du lieu où le Corps législatif tenait ses séances. Avertis de l'arrivée de Hoche, les Cinq-Cents demandèrent des explications au Directoire. Barras avait tout machiné, sans avertir Carnot, chargé cependant des affaires militaires. Voyant l'affaire éventée, il n'insista pas. Les soldats s'éloignèrent de la limite constitutionnelle et Hoche, qui n'avait pas l'âge requis pour être ministre, donna sa démission.

Ce n'était que partie remise ; Bonaparte s'offrit pour remplacer Hoche. Dans une proclamation faite à l'armée en l'honneur du 14 juillet, il avait une fois de plus affirmé son loyalisme républicain : « Des montagnes nous séparent de la France, vous les franchirez avec la rapidité de l'aigle s'il le fallait pour défendre la constitution, défendre la liberté, protéger le gouvernement et les républicains. » A son instigation, les régiments placés sous ses ordres avaient signé des adresses très violentes par lesquelles ils assuraient les Directeurs de leur entier dévouement : « Des hommes couverts d'ignominie, saturés de crime, s'agitent et complotent au milieu de Paris, quand nous avons triomphé aux portes de Vienne... Nous comptions sur les lois et les lois se taisent... Il faut que les armées pacifient la France... Tremblez, vils soutiens du despotisme, prêtres infâmes, lâches assassins, sicaires des royalistes. Vous avez déshonoré l'humanité, nous vous avons jugés à mort. »

Tandis que les graves messieurs de la majorité perdent leur temps en parlotes et en récriminations, Barras masse 30 000 hommes à proximité de Paris et Bonaparte lui donne Augereau pour les commander. Les Conseils, mis au courant de ces préparatifs, n'ont même pas l'audace de le décréter d'accusation du chef de coup d'Etat, ni de faire appel à Moreau qui, en Allemagne, a interdit les pétitions dans son armée, ou à Kléber qui répond de la garnison de Paris... Bien mieux, Mathieu Dumas a raconté plus tard à Napoléon qu'un colonel de la garde nationale lui avait proposé de pénétrer par surprise au Luxembourg et de tuer Reubell et Barras dans leur lit. Mathieu Dumas avait refusé avec horreur.

— Vous fûtes un imbécile, lui répondit Napoléon. Vous n'entendez rien aux révolutions.

Les choses se passèrent donc, comme elles devaient se passer.

Le 4 septembre 1797 (18 fructidor), vers 3 heures du matin, les Tuileries sont cernées et quand les députés, convoqués en hâte par leurs présidents, se préparent à tenir séance, ils sont pris comme dans une souricière. A midi, les émissaires du gouvernement rassemblent les membres de la minorité et leur font approuver le coup de force.

Les décrets du 19 fructidor annulent les opérations électorales de 49 départements ; 198 députés qui siègent au moins depuis quatre mois sont invalidés ; 165 citoyens, dont deux Directeurs et 63 députés, déportés ; la législation terroriste contre les émigrés et les prêtres réfractaires remise en vigueur ; la presse placée pour un an sous la surveillance de la police ; les journaux de droite supprimés et leurs rédacteurs envoyés au bagne.

La liste des proscrits comportait des royalistes et des républicains. On eût dit qu'on les avait choisis non pour leurs opinions, mais pour leur honnêteté. Carnot (qui heureusement s'était échappé) y figurait avec Barthélemy, Jourdan, Tronson du Coudray (qui mourra à la Guyane), Barbé-Marbois, Siméon, Mathieu Dumas... Pour remplacer Carnot et Barthélemy, le Parlement-croupion désigna Merlin (de Douai) et François (de Neufchâteau).

Débarrassés de l'opposition, les Directeurs et Bonaparte se hâtèrent de mettre à profit leur commune victoire. Le 30 septembre 1797, le ministre des Finances, Ramel, faisait adopter une loi qui réduisait des deux tiers le montant de la dette publique : c'était une banqueroute de deux milliards. Le 17 octobre suivant, les préliminaires de Leoben étaient transformés à Campo-Formio en un traité définitif : c'était la reconnaissance du proconsulat napoléonien. Barras et Bonaparte s'étaient comportés en associés loyaux. Mais combien de temps leur entente allait-elle durer ?

Par sa victoire même, le Directoire était condamné aux excès. Il lui était interdit d'évoluer et de se réformer. D'André avait réussi à s'enfuir. On ne le revit plus que sous la Restauration, fort riche et père de neuf enfants. En reconnaissance de ses services, Louis XVIII le nomma intendant des Bois et Domaines de la Couronne. Il avait essayé de finir la Révolution par les voies paisibles et constitutionnelles. Il avait échoué par l'éternelle faiblesse des modérés, toujours divisés, toujours timides, toujours rivaux. Ils n'avaient pas compris que l'opinion n'est pas en soi une force stable, mais, au contraire, que pour ne point tomber ou se dérober, elle a besoin de se sentir conduite par des hommes qui sachent, eux, où ils vont. Or les chefs du centre et de la droite avaient montré plus d'intentions que de volonté, plus d'éloquence que de capacité au commandement et à l'action. En introduisant l'armée dans la politique, le Directoire, lui, a très imprudemment révélé leurs forces aux généraux. L'ajournement indéfini de la monarchie constitutionnelle ne pouvait signifier que la guerre et l'aventure.

XVI.
Brumaire

Depuis Thermidor, le gouvernement de la France était la proie d'une bande complètement détachée non seulement du gros de la nation, mais même de la minorité révolutionnaire. Ne représentant qu'eux-mêmes, les Directeurs et leurs créatures s'étaient installés au pouvoir comme dans une place forte, mais quand ils eurent demandé du secours pour tenter une sortie, leur faiblesse apparut avec tant d'éclat qu'ayant décimé la droite le 18 fructidor, ils furent, dès le lendemain, entraînés vers l'extrême-gauche.

Après le coup d'Etat, on a cassé ou épuré toutes les administrations départementales, destitué la moitié des juges, créé des tribunaux d'exception, renouvelé le personnel des ministères et des ambassades : postes nouveaux et postes vacants reviennent aux anciens Jacobins. La Convention expirante avait interdit l'accès des fonctions publiques aux réactionnaires et aux modérés : la loi est remise en vigueur. Les prêtres doivent prêter le serment de fidélité à la République et de haine à la royauté. S'ils s'y refusent, ils sont déportés par mesure individuelle. Les émigrés rentrés et non rayés sont tenus de retourner à l'étranger dans les quinze jours, sous peine d'être traduits devant une commission militaire et fusillés. En un an, 1 448 prêtres français et 8 235 prêtres belges sont envoyés à Cayenne. Quantité de nobles qui n'ont jamais quitté la France, mais que l'on a inscrits d'office sur les listes d'émigrés afin de confisquer leurs biens, n'échappent au peloton d'exécution qu'en abandonnant précipitamment famille et patrie.

C'est la Terreur, mais la Terreur maniée par des tartufes. La Convention, du moins, avait dressé l'échafaud en plein milieu de Paris. Quand le Directoire fusille, c'est en cachette, à Grenelle. D'ailleurs, la vue du sang versé l'épouvante et il n'ose revenir à la guillotine. Aux exécutions publiques qui soulèvent le dégoût et inspirent la pitié, il préfère la lointaine agonie dans les fièvres tropicales. Il ne tue pas : il fait mourir.

Les premiers déportés sont au nombre de dix-huit, parmi lesquels le Directeur Barthélemy, négociateur du traité de Bâle ; le général Pichegru, conquérant de la Hollande ; le président des Anciens, Barbé-Marbois, et le président des Cinq-Cents, Laffon de Ladebat. On les enferme dans des cages roulantes, sans ressorts, grillées en haut et ne s'ouvrant sur les côtés que par une seule porte cadenassée.. Quand il pleut, l'eau ruisselle des claires-voies supérieures. A chaque cahot, les occupants sont lancés d'une paroi à l'autre. Ils arrivent à La Rochelle, couverts de meurtrissures et à demi morts de fatigue. On les transporte sur un bateau de galériens où les cellules sont infectes et où ils n'ont droit qu'à deux heures de bon air par jour. A la fin, on les affame. Pour les condamnés de l'année suivante, religieux et journalistes, on rétablit la chaîne de forçats : le convoi à pied, sous les fers, jusqu'à Rochefort. Ensuite, c'est l'entrepont, la chaleur, les épidémies. Des 193 déportés venus à la Guyane par la *Décade*, 156 succombent ; des 120 de la *Bayonnaise*, 119. Quand les croisières anglaises empêchent les transports, on entasse les victimes dans les casemates des îles de Ré et d'Oléron, et on les y laisse croupir dans la saleté.

Les Directeurs ne poursuivent les prêtres que pour mieux atteindre la religion. Ces hommes qui sont des profiteurs sont aussi des doctrinaires et ils tiennent d'autant plus à leur doctrine que c'est par elle qu'ils échappent à l'intime mépris de leur propre pensée. Ils n'ont d'illusion ni sur la vie qu'ils mènent, ni sur le régime qu'ils on créé, ni sur le personnel qu'ils emploient. Mais dans la fange où ils s'enlisent, ils gardent comme un bout d'idéal. Affranchir l'esprit humain, établir une morale rationnelle, c'est encore un morceau du rêve révolutionnaire. En le servant, ils affirment leur fidélité à leur jeunesse, ils se posent en théoriciens et en philosophes. Qu'on les traite de sectaires, d'illuminés, de fanatiques, ils le souhaitent. Peut-être oubliera-t-on alors de les appeler pourris.

Par leur soumission politique, les curés constitutionnels ont cru échapper à la persécution : c'est une fausse espérance et un mauvais calcul. L'évêque Grégoire, *Grégoire premier de Paris*, est aussi honni que le pape Pie VI, *Pie dernier de Rome*. Jureurs et réfractaires sont confondus sous la même appellation de bigots et toutes les protestations n'y font rien.

L'arrêté directorial du 3 avril 1798 prescrivit la stricte observation du calendrier républicain, comme étant une des mesures les plus propres « à faire oublier jusqu'aux dernières traces du régime royal et sacerdotal ». Donc plus de dimanches, ni de fêtes chômées, hormis les anniversaires républicains, 21 janvier, 14 juillet et 10 août..., repos obligatoire du décadi pour tous les citoyens, cérémonies décadaires présidées par les autorités et obligatoires pour les élèves des écoles, interdiction de célébrer les mariages civils à un autre moment qu'à l'issue de la cérémonie décadaire. Pendant deux ans, en dépit des moqueries et des résistances, le Directoire s'acharna à imposer cette religion sans Dieu, dont personne ne voulait.

Alors que le pays entier était tourmenté par le besoin d'absolu et par l'inquiétude de l'au-delà, les prêches civiques, débités par les administrateurs de canton, étaient — même soutenus par l'orgue — des dérivatifs bien médiocres. Cependant, on se serait contenté d'en rire, si d'absurdes brimades ne les avaient partout accompagnés. Pour empêcher les catholiques de faire maigre, la vente du poisson est interdite les jours de jeûne. Chaque décadi, des détachements de police parcourent les campagnes pour contraindre les cultivateurs à ne pas travailler. Dans le canton de Manosque, on poursuit à coups de fusil des paysans occupés à labourer. Dans l'Ille-et-Vilaine, une pauvre vieille de quatre-vingt-deux ans est condamnée à l'amende pour avoir filé sa quenouille, à la vue de la rue. Pas de boutiques ouvertes le décadi, mais pas de boutiques fermées le dimanche. A Strasbourg, 350 jardiniers sont poursuivis pour n'être pas venus au marché un ci-devant dimanche.

Cette fureur de régenter les idées et les coutumes va si loin que la censure est étendue de la presse au théâtre. Le répertoire est expurgé, les noms des personnages modifiés, les empereurs de tragédie mués en magistrats républicains. Ayant mis aux esprits la livrée révolutionnaire, on songe un moment à la donner aux corps. David propose et dessine un uniforme de citoyen. On n'ose pas l'adopter, mais on impose le port de la cocarde tricolore.

Ce n'est pas encore assez. Le parti révolutionnaire exige un retour complet au régime robespierriste, sous sa forme sociale, aussi bien que sous sa forme politique et, comme des élections doivent avoir lieu au printemps de 1798, il espère, en exploitant l'exaspération générale, reconquérir la majorité des Conseils.

Après le péril de droite, le péril de gauche. Le Directoire ne perd pas son temps à philosopher. Il désigne officiellement ses candidats, les soutient par une pression éhontée, supprime les feuilles qui les combattent et, par précaution, décide que les élus seront validés non point par la nouvelle législature, mais par l'ancienne, c'est-à-dire par ceux-là mêmes qu'ils ont combattus.

Les proscrits de Fructidor n'avaient point été remplacés. Ce n'était donc pas le tiers, mais plus de la moitié des sièges qui était à pourvoir : 437 sur 750. En dépit des menaces, des fraudes, des scissions, et des épurations, les scrutins furent une catastrophe pour le gouvernement. Eclairés par le coup d'Etat de l'année précédente sur la vanité du régime électif, les modérés s'abstinrent en masse. Presque partout, les assemblées primaires furent composées de terroristes, et quand les derniers dépouillements furent terminés, au milieu d'avril, on put constater que trois cents *anarchistes* allaient siéger au Palais-Bourbon et aux Tuileries. La riposte ne se fit pas attendre. François (de Neufchâteau), Directeur sortant, ne devait se retirer qu'après l'installation des nouvelles Chambres. Il abandonna ses fonctions un mois plus tôt et les Conseils battus lui donnèrent pour successeur un bourgeois à poigne : Treilhard. Enfin, ces mêmes Conseils entreprirent de vérifier les pouvoirs de leurs successeurs et, bien entendu, ils les jugèrent entachés de nombreuses illégalités. Le 11 mai 1798 (22 floréal), ils décidèrent d'exclure 98 députés. Mais de ces 98 sièges, ils n'en distribuèrent que 45 à leurs amis et laissèrent les autres sans titulaires. Pour apprécier comme il convient la beauté de cette opération, il faut se rappeler que, deux mois plus tôt, on avait célébré en grande pompe la fête de la Souveraineté du peuple.

Le 22 floréal valut un an de répit aux Directeurs, mais s'il entrava la poussée à gauche, il ne la brisa pas. Les Jacobins continuèrent leur propagande dans le pays, mais comme ils sentaient que le programme babouviste était, plus que jamais, impopulaire, ils changèrent prestement leur mot d'ordre et remplacèrent la *guerre aux riches* par la *guerre aux pourris*, campagne habile, susceptible d'entraîner sous la même bannière les mécontents de tous les partis. Et puis la mine était inépuisable et l'on ne craignait pas de manquer d'arguments !

Des discours véhéments livrèrent pêle-mêle à l'exécration publique les enrichis de la guerre, les fournisseurs de l'Etat, les *vautours*, les *vampires*, les *sangsues du peuple*, les *modernes Verrès*. Le déficit fut représenté comme le résultat du pillage, les Directeurs dénoncés comme les complices et les créatures des banquiers et des voleurs. Une commission chargée d'enquêter sur la démoralisation fit un rapport menaçant : « Il n'existe aucune partie de l'administration publique, disait-elle, où l'immoralité et la corruption n'aient pénétré... Une plus longue indulgence nous rendrait complices de ces hommes que la voix publique accuse. Ils seront frappés du haut de leurs chars somptueux et précipités dans le néant du mépris public, ces hommes dont la fortune colossale atteste les moyens infâmes qu'ils ont employés à l'acquérir. »

La tactique des Jacobins fut couronnée de succès. Aux élections de l'an VII (mars-avril 1799), ils recueillirent les voix des catholiques et des modérés qui, ne pouvant faire passer les leurs, assurèrent, par haine du gouvernement, le succès des *anarchistes*. La vague était si forte que le Directoire n'osa pas recommencer l'opération de l'année précédente. Les trois cents nouveaux élus prirent séance le 20 mai et ils furent tous validés. Cette fois, la majorité était bien renversée et l'on eut le sentiment que le Directoire allait sauter en entier.

Des cinq rois, cependant, il faut mettre à part l'ex-abbé Sieyès qu'on était allé chercher à l'ambassade de Berlin pour l'installer à la place de Reubell. Apostat et régicide, il a tous les stigmates qui distinguent le révolutionnaire de première zone. Ayant su se taire et se terrer sous la Convention, il n'est pas compromis avec les communistes. N'ayant point participé au pouvoir depuis quatre ans, il bénéficie de la force immense attachée à ceux qui ont l'art de se faire désirer. Comme le dit Albert Vandal, sa réputation a grandi de tout ce qu'il n'a pas fait. Son silence est lourd de pensées et, quand il parle, c'est par oracles. Depuis la mort de Condorcet, la République n'avait plus de philosophe. Sieyès en relève l'emploi. Il est mystérieux, profond, inintelligible. Tous les partis se réclament de lui et de la Constitution qu'il porte en sa tête. Au reste, il affecte de ne pas frayer avec ses nouveaux collègues et, quand il consent à les nommer, c'est avec un dédaigneux mépris. A part aussi, le vicomte Paul de Barras. Celui-là, c'est le pourri par excellence. Après sa piteuse installation au Luxembourg, il s'est hâté de garnir le palais avec les ressources du garde-meuble national. Le jour où la République reçut le ministre de Toscane, les invités trouvèrent au Luxembourg huit cents laquais et trente-deux maîtres d'hôtel. Barras s'est attribué l'aile ouest du palais, au premier étage, dans laquelle se trouvait la galerie peinte par Rubens. On appelle les Directeurs les cinq Cartouches, mais on s'écrase aux réceptions de Barras. Les anciens de la Convention sont là chez eux. Les militaires ne boudent pas cet ancien officier. Les ci-devant ralliés se disent qu'un homme bien né conserve toujours quelque chose de sa naissance. On voit chez Barras la duchesse de Bracas et le ténor Garat, l'ancien évêque Talleyrand et la cantatrice Sophie Arnould, le tragédien Talma et le comte de Lauraguais en Incroyable, Bonaparte et des fournisseurs aux armées qui sont multimillionnaires. On y voit de très jolies femmes, Theresa Tallien, Joséphine de Beauharnais, veuve du général guillotiné, Mme Récamier, Mme Hamelin. On y voit aussi Mme de Staël, fille de Necker. Le matin, Barras reçoit les solliciteurs, officiers, députés, parents d'émigrés, financiers. Par ses mœurs, Barras semble sortir d'un roman obscène. Mais il est intelligent. Il joue volontiers au spadassin et, de temps en temps, il remue avec fracas le sabre de Thermidor et de Vendémiaire. « Chaque fois qu'une crise s'annonçait, écrit Benjamin Constant, on disait que Barras allait monter à cheval. Le malheur est qu'on savait jamais s'il monterait pour ou s'il monterait contre. » Il a trop besoin de la République pour ne pas mettre son sabre au service du plus fort.

Le 16 juin 1799, les Conseils se déclarèrent en permanence et déclenchèrent leur offensive contre l'Exécutif. On s'était aperçu que l'élection de Treilhard n'était pas régulière : il fut prié de décamper et Barras se chargea de le convaincre. Ce ne fut pas long. Sans mot dire, Treilhard prit son parapluie et s'en alla coucher chez lui, rue des Maçons. Restaient La Revellière et Merlin. Le 18, une motion des Cinq-Cents les désigna nominativement comme indignes d'occuper des fonctions publiques. Il y eut entre les Directeurs une scène très violente, avec éclats de voix et gros mots. Les deux victimes ne voulaient pas s'en aller. Barras et Sieyès s'appliquaient à leur faire peur sans y réussir. Finalement, menacés d'un décret de mise en accusation, ils se résignèrent à envoyer leur démission, protestant qu'ils la signaient sous le couteau.

Il fallait remplacer les partants. Sieyès fit élire trois nullités qu'il espérait bien dominer : Gohier, qui avait été ministre de la Justice sous la Convention ; Roger Ducos, ancien juge de paix à Dax et ancien Conventionnel ; et enfin, le plus inconnu des généraux, Moulin, qui avait gagné son grade comme adjudant de Santerre (18 juin-30 prairial). Les ministres et l'état-major furent, à leur tour, épurés. On en chassa les plus notoires tripoteurs et on installa à leur place des survivants de la Montagne. Robert Lindet, un revenant, eut les Finances. Bernadotte et Marbot, connus tous deux pour leurs opinions exagérées, prirent, l'un le portefeuille de la Guerre, l'autre le commandement militaire de Paris. Enfin, sous le nom de *Société des Amis de l'Egalité et de la Liberté*, les Jacobins reconstituèrent leur club et le Gouvernement leur concéda comme lieu de réunion la salle du Manège, celle-là même qui avait abrité la Constituante, la Législative et la Convention à ses débuts.

Les nouveaux Jacobins brûlaient de se rendre dignes de leurs modèles. Leurs réunions et leurs discours ne furent que des appels à la vengeance et à l'assassinat. L'un demandait l'immolation de cinquante mille bourgeois aux mânes de Robespierre et de Babeuf, un autre la mise en vigueur des lois révolutionnaires sur le commerce et la propriété, un autre encore le rétablissement des sociétés populaires dans toutes leurs attributions de surveillance et de police. De province, on annonçait que

« les hommes de sang » quittaient leurs cachettes et reprenaient le haut du pavé. Allait-on revoir aussi la guillotine ? Les *anarchistes* faisaient regretter les *pourris*.

Après le renouvellement du Directoire, les Conseils se maintinrent dix jours encore en permanence et, avant de se séparer, ils adoptèrent deux lois d'une exceptionnelle gravité (28 juin). La première prescrivait la mobilisation de toutes les classes qui n'avaient pas encore été appelées entièrement, la seconde établissait, sous le nom d'emprunt forcé, un prélèvement sur le capital, de 100 millions. Deux semaines plus tard (16 juillet 1799), la loi des otages ressuscitait les comités révolutionnaires et les chargeait de dresser dans chaque commune la liste des aristocrates et des parents d'émigrés qui seraient désormais considérés comme responsables des assassinats de *patriotes* dans les départements troublés. A chaque *patriote* assassiné, quatre otages seront déportés. S'il y a vol ou pillage, ils payeront l'indemnité.

Une chose est de voter les lois, une autre de les appliquer. Le pays qui a accueilli sans mot dire les coups d'Etat de droite et de gauche est également las de la politique et de la guerre. Réveillé un moment par les victoires de 1796, il est retombé dans son indifférence. Personne ne veut plus être soldat. La conscription est accueillie par une résistance presque générale des recrues qui, plutôt que de partir, s'organisent en bandes armées et, en bien des endroits, tiennent tête aux agents du gouvernement. Sur 2 300 conscrits du Loiret, 700 seulement rejoignent leur corps. Le commissaire du gouvernement dans les Basses-Alpes signale le passage de 200 déserteurs armés, parmi lesquels « de vieux soldats qui ont fait les guerres de la liberté ». Dans le Var, le commissaire essaie de nourrir deux bandes de 200 et de 400 hommes. En Saône-et-Loire, il est impossible d'exercer aucune poursuite. Les autorités tremblent, Pas un témoin ne parle. Dans l'Ouest, la Chouannerie se réveille. Neuf départements sont en insurrection latente.

Les villes, murées et gardées comme au temps féodal, appartiennent encore à la République, mais la campagne est aux Blancs. Partout présents, partout insaisissables, ils règnent par l'embuscade et la surprise. D'abord, ce sont des attentats individuels, des maisons brûlées, des gendarmes tués. Peu à peu, les groupes s'épaississent, les désordres s'étendent. Aux environs de Vitré, une voiture publique gardée par cent vingt-cinq soldats est arrêtée et son escorte dispersée. A Argentré, un détachement de ligne est fusillé à bout portant et contraint de s'enfuir. De Blois, de Chartres, de Caen, d'Evreux, on signale des rassemblements et des attentats. A Rouen, on manifeste dans les rues, aux cris de : « Vivent les Chouans ! A bas les Jacobins ! » Tout le Midi est en proie à une guerre civile, éparse, diffuse, sans cesse renaissante. *Compagnie de Jehu,* brigands, déserteurs, chauffeurs, émigrés rentrés forment une troupe composite qui vole et qui tue. Où commence le royalisme ? Où finit-il ? Comment distinguer le banditisme professionnel du banditisme politique ? Dans l'anarchie générale, il n'y a plus rien de clair, sinon la faillite des autorités.

C'est une longue suite d'horreurs qui ont commencé très tôt. En avril 1796, le château de Vitry-sur-Seine est envahi. Le propriétaire, Petitval, un ci-devant auquel la Révolution n'a fait jusqu'alors aucun mal, est assassiné avec sa belle-mère, deux tantes, trois femmes de chambre. Il ne reste dans la maison qu'un enfant chétif et maladif de dix ans. Rien n'a été volé. On eut plus tard l'explication de la tuerie : des parents avides avaient intérêt à ce que ce petit garçon vécût et tombât entre leurs mains. Crime de famille. Mais ce qui est bien de l'époque, c'est l'audace des criminels et l'extermination de toute la maisonnée. Huit jours plus tard, la diligence de Lyon était arrêtée près de Lieusaint, le courrier assassiné, les voyageurs détroussés. Ce genre d'attentats va devenir de plus en plus commun. Mais cette fois la justice croit tenir un coupable, Lesurques, qui est jugé à Versailles et guillotiné après le réquisitoire de Brillat-

Savarin, le gastronome. Le coupable Dubosc était presque un sosie de Lesurques. A l'hôpital de Strasbourg, un soldat malade est assassiné par deux infirmiers qui lui savent de l'argent. Son corps est retrouvé par son père, au milieu d'un lot de cadavres, respirant encore et retrouvant assez de forces pour accuser ses meurtriers. Citons encore : la tuerie de Bagnols, dans le Gard, où périssent douze personnes, y comprise une grand-mère de quatre-vingts ans ; l'attaque de l'auberge de Celle-Bruère (Cher) où sept personnes sont égorgées ; la tuerie de Porcieux (Var) où périssent le fermier, sa femme, le berger et deux enfants de quatre et sept ans. Avant d'être assassiné, le fermier a été à demi rôti dans la cheminée par les assassins, qui voulaient le contraindre à révéler où il cachait son argent. Le 5 août 1799, Toulouse est subitement cernée par quinze ou vingt mille rebelles et n'est sauvée que par un renfort arrivé d'Auch à marches forcées. Il y eut de véritables combats et, pendant quelques jours, on put craindre un soulèvement général.

Par principe, le Directoire attribuait tous les actes de banditisme à ses adversaires politiques. Il y eut, comme écrit Albert Vandal, un royalisme de grand chemin. Mais, en Eure-et-Loir, au printemps de 1798, la gendarmerie renforcée réussit à capturer une bande redoutable, comptant tant d'affiliés que l'instruction dura dix-huit mois et que 82 accusés furent présentés au tribunal. Le principal chef s'appelait Breton-Cul-Sec : son père avait été roué sous Louis XV et sa mère pendue sous Louis XVI. On ne put réunir de preuves contre tout le monde : à un moment donné, il y eut 760 détenus à Chartres. Cette bande qu'on appela la bande d'Orgères, du nom du village de Beauce, qui était son quartier général, devait avoir d'immenses ramifications car d'autres affiliés furent jugés à Bourg, dans l'Ain. « La tempête révolutionnaire, dit le président de la section criminelle du tribunal de cassation, a pénétré jusqu'au limon de la société et l'a soulevé jusqu'à la surface qui en est encore toute souillée ; les passions ont été des haines, les fureurs de tous les partis ont évoqué à leur aide tous les scélérats qu'elles revomissent aujourd'hui... »

Le prélèvement sur le capital se heurta à une résistance moins sanguinaire, mais très opiniâtre. Les contribuables étaient choisis par des jurys départementaux et taxés d'après leurs revenus présumés, selon une échelle progressive. L'impôt était augmenté de moitié pour les célibataires et veufs sans enfants, doublé pour les ex-nobles, triplé pour les parents d'émigrés. Les jurys se recrutaient parmi les citoyens non atteints par l'emprunt et distingués par leur *patriotisme* et leur attachement à la Constitution de l'an III. Ce n'était pas rassurant. De fait, plus encore que la richesse, ce furent les opinions politiques qui servirent à désigner les prêteurs. Dans l'esprit des jurés, il ne s'agissait pas de sauver les finances de l'Etat, mais bien de ruiner les modérés et les royalistes. Les ressentiments personnels et les dénonciations anonymes furent les bases véritables de la répartition. Il y eut, en outre, d'énormes sottises : un enfant de six ans, donc né trois ans après l'abolition des titres de noblesse, fut qualifié par le jury de Beauvais d'ex-noble et taxé en conséquence. Mais les jurés n'étaient pas incorruptibles. Les gros fournisseurs trouvaient des arguments propres à les convaincre. Les plus habiles surent dissimuler. Plusieurs s'arrangèrent pour être déclarés en faillite et laissèrent le fisc se battre avec les créanciers, vrais ou faux. Quelques-uns, enfin, se mirent en révolte ouverte. Albert Vandal rapporte cette anecdote qui courut sur un ancien fournisseur de l'armée d'Italie, Collot. Taxé à un chiffre exorbitant, il offrit 50 000 francs. Le jury refusa, prétendant que c'était trop peu : « Vous n'en voulez pas ? riposta Collot. Vous n'aurez rien, adieu. » Deux mois plus tard, ce même Collot sera le principal commanditaire du coup d'Etat bonapartiste. Du jour au lendemain, tous les citoyens susceptibles d'être atteints réduisirent leur train de vie. Domestiques, chevaux et voitures disparurent. Le tiers consolidé baissa d'un quart. Les ventes d'immeubles s'arrêtèrent. Les produits de l'enregistrement tombèrent à rien et les affaires déjà languissantes se ralentirent encore. En définitive, l'opération rapporta fort peu et fit perdre beaucoup. On recueillit 10 millions de francs, mais cette misérable perception fut compensée et au-delà par la baisse de toutes les autres recettes.

Quant à la loi des otages, la faillite fut encore plus complète. Non seulement, elle exaspéra les départements de l'Ouest et les poussa à s'insurger, mais encore elle souleva une telle indignation que, s'il faut en croire Gohier, il n'y eut pas un seul otage déporté.

Ainsi, les Jacobins avaient effrayé le pays en pure perte. Leur programme, une fois de plus, apparaissait inapplicable. Mais aux maux qu'ils avaient déjà répandus, d'autres menaçaient de s'ajouter et d'abord le plus terrible de tous : l'invasion.

Après le traité de Campo-Formio, le Directoire avait continué sa politique de propagande, de rapine et de révolution. La Hollande et la Suisse, transformées en Républiques unitaires et rançonnées, Mulhouse et Genève annexées, le Piémont occupé, l'Etat pontifical envahi et frappé d'une contribution de guerre : tel est le bilan de son action sur le continent. Mais si ces opérations étaient fructueuses, elles n'étaient point décisives, car notre principale ennemie, l'Angleterre, ne s'en trouvait pas atteinte.

Depuis longtemps, on songeait à un débarquement en Irlande. Hoche l'avait tenté en vain, en 1796, mais il n'avait pas renoncé à son projet. De nouveaux préparatifs avaient été faits et on avait même décidé d'appuyer l'opération principale par une diversion sur la Clyde. Hoche mort, la flotte hollandaise anéantie à Camperdow, le Directoire revint encore à l'idée du débarquement en le confiant, cette fois, à Bonaparte. Les troupes cantonnées dans l'Ouest furent groupées sous le nom d'armée d'Angleterre et, en février 1798, Bonaparte partit en inspection sur les côtes. Il en revint quinze jours plus tard, avec un plan d'expédition en Egypte.

Les raisons de ce changement ont toujours paru mystérieuses. Sans doute, depuis Choiseul, l'idée d'un établissement français en Egypte était familière aux diplomates et hommes d'Etat de l'Ancien Régime. Talleyrand l'avait reprise et défendue dans de nombreux mémoires. L'occupation de la mer Rouge et de l'isthme de Suez couperait, disait-il, les communications directes entre l'Inde et les Iles Britanniques. La vallée du Nil serait une base d'opérations excellente, soit pour organiser un coup de main vers les Indes, soit plus simplement pour ravitailler les princes insurgés à la suite de notre fidèle ami Tippou-Sahib. Enfin, dans les négociations de paix, l'Egypte pouvait jouer le rôle utile d'une monnaie d'échange. Bonaparte n'était pas insensible à ces raisons. Mais dans son imagination d'insulaire nourri d'études classiques, l'Orient demeurait le pays fabuleux d'où étaient sortis les grandes gloires et les grands empires. Demeurer en France, c'était s'enliser dans les luttes politiques, perdre chaque jour, dans des intrigues louches, un peu de réputation et d'autorité. Alors que le gouvernement devenait de plus en plus impopulaire, la sagesse commandait de l'abandonner à son misérable sort. L'Egypte, c'était, à tout le moins, les avantages précieux d'un proconsulat lointain : l'indépendance, le faste, la souveraineté, tout ce à quoi Bonaparte avait goûté en Italie et tout ce qu'il n'avait plus depuis Campo-Formio. Au reste, pourvu que le secret fût bien gardé, l'expédition se ferait en six mois et sans mal.

Faute de mieux, le Directoire se laissa convaincre. Le 19 mai 1798, 300 navires portant 16 000 matelots et 38 000 soldats quittaient Toulon sous la direction de l'amiral Brueys. Bonaparte emmenait avec lui 32 généraux et 200 collaborateurs civils. Les Anglais, complètement trompés, attendaient encore les Français dans la Manche que Malte déjà était prise et la flotte de Brueys mouillée en vue d'Aboukir. Le débarquement se faisait sans difficultés. Le 2 juillet, l'armée enlevait Alexandrie, et le 21, au pied des Pyramides, les Mameluks venaient se briser contre ses carrés.

De la mer du Nord au Nil, la France était victorieuse. Mais cet édifice de conquêtes et de républiques reposait sur une base d'une extrême fragilité. Les morceaux n'en étaient attachés que par des épingles. Pour durer, il lui manquait à peu près tout, à commencer par un gouvernement, un trésor et une marine.

Brueys avait brillamment réussi le transport des divisions d'Egypte, mais sa flotte improvisée n'était pas de force à se mesurer avec la flotte anglaise. Surpris par Nelson à son mouillage d'Alexandrie, le 1er août, il ne put que se faire tuer héroïquement à son bord. Tous les vaisseaux français, sauf deux, furent coulés. Bonaparte était coupé de la France.

C'était le premier craquement. Encouragée, l'Angleterre se hâta de renouer la coalition. Elle décida d'abord le roi de Naples, alarmé par l'occupation de Rome, puis la Turquie, suzeraine nominale de l'Egypte, la Russie, inquiète de la propagande révolutionnaire, et enfin l'Autriche, désireuse de reprendre pied en Italie (décembre 1798-mars 1799). Les hostilités recommencèrent sans que le Congrès de Rastatt, où se discutait le nouveau statut de l'Allemagne, eût été dissous. Les plénipotentiaires de l'empereur ne se retirèrent qu'en avril. Leur départ entraîna celui des autres diplomates. Les envoyés français quittaient la ville avec leur famille, quand ils furent assaillis par des hussards hongrois, arrachés de leurs voitures et sabrés. Deux d'entre eux, Bonnier et Roberjot, furent tués ; le troisième, Jean de Bry, survécut à ses blessures. Le gouvernement autrichien se défendit d'être l'auteur de l'attentat et il en rejeta la responsabilité sur des pillards indisciplinés. Mais c'était un mensonge. L'ordre était bien venu de Vienne.

Les coalisés mettaient en ligne 350 000 hommes dont 80 000 Russes. Le Directoire disposait à peine de 170 000 soldats et il lui fallait défendre, outre la France agrandie, les Républiques sœurs de Hollande, de Suisse et d'Italie qui, par surcroît, se conduisaient en mauvaises parentes et se révoltaient. En Allemagne, Jourdan avait à peine fait quelques pas au-delà du Rhin qu'il était battu par l'archiduc Charles. En Italie, Championnet réussissait à occuper Naples, mais il en était chassé et nous perdions successivement Rome et la Toscane. Dans la plaine du Pô, Souvorov surprend le passage de l'Adda, se jette entre Macdonald et Moreau, écrase le premier à la Trébie, contraint le second à se retirer et entre en triomphe à Milan. En Hollande, Brune ne peut empêcher le débarquement d'une armée anglo-russe. L'Alsace est menacée. C'est la débâcle. Seul, Masséna réussit à se maintenir en Suisse avec des forces intactes et bien en main.

A la lumière de ces désastres, l'incapacité du Directoire apparut pleinement et la majorité de Prairial se divisa. De la gauche la plus ardente se détacha le groupe des « politiques », révolutionnaires authentiques, mais assagis. Le centre en était Sieyès. Les principaux membres s'en recrutaient parmi les Anciens ou à l'Institut. C'étaient, pour la plupart, des hommes graves, de vie simple et de mœurs douces. Survivants ou disciples de l'*Encyclopédie*, ils n'étaient, à aucun degré, royalistes ou contre-révolutionnaires. Bien au contraire, leur unique ambition était de sauver les principes révolutionnaires de la catastrophe où ils menaçaient de s'engloutir. La France ne pouvait plus vivre longtemps dans l'anarchie. Si, à bref délai, la République ne rétablissait pas l'ordre et la paix, la réaction était certaine et, avec la réaction, la monarchie. A ce péril, un seul remède : que la République fût réformée par les républicains. Mais pour cette grande œuvre, il ne fallait compter ni sur le bon sens ni sur la bonne volonté des Conseils. Depuis Thermidor, trois coups d'Etat en avaient modifié la composition légale et toutes les majorités s'étaient montrées également rebelles. Au reste, il ne s'agissait plus de s'assurer un Parlement docile, mais d'imposer sur l'heure au pays une nouvelle Constitution qui, selon les lois en vigueur, n'aurait pu être appliquée qu'au bout de neuf ans. La seule solution était une solution de force. Le changement préparé à l'intérieur du gouvernement devait être en définitive appuyé ou exécuté par l'armée. On s'était déjà servi des généraux pour écraser l'émeute royaliste de Vendémiaire et déporter les députés modérés de Fructidor, ce serait encore un général qui rendrait à la République la vigueur et le prestige.

Tandis que Barras engageait avec Louis XVIII, réfugié à Mittau, des négociations qui tournèrent court, « je cherche une épée », disait Sieyès. Mais quelle épée ? Bonaparte était en Egypte, Brune en Hollande ; Jourdan, Augereau et Bernadotte jouaient la carte jacobine. D'Utrecht, La Fayette offrait ses services, mais il était démodé. Sieyès finit par choisir Joubert, qui était jeune, beau, hardi et chevaleresque. Sa gloire, sans doute, était encore mince, mais Sieyès lui fit confier le commandement en chef de l'armée d'Italie. Moreau devait l'accompagner en qualité de mentor : la sagesse à côté de la fougue. A eux deux, ils vaincraient Souvorov. Joubert, auréolé par la victoire, reviendrait à Paris et tenterait l'aventure.

Joubert quitta Paris le 6 juillet. Sieyès, que le roulement établi entre les Directeurs avait fait pour quatre mois président du gouvernement, profita de l'anniversaire du 9 Thermidor pour prononcer un véhément discours contre la tyrannie jacobine. Peu après, il obtint de ses collègues le renvoi du ministre de la Police, Bourguignon, et son remplacement par l'ancien mitrailleur de Lyon, Fouché. Le public, mal informé, frémit. Le public avait tort.

Depuis cinq ans, Fouché vivait très mal, tâtant de tous les métiers, échouant partout, rôdant autour du pouvoir, prêt à toutes les besognes pourvu qu'elles fussent bien payées. En Fructidor et en Prairial, il avait joué un rôle occulte de policier dont on l'avait récompensé par l'ambassade de Hollande, et c'est de La Haye qu'on le fit revenir, lui, ancien président des Jacobins, pour servir la politique anti-jacobine. Le calcul n'était pas mauvais. Fouché ne s'embarrassait pas de considérations philosophiques comme les respectables membres de l'Institut qui entouraient Sieyès. Pour lui, sauver la Révolution, cela consistait d'abord à sauver les révolutionnaires et, en premier lieu, le révolutionnaire Fouché. Un gouvernement fort et stable, composé de démagogues nantis, au nombre desquels il serait, était à ses yeux l'issue normale de la crise. En continuant à prêcher la violence à un pays qui n'aspirait qu'à la tranquillité, les *anarchistes* de 1799 retardaient et compromettaient cet heureux dénouement. « Qu'allez-vous faire du Club ? » demandaient à Fouché ses amis inquiets : « Une chose bien simple, répondit-il, je vais le dissoudre. » Ce fut, en effet, la chose la plus simple du monde. Il se rendit en personne au siège de la Société, expulsa les membres présents, ferma la porte, et, laissant un piquet de cavalerie à l'entrée, s'en retourna placidement, les clefs dans sa poche. Les présages étaient favorables. Au dernier moment, tout s'écroula. Joubert fut battu et tué à Novi (15 août 1799). Sieyès n'avait plus d'épée.

Mais Sieyès était tenace. Il en chercha une autre. Comme pour lui en laisser le temps, la situation militaire s'améliorait, tout d'un coup. Masséna écrasait à Zurich les Russes de Korsakof qu'un départ prématuré des Autrichiens laissait seuls en face de lui, puis se retournant vivement contre Souvorov, qui accourait par le Saint-Gothard, il l'accablait en avant du lac des Quatre-Cantons (fin septembre). Quinze jours plus tard, Sieyès faisait choix d'un nouveau soldat : Moreau, le général des retraites savantes et des opérations désespérées. Il tenait avec lui et Baudin un premier conseil de guerre quand un messager apporta une extraordinaire nouvelle : Bonaparte, laissant son armée en Egypte et trompant la croisière anglaise, venait de débarquer à Fréjus. « Voilà votre homme, dit Moreau, il fera votre coup d'Etat bien mieux que moi. »

Bonaparte avait été accueilli par un enthousiasme

inexprimable, dans un fracas de musiques, d'acclamations et de fêtes. Mais, pour ne pas alarmer le gouvernement et les Conseils, il eut, au dernier moment, la suprême habileté de changer de route et de rentrer incognito à Paris (16 octobre). Quand il se présenta au Luxembourg, en redingote et en chapeau rond, pour rendre compte de sa conduite, la garde, le reconnaissant, cria : « Vive Bonaparte ! » Il était véritablement l'homme de la situation. Le projet qu'il avait caressé après Campo-Formio était devenu réalisable. La France l'attendait. Il n'avait plus qu'à tendre la main et elle était à lui.

Les choses se passèrent en réalité beaucoup moins aisément. D'abord on perdit beaucoup de temps, à un moment où le temps pressait. Sieyès et Bonaparte ne se décidaient ni l'un ni l'autre à faire le premier pas. Avec sa démarche molle et traînante, son long visage triste, ses sentences obscures, son parler si bas et si étudié qu'il semblait faire une confidence en disant bonjour, Sieyès ne plaisait pas à Bonaparte. Mais Sieyès lui-même répugnait à descendre de son Sinaï personnel pour gagner ce général tard venu. Ce n'est que le 30 octobre, quinze jours seulement avant le coup d'Etat, qu'eut lieu, par l'intermédiaire de Talleyrand et de Rœderer, la prise de contact décisive. En second lieu, ce qui faisait la force de la conspiration en faisait aussi la faiblesse. Le bon côté de l'affaire était qu'elle était patronnée par des intellectuels, des politiciens et des juristes qui lui enlevaient les apparences compromettantes d'une révolte prétorienne. Mais ces hommes de Code et ces hommes d'étude n'étaient point des foudres de guerre et beaucoup étaient impopulaires dans l'armée. Troisièmement, comme on tenait à ne recourir à la soldatesque qu'à la dernière extrémité, il était entendu qu'on essayerait d'abord de l'intimidation. Bonaparte devrait donc affronter seul les Conseils, et cette épreuve pouvait mal tourner, car un grand général n'est point forcément un orateur de réunion publique. Quatrièmement, les conjurés étaient loin de s'entendre, chacun jouant au plus fin et espérant duper l'autre au dernier moment. Dans sa propre famille, Bonaparte devait compter avec son frère Lucien qui avait été porté par surprise à la présidence des Cinq-Cents et qui estimait qu'un Bonaparte civil valait bien un Bonaparte militaire. Enfin, Sieyès et Bonaparte ne se revirent qu'une fois, le 6 novembre (15 brumaire). S'ils s'étaient assuré les concours indispensables, s'ils avaient réuni quelque argent, en partie prélevé par Fouché dans la caisse de la police, en partie avancé par Collot, s'ils avaient même à peu près arrêté la manière dont s'opérerait la démolition du Directoire, ils n'avaient rien prévu pour le lendemain. A le voir de près, ce modèle des coups d'Etat n'est, comme toutes les entreprises humaines, qu'une suite de hasards, d'incertitudes et de volontés contrariées.

Le programme comportait deux journées. Durant la première, Sieyès et Roger Ducos désorganiseraient le gouvernement. Pendant la seconde, Bonaparte contraindrait les Conseils à lui accorder pleins pouvoirs.

La première manche fut facilement gagnée. Le samedi 9 novembre (18 brumaire), à six heures du matin, les Anciens sont convoqués en séance extraordinaire. Un questeur, Cornet, leur dénonce en un rapport pathétique l'imminence d'une insurrection terroriste et les supplie de sauver « le squelette de la République tombé entre les mains des vautours qui s'en disputent les membres décharnés ». Son complice Régnier lui succède : en usant de ses pouvoirs constitutionnels, le Conseil mettra les autorités légales à l'abri d'un coup de main jacobin. Qu'il décide que les Conseils ne tiendront pas séance avant le lendemain midi, au palais de Saint-Cloud, sous la protection du général Bonaparte investi du commandement de la garnison de Paris. A huit heures, le décret est voté. Barras, Moulin et Gohier, qui n'étaient pas du complot, dormaient encore, que les Anciens étaient rentrés chez eux.

A eux trois, néanmoins, ils formaient la majorité du

Directoire et pouvaient être dangereux. Talleyrand se chargea d'expliquer à Barras que sa présence était inutile. Barras aimait l'argent. Talleyrand était persuasif. A midi, Barras se retirait dans sa terre de Grosbois. Sieyès et Ducos donnaient aussitôt leur démission. Il n'y avait plus de pouvoir exécutif. Gohier et Moulin refusaient toutefois d'imiter leurs collègues et, après être venus s'informer aux Tuileries, où Bonaparte convoqué par huissier, tenait déjà conseil avec Sieyès et les ministres, ils se retiraient dignement au Luxembourg où Moreau venait les avertir un quart d'heure plus tard qu'ils étaient consignés dans leurs appartements, avec interdiction de recevoir des visites et d'envoyer des lettres. Jusque-là tout allait bien, Santerre, qui essayait d'agiter les faubourgs, ne trouvait pas d'auditeurs. Le fameux Ouvrard, enrichi par les fournitures aux armées, avait, en voyant passer Bonaparte et son Etat-Major, offert aussitôt son concours financier. Il se mettait à la hausse sur le général. Deux points noirs cependant. D'une part, les soldats chargés de surveiller Gohier et Moulin avaient, au premier moment, refusé de prendre leur garde. Paris, d'autre part, demeurait inerte. Personne ne se levait pour défendre le régime. Sauf Ouvrard, personne non plus ne se présentait pour aider Sieyès et Bonaparte. En cas d'échec, le lendemain, il ne fallait compter sur aucune aide.

A Saint-Cloud, la matinée du 19 se passa en préparatifs et en mouvements de troupes. Tandis que des tapissiers aménageaient en hâte la Galerie d'Apollon pour les Anciens et l'Orangerie pour les Cinq-Cents, les députés affluaient de toutes parts et commençaient à se concerter. De Paris arrivaient par les véhicules les plus divers des centaines de curieux, accourus là comme à la comédie. Ayant laissé à Paris le général Lannes avec le gros des forces, Bonaparte, preste et fébrile, surveillait en personne les travaux et passait les soldats en revue. Il y avait dans le parc comme un échantillon de tous les corps composant la garnison de Paris, en tout huit à dix compagnies de ligne, trois escadrons et deux compagnies d'artillerie, plus une réserve entre Saint-Cloud et le Point du Jour. Il y avait aussi les gardes constitutionnels et les grenadiers du Directoire : deux bataillons environ, formés par les résidus de l'armée révolutionnaire et connus pour leurs attaches jacobines.

Les Conseils étaient convoqués pour midi, les législateurs se présentèrent à l'heure dite, vêtus de leurs pompeux uniformes : toge romaine, écharpe, toque et plumes. On achevait de disposer les banquettes. Pendant une demi-heure, ils piétinèrent en plein vent et les plus exaltés des Cinq-Cents en profitèrent pour se mêler aux Anciens et semer parmi eux l'inquiétude et la défiance. Lorsque la séance s'ouvrit enfin, les Anciens, épouvantés par les mots d'illégalité et d'usurpation, n'osèrent pas décider sur l'heure la création d'un nouveau pouvoir exécutif et, quand Bonaparte, énervé par l'attente, se présenta pour les mettre au courant du grand complot anarchiste, ils l'accueillirent froidement. Incapable de supporter les palabres, les objections, les atermoiements, incapable surtout de se contenir dans le rôle secondaire qui lui est officiellement attribué, il se lance dans un discours décousu, débité d'une voix rauque : « Vous marchez sur un volcan... On m'environne de calomnies, on m'abreuve de dégoûts... Je suis de la grande coterie du peuple français... Si je suis un perfide, soyez tous des Brutus... » Il évoque ses victoires, ses triomphes en Italie... Il adjure le Conseil de prendre conscience des dangers qui menacent la République.

— Et la Constitution ? crie quelqu'un.

— La Constitution ! C'est vous qui l'avez anéantie. violée, déchirée... La Constitution ? Elle n'existe plus !

Il indispose ses amis par son bafouillage et, soudain, il exaspère les autres en se tournant vers le poste de garde et en criant aux soldats :

— Vous mes camarades, mes braves compagnons d'armes, que j'ai tant de fois menés à la victoire, c'est à vous... que j'en appellerai si... Puis se retournant vers l'assemblée : « Souvenez-vous que je marche accompagné du dieu de la guerre et de la fortune. »

Il sort, ayant senti son échec, car, au passage, il jette à Augereau qui prend un air faussement apitoyé : « Le vin est tiré, il faut le boire » et il se rend sans plus tarder chez les Cinq-Cents qu'il sait lui être en majorité hostiles. Comptait-il provoquer un scandale ? lancer les factions les unes sur les autres ? On ne sait. A peine est-il entré, qu'il est accueilli par des hurlements, séparé des deux grenadiers qui l'accompagnent, bousculé, bourré de coups de poing et à demi étouffé. Lefebvre et Murat le dégagent avec peine et l'emportent presque évanoui. L'affaire, décidément, tournait mal. Les cris de « Hors la loi » qui avaient salué la piteuse retraite du général n'étaient point une simple formule de style. C'est par la mise hors la loi que Robespierre avait été abattu. Sans l'armée, le coup d'Etat de droite aurait pu finir en coup d'Etat jacobin.

Dix minutes plus tard, la situation était renversée. Bonaparte, transporté dans un salon du premier étage, avait repris lentement ses esprits. Trahi par ses nerfs, il réussit, par un effort de volonté prodigieux, à surmonter sa défaillance. D'une fenêtre qui donne sur la grande terrasse, il pousse le cri : « Aux armes ! » L'ordre est répété par les chefs de corps et les hommes prennent leurs positions. Le bruit d'un attentat contre le général est répandu. Les troupes échelonnées depuis le pont de Saint-Cloud jusqu'au palais font mouvement en avant : parmi eux, nombre de vétérans d'Arcole et de Rivoli. A tout hasard, les dragons de Sebastiani se mettent en place pour sabrer, au besoin, les gardes constitutionnels. Pendant ce temps, aux Cinq-Cents, le président Lucien Bonaparte essaie de disculper son frère. L'Assemblée le hue. Dans un grand geste théâtral, il jette alors sur la tribune sa toque et son écharpe et sort sous la protection de la garde. Les deux frères se retrouvent, à cheval, devant les troupes. Tandis que Napoléon se fait acclamer par la ligne, Lucien s'avance vers les grenadiers du Corps législatif et, dans une harangue flamboyante, du meilleur style révolutionnaire, il les requiert de secourir l'Assemblée opprimée dans la personne de son président par une minorité de factieux et d'assassins, « les représentants du poignard en révolte contre la loi ». Ces vétérans de la guerre civile se retrouvent dans leur élément. Lucien a su leur dire les mots qu'il fallait. Ils s'ébranlent, Murat se met à leur tête et, tambour battant, les entraîne au pas de charge vers l'Orangerie. Au bruit qui se rapproche, la panique a commencé. Le public s'enfuit. Les députés crient. Murat, au milieu du tumulte, leur ordonne de sortir. Les uns sautent par les fenêtres, les autres se laissent pousser dehors. Dans la nuit qui tombe, les soldats goguenards contemplent la débandade éperdue des toges et des jupons.

La farce est finie. Il ne restait plus qu'à la mettre en formules. Vers onze heures, les huissiers des Cinq-Cents racolèrent dans les auberges une centaine de législateurs, qui se laissèrent ramener au palais. Réunis aux chandelles sous la présidence de Lucien, ils décidèrent, d'accord avec les Anciens, le remplacement du Directoire par une Commission provisoire de trois consuls qui seraient : Bonaparte, Sieyès et Roger Ducos. A deux heures du matin, l'abbé, le général et le juge de paix prêtèrent serment de fidélité à la République une et indivisible.

A distance, ce serment a quelque chose de comique. Bonaparte pourtant le respecta plus qu'à moitié. S'il ne sauva pas la République, il sauva de la révolution tout ce qui pouvait être sauvé : la mystique, le personnel, la politique étrangère, le cosmopolitisme, l'organisation sociale. Jusqu'alors, la France ne concevait le retour à l'ordre que sous la forme d'une restauration monarchique. En dix ans, la Révolution avait trompé tous les calculs et déçu tous les espoirs. On en attendait un gouvernement réglé et stable, de bonnes finances, des lois sages, la paix au-dehors et la tranquillité au-dedans. On avait eu l'anarchie, la guerre, le communisme, la Terreur, la faillite, la famine et deux ou trois banqueroutes. La dictature napoléonienne concilia le besoin d'autorité et l'idéologie démocratique. Ce fut un expédient de théoriciens aux abois. Les doctrinaires de 1789 avaient voulu régénérer l'humanité et reconstruire le monde. Pour échapper aux Bourbons, les doctrinaires de 1799 en étaient réduits à se donner à un sabre.

INDEX DES NOMS DE PERSONNES

TABLE DES MATIERES

Achevé d'imprimer en septembre 2004
par la Sté TIRAGE sur presse numérique
www.cogetefi.com

35-65-5295-7/05
Dépôt légal : septembre 2004 - N° d'édition : 51136
N° d'impression : 080025
Imprimé en France
ISBN : 2-213-01564-3